태양광은 어떻게 성공했나?

하이디(Heidi)와 파미나(Pamina)에게

세상에서 가장 값싼 에너지원을 향한 여정

태양광은 어떻게 성공했나?

그레고리 네멧 지음 | 정회성·최균·안나경 옮김

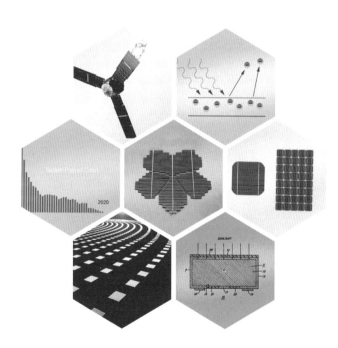

아모르문디

추천의 글

    태양광 에너지로의 전환은 오늘날 붐을 이루고 있다. 그레고리 네멧 교수가 시의적절하게 출간된 그의 새 책에서 언급하듯이, 태양광 발전은 이제 거의 모든 발전(發電) 기술과 비교하여 저렴하며, 더 중요하게는 앞으로 더욱 저렴해질 것이다. 유일한 단점이라면 이러한 성과를 거두는 데 수십 년이나 걸렸다는 점인데, 네멧 교수는 태양광 발전이 어떻게 저렴해 졌는지, 그렇게 되기까지 왜 그리 오랜 시간이 걸렸는지에 대한 자세한 분석을 제시하고 있다. 이것은 긴급하게 확보해야 할 다른 저탄소 기술들을 태양광의 사례를 활용하여 어떻게 하면 더 빨리 개발할 수 있을까 하는 중요한 질문에 답하는 전주곡이라 할 만하다.

    19세기 유럽과 미국에서 태양광 발전을 처음 발견한 이래, 20세기와 21세기에 걸쳐 미국, 일본, 독일, 호주, 그리고 중국이 차례로 오늘날 우리가 보고 있는 대규모 태양광 발전에 저마다 중요한 기여를 했음을 네멧 교수는 확인한다. 중요한 이정표들로는 1954년 최초로 효율적인 실리콘 전지를 개발한 벨연구소의 획기적인 연구와 함께 미국 정부의 주요 R&D 프로그램과 1970년대 중반부터 시작된 조달 노력이 있었다. 미국에 뒤이어 일본과 독일이 시장의 개발에 매우 성공적으로 기여했다. 일본은 "지붕형 태양광 1백만 프로그램"을 통해 개인 주택 소유자에게 보조금을 지급하여 태양광 보급을 장려했는데, 시스템 비용의 하락에 따라 보조금을 단계적으로 축소하는 방식이었다. 이것은 후일 훨씬 더 영향력이 컸던 독일의 '발전차액지원제도'(Feed-in tariff, FIT)로 이어졌는데, 이 정책은 태양광 시장의 발전 속도를 높였을 뿐만 아니라 많은 신규 제조업체의 진입을 촉진했다. 이는 또한 주로 독일 장비 제조업체들이 제공하는 표준화된 생산라인의 개발을 독려했으며, 제품의 품질과 제조 규모를 빠르게 발전시킴은 물론 기술 확산을 지원했다. 호주의 기여는 중국에서 제조업(처음엔 호주와 중국의 합작회사 형식이었다)이 성공적으로 자리 잡도록 한 기업가와 엔지니어들을 교육하는 데 있었다. 중국은 오늘날 우리가 보듯이 엄청나게 낮은 수준까지 비용을 절감하면서 제조업 규모를 빠르게 확장할 수 있는 능력으로 태양광 발전에 최종적으로 기여했다.

이러한 경험을 바탕으로 네멧 교수는 태양광과 유사한 저탄소 기술을 기후변화에 긍정적인 영향을 미칠 수 있는 유의미한 규모까지 제때 발전시키려면 혁신의 경로를 가속화해야 한다고 주장한다. 혁신을 가속하는 9가지 요인들을 촉진하는 역할은 정부에게 주어진다. 이 요인들은 지속적인 R&D, 공공 조달, 숙련된 인력, 체계적인 지식, 생산 혁신, 견고한 시장, 지식의 확산, 세계화, 마지막으로 정치 경제적 뒷받침 등으로 정리할 수 있는데, 이를 통해 저탄소 기술의 보급으로 손해를 보게 되는 대규모 경제 주체가 만드는 장애물들을 제거할 수 있다는 것이다. 네멧 교수는 기후변화를 해결하는 것이 어려운 과업이지만, 좋은 일이 많이 일어나고 있고, 우리가 올바른 방향으로 나아가고 있음을 알고 있다. 단지 우리는 좀 더 빨리 나아가야 할 뿐이다.

호주 뉴사우스웨일스 대학

마틴 A. 그린 교수

저자 서문

    2002년에 내가 태양광 연구를 시작했을 때, 태양광 기술은 틈새시장에 활용되는 흥미롭고 새로운 기술이었지만, 에너지 소비와 관련한 사회 문제를 해결하는 방안으로는 대체로 무시를 받았다. 그 이후로 태양광 발전은 전 세계적으로 중요한 산업으로 자리매김했는데, 초강대국 간 무역 분쟁을 야기하고 거대 에너지 기업들의 재정을 위협하며 1930년대에 기원을 둔 발전소 규정에 대한 진지한 재검토를 촉발하는 정말로 파괴적인 기술이 되었다. 더 긍정적인 것은 비용이 지속적으로 감소하고 빠르게 보급되어 대기 질을 개선하고 기후변화를 완화하는 데 기여하고 있다는 점이다. 태양광은 세계에서 가장 저렴한 전기 생산 기술 중 하나로 2018년 현재 가격은 전문가들이 가장 낙관적으로 예상한 2030년 전망치보다 낮은 수준이다.

    태양광에 관한 수많은 문헌에도 불구하고 우리는 여전히 다음과 같은 질문에 대한 결정적인 답을 가지고 있지 않다: **태양광은 어떻게 저렴해졌는가?** 이러한 무지가 계속되는 까닭은 **포괄적인 평가**를 하지 못하기 때문이다. 정말로 **세계적인 관점에서 접근하여** 태양광이 발전한 제도적 환경의 **역사적 진화**를 검토하고 이 산업의 **전체 공급망**—핵심 원재료인 실리콘의 조달부터 지붕에 패널을 설치하는 사람들의 활동, 태양광을 설치하는 숨겨진 동기까지—을 다루어야 한다.

2017년 앤드류 카네기 펠로우(Andrew Carnegie Fellow)에 선정된 나는 새로운 데이터와 분석, 그리고 날마다 쌓이는 문헌을 통해 이 질문에 깊이 파고들 기회를 얻었다. 이 펠로우십 덕분에 18개국에서 약 70명의 전문가들과 장시간의 인터뷰를 할 수 있었다. 이러한 혼합된 방법으로 접근함으로써 한 가지 방법에만 집중할 때 놓치게 되는 통찰을 얻을 수 있다고 나는 확신하게 되었다. 나와 동료들이 수행한 정량적 분석은 태양광의 변화 요인을 식별하고 그중 무엇이 가장 중요했는지 특정하는 데 가치가 있었다. 정성적 데이터 수집은 다른 유형의 통찰을 제공하는데, 가령 최신의 회귀분석에서도 확인하지 못한 잠재적 유발 요인들이 인터뷰를 통해 드러났다. 예를 들면, 사람들의 머릿속에 있는 태양광에 대한 암묵지(暗默知)는 그들의 국제적인 이동과 결합하여 태양광 기술을 세계화하고 비용 절감을 위한 새로운 기회를 창출하는 데 결정적이었다. 국가혁신시스템이란 개념은 이러한 평가를 위한 이론적 틀을 제공하는데, 이는 우리가 서로 다른 국가들의 독특한 기여를 단일한 글로벌 지식재산으로 생각하기보다는 국제적인 혁신시스템에서 나온 것이라고 기대해야 함을 강조한다. 정량적/정성적 데이터 수집은 종종 보완적인 방식으로 연구 문제에 대한 서로 다른 정보를 제공한다. 더욱 중요한 것은 각각의 접근 방식이 서로에게 정보를 제공한다는 점이다. 정량적 분석은 미지의 양(quantity)에 대한 정보 가치를 확립하는 데 도움이 될 수 있고, 이는 인터뷰 질문으로 발전할 수 있다. 반대로 인터뷰에서 드러난 인과적 요인은 정량적 변수로 분석할 수 있는 좋은 후보가 되는데, 양질의 세계적 데이터 확산과 계량경제학적 증명을 통해 가능할 것으로 기대한다.

태양광은 이용 가능한 햇빛 자원의 엄청난 규모와 현재 가격이 저렴하다는 것뿐만 아니라, 얼마나 발전했는지로 인해 흥미롭다. 나는 태양광이 성공한 원인을 이해하는 것이 단지 태양광의 잠재력을 최대한 활용하는 것뿐 아니라, 다른 저탄소 기술을 지원하는 방법을 배우는 데 그 보상이 있다고 확신한다. 규모가 크고 복잡한 기술이거나 너무 작고 쉬운 기술은 태양광 모델에 적합하지 않다. 하지만 소형 원자로나 직접공기포집을 포함한 일련의 강력한 기술 후보들은 태양광의 발전 경로를 따르기에 적합한 특성을 갖고 있다. 이 같은 기술은 다음과 같은 태양광의 성공 요인들을 참조할 수 있다: 현상에 대한 과학적 이해, R&D 집중 부문의 변천, 반복적인 규모 확장, 실천을 통한 학습, 지식 파급의 효과, 모듈식 축적, 정책에 흔들리지 않는 틈새시장, 강력한 정책 지원 및 지연된 시스템통합의 도전 등. 그러나 태양광이 저렴해지기까지는 60년의 세월이 필요했다. 기후변화 대응의 시급성은 태양광 모델을 적용하는 데 있어 핵심 과제가 혁신의 속도를 높이는 방법을 찾는 것임을 의미한다. 따라서 두 번째로 중요한 연구 질문은 태양광이 어떻게 싸졌는가뿐만이 아니라 **그 과정이 왜 그렇게 오래 걸렸는가** 하는 것이다. 이 프로젝트의 최종 성과는 혁신을 촉진하는 아홉 가지 요소들을 도출한 것인데, 이 요소들은 태양전지의 발전 속도를 높이고 태양광 모델이 적합한 새로운 저탄소 기술들에 적용할 수 있는 것들이다. 아홉 가지 촉진 요소들은 다음과 같다.

1) 지속적인 R&D 투자   6) 견고한 시장

2) 공공 조달   7) 지식 파급의 효과

3) 숙련된 인력   8) 글로벌 모빌리티

4) 지식의 체계화   9) 정치 경제적 수용

5) 파괴적 생산 혁신

나의 관점은 여러 지역에서의 열성적인 정부 정책이 혁신을 가속하는 아홉 가지 요소들을 강화할 수 있고 기후변화를 해결하는 데 필요한 다양한 기술들의 향상과 보급을 촉진할 수 있다는 것이다.

감사의 글

이 프로젝트가 결실을 맺도록 도와준 많은 이들에게 감사한다. 무엇보다도 지난 2년간 이 책의 편집 작업을 함께한 위스콘신-매디슨 대학의 라폴레트 공공정책대학(La Follette School of Public Affairs)의 훌륭한 연구조교들에게 감사하고 싶다. 아티야 시디키(Atiya Siddiqi)는 독일과 중국의 관계를 깊이 파고들었고 칠레, 파키스탄, 미국 및 남아프리카 공화국의 현장 전문가들과 인터뷰를 진행했다. 여러 기여 중에서도, 트래비스 슈메이커(Travis Shoemaker)는 벨연구소의 태양전지 발명의 기원을 알아냈고, 내가 영어로 읽은 어떤 것보다도 종합적인 일본 통상산업성(MITI)과 샤프(Sharp)의 연대기를 만들어냈다. 로한 라오(Rohan Rao)는 태양광 소프트 비용과 정제 실리콘 가격의 추세를 이해하는 데 그가 수집한 데이터와 분석 기술을 사용했다. 미하일라 칼리스(Mikhaila Calice)는 프로젝트 마지막 6개월 동안 필요한 모든 것을 한데 모으는 엄청난 작업을 맡았고, 최종 단계에 있는 전체 원고를 편집하여 가독성을 높였다. 나는 또한 지난 12년간 참여한 '에너지 분석 및 정책 프로그램'에 함께한 학생들의 관심과 질문, 참여를 높이 평가한다. 학생들과 상호작용하면서 얻은 여러 통찰이 이 책에 실렸다. 라폴레트 공공정책대학은 최고의 일터였으며, 이 프로젝트의 초기 단계에서 돈 모이니한(Don Moynihan)이 지원해준 것에 감사한다.

자신의 전문 지식을 제공한 70명 이상의 인사들에게 얼마나 감사한지 말로 다 표현할 수 없다. 그들은 내가 요점을 이해했는지 확인하기까지 상당한 시간을 내주었다. 그들이 제공한 대부분의 세부 사항들은 다른 자료에서 본 적이 없는 것이었다. 다른 전문가들에 대해 알려주고 소개해주려고 했던 그들의 노력은 프로젝트에 큰 변화를 주었다.

다양한 기관에서 나를 초청해준 이들은 이 프로젝트가 진정으로 세계적인 관점을 갖게 하는 데 필수적이었다. 킹 압둘라(King Abdullah) 과학기술대학과 사우디 아람코(Saudi Aramco)의 아흐마드 카이야트(Ahmad Khaiyat) 씨는 가이드로서 큰 도움을 주었다. 베이징에 소재한 브루킹스-칭화센터(Brookings-Tsinghua Center)의 지아끼 루(Jiaqi Lu) 씨는 내가 베이징에 있는 동안 깊은 역사적 맥락뿐만 아니라 통역도 제공했다. 하오 딩(Hao Ding) 씨는 내가 난징에서 있을 때 훌륭한 호스트였다. 도쿄 대학의 마사히로 스기야마(Masahiro Sugiyama) 교수는 내가 일본에 머무는 동안 잘 적응할 수 있게 돕고 태양광 전문가들을 소개해줘 큰 도움이 되었다. DIW의 카르스텐 뉴호프(Karsten Neuhoff) 씨와 MCC의 얀 스테켈(Jan Steckel) 씨가 베를린에 있는 두 기관에서 나의 체류 기간을 연장해준 것에 감사한다.

이름을 밝히지 않은 세 분이 프로젝트 초기 단계에서 제안서와 첫 번째 장을 신중하게 검토해주었다. 마틴 그린(Martin Green) 교수, 오사무 기무라(Osamu Kimura) 박사, 프랭크 라이드(Frank Laird) 교수, 얀 로센(Jan Lossen) 박사, 카르스텐 뉴호프(Karsten Neuhoff) 교수, 에릭 오샤니시(Eric O'Shaughnessy) 박사, 시정룽(施正榮, Zhengrong Shi) 박사, 미노루 시마모토(Minoru Shimamoto) 박사, 그리고 미셸 자놀린(Michele Zanolin) 교수 등 여러 사람이 다양한 단계에서 각 장의 초안에 대한 상세한 의견을 제공했다. 내 글을 더 좋게 고쳐주고 실수를 바로잡아 주며 대부분 본인만이 알고 있는 지식으로 세부 사항을 추가해 준 그들의 노력에 감사한다. MCC-베를린의 윌 램(Will Lamb) 씨와 위스콘신 에너지 연구소의 매트 위스니우스키(Matt Wisniewski) 씨는 그래픽 디자인에 탁월한 기여를 했다.

조언해준 분들과 멘토들은 나에게 큰 인상을 남겼다. 브라이언 아서(Brian Arthur) 박사, 아드리안 베일리(Adrian Bailey) 교수, 댄 카멘(Dan Kammen) 교수, 아르눌프 그루블러(Arnulf Grubler) 교수, 데이비드 모워리(David Mowery) 교수, 마거릿 테일러(Margaret Taylor) 박사, 메이슨 테나글리아(Mason Tenaglia) 박사, 데이비드 와이머(David Weimer) 교수 등 이들이 내 전문성 개발에 끼친 긍정적인 영향은 이 프로젝트에 필수적이었다.

그 밖의 동료들과 협력자들은 피드백, 아이디어, 그리고 자극이 되는 풍부한 대화의 원천이 되어주었다. 글로벌 에너지 평가(Global Energy

Assessment)에서는 켈리 심스 갤러거(Kelly Sims Gallagher), 레나 네지(Lena Neij) 및 찰리 윌슨(Charlie Wilson)이 있었다. 객원 연구원으로 있었던 베를린의 메르카토르 지구공통자원 및 기후변화 연구소(MCC)에는 펠릭스 크루직(Felix Creuzig), 오트마어 에덴호퍼(Ottmar Edenhofer), 사빈 푸스(Sabine Fuss), 아나스타시스 지아누사키스(Anastasis Giannou-sakis), 마이클 제이컵(Michael Jakob), 데이비드 클레너트(David Klenert), 얀 민크스(Jan Minx), 얀 스테켈(Jan Steckel)이 있었다. 연구원으로 있던 독일 경제 연구소(DIW)에는 카르스텐 노이호프(Karsten Neuhoff), 마르티나 크라우스(Martina Kraus), 베라 지페러(Vera Zipperer)가 있었다. 그리고 객원 연구원으로 재직한 하버드 케네디스쿨에는 로라 애너돈(Laura Anadon)이 있었다. 또한 에린 베이커(Erin Baker), 발렌티나 보세티(Valentina Bosetti), 엘레나 베르돌리니(Elena Verdolini)와 함께 전문가 선정 작업을 하면서 많은 것을 배웠다. 2009년 아담 브랜트(Adam Brandt)와 함께 '직접공기포집'에 대한 첫 번째 프로젝트를 수행하면서, 그리고 윌 시에즈쿨라(Will Sierzchula)와 함께 전기 자동차에 관한 작업을 하면서, 토비 슈미트(Tobi Schmidt)와는 특허 작업을 하면서 많은 것을 배웠다. 이 주제에 대한 나의 지식은 로렌스 버클리 국립연구소가 이끄는 학술 협력 프로그램의 일부로 태양광 가격을 분석하는 갤런 바르보스(Galen Barbose), 나임 다그하우스(Naim Darghouth), 켄 길링엄(Ken Gillingham), 로버트 마골리스(Robert Margolis), 바룬 라이(Varun Rai), 라이언 위저(Ryan Wiser)와 수년간 일하며 풍부해졌다. 위스콘신-매디슨 대학의 에너지 분석 및 정책 프로그램은 놀라운 학생들을 끌어들였다. 트레이시 할로웨이(Tracey Holloway), 버니 레시외트르(Bernie Lesieutre), 조너선 패츠(Jonathan Patz), 폴 윌슨(Paul Wilson) 교수와 함께 연구하면서 나는 혜택을 받았다. 이 모든 이들은 이 책에 들어간 사고와 분석에 영향을 미쳤다.

일찍부터 이 프로젝트에 기회를 주신 루틀리지(Routledge)의 매트 쇼브룩(Matt Shobbrook) 씨에게 감사한다.

뉴욕 카네기 재단으로부터 받은 지원이 이 프로젝트를 가능하게 했다. 이처럼 폭넓고 세계적이며 학제적인 연구를 지원하는 앤드류 카네기 펠로우 프로그램의 기금이 없었다면, 이 프로젝트는 훨씬 덜 야심 찼을 것이다. 나는 위스콘신 매디슨 대학의 문학·과학 학부, 특히 라폴레트 공공정책대학에서 나의 카네기 지원에 대해 관리해 준 것에 감사한다.

지원을 아끼지 않는 가족이 있다는 게 얼마나 큰 행운인지 말로 다 표현할 수 없다. 나의 부모님, 프랭크(Frank)와 신디 네멧(Cindy Nemet) 그리고 여동생 캐롤라인 자놀린(Caroline Zanolin)은 항상 그 자리를 지켜주었다. 조부이신 토마스 킹(Thomas King)은 내가 어렸을 때부터 글을 쓰도록 영감을 주었다. 멜라니 미켈슨(Melanie Mikkelsen)은 이 프로젝트를 진행하는 동안 큰 도움을 주었다. 내 아이들 하이디(Heidi)와 파미나(Pamina)의 열정을 보며 나는 계속해서 용기를 얻는다. 기후변화로 인해 가장 큰 위기에 처한 내 아이들과 그들 세대에게 이 책을 바친다.

차례

추천의 글 — 4

저자 서문 — 7

감사의 글 — 11

1장   들어가며 — 19

2장   태양광이 저렴해진 이유 — 67

1부   기술의 창조

3장   과학적 기원 — 103

4장   미국의 기술 주도 — 119

2부   시장의 형성

5장   일본의 틈새시장 — 149

6장   독일의 수요 견인 — 185

3부   가격 낮추기

7장   중국의 기업가들 ― 229

8장   지역 수준의 학습 ― 275

4부   혁신, 또 혁신

9장   태양광을 기술혁신의 모델로 ― 303

10장   태양광 모델의 적용 ― 324

11장   혁신의 속도를 높여라 ― 362

부록   **인터뷰 및 토론에 참여한 사람들** ― 383

       영문 약어 풀이 ― 386

       그림 및 표 목록 ― 390

       찾아보기 ― 392

       옮긴이 해제 ― 407

1장 들어가며

    우리는 기후변화와 같은 에너지 관련 난제의 해결을 위한 기술 개발과 보급을 가속화하는 새로운 방법이 절실히 필요하다. 이를 성공적으로 달성하기 위해 무엇이 필요한지 보여줄 수 있는 모델이 필요하다. 나의 접근 방식은 초기 단계에 있는 기술이 참고할 수 있는 성공 모델을 찾는 것이다. 성공적인 사례를 보여줄 수 있는 연구 주제들은 많다. 원자력 발전은 새로운 전기 공급원으로 가장 크게 기여했고, 자동차 연비 표시제도는 신속한 정책 주도 도입의 좋은 예다. 셰일가스 수압 파쇄는 시장 주도의 빠른 도입 사례를 제시하며, 환경오염 규제 기술은 자신이 혜택을 못 받더라도 사람들이 수용한다는 것을 보여준다. 그리고 스마트그리드 기술은 소비자가 에너지 시스템과 보다 직접적으로 상호작용한다는 점에서 새롭다. 연구할 적절한 성공 사례를 찾을 때 필자는 학습(기술을 개선할 새로운 지식)을 우선순위에 둔다. 아직 더 발전해야 하는 신기술에 가장 적용 가능한 교훈을 줄 것이기 때문이다. 따라서 나는 가장 큰 발전을 이룬 에너지 기술인 태양광 발전을 선택했다. 태양광은 가장 큰 투자가 이루어진 분야를 대표한다기보다는 가장 극적인 기술적 성과, 즉 최대 학습 효과를 보여준 기술적 노력을 대표한다. 태양광은 기술혁신에 대한 지원이 무엇을 달성할 수 있는지 가장 명확하게 보여주는 기술이다.

태양광 모듈의 가격은 첫 상용화 이후 1만분의 1 이하로 하락했고 태양광으로 생산된 전기는 일조량이 풍부한 지역에서는 가장 싼 전력원이 되었다. 1957년 인공위성에 처음 적용된 이후 태양광은 항상 새로운 고객을 찾아내 왔다. 태양광은 소비자의 지불 의사는 작아지더라도 점점 더 커지는 틈새시장을 발견해왔다. 이러한 틈새시장 전략은 이 기술이 어떤 규모에서든 기능할 수 있었기 때문에 일정 부분 효과가 있었다. 가장 큰 태양광 애플리케이션은 가장 작은 애플리케이션보다 10억 배나 크다. 1950년대 중반 캘리포니아에서 2000년대 중국까지 태양광 역사를 통틀어 기업가들은 매우 중요했다. 공공 기관은 특히 연구개발에 자금을 지원하고 초기 시장에 보조금을 지급하는 등 중요한 역할을 담당했다. 2000년 독일의 발전차액지원제도는 관련 사업이 규모를 키우고 설치, 제조 및 태양광 전용 장비에 대한 투자를 촉진하는 데 중요한 역할을 했다. 미국, 호주, 일본, 독일, 중국 다섯 핵심 국가들은 각국의 국가혁신시스템으로 서로 다른 기여를 했다. 이전 리더 국가들의 작업에 기반하여 각 나라는 지식의 세계적 확산과 함께 인력, 장치 및 기계에서 진정한 글로벌 혁신 시스템을 촉진해냈다. 그러나 이 모든 과정은 너무나 더디게 진행되었다.

이 책을 저술한 동기

태양광이 기후변화 완화 수단으로서 지닌 잠재력도 크지만, 다른 저탄소 기술을 위한 일반화 가능한 모델 역할을 하여 기후의 안정에 훨씬 큰 기여를 할 수 있겠다는 생각에서 나는 이 책을 쓰기 시작했다. 태양광을 따를 만한 유용한 모델이라고 판단한다면, 이것에 대한 개괄적인 이해만으로는 다른 기술에 적용하는 데 불충분하다. 우리에게는 더 상세한 이해가 필요하고 통계 기반 회귀분석에서 생략될 수도 있는 변수들도 포함해야 한다. 그리고 기후변화를 해결하는 데 필요한 다른 기술들에 직접 적용하기에는 태양광의 발전 경로가 너무 오래 걸렸기 때문에 모든 것이 더 빨리 일어나도록 해야 한다.

태양광 사례에 대한 개관을 진행하기 전에 먼저 이러한 동기를 뒷받침하는 두 가지 전제를 간략하게 설명하고자 한다. 첫째, 기후 정책은 에너지 정책 결정 영역에서조차 다른 사회적 목표들과 경쟁한다. 기후 안정은 개선된 에너지 시스템의 많은 사회적 이점 중 하나일 뿐이다. 둘째, 기후 문제의 특이성 자체가 혁신의 요구를 뚜렷하게 만든다. 우리는 공공재, 정부의 역할, 장기적 관점, 그리고 이에 따른 기술개발의 시급성을 고려해야 한다.

다양한 목표들

그 모든 노력에도 불구하고 사회과학은 자연과학이 복삽한 현상을 이해하는 데 기초로 사용하는 절대적 법칙을 가지고 있지 않다. 예를 들어, 사회과학은 중력의 보편성이나 열역학 제1법칙과 제2법칙에 필적하는 법칙을 가지고 있지 않다. 패턴이 나타나면, 과장은 전형적인 반응이 되고 사회과학자들은 '철칙'에 도달한다(Pielke, 2010). 에너지 정책에 철칙이 하나 있다면, 그것은 바로 **에너지 정책 결정이 항상 여러 목표를 가진다**는 것이라고 나는 주장한다.

에너지 문제 해결의 접근 방식을 이해하는 데 있어 내가 취하는 기본 전제 중 하나는 에너지 정책 결정은 본질적으로 다양한 목표들과 조화를 이루어야 한다는 것이다. 집단으로서 우리는 싸고(cheap), 신뢰할 수 있으며(reliable), 청정한(clean) 에너지를 원한다. 저렴한 에너지란 감당 가능한 가격이라는 의미도 있지만, 경제가 1970년대 경험했던 것과 같은 거시경제적 충격을 피한다는 것을 의미한다. 세계 인구의 약 3분의 1에게 싸다는 건 전통적인 바이오매스에서 벗어나 전기와 같은 현대적 에너지에 접근이 가능해짐을 의미한다. 신뢰할 수 있는 에너지란 전쟁 상황에서 연료 확보가 결정적인 것처럼 에너지 공급원을 확보하는 것을 말한다. 신뢰성은 국내 공급원, 또는 적어도 우호적인 국제 공급원을 의미한다. 그것은 지불 가격뿐 아니라 에너지 안보가 에너지 바깥 영역의 협상 행위자들의 역량에 영향을 미치는 방식에 관한 것이기도 하다. 청정함 또한 여러 의미를 내포한다. 그것은 불안정한 기후로 인한 피해뿐 아니라 인간의 건강과 생태계에 대한 대기오염의 영향을 피한다는 의미도 갖고 있다.

수십억 명의 사람들은 그 결과에 이해관계가 있으며 저렴함과 신뢰성, 청정성 중 무엇에 우선순위를 둘지 각자 의견이 다르다. 이러한 불일치가 중요한 이유는 여러 선택지 사이에 상당한 절충 관계가 존재하기 때문이다. 화석연료에서 뽑아낸 합성 연료는 신뢰성은 있지만 저렴하거나 청정하지는 않다. 원자력은 청정하지만 저렴한 것은 아니다. 석탄은 많은 곳에서 저렴하지만 깨끗하지 않다. 시간이 흐름에 따라 목표도 같이 변해왔다. 1970년대 초의 자원 고갈에 대한 우려는 환경오염에 대한 우려와 함께 미국 에너지 정책 결정의 초기 활동을 발생시켰다. 1973년 아랍의 석유 금수 조치와 함께 초점은 에너지 안보와 경제성으로 이동했다. 많은 진전이 있었음에도 이러한 과제는 여전히 남아 있다. 기후변화 속에서 우리는 지난 30년 동안 훨씬 더 까다로운 에너지 문제에 직면하게 되었다.

　이러한 우선순위 경쟁에 대한 한 가지 접근법은 이것들의 절충에 대해 할 수 있는 최선을 다하고, 저렴하고 깨끗하고 신뢰할 수 있는 에너지라는 목표 사이에서 타협점을 찾는 것이다. 숙의 민주주의가 그러한 해결책을 협상하는 한 가지 방법을 제공한다(Ryan et al., 2014). 그러나 사람들의 선호는 시간에 따라 바뀔 수 있기 때문에 정책의 불안정성과 심지어 급작스러운 변화도 종종 볼 수 있다(Neet et al., 2014). 에너지 시스템은 본질적으로 변화가 느리고 기후 시스템은 더더욱 그렇다. 따라서 우리에게는 지속적인 접근법이 필요하다(Neet et al., 2016). 그렇지 않으면, 예컨대 특정한 위기로 인해 한 가지 목표에 모든 관심을 쏟으면서 다른 목표를 등한시함으로써 다음번 위기의 조건이 다시금 만들어지는 절충 과정이 계속 반복될 것이다. 또 다른 접근법은 저렴하고 청정하고 신뢰할 수 있는 에너지라는 목표가 충돌하지 않도록 우리가 이용할 수 있는 선택지들을 바꾸는 것이다. 우리가 직면한 선택을 바꾸는 일은 혁신을 요구한다. 많은 이들에게 그러한 접근법이 비현실적인 것은 절충의 가혹한 현실을 피하고 여러 대안 사이에서 어려운 선택을 하기 때문이다. 오늘 존재하지 않는 것들이 미래에 존재할 것이라고 믿는 것을 "마법적" 사고라고 한다(Klein, 2015). 그러나 이 '마법'이 바로 혁신의 약속인 것이다. 이 마법이 세계를 희소 자원에 대한 홉스식 경쟁으로부터 아이디어와 그것의 결정적 응용을 통해 더 적은 자원으로 사회가 원하는 상품과 서비스를 생산할 수 있도록 변화시켰다. GDP의 생산량 당 에너지 투입량(역주: 에너지 원단위)의 지속적인 감소는 혁신이 자원 사용에 미치는 영향에 대한 가장 포괄적인 증거를 제시한다(Ausubel and Waggoner, 2008). 에너지 혁신은 이러한 절충 관계를 완화할 수 있고, 그리하여 민주적으로 만들어진 타협안보다 지속적인 해결책을 제공할 수 있기에 강력하다.

탈탄소를 향한 도전

혁신은 상반된 에너지 목표들을 보다 덜 논쟁적으로 만들 수 있지만, 기후변화에 있어 그것은 도움이 될 뿐만 아니라 본질적인 것이다. 증가하는 세계 에너지 서비스 수요를 경제적으로 충족하면서 기후변화로 인한 미래 피해의 상당 부분을 회피하기 위해서는 에너지가 생산되고 사용되는 수단의 근본적인 변화를 요구한다(Net, 2013). 기후변화를 실질적인 방법으로 해결하기 위해서는 깊고 광범위한 혁신이 필요하다. 기후 정책의 초점은 일반적으로 배출량이나 온도 목표에 맞춰져 있지만, 요구되는 전환의 규모는 혁신을 위한 인센티브를 기후 정책의 중심으로 끌어올린다. 에너지 기술 정책, 구체적으로는 저탄소 에너지 기술의 개발과 보급 가속화를 위한 관련 정책 결정이 기후 정책 논쟁의 중심에 놓여 있다.

다른 에너지 문제, 예를 들어 경제성, 신뢰성 및 대기오염 역시 혁신과 연관된다(Taylor et al., 2003). 그러나 이러한 문제들은 에너지 서비스를 제공하는 기술 및 규제 시스템의 근본적인 변화를 요구하지 않는 경향이 있었다. 20세기 선진국들은 대형 발전소의 규모의 경제와 대규모 전력망으로 향상된 부하율(load factor)을 통해 값싼 전기를 만들었다. 신뢰성은 자동차 연비 상승으로 인한 수요 감소와 해상 시추 및 수압 파쇄를 통한 공급 확대로 향상되었다. 대기오염은 저유황 석탄으로 전환하고 기존 발전소에 오염 통제 장치를 설치함으로써 개선되었다. 각각의 경우, 에너지 시스템은 급진적으로 바뀌지 않고 점진적으로 수정되었다. 예컨대, 대부분의 변화는 지원 인프라의 변화를 요구하지 않았다.

기후변화의 해결은 에너지를 생산하고 사용하는 방식에 대한 심대한 변화를 수반하기에 다른 에너지 문제들과 다르다. 파리협정(UNFCCC, 2015)과 같은 야심 찬 정책 목표는 역사적 선례를 훨씬 뛰어넘는 기술 변화를 의미하며(Nemet, 2013), 비점진적 기술 개선이 필요할 가능성이 높다(Rogelj, 2017). 이러한 급진적 혁신은 종종 새로운 기반 시설을 요구하기 때문에 새로운 형태의 공공 인센티브가 필요할 수 있다. 게다가 민간 참여자들로서는 기술적 급진성과 지식 확산의 형태로 공공재를 제공하는 경향으로 인해 여기에서 가치를 포착하기가 더 어려울 수 있다.

에너지 기술은 다른 기술들과도 다르다. 기존의 에너지 시스템은 긴 설비 수명으로 인해 오랜 기간 유지된다(Knapp, 1999). 이 같은 긴 수명을 2년 주기로 교체 또는 업그레이드되는 스마트폰이나 30일 또는 90일마다 리필되는 처방약과 비교해 보라. 발전소, 송전선로, 파이프라인, 건물들은 수십 년간 유지된다. 에너지 기술은 선행 투자비용 때문에 회수시간이 길며 많은 보완적이고 느린 혁신을 요구한다.

대규모성과 시급성

기후 문제의 두 측면인 큰 규모와 시급성은 기후변화를 해결하기 위한 혁신 노력에 상당한 영향을 미친다. 첫째, 문제의 규모는 전 세계에 에너지 서비스를 제공하는 시스템의 근본적인 변화를 요구한다. 글로벌 에너지 시스템은 최저 생계 수준에서 벗어난 사람들의 새로운 요구를 충족시키기 위해 확장되고 현대적 생활을 영위하도록 산업화하고 있다. 게다가 기후를 다룰 때는 수십억 톤—기가 톤—단위의 규모가 문제다. 효과와 확장성이 크지 않은 솔루션도 도움이 될 수 있고 점차 이용 가능할 수 있지만, 이에 대한 관심과 투자를 정당화하기는 어렵다. 우리는 수십억 톤, 기가 톤 단위의 CO_2에 대한 솔루션을 생각해야 한다(Herzog, 2011).

둘째, 위에서 논의한 현상유지 경향에도 불구하고 기후 문제에는 시급성이 있다. 에너지 시스템과 기후 둘 다에 변하지 않으려고 하는 관성, 저항이 존재하기 때문에 문제 해결에 빨리 나서야 한다. 세계는 1988년에 처음으로 기후변화의 심각성을 인식했다. 30년이 지났지만 전 세계 온실가스 배출 곡선에는 눈에 띄는 변화를 찾아보기 힘들다(Jackson et al., 2017). 또 다른 관점에서, 이러한 기가 톤을 변화의 속도로 간주해 보자. 향후 수십 년간 배출량이 매년 약 5%씩 감소(탈탄소화)해야 한다(Millar et al., 2017). 이는 배출량이 계속 증가한 지난 30년 동안 우리가 본 것보다 훨씬 큰 감소폭이다(Peters et al., 2017). 우리는 과거 사례들을 살펴볼 수 있다. 지난 30년 동안 6개국이 10년 이상 지속된 5% 이상의 속도로 경제를 탈탄소화했다(Netmet, 2013). 여기에는 1980년대 중국의 현대화, 러시아, 폴란드, 슬로바키아가 탈-공산주의 이후 비효율적인 시설을 폐쇄한 것, 1980년대 스웨덴과 프랑스가 원자력을 채택한 것이 포함된다. 엄밀히 말해서, 이러한 변화는 기후변화 문제와는 거의 관련이 없다. 교토 의정서가 체결된 1997년 이후 자료만 보면 동유럽 국가만 5% 이상의 비율로 탈탄소를 실행했고 이 가운데 한 나라(러시아)만 의정서를 비준했다. 최근 제시된 목표의 탈탄소율을 달성하는 것은 역사적 선례가 거의 없는 심대한 도전이다. 탈탄소화에서 몇 가지 의미 있는 성공이 있었지만, 이 사례들(프랑스와 스웨덴의 원자력, 탈-소비에트 이후 동유럽의 탈산업화, 중국의 빈곤 완화, 미국의 셰일가스 개발)은 기후변화를 염두에 두지 않고 이루어졌다. 여기에서 얻을 수 있는 가장 큰 위안은 우리가 탈탄소화를 위한 혁신에 특별히 초점을 맞춘 적이 없다는 것이다. 면밀한 계획을 세운다면 아마도 더 나은 결과가 있을 것이다(Geels et al., 2017).

다양한 기술이 필요한 이유

부분적으로는 요구되는 변화의 규모로 인해 다양한 기술들을 효과적이고 저렴하게 기가 톤 규모로 배치할 필요가 있다. 묘책은 없다. 한두 가지 기술로는 그 일을 해낼 수 없다. 유망한 몇몇 기술보다 다양한 많은 기술이 기후변화를 해결할 거라고 기대하는 데는 몇 가지 이유가 있다. 첫째, 신기술이 발전하고 점점 더 많이 도입될 때 어떤 일이 생길지 모른다. 이러한 불확실성은 기후변화를 다루는 데 있어 폭넓은 수단을 보유하는 것이 더 낫다는 걸 의미한다(Anadon et al., 2017). 둘째, 세계는 이질적인 곳이다. 사람들은 서로 다른 방식으로 제공되는 다양한 서비스를 에너지 시스템에 원한다(GEA, 2012). 어떤 곳에서는 확장 가능하고 깨끗하고 저렴한 기술이 다른 곳에서는 작동하지 않을 수 있다. 셋째, 기술은 심지어 유익한 기술마저도 매우 큰 규모가 되었을 때는 부정적인 사회적 영향을 끼치기 시작한다는 것이 명확하다는 점이다(Grubler, 1998). 우리는 다양성을 통해 그러한 영향을 피할 수 있다. 정책적 관점에서 한 가지 시사하는 바는 단일한 기술적 경로를 옹호하거나 집중하는 것은 바람직하지 않다는 것이다. 에너지 혁신이라는 더 큰 사회적 목표를 지원하는 수단으로서 우리의 정책은 다양성을 반영해야 한다. 몇 가지 핵심 기술에만 자원을 집중하는 방식으로는 기후변화에 대처할 수 없을 것이다.

정부의 역할

공공정책이 필요한 것은 개인과 기업은 그들의 결정이 사업의 성패에 핵심적일 때조차도 스스로 이러한 노력을 기울일 가능성이 낮기 때문이다. 에너지 혁신에서 정책의 역할을 정당화하는 두 가지는 시장 실패와 시스템 실패를 포함한다. 첫째, 기후 관련 혁신에서 잘 알려진 시장 실패로는 적어도 두 가지가 있다. 화석연료를 배출하는 활동에 종사하는 이들은 그들이 초래한 기후 피해에 대가를 치르지 않고 있다(Tybout, 1972). 정부는 탄소 가격(역주: 탄소 배출의 대가로 부담하는 비용) 제도와 같은 다양한 정책 수단을 통해 손해를 배상하도록 함으로써 시장의 실패를 바로잡을 수 있다. 두 번째 시장 실패는 초기 기술, 특히 신기술이 복제될 수 있기 때문에 발생한다(Teece, 1986; Noaily and Shestalova, 2017). 이러한 시장 실패는 혁신에 대한 투자로 창출된 지식을 독점적으로 사용하는 것이 어렵기 때문에 발생한다. 그것은 한 회사에서 다른 회사로, 그리고 비슷하게 한 나라에서 다른 나라로 파급된다. 이러한 지식의 파급은 기술에 대한 투자 동기를 감소시켜 두 번째 공공재 문제를 야기한다. 말하자면, 기업과 일부 국가들이 타자의 기술 투자에 무임승차할 동기를 갖게 된다. 혁신과 관련된 시장 실패의 문제는 지식의 파급이 기업들로 하여금 혁신에 과소 투자하도록 이끌 것이라는 점이다(Rosenberg, 1990).

두 번째 부류의 이유는 정부가 그 실패에 책임을 져야 할 '혁신시스템'에 관한 연구에서 비롯된다(Carlsson and Stankievicz, 1991; Bergek et al., 2008). 정부 개입을 정당화하려면 기업가의 잘못된 기능 수행과 같은 시스템 구성요소 상의 실패를 찾아야 한다(Bleda and del Rio, 2013). 역사가 오래된 기존 기술과 경쟁하는 신기술은 일반적으로 다양한 발전 단계에서 이러한 문제들에 직면한다.

기업과 개인이 세계 경제를 탈탄소화하기 위해 주요한 혁신 노력을 기울여야 함은 명확하다. 그러나 여기서 요점은 오염의 부정적 외부효과와 지식의 긍정적 외부효과, 그리고 혁신시스템의 실패 등을 해결할 정부가 없다면 현재의 인센티브만으로는 불충분하다는 것이다.

혁신의 필요성

에너지 및 기후 문제에 대응하기 위해 에너지 혁신을 새로이 강조할 필요가 있다고 다양한 그룹이 주장하고 있다. 이러한 노력은 공공 R&D의 필요성을 강조한 1990년대 미 대통령 과학기술자문위원회(PCAST) 연구에서 시작되었다(PCAST, 1997; PCAST, 1999; Holdren and Baldwin, 2001). 다른 연구는 에너지 기술의 여러 이점을 국방예산 절감과 같이 화폐 단위로 정량화함으로써 R&D 투자를 정당화하였다(Schock et al., 1999). 또 다른 논문들은 민간 R&D 투자의 감소 추세를 지적하면서 공공 R&D의 필요성을 강조했다(Dooley, 1998; Margolis and Kammen, 1999; Nemet and Kammen, 2007). 개발도상국 R&D를 수집한 데이터는 이 지역들에서 혁신의 중요성이 커지고 있음을 강조했다(Gallagher et al., 2011). 한편, 전문가 인터뷰를 권고한 미국 국립연구위원회(US National Research Council) 보고서에 뒤이어 방대한 연구들이 수행되었다(NRC, 2007). 이 연구들은 다양한 에너지 기술들에 대한 R&D 지출의 영향을 정량화하기 위해 전문가들의 판단을 이용했다(Anadon et al., 2017; Verdolini et al., 2018). 또 다른 일련의 연구는 혁신 시스템(Hekert et al., 2007)이란 관점에서 R&D를 넘어 혁신을 보다 광범위하게 보고 에너지 기술혁신시스템의 특징을 살폈다(Gallagher et al., 2012). 효과가 있다고 여겨지는 것들에 대한 이론을 개발하기 위한 대규모 사례 연구도 있으며(Grubler and Wilson, 2014), 이러한 연구들은 시스템적 사고의 필요성을 강조했다.

낙관의 근거들

단기간에 거대한 변화를 이뤄내야 하는 상황과 30년의 노력에도 실질적 진전이 별로 없었다는 사실은 많은 이들이 기후변화의 해결 전망에 대해 낙담하도록 만들었다. 비관적 전망을 뒷받침하는 사례는 풍부하며 역사적 증거자료와 정량화 분석에 기반하고 있다. 이러한 견해에서 벗어난 사례들은 너무 적다고 묵살된다. 국제 협상에서의 진전은 "말 잔치"일 뿐이다. 기후변화를 다룰 때면 회의론자가 행동가보다 진지하게 받아들여지기가 훨씬 쉬운 상황이 되었다. 물론, 이들은 기후변화 자체를 의심하는 회의론자들이 아니라, 그것이 매우 중요한 문제라는 점은 인정하지만 해결 방법을 찾기가 너무 어렵다고 믿는 행동 회의론자들이다. 나 또한 학문 활동 초기에는 이러한 행동 회의론자였다. 에너지 분석과 글로벌 거버넌스를 가르치는 나의 초점은 에너지 시스템을 바꾸는 것이 얼마나 큰 도전인지, 그리고 국제협력이 얼마나 어려운 것인지를 밝히는 것이었다. 나는 "전례 없는"이라는 단어를 자주 사용했다. 통계 자료와 읽기 자료, 그리고 학생들이 제출한 과제 및 보고서에 대한 논평들을 통해 나는 학생들에게 이 문제가 얼마나 어려운 것인지 설득할 수 있었다.

행동 회의론자들이 만들어낸 결과물 중 하나는 비관적 관점의 확산이다. 미디어와 학술 논문에서 그것을 볼 수 있다. 그리고 정말 가슴 아프게도 내가 가르치는 에너지 시스템이나 환경 거버넌스 수업에 참여하는 학생들에게서 그것을 보았다. 이러한 경험이 나로 하여금, 다른 수많은 이들과 마찬가지로, 도대체 왜 이 문제를 다루고자 하는지 묻게 했다. 사람들이 기후변화를 연구하는 이유는, 첫째 그것이 가치 있는 문제라고 생각하고, 둘째 정말로 해결 방법이 있다고 낙관하기 때문이라고 나는 생각한다. 2009년 12월 코펜하겐에서 열린 유엔 기후변화 회의 이후 학생들 사이에서 만연한 비관론을 보면서 나는 기후변화 해결에 낙관하는 근거를 모아보기로 마음먹었다. 그것은 새로운 집단행동, 정책 경험으로부터의 학습, 다른 분야의 선례 등이며 11장에서 이에 대해서 자세히 기술했다.

지난 몇 년간, 위 목록 중 한 항목이 가장 큰 설득력을 얻게 되었다. 슬럼프에 빠진 학생들의 어깨와 산만한 모습을 일깨운 것은 바로 '기술의 향상'이었다. 많은 경우 이것은 다른 근거들의 신뢰성도 강화했다. 또한 나는 에너지 시스템 혁신을 연구하기 때문에 내 연구와 강의가 맞닿는 부분이기도 했다. 혁신을 촉진하기 위해서는 성공적인 모델이 필요하다. 우리는 그 모델이 성공한 이유를 알아야 한다. 그리고 다른 어떤 에너지 기술보다 더 많이 변화한 기술이 바로 태양광이다.

태양광 발전이 거둔 성공

기후변화에 대응할 성공적인 에너지 혁신 모델을 찾기 위해서는 먼저 태양광을 살펴봐야 한다. 태양광의 비용과 성능은 다른 어떤 에너지 기술보다 많이 향상되었다(McDonald and Schrattenholzer, 2001; Rubin et al., 2015). 지금은 놀라울 정도로 싸다. 불과 몇 년 전과 비교해도 그렇고 거의 모든 다른 발전 방식에 비교해서도 저렴하며, 앞으로 더 싸질 것이다. 값싼 태양광은 인류 문명의 놀라운 성과였지만 결코 필연적인 것은 아니었다. 지난 70년 동안 태양광의 진화 과정에서 몇 번의 섣부른 예단이 있었다. 이 책 전체에서 내가 solar, PV, solar PV를 혼용하는 것에 유의하기를 바란다. solar(태양에너지)란 단어가 PV(광전지, photovoltaic)보다 더 많은 것을 포괄한다는 것도 사실이지만, 약어의 사용은 그 간결성에도 불구하고 의미 전달력을 떨어뜨려 때때로 본래 단어를 사용하는 것이 도움이 될 수 있음을 다학제 통합 강의를 하면서 깨달았다.

태양광의 극적인 변화

광전지 기술의 핵심인 모듈에서 비용이 극적으로 줄어들었다. 태양광의 진화는 종종 컴퓨터 프로세서의 발전과 비교된다(Farmer and Lafond, 2016; Hutchby, 2014). 1957년 최초 상용 태양광의 비용은 현재 기준으로 약 300,000$/MWh였다. 1MWh는 평균적인 미국 가정의 월간 전기 사용량이다. 오늘날 햇빛이 좋은 지역의 발전 단가는 20$/MWh에 불과함을 고려하면 가격이 15,000분의 1로 감소했다.

모듈 비용에서의 엄청난 발전의 한 가지 결과는 이제 "소프트(soft)" 비용이 태양광 전기의 총비용을 좌우한다는 것이다(Barbose et al., 2017). 이러한 소프트 비용에는 지붕설치 기술자/전기 기술자, 신기술 마케팅, '한 번에 한 지붕' 단위 영업방식, 금융, 새로운 비즈니스 모델, 전력 규제 변화, 정책 혁신, 그리고 결정적으로 주변 기술 시스템으로의 통합과 관련된 비용이 포함된다. 그러나 소프트 비용도 개선되고 있고(Gillingham et al., 2016) 모듈 비용에서 볼 수 있는 놀라운 발전을 따라잡고 있다 (O'Shaughnessy, 2018).

값싼 태양광전지

태양광은 미래를 약속하는 비싼 기술이 아니라 현재도 매우 저렴한 기술이다. 많은 곳에서 태양광은 가장 값싼 발전원이며(Lazard, 2018), 오늘날 햇빛이 풍부한 특정 지역의 태양광은 인류가 발견한 가장 싸게 대규모 전기를 생산하는 방법이다. 2017년 10월 아부다비에 소재한 마스다르(Masdar)와 프랑스전력공사(Electricite de France)는 사우디아라비아 전력망에 전력을 공급하는 입찰에 17.9$/MWh로 참여했다. 사우디아라비아의 아쿠와파워(ACWA Power)는 22$/MWh로 두 번째로 낮은 입찰가를 제시했고 높은 신뢰성을 인정받아 결국 계약을 따냈다. 매우 유리한 햇빛 자원과 태양광 하드웨어의 가격 하락을 포함한 여러 요인이 결합하여 이렇게 낮은 입찰가를 형성하게 되었다. 간편한 송전망 연결, 무료 토지와 낮은 금융비용 또한 여기에 기여했다(Dipaola, 2017).

최근 태양광 프로젝트에서 가장 인상적인 것은 사우디아라비아뿐만 아니라 매우 다양한 지역에서 극히 저렴한 가격으로 계약이 체결되고 있

〈박스 1.1〉 태양광 용어와 단위

- kWh: 킬로와트시는 1시간 동안 1,000와트의 전력을 사용하는 것을 의미한다. 전기요금은 일반적으로 이 단위로 청구된다.
- MWh: 메가와트시는 1시간 동안 1,000킬로와트의 전력을 사용하는 것을 의미한다. 미국의 일반 가정은 한 달에 약 1MWh를 소비한다.
- 전기 소매가격: 개별 가구나 기업과 같은 최종 소비자가 지불하는 가격. 주택용 태양광은 전기 소매가격과 경쟁한다.
- 전기 도매가격: 소매 고객에게 전기를 판매하는 업스트림 전기 구매자가 지불하는 가격. 대규모 발전용 태양광은 전기 도매가격과 경쟁한다.
- 전력구매계약(PPA): 도매시장에서 전력을 구매하는 계약은 일반적으로 한쪽이 MWh당 지정한 가격으로 특정 기간 내에 전력을 구매하는 것을 약정하는 PPA 방식으로 이루어진다.
- 고정 달러(constant dollar): 달러 구매력을 비교하기 위해 인플레이션 등을 고려하지 않고 특정 연도(예를 들면 2016년)를 기준으로 달러 가치를 환산하여 표시하는 방법
- 설치 비용: 하드웨어와 계통 연계를 포함한 태양광 시스템 전체에 드는 비용
- 하드웨어 비용: 태양광 모듈 및 인버터 비용
- 소프트 비용: 설치 비용에서 하드웨어 비용을 제외한 비용. 일반적으로 설치를 위한 인건비와 판매, 마케팅 및 관리 비용도 포함된다.

다는 점이다(IRENA, 2018). 첫 번째 주목할 사건은 2014년 MWh당 50 달러를 제시한 미국 태양광 프로젝트의 사례이다. 당시 그 가격이 너무나 쌌기 때문에 그 진위에 대한 조사가 진행됐는데, 금융 및 유지 비용과 견적 데이터에 따라 그러한 계산이 사실인 것으로 밝혀졌다(Bolinger and Seel, 2015). 한편, 2016년 9월 아부다비 전력회사(ADWEC)가 태양광 전기 구매 계약을 체결하면서 MWh당 30달러를 제시한 것은 대규모 저가형 태양광에 대한 대중의 인식을 제고한 매우 큰 사건이었다(IRENA, 2017). 그 금액은 미국에서 천연가스와 석탄을 포함한 모든 유형의 최저가 전력 계약보다 낮았으며, 전 세계를 통틀어도 가장 저렴했을 가능성이 있다. 이후로 칠레에서 MWh당 29달러, 멕시코에서 27달러, 미국 네바다에서 23달러, 2017년 10월 사우디아라비아에서 22달러에 태양광 전력구매계약(PPA)이 체결되었으며, 2017년 11월 말 멕시코에서도 사우디와 비슷한 수준에 도달했다.

일조량이 많지 않은 지역의 태양광

페르시아만 국가는 생산적으로 사용되지 않는 광대한 토지와 함께 세계 최고의 햇빛 자원을 보유하고 있다. 이 국가들의 국내 에너지 공급의 주요 원천은 석유와 가스이며, 내수가 아닌 수출을 통해 훨씬 더 높은 가격을 받고 있다. 걸프 지역의 태양광은 여러 면에서 매우 당연한 선택이다. 그러나 이제는 환경이 덜 유리한 곳에서도 값싼 태양광을 볼 수 있게 되었다. 독일은 40년 동안 태양광 개발의 최전선에 있었지만, 태양광 보급 촉진을 위한 높은 투자 의지 자체가 태양광을 저렴하게 만들지는 않았다. 사실 독일의 일조량은 걸프 지역의 3분의 1에 불과하며 미국 48개 주 중 일조량이 가장 적은 지역과 비슷하다. 결과적으로 독일의 시스템은 동일한 장비에서 더 적은 MWh를 생산하기 때문에 페르시아만에 있는 같은 시스템보다 MWh당 3배의 비용으로 전기를 생산한다. 2014년 독일은 태양광 직접 보조금 제도를 경매로 전환하여 MWh당 최저 입찰자가 조달 계약을 체결하도록 하였다. 이를 통해, 일조량이 부족한 독일에서조차 가격이 싸지고 있으며, 2017년의 태양광 입찰가는 45$/MWh 수준이 되었다. 독일의 태양광 가격은 천연가스를 능가하여 석탄과 경쟁하게 되었다. 콜로라도는 독일보다 두 배 이상의 일조량이지만 페르시아만 정도의 수준은 아니다. 2018년 제안 요청에서 태양광은 30$/MWh에 입찰되었으며 배터리 저장이 포함된 태양광은 MWh당 36달러였다. 천연가스 발전 PPA는 세계 어디보다 훨씬 싼 미국에서조차도 최근 MWh당 금액이 20~30달러 수준이다(Wiser and Bolinger, 2017).

부유하지 않은 나라의 태양광

태양광은 부유한 선진국에서만 싼 것이 아니다. 인도의 1인당 GDP(PPP)는 미국의 11%, 중국의 절반도 되지 않지만 지난 4년 동안 매년 1기가와트 이상의 태양광을 설치해왔다. 중국, 미국에 이어 세 번째로 큰 태양광 시장이다. 이집트는 가장 최근에 1기가와트 이상의 태양광 발전소를 설치한 국가가 되었다. 탄자니아는 활발한 태양광 산업을 가지고 있는데, 그중 오프-그리드 일렉트릭(Off-grid Electric)은 최근 탄자니아와 르완다에서 추진하는 프로젝트의 자금 조달을 위해 5천만 달러를 조성했다. 칠레는 세계에서 가장 저렴한 태양광 계약을 맺은 국가 중 하나이며 막대한 햇빛 자원을 활용하겠다는 강한 의지를 가지고 있다. 에너지 공급의 부족과 높은 가격으로 칠레 에너지 믹스의 8%는 현재 태양광이 담당하고 있다. 남아공에는 전력망이 없는 농촌에 물 펌프를 작동시키는 전력원으로 태양광 발전을 사용하는 틈새시장이 생겼다. 산에 있는 수자원을 활용하는, 쉽지만 시간이 많이 소요되는 전통적인 수동 펌프는 태양 에너지를 이용해 비용을 줄이고 효율성을 높이게 되었다. 라이베리아는 태양광 램프의 도입과 함께 태양광 산업이 번창하고 있으며 시골 가정에 전력을 공급하는 데 일반적으로 사용되는 가스 발전기를 대체하는 관개용 태양광 펌프와 옥상 태양광으로 산업이 확장되고 있다.

알려지지 않은 사실들

지구에 도달하는 햇빛 자원의 크기는 매우 크다(IPCC, 2011). 몇 분의 햇빛만으로도 1년 동안 전 세계에 전력을 공급할 수 있을 정도다. 수백 평방마일 정도의 패널만으로도 우리 문명에 에너지를 지속적으로 공급할 수 있다. 아마도 이러한 주장들을 지난 60년 동안 에너지 분야에 종사한 사람이라면 모두 들어봤을 것이다. 이러한 주장에 대해 과거에는 "맞아요, 하지만…"이라고 대답하며 쉽게 묵살하곤 했는데, 그 이유는 태양 에너지가 너무 비쌌기 때문이다. 그런데 내 경험에 따르면 일반 대중은 물론 에너지 분야에 있는 사람들마저도 태양광이 얼마나 싸졌는지 이해하지 못하고 있다. "여전히 너무 비싸요", "화석연료 발전을 대체할 순 없죠"와 같은 말을 우리는 듣고 있다. 대다수 사람들은 위에서 설명한 막대한 햇빛 자원의 활용에 우리가 얼마나 근접했는지 깨닫지 못하고 있다. 많은 지역에서 태양광은 전기를 생산하는 가장 저렴한 방법임이 확실하다. 그런데도 여전히 태양광이 엄청나게 비싸다고 생각하는 것 같다. 아마도 사람들의 인식 변화에 오랜 시간이 걸릴 수도 있다. 어쩌면, 1954년, 1979년, 1993년에 공표된 성급한 약속에 대한 실망감이 오늘날에도 사람들이 태양광 발전의 가능성을 외면하게 만들었을 수도 있다.

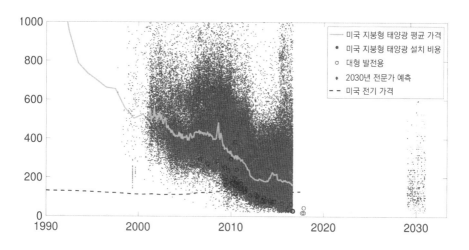

〈그림 1.1〉 1990~2017년 태양광 가격과 2030년 전문가 예측 가격(세로축 단위: 2016$/MWh)

전문가들의 오판

이 같은 태양 에너지 회의론의 흥미로운 면은 이 기술을 아주 잘 아는 이들조차 지나치게 비관적이라는 것이다. 2008년에서 2011년 사이에 나와 동료들은 2030년 태양광 예상 가격에 대해 65명의 전문가들을 대상으로 구조화된 인터뷰와 설문조사를 실시했다(Verdolini et al., 2015; Curtright et al., 2008; Baker et al., 2009; Anadon et al., 2011; Bosetti et al., 2012; Davis and Fries, 2011). 우리는 무작위 표본이 아닌 태양광 분야에 대해 가장 잘 아는 이들로 인터뷰 대상을 선택했다. 인터뷰 시점에서 2030년은 태양광이 대규모로 경쟁력을 갖추게 되리라 예상됐다. 우리는 인터뷰 결과를 일관성 있게 편집했는데(Verdolini et al., 2015), 그 결과와 실제 현실을 비교하여 몇 가지 사실을 관찰할 수 있었다(그림 1.1).

- 2017~2018년 실제 지불된 태양광 전기의 가격은 2030년에 대한 전문가 예측치의 중앙값보다 낮다.
- 앞서 설명한 2017년 최저 PPA 계약은 2030년에 대한 각 전문가의 가장 낙관적인 경우의 중앙값보다 낮다.
- 실제로 2017년 사우디와 멕시코의 18$/MWh는 2030년에 대한 전문가들의 가장 낙관적인 예측치보다 낮다.

2010년부터 현재까지 태양광의 발전은 이 기술을 가장 잘 알고 있는 사람들에게조차 놀라운 일이었다.

잘못 설계된 예측 모델

글로벌 에너지 시스템의 움직임을 시뮬레이션하는 컴퓨터 모델도 태양광에 대해 반복적으로 틀린 예측을 해왔다. 에너지 분야 예측은 잘 틀리는 것으로 악명이 높고(Craig et al., 2002), "컴퓨터가 만든 동화"(Smil, 2008)로 치부되곤 한다. 동료들과 내가 태양광 보급 예측치를 면밀히 검토해보니(Creutzig et al., 2017), 어떤 해는 과대 예측하고 다음 해는 과소 예측하는 식으로 부정확성이 들쭉날쭉하지 않는다는 사실이 밝혀졌다. 오히려, 태양광 보급을 항상 과소 예측하는 편향성이 드러났는데, 가장 낙관적인 그린피스의 전망조차도 태양광의 실제 설치량을 과소 예측했다(Greenpeace, 2015). 일부 예측은 10배 이상 빗나가기도 했다. 도대체 왜 그렇게 틀리는 것일까? 관련 연구(Creutzig et al., 2017)를 통해 우리는 태양광 보급 예측 모델이 학습효과, 정책, 그리고 경쟁 기술의 비용 증가라는 세 요소를 빠트렸음을 확인할 수 있었다. 첫째, 예측 모델들은 기술 변화의 성격을 감안한 보정 작업은 진행했지만, 실천을 통한 학습에서 얻어진 보급과 비용 절감 간의 긍정적 피드백을 제대로 반영하지 못했다. 이러한 상호작용은 태양광의 진화에서 핵심을 차지하고 있다.

둘째, 예측 모델들이 도출한 최적의 에너지 공급 모델은 태양광에 대한 직접적인 정책 지원을 포함하지 않았다. 이 책의 후반부에서 설명하겠지만 태양광에 대한 보조금은 처음에는 일본, 그다음엔 독일에서 훨씬 더 큰 방식으로, 이후엔 여러 나라, 특히 중국에서 시장의 규모를 엄청나게 키웠다. 부분적으로는 이러한 정책 덕분에 태양광 보급이 엄청나게 늘어났다. 강력한 대중의 지원이 뒷받침되어 이 정책은 지속성과 때론 견고함을 유지할 수 있었다. 가장 중요한 것은 이러한 정책들이 앞서 설명한 실천을 통한 학습의 긍정적 피드백 과정에 촉매 역할을 했다는 것이다.

셋째, 예측 모델은 다른 저탄소 경쟁 기술, 특히 원자력과 탄소포집저장(CCS) 기술의 비용에 대해 지나치게 낙관적이었다. 이 기술들은 예상보다 훨씬 더 비싼 것으로 드러났다. 반면에, 지금까지는 미국에 국한된 얘기지만 천연가스는 공급이 확산되면서 당초 예상보다 싸졌다. 그러한 상황에서도 태양광 전기 가격이 천연가스(화력) 전기 가격에 거의 근접하게 되었다(Lazard, 2018).

무례한 비판자들

마지막으로 태양광이 널리 보급되는 것을 바라지 않는 사람들이 있음을 인정해야 한다. 반대하는 사람들에게는 다양한 동기가 있다. 일부는 전력망의 안정성에 대해 정말로 우려하는 것 같고, 일부는 태양광 사용이 나머지 전력망에 부정적인 외부효과(externality)를 유발할 거라고 미리 걱정하고 있다. 어떤 이들은 여전히 태양광을 히피족, 자유주의자, 강압적인 정부 규제와 연관시킨다. 누군가에게는 태양광 패널이 낯설고 눈에 거슬리는 물건이다. 기존 비즈니스 모델을 위협할 거라고 걱정하는 사람들도 있는데, 이들은 태양광으로 인해 독일의 전력 가격이 낮아지자 위기를 맞은 독일의 전력 회사들의 상황을 지적한다(Morris and Jungjohann, 2016). 비판자들의 공격적인 태도는 아마도 태양광이 진지한 에너지 기술에 도달했다는 매우 강력한 징후일 것이다. 현재의 태양광 시스템에는 물론 우려와 한계가 있다. 여기에는 간헐성, 선진국이 가진 기존 전력사업 모델, 개발도상국의 자금 조달 제약 등이 포함된다. 이외에도 독성 물질(Fthenakis and Moskowitz, 2000), 투입되는 에너지(Hertwich et al., 2015), 재활용의 필요성(Davidsson and Hook, 2017), 지구의 알베도(albedo, 반사율) 감소로 인한 온난화 우려도 있다(Nemet, 2009b). 일부 주장은 사실이 아님이 밝혀졌고, 일부는 더 많은 분석이 필요하며, 일부는 극복하기 위해 더 많은 노력이 필요하다. 하지만 어느 시점부터는 태양광을 비판하고 무시하는 일들이 무례하게 보인다. 값싼 태양광이 에너지 생산과 사용의 사회적 문제를 완화하는 방안 중 하나라는 사실을 누가 인정하지 않을 수 있을까? 태양광이 에너지 시스템을 바꾸는 사회의 노력에서 한 축을 담당해야 한다는 것이 전력의 100%나 50%를 공급해야만 한다는 말은 아니다.

가야 할 먼 길

태양광의 놀라운 전진에도 불구하고 아직 승리를 선언할 때는 아니다. 태양광 발전은 여전히 전 세계 전력 공급의 1.2%에 불과하고 총에너지 소비의 1% 미만을 차지한다. 일본, 독일 같은 나라들은 그보다 몇 배가 보급되었지만(그림 1.2), 미국, 중국, 인도와 같은 나라에서는 전기 공급의 1% 미만이다.

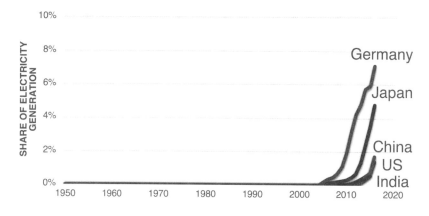

〈그림 1.2〉 전체 전력 발전에서 태양광이 차지하는 비율(독일, 일본, 중국, 미국, 인도)

태양광이 에너지 시스템에서 주변이 아닌 중심 요소가 되기 위해서는 에너지 시스템에 큰 변화가 필요하다. 태양광의 완전한 이야기는 향후 20년 동안 전력의 30~50%까지 도달할지 아니면 이대로 1%대에 머물지 지켜보면서 쓰여질 것이다(Sivaram, 2018b). 한편, 에너지 시스템의 현대화는 제도와 인프라, 그리고 이 둘의 상호작용 측면에서 매우 중요한 도전이다. 일부 지역은 다른 곳보다 이러한 전환을 감당할 준비가 더 잘되어 있는 것처럼 보인다. 그런데 태양광 보급이 1%일지 50%일지가 논쟁이 되는 이유는 태양광이 가장 저렴한 전기가 되었기 때문이다. 이러한 진화는 매우 오랜 시간이 걸렸다. 〈그림 1.2〉에서 보듯 70년이 소요되었고, 초기 형성기인 19세기까지 거슬러 올라가면 더 오랜 시간이 필요했다. 이러한 과정을 가속화하는 수단이 있음을 보여준다면 태양광 모델은 유용할 것이다.

연구 질문

태양광의 성공은 이 프로젝트에서 세 가지 연구 질문을 제기한다.

1. 태양광은 어떻게 저렴해지게 되었나?
2. 왜 그렇게 오랜 시간이 걸렸는가?
3. 태양광은 어떻게 다른 저탄소 기술을 위한 모델이 될 수 있는가?

점점 더 상세해지는 데이터 분석을 포함하여 나날이 증가하는 태양광에 관한 연구 논문에도 불구하고 위 질문에 대한 답은 여전히 만족스럽지 못하다. 태양광에 대한 포괄적이고 체계적인 분석의 부재는 이러한 무지를 지속시킨다. 동시에 이는 이 책의 집필 동기이기도 하다. 기술적 개선 (Green et al., 2016), 소비자 수용 행동(Rai and Sigrin, 2013; Graziano and Gillingham, 2015), 전력망 통합(Deetjen et al., 2016; Gowrisankaran et al., 2016), 개별 국가의 정책(Hoppmann et al., 2014) 등에 초점을 둔 경우도 있지만, 이러한 연구는 통찰의 일부만 제공한다. 실제적 답을 얻기 위해서는 글로벌 스케일의 분석이 필요하며(Zhang and Gallagher, 2016), 태양광이 발전한 제도적 맥락의 역사적 진화를 기록해야 한다(Laird, 2001). 또한, 주재료인 실리콘(Pillai, 2015)의 구입부터 지붕형 태양광을 설치하는 인력의 활동(Friedman et al., 2013), 소비자 행동의 동기에 이르기까지 전체 공급망도 다뤄야 한다(Rai and Robinson, 2013). 나아가, 호주의 마틴 그린, 미국의 폴 메이콕(Paul Maycock), 일본의 도쿠지 하야카와(Tokuji Hayakawa), 중국의 시정룽(施正榮, Zhengrong Shi), 독일의 한스 요제프 펠(Hans Josef Fell)과 헤르만 셰어(Hermann Scheer)를 비롯한 주요 혁신가들은 다양한 동기를 가지고 수십 년 동안 저렴하고 효율적인 태양 에너지 개발을 추구해 왔다. 태양광에는 금전적 이유를 넘는 동기를 부여하는 무언가가 있다(Wolfe, 2018). 이러한 내적 동기와 커리어 발전의 궤적도 태양광이 저렴하게 된 핵심 요인 중 하나다. 이것이 중요한 이유는 태양광 상용화의 역사가 여러 번의 호황과 불황을 반복했기 때문이다. 태양광의 초기 역사는 1839년으로 거슬러가며 상용화 단계는 1950년대로 돌아간다. 이런 이유로 70회 이상 진행한 개인 인터뷰는 본 프로젝트의 중심 연구 전략이다. 초점은 미국, 일본, 독일, 중국의 4대 핵심 국가에 있지만, 발전의 원동력과 결과가 4개국을 뛰어넘기 때문에 총 12개국 이상의 사람들과 인터뷰했다.

이 책에서는 위에서 제기한 세 가지 연구 문제에 답하고자 기존 데이터는 물론 최신 데이터를 이용하고 나와 다른 사람들이 수행한 분석을 활용하기도 했다. 한 사람의 저자가 집필했기 때문에 다른 사람의 작업을 제시하고 활용하는 것이 중요하다. 학제간 연구의 주요 도전은 한 사람은 한두 영역에서만 전문성을 가질 수 있기에 개별 전문가가 지닌 깊이 있는 지식을 전부 가질 수는 없다는 것이다. 따라서 이러한 접근은 통합적이고 다학제적이며 포괄적이지만, 태양광의 초기 발전 과정을 다룬 다른 우수한 연구에 비해 피상적일 위험이 있다(Wolfe, 2018; Perlin, 1999; Laird, 2001). 국제적 맥락에서의 혁신에 초점을 둔 점을 고려하여 나는 이 책의 이론적 틀로서 국가혁신시스템(NIS)을 사용하며, 에너지 관련 혁신 연구와 에너지기술혁신시스템(ETIS)이란 프레임워크도 활용하고자 한다.

국가혁신시스템

국가혁신시스템 이론은 점점 더 세계화되는 경제에서 혁신을 설명하는 방법으로 1990년대부터 각광받았다(Nelson, 1993; Freeman, 1995).

국가혁신시스템 이론의 핵심 개념—국가들은 서로 다른 방식으로 혁신을 추구한다—은 프리드리히 리스트(Friedrich List)의 저작까지 거슬러 올라가는데, 그는 경제적 행위자들이 국가와 관계 맺는 독특한 방식을 관찰하였다(List, 1841). 핵심적 통찰은 국제 무역, 통신 및 운송의 꾸준한 증가에도 불구하고 혁신을 단일한 글로벌 시스템에서 발생하는 것으로 보는 것은 혁신의 주요한 측면을 놓치기 쉽고, 지리적 경계가 있는 활동을 분석하는 유용한 틀은 오히려 국가 단위라는 것이다. 기업과 개인의 관계 네트워크는 혁신이 발생하는 방식의 핵심이며 이러한 관계는 종종 국가들 사이에서보다는 한 국가 내에서 훨씬 더 강하게 나타난다. 나아가 국가 단위 분석이 유용한 이유는 혁신이 교육 시스템, 산업과 국가의 관계, 과학 및 기술 기관, 정부 정책, 문화적 전통, 그리고 다른 국가 기구 등과 같은 고유한 기관들에 의해 영향을 받기 때문이다(Lundvall, 1992). 이러한 국가적 특성은 미시적 수준의 행동, 즉 기업과 개인이 상호작용하는 방식을 결정하여 고유의 혁신 체계를 창출한다. 여기서는 지식, 지식 생성(학습), 행위자 간 상호작용, 즉 지식이 전달되고 구축되는 방식을 살펴보는 데 중점을 둔다(Lundvall, 2007). 강력한 국제적 연결로 인해 초국가적 활동도 중요해졌지만, 글로벌 혁신을 상호 연결된 국가 시스템으로 보는 것이 가장 적절하다(Chaminade et al., 2018). 본 연구는 국가혁신시스템 연구의 핵심 개념을 사용하여 태양광의 발전을 분석할 것이다.

에너지기술혁신시스템

에너지 기술에 특화된 "에너지기술혁신시스템"(ETIS)이란 프레임워크는 에너지 기술혁신의 다양한 사례를 통합하여 등장했으며, 가장 직접적으로는 그뤼블러 박사(A. Grübler, 1998)의 연구에서 유래했다. 이것은 혁신에 대한 보다 일반적인 사례 연구와(Mowery and Rosenberg, 1998; Arthur, 2009) 에너지 관련 연구(Cohen and Noll, 1991; Norberg-Bohm, 2000; Taylor et al., 2003)로부터 영향을 받았다. 또한 일련의 기능(예컨 대 자원 동원, 틈새시장 지원)이 얼마나 잘 작동하는가에 따라 혁신시스 템의 건전성을 평가하는 연구(Carlsson and Stankiewicz, 1991; Hekkert et al., 2007; Bergek et al., 2015)도 토대를 제공하였다. 국가혁신시스템 (NIS)과 마찬가지로 행위자 간의 상호작용이 핵심적이다. ETIS의 기본 개념은 과학이 유용한 혁신으로 이어지는 선형적 혁신 모델과 구별하는 것이다.(Gallagher et al., 2012) 이러한 관점은 혁신을 일련의 단계로 보 는 대신 단계 간의 피드백을 강조한다. 혁신에 대한 수요와 공급 모두 중 요하며, 특히 상호작용이 강조된다(Nemet, 2009a). 이 책 전체에서 "기술 주도(technology-push)"와 "수요 견인(demand-pull)"이라는 용어가 사용 된다. 총체적 분석의 필요성에 대한 ETIS의 강조는 이 연구에서 다양한 연구 방법, 국제적·역사적 분석에 대한 강력한 동기를 부여한다(Grubler and Wilson, 2014).

무슨 일이 있었나: 요약

이 책은 '국가혁신시스템'과 '에너지기술혁신시스템'이란 이론적 개념 을 끌어들여 **"태양광 발전은 어떻게 저렴해졌는가?"**라는 첫 번째 질문을 던진다. 요약하면, 값싼 태양광 발전은 지난 70년에 걸친 강력한 세계적 연결, 중요한 지역적 활동, 그리고 다양한 정부·기업·유력 인사들의 참 여 등을 포함한 일련의 이질적인 활동의 결과로 생겨났다. 여기에는 기술 주도와 수요 견인 정책이 모두 포함된다. 여러 가지 국가혁신시스템은 때 로는 동시다발적으로 그러나 대부분은 순차적으로 서로를 보완해 나갔다. 발전은 선형적이지 않고 오락가락 진행되었다. 이전의 다른 많은 기술과 마찬가지로 태양광의 중요성은 단기적으로는 과대평가되었고 장기적으로는 과소평가 되었다. 값싼 태양광으로 가는 길에는 다음과 같은 순서가 있었다.

1. 과학적 발견, 이론적 정립 및 최초의 적용, 1954년 미국(3장)
2. 1973~1981년 미국 연방 정부의 기술 주도(R&D) 자금 지원(4장)
3. 1980년대 일본의 틈새시장과 1990년대 지붕형 태양광 프로그램(5장)
4. 2000년부터 2012년까지 독일의 2,000억 유로 수요 견인 보조금(6장)
5. 2001년부터 지속된 중국의 생산 규모 확대(7장)
6. 2010년대 소프트 비용 절감을 이룬 지역 수준의 학습(8장)

어느 한 국가가 해낸 일도 아니며 한 가지 전략만으로 설명되지도 않는다. 미국, 일본, 독일과 같은 주요 플레이어들은 어느 시점이 되면 각자의 주도권을 포기했다. 이는 태양광 개발의 전체 주기에 걸쳐 꾸준함을 유지한 나라가 없었음을 의미한다(그림 1.3).

미래 상황에 대한 기대는 태양광의 개선을 촉진한 투자에 결정적이었다. 하지만 이러한 기대는 태양광 기술에 대한 관심도가 주기적으로 크게 변화해온 특징 때문에 불안정했다. 관심이 꺼져버렸을 때도 틈새시장의 개발로 새롭게 등장한 태양광 공급망은 죽지 않고 살아남았다. 인공위성, 해상 석유 굴착 시설, 통신, 가전제품, 독립형 주택 및 친환경 소비자 등은 에너지 정책과 시장의 변동성을 견뎌내는 수요를 창출했다. 다양한 규모(1와트 미만인 계산기부터 발전소와 맞먹는 10억 와트 규모의 플랜트까지)에서 작동하는 태양광의 수용력은 다양한 응용 분야에 적합했다. 하

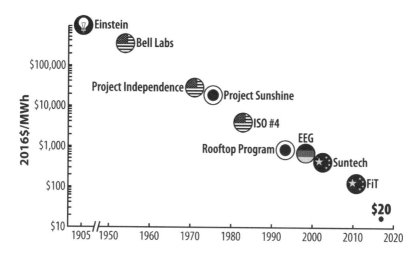

〈그림 1.3〉 값싼 태양광 진화의 주요 이정표들(단위: 2016년 고정달러/MWh)

지만 틈새시장만으로는 부족했다.

정책 시장을 적극적으로 활용하는 사업가들이 나서기 시작했는데, 특히 1990년대 후반 독일과 2009년 이후 중국이 두드러졌다. 기업들은 국제적으로 운영하고 여러 나라에 판로를 개척함으로써 정책적 리스크를 분산시켰다. 2000년대 초 세계를 주도하는 공급망을 중국에 만드는 데 중심이 된 것은 기업가들이었다. 초기 설립자들의 대다수는 호주 시민권자였는데, 그중 다수는 본래 중국 출신이었다. 태양광이 널리 보급되기에는 너무 비쌌을 때 풍력 발전이 선구자 역할을 하며 정책을 위한 테스트베드를 제공했다.

과학적 지식(Einstein, 1905)은 태양광 기술의 핵심이다. 핵반응과 마찬가지로 전자를 움직이는 데 광자를 이용하는 것은 기술적 우아함을 가지고 있다. 태양광에는 연료, 마찰, 열전달, 움직이는 부품이 전혀 없다.

태양광은 기름을 찾거나 석탄을 태우는 수렵 채집의 전통(Yergin, 1991)이나 바람을 이용하는 경험(Gipe, 1995)에서 나온 것이 아니다. 그 대신 태양광은 원자력과 마찬가지로 새로운 지식을 필요로 했다. 그것은 과학에서 출발하며 그 지식을 기초로 삼아 수십 년에 걸쳐 지속적인 개선을 이뤄 나갔다. 지식은 과학 간행물, 학술회의, 기계 장비, 그리고 무엇보다도 한 나라에서 다른 나라로 이동하는 사람들을 통해 흘러나갔다. 그리하여 태양광 기술은 지배적인 디자인의 조기 출현, 광전효과에 대한 확실한 이론적 기초, 파괴적 생산 혁신, 그리고 1975년(미국), 1994년(일본), 2000년(독일)의 학습 지향적 정책의 시행과 같은 온갖 요소들을 통해 발전해 나갔다.

혁신 모델로서의 태양광

이 책 집필의 주된 동기는 태양광이 다른 기술의 모델 역할을 어떻게 할 수 있는지 설명하는 것이다. 태양광의 가격 하락을 이해하려면 과거를 되돌아보고, 관련 사건들의 순서를 기록하고, 중요한 사건들을 식별하고, 그들 간의 인과관계를 설정해야 한다. 모든 작업의 요점은 경로, 즉 모델화할 수 있는 패턴을 제공하는 것이다. 그러나 무엇을 위한 모델인가? 관찰된 현상을 과학적으로 정립하고 실제로 쓰일 수 있게 만든 다음, 비용의 감소와 규모의 확장을 통해 지난 100여 년간 최적화되어온 거대한 시스템과 경쟁하여 이길 수 있는 그러한 과정의 모델을 태양광이 제공할 수 있다고 생각한다. 태양광은 되풀이되는 역풍과 희박한 가능성에 맞서 그것을 해냈다.

태양광의 진전을 가져온 요인이 무엇인지 알면 다른 기술에 적용할 수 있는 패턴을 찾는 데 도움이 된다. 그중 많은 것들은 혁신 관련 연구에서 이미 지적되었다. 태양광이 압도적으로 성공적이었다는 점이 이 기술이 주요 사례 연구로서 특별하고 가치 있는 이유이다. 태양광 모델이 모든 기후 관련 기술에 적용되지는 않을 것이다. 태양광이 적절한 모델이 되는 기술과 다른 모델이 필요한 기술을 사전에 알 수 있다면 참으로 유용할 것이다. 따라서 내가 던지고자 하는 핵심 질문은 다음과 같다. **비록 느리기는 했지만, 태양광을 성공의 길로 이끈 특성은 무엇인가?**(10장). 또한 그렇다면, **다른 기술의 어떤 측면들이 태양광과 같이 혁신을 창출할 수 있는가?** 내가 발견한 태양광 기술 진화의 핵심적 특징은 다음과 같다.

- 과학적 지식
- 대량 생산
- 설계 변경의 유연함
- 모듈화로 인한 확장성
- 틈새시장 적합성
- 기술 파급의 기회

이상의 특징들은 이러한 접근 방식이 가능한 다른 기후변화 관련 기술을 식별하는 것은 물론, 다른 모델이 필요할 정도로 중요한 점에서 다른 경우를 구별해내는 데도 도움이 된다.

모델이 필요한 이유는 근본적인 에너지 전환에는 다양한 기술들이 필요하기 때문이다. 기후변화는 너무나 큰 문제여서 하나의 기술로는 부족하다. 싸고 깨끗하고 신뢰성이 있는 기술이라 하더라도 말이다. 하나로 충분할 때조차 다양화에는 강력한 이점이 있기에 우리는 하나에만 의존하고 싶지 않을 것이다(Stirling, 1994). 글로벌 에너지 시스템은 내재적으로 막대한 규모일 수밖에 없으며, 대규모 보급은 항상 문제를 만들 수밖에 없다(Grubler, 1998). 이러한 문제는 다양화를 통해 완화할 수 있다. 기후 예산에 관한 연구에 의하면, 많은 부문에 적용할 다양한 탈탄소 기술이 필요하다는 것은 분명하다(Rogelj et al., 2018). 100% 재생에너지 또는 80% 태양광에 대한 논쟁은 핵심을 놓치고 있다. 오늘날 태양광은 전체 전력의 약 1%를 차지한다. 전력의 50%나 에너지의 30%까지도 성장 가능하고(Creutzig et al., 2017) 거대해질 것이다. 그러나 그 수준에 이른다 해도 다른 기술들이 채워야 할 거대한 공간은 남는다.

태양광 발전 성공의 가장 의미 있는 기여는 기가 톤의 온실가스 감축이 아니라 다른 기후 기술들이 참고할 수 있는 성공적인 확장 모델을 확립한 것에 있다. 이 책의 전제는 태양광 혁신의 성공적 결과는 그것이 어떻게 이루어졌는지 더 잘 이해하는 것을 가치 있게 한다는 것이다. 그것이 기후변화 해결에 필요한 다른 많은 기술의 성공 가능성을 배가시킨다. 일례로, 탄소흡수기술(NET: negative emission technology)을 생각해 보라(Minx et al., 2018). 이러한 기술은 대개 너무 새로워 예측의 근거로 삼을 역사적 경험이 거의 없다. 기술적 유사성을 활용하는 것이 NET와 관련해 곧 직면하게 될 기술적 정책 결정을 이해하는 데 유용하였다. 태양광을 더 잘 알면 알수록 소형 모듈식 원자로 같은 다른 기술들은 물론, 탄소흡수기술에 대한 정책을 수립하는 데도 도움이 될 것이다.

유사한 기술들

우리는 태양광의 성공에 대해 알고 있는 것을 태양광과 유사한 특징을 지닌 저탄소 기술들에 대한 의사결정을 내릴 때 활용할 수 있다(10장). 예컨대, 배터리 저장은 많은 면에서 태양광과 유사하지만, 자체적인 발전 경로를 꽤 지나왔기에 태양광 혁신 모델이 제공하는 지침이 필요 없을 것이다. 나는 탄소흡수기술 중 직접공기포집(DAC) 기술이 태양광과 유사한 프로필을 지닌 것으로 본다. 이것은 잠재력은 크지만, 관련 경험이 거의 없는 초기 단계의 기술이다. 여기에서 태양광의 지침은 매우 큰 영향을 끼칠 수 있다. 두 번째로, 나는 소형 원자로에 태양광 모델을 적용하고자 한다. 이 기술도 태양광 모델에서 교훈을 얻을 수 있을 것이다. 담수화, 연료 전지, 고공 풍력, 차세대 태양광, 에너지 수요관리 기술 등도 적용 잠재력이 있다. 핵심은 이 기술들에 태양광 모델을 적용하여 어떻게 가속화를 이루어 낼 것인가 하는 것이다.

기후변화 해결에서 중요한 어떤 기술들은 태양광 모델이 맞지 않아 다른 모델들을 필요로 한다. 태양광과 유사한 기술만 추구한다면 다양한 기술군을 보유함으로써 얻을 수 있는 유연성을 잃어버릴 것이다. 이에 대한 우려는 10장에서 다룬다. 태양광과 확연히 다른 두 가지 범주의 기술이 있다. 첫째, 대규모 단위의 설치가 필요한 기술(탄소 포집 장치를 갖춘 화력 발전소와 바이오 에너지, 기가와트 규모의 원자력, 우주 태양광)은 태양광과 같은 반복적인 개선의 기회를 얻기 어렵다. 둘째, 토양 탄소저장, 조림, 탄소 광물화와 같은 저탄소 제거 기술들로 이러한 방식은 제조 개선 측면에서 잠재력이 크지 않고 오랜 시간에 걸친 사람들의 행동 변화가 더 중요하다. 태양광과 유사한 기술들은 두 극단 중간 어디쯤 있다. 나는 이러한 기술들이 성공하려면 무엇이 필요한지에 대한 관점을 제공하고자 한다. 해당 장은 대규모 시범사업(Nemet et al., 2018b)은 물론 소규모 NET(Nemet et al., 2018a) 관련 연구에서도 정보를 얻었다.

모델 가속화 하기

태양광의 성공적인 진화는 오직 가속화 가능한 모델로서만 유용하다. 보기에는 태양광이 주요한 에너지 기술로 급부상한 것 같지만, 실은 수십 년에 걸친 과정이었다. 베크렐(Becquerel)의 최초 광전효과 관측부터 이 현상의 기초를 설명한 아인슈타인까지 66년이 걸렸다. 이어, 벨연구소가 광자에 대한 지식을 바탕으로 효율적인 태양전지를 설계하기까지 49년 이 더 걸렸다. 그리고 또 63년 후에야 태양광이 MWh당 20달러에 계약 되고 전 세계 전기 생산량의 1%에 근접하는 시대에 도달했다.

이것이 태양광을 모델로 사용하는 데 있어 핵심적인 문제이다. 간헐 성, 금융, 그리고 다른 어떤 것들보다 더 큰 문제는 누적된 인상적인 개선 에도 불구하고 이 모든 과정이 너무 오래 걸린다는 것이다. 낙관적인 학 습 곡선을 그리며 발전해 왔고 다른 어떤 에너지 기술보다 발전했음에도 속도가 문제이다. 어쩌면 더 중요한 질문은 "태양광은 어떻게 저렴해졌는 가?"가 아니라 **"왜 그렇게 오래 걸렸는가?"**일 수도 있다. 태양광의 성공 은 모방할 가치가 있지만, 기후변화 대응의 시급성은 태양광보다 빠른 성 장 경로를 개발해야 한다는 것을 의미한다. 따라서 우리는 혁신 프로세스 를 가속화 하는 방법에 초점을 맞춰야 한다.

전환 논쟁

에너지 전환이 얼마나 빨리 이루어질 수 있는지에 대한 토론이 학계에 서 활발히 진행 중이다. 어떤 이들은 예컨대 소비자들이 사용하는 장치와 점진적인 혁신에 초점을 두면서 꽤 낙관적인 전망을 제시한다(Sovacool, 2016; Sovacool and Gels, 2016). 다른 이들은 광범위한 기술들의 역사적 사례와 꾸준히 측정된 변화율을 기반으로 전환에 수십 년이 걸릴 수 있다 고 지적한다(Grubler et al., 2016). 새로운 에너지 수요가 가장 많이 발생 할 개발도상국에 초점을 둔 사람들은 급속한 산업화 과정에서 에너지 집 약적 개발 경로에 갇힐 위험성을 지적한다(Fouquet, 2016). 에너지 전환 의 인간척도론(human dimension)을 강조한 연구도 큰 기여를 했는데,

도입 결정, 이용, 그리고 관련된 정치적 결정의 주체는 항상 인간이기 때문이다(Geels et al., 2017). 나의 연구는 이 같은 논쟁의 통찰, 특히 다른 기술들에 대한 경험적 분석에 뿌리를 둔 통찰을 활용하고자 한다. 이러한 이론적 배경은 혁신 가속화 전략과 에너지 전환 연구가 일치하는지 평가하는 데 도움이 된다.

합리적인 기대가 필요한 이유

태양광 발전이 지체된 까닭을 설명하는 그럴듯한 논거 중 하나는 앞서 언급한 때 이른 거짓 승전보가 누적되었기 때문이라는 것이다. 태양광이 에너지 문제를 곧 해결할 거라고 묘사한 장밋빛 전망이 무산되자 관심과 투자가 줄었을 것이다. 태양광은 1950년대 중반, 1970년대 후반, 그리고 2004년 직후 매우 중요한 논의 대상이 되었다. 거짓 승전보에 대한 기억은 지속되었다. 엑손(Exxon)의 CEO인 리 레이먼드(Lee Raymond)는 태양광을 진지하게 여기지 않아 1980년대 자신이 직접 관련 사업을 중단시켰다고 종종 언급했다(Sobin, 2007). 과거의 실패한 약속이 불러온 태양광 회의론을 극복하기 위해서는 훨씬 큰 노력, 따라서 더 많은 보조금이 필요했을 수도 있다. "너무 싸서 계량이 필요 없다"는 1950년대 원자력 우월주의의 길을 태양광이 걷는 건 아닌가 하는 경계가 오늘날에도 존재한다(Allen and Nemet, 2017; Sivaram, 2018a). 좀 더 합리적인 기대는 태양광의 전진을 좀 더 꾸준하고 결국은 더 빠르게 만들었을 것이다.

정치 경제적 뒷받침

태양광의 느린 발전에 대한 또 다른 설명은 정치적으로 강력하고 유능한 기득권 세력의 반대에 직면했다는 것이다. 이러한 양상은 1950년대와

1970년대의 태양광과 원자력의 경쟁에서 볼 수 있다(Laird, 2001). 태양광 기술은 초기에 군(軍)이 매우 우호적이었음에도 불구하고 좌파와 이념적으로 연관되면서 사회적 효용보다는 정치적 측면에서 논의되는 경우가 많았다(Perlin, 2013). 비록 소규모일지라도 태양광이라면 완강히 반대하는 전력 회사들의 모습은 놀랍게도 세계적인 관행이며, 미국, 일본, 중국에서 태양광의 속도를 늦추는 데 큰 역할을 했다(Hager and Stefes, 2016). 이러한 전력 회사들의 시도가 적어도 초기에는 성공하지 못한 유일한 나라가 독일이었는데, 태양광에 대한 아래로부터의 풀뿌리 지지가 강했기 때문이었다(Morris and Jungjohann, 2016). 그러나 독일에서조차 2010년부터 전력 회사 등이 태양광 지원의 상당한 개혁을 요구하기에 이르렀다. 한 가지 해석은 다른 나라의 전력 회사들이 독일 전력 회사의 파산 경험에서 교훈을 얻었으며, 유사한 운명을 피하고자 규제를 통해 태양광 채택을 제한하려 했다는 것이다. 태양광에 반대하는 전력사업자의 영향력을 보다 심각하게 인식하고 효과적으로 맞서거나 후자에게 태양광을 통한 새로운 기회를 찾도록 했다면 태양광의 발전은 가속화되었을 것이다.

도약

만약 한 나라가 태양광 발전의 전체 과정을 추진했더라면, 어쩌면 우리는 더 빨리 저렴한 태양광에 도달했을 수도 있었을 것이다. 하지만 일관된 국가 리더십이 정답이라고 할 수도 없다. 국가혁신시스템을 연구한 논문들은 개별 국가의 고유한 혁신 환경을 강조한다. 태양광의 발전은 네 개의 선도 국가에 의지해 왔다. 지식의 이동은 쉽고 풍부했으며, 개인의 국제적인 이동은 지식의 전파를 촉진했다. 예를 들어, 한 국가가 자신의 강점 외에 새로운 역량을 개발해야 했다면, 그 국가의 혁신 모델만으로는 부족하거나 지연되었을 것이다. 각 국가의 조급함과 헌신의 부족함은 불완전하지만 다양한 접근법을 낳았다.

태양광 혁신의 주도권을 어떤 나라도 독점하지 않았다는 사실은 기술 발전의 한 국면에서 리더가 되는 것이 오히려 자멸을 초래하는 것은 아닌가 하는 의문을 갖게 한다. 물론, 늘어나는 수익이 중요하게 작용해서 리더의 지위를 확고하게 해주지만(Arthur, 1989), 그것이 결정적인 요소는 아니었다. 태양광에 대한 주도권은 계속해서 바뀌었다. 왜일까? 기술의 복제와 복사가 지식의 확산에서 중요하지만, 새로운 맥락과 국가혁신시스템 속에서 지식을 내재화하는 것 역시 중요하다. 때로 이러한 적응은 본래의 시스템보다 뛰어난 혁신의 성과를 만들어내기도 한다. '후발주자의 이점'으로 인해(Morris, 2010) 따라잡기와 도약은 가능할 뿐만 아니라 불가피한 것인지도 모른다. 태양광에 있어서 기술적 변화란 단계별로 태양광에서 가장 중요한 것이 변해왔음을 의미한다. 개별 국가혁신시스템의 강점은 결국 사라졌기 때문에 기술이 한 나라 안에 갇히는 자물쇠 효과는 강력했지만 결과를 지배하지 못했다. 물론 자물쇠 효과는 중요했고 규모의 경제, 기술 변화 및 비용 절감을 가져왔다. 하지만 변화의 확대가 요인과 자질을 새롭게 조합함으로써 자물쇠 효과의 이점을 잠식했다. 세계화는 태양광 시장을 확대했다. 하지만 수요 이상의 것이 존재했다. 공급의 측면 역시 역동적이었다. 국가들은 각각의 고유한 자질을 기반으로 적응하고, 복제하고 개선해 나갔다. 기술이 변화하고 있었기에 그 기술을 다음 단계로 발전시키는 데 필요한 자원 역시 바뀌었다. 기술적 변화 자체가 그때마다 유리한 장소(국가)를 뒤바꿔놓았다.

내 해석은 이 모든 것을 한 지역에서 성취하는 데는 더 많은 시간이 필요했을 거라는 것이다. 새로운 기후 기술들도 비슷할 거라고 나는 예상한다. 우리는 그 기술들을 개선해야 한다. 혁신이 일어나면, 기술은 변화한다. 그리고 그러한 혁신을 지속하기 위해서는 이전과 다른 새롭고도 보완적인 국가혁신시스템이 더 필요해지게 된다. 아울러 기존의 국가혁신시스템에서 얻게 될 다양한 이점들을 활용하기 위해서는 강력한 글로벌 지식 교류가 필요하다.

태양광 모델을 어떻게 가속화할 것인가

나는 4부에서 태양광 모델을 가속화 하는 방법이 최소 9가지가 있음을 주장한다. 이것은 기후변화에 의미 있는 기여를 할 다른 기술들에도 빠르게 적용될 수 있다. 나는 이를 9가지 **혁신 가속기**라고 부른다.

1. 지속적인 R&D 투자
2. 공공 조달
3. 숙련된 인력
4. 지식의 체계화
5. 파괴적 생산 혁신
6. 견고한 시장
7. 지식 파급의 효과
8. 글로벌 모빌리티
9. 정치 경제적 수용

10장에서는 이러한 수단들을 세밀하게 검토하고 이를 후보 기술들에 적용해 보고자 한다.

이 책의 구성

이 책은 4부로 구성되었다. **1부 '기술의 창조'**는 1800년대에 관찰한 한 현상에서 1980년대 초 미국의 태양광 R&D 전성기에 이르기까지 태양광의 기원을 다룬다. 초기 태양광의 진화를 기묘한 한 현상의 관찰에서 시작하여 그것이 어떤 원리로 작동하는지에 대한 노벨상을 받은 이론 정립을 거쳐 1970년대 에너지 위기의 잠재적 해결책으로 부상했는지까지 살펴본다. 다음 네 가지 발전에 초점을 둔다. 1) 1954년의 첫 태양전지와 1905년 아인슈타인의 광전자 이론과의 연관성, 2) 1950년대 미군의 태양광 채택, 3) 1970년대 석유 위기를 비롯하여 사람들을 태양광으로 끌어들인 사건들, 4) 초창기 태양광 제조를 촉진한 정부의 대형 조달사업.

2부 '시장의 형성'은 태양광 발전 과정에서 새로운 단계로의 전환을 다룬다. 정부의 정책적 노력은 태양광 수요를 늘리는 방향으로 바뀌었다. 한편, 민간에서는 가전제품 등에서 자체적으로 새로운 수요처를 꾸준히 발굴해 나갔다. 중요한 이정표로는 1993년 최초로 시행한 일본의 주택용 태양광 보조금 프로그램과 2000년 독일의 발전차액지원제도가 있다.

3부 '가격 낮추기'는 2000년부터 2017년까지 다루는데, 중국의 역할이 중심적이다. 더불어, 현재 전체 비용의 상당 부분을 차지하는 하드웨어 이외의 영역에서 태양광 생산 비용을 줄인 지역 차원의 학습도 설명한다. 또한, 당면한 시스템통합의 과제와 다년간의 투자 회수 기간으로 인해 자금 조달에서 더 큰 어려움을 겪는 개발도상국의 상황도 논한다.

제4부 '혁신, 또 혁신'은 본래의 논의로 돌아간다. 태양광의 교훈을 우리는 어떻게 배울 수 있을까? 먼저, 태양광을 저렴하게 만든 여러 요인을 명확히 한다. 그런 다음, 그 결과를 이용하여 구체적으로 태양광의 어떤 특성이 이러한 요인들과 부합하게 되었는가를 설명한다. 앞에서 묘사한 9가지 혁신 가속기를 검토하고 이를 태양광과 유사한 후보 기술들에도 적용한다. 또한, 중요한 측면에서 태양광과 달라서 별도의 모델이 필요한 기술들에 대해서도 논의할 것이다. 이어지는 2장에서는 태양광이 어떻게 싸졌는지에 대한 개괄적인 답을 제시한다.

참고문헌

Allen, T. & Nemet, G. F. 2017. Energy technology exuberance: How a little humility is good for nuclear, renewables, and society. Medium.

Anadon, L. D., Bunn, M., Chan, G., Chan, M., Jones, C., Kempener, R., Lee, A., Logar, N. & Narayanamurti, V. 2011. *Transforming U.S. Energy Innovation.* Cambridge, MA: Belfer Center for Science and International Affairs, Harvard Kennedy School.

Anadon, L. D., Baker, E. & Bosetti, V. 2017. Integrating uncertainty into public energy research and development decisions. *Nature Energy,* 2, 17071. Arthur, W. B. 1989. Competing technologies, increasing returns, and lock-in by historical events. *The Economic Journal,* 99, 116‒131.

Arthur, W. B. 2009. *The Nature of Technology: What It Is and How It Evolves,* New York, Free Press.

Ausubel, J. H. & Waggoner, P. E. 2008. Dematerialization: Variety, caution, and persistence. *Proceedings of the National Academy of Sciences,* 105, 12774‒12779.

Baker, E., Chon, H. & Keisler, J. 2009. Advanced solar R&D: Combining economic analysis with expert elicitations to inform climate policy. *Energy Economics,* 31, S37‒S49.

Barbose, G. L., Darghouth, N. R., Millstein, D., Lacommare, K. H., Disanti, N. & Widiss, R. 2017. *Tracking the Sun 10: The Installed Price of Residential and Non-Residential Photovoltaic Systems in the United States,* Lawrence Berkeley National Laboratory and SunShot.

Bergek, A., Jacobsson, S., Carlsson, B., Lindmark, S. & Rickne, A. 2008. Analyzing the functional dynamics of technological innovation systems: A scheme of analysis. *Research Policy,* 37, 407‒429.

Bergek, A., Hekkert, M., Jacobsson, S., Markard, J., Sandén, B. & Truffer, B. 2015. Technological innovation systems in contexts: Conceptualizing contextual structures and interaction dynamics. *Environmental Innovation and Societal Transitions,* 16, 51‒64.

Bleda, M. & Del Rio, P. 2013. The market failure and the systemic failure rationales in technological innovation systems. *Research Policy,* 42, 1039‒1052.

Bolinger, M. & Seel, J. 2015. *Utility-Scale Solar 2014: An Empirical Analysis of Project*

Cost, Performance, and Pricing Trends in the United States, Lawrence Berkeley National Laboratory.

Bosetti, V., Catenacci, M., Fiorese, G. & Verdolini, E. 2012. The future prospect of PV and CSP solar technologies: An expert elicitation survey. *Energy Policy,* 49, 308-317.

Carlsson, B. & Stankiewicz, R. 1991. On the nature, function and composition of technological systems. *Journal of Evolutionary Economics,* 1, 93-118.

Chaminade, C., Lundvall, B.-Å. & Haneef, S. 2018. *Advanced Introduction to National Innovation Systems,* Cheltenham, Edward Elgar Publishing.

Cohen, L. R. & Noll, R. G. 1991. *The Technology Pork Barrel,* Washington, Brookings.

Craig, P. P., Gadgil, A. & Koomey, J. 2002. What can history teach us: A retrospective examination of long-term energy forecasts for the United States. *Annual Review of Energy and Environment,* 27, 83-118.

Creutzig, F., Agoston, P., Goldschmidt, J. C., Luderer, G., Nemet, G. & Pietzcker, R. C. 2017. The underestimated potential of solar energy to mitigate climate change. *Nature Energy,* 2, nenergy2017140.

Curtright, A. E., Morgan, M. G. & Keith, D. W. 2008. Expert assessments of future photovoltaic technologies. *Environmental Science & Technology,* 42, 9031-9038.

Davidsson, S. & Höök, M. 2017. Material requirements and availability for multi-terawatt deployment of photovoltaics. *Energy Policy,* 108, 574-582.

Davis, S. J. & Fries, K. 2011. *RE: Solar PV Learning Rate: An Expert Discussion.*

Deetjen, T. A., Garrison, J. B., Rhodes, J. D. & Webber, M. E. 2016. Solar PV integration cost variation due to array orientation and geographic location in the Electric Reliability Council of Texas. *Applied Energy,* 180, 607-616.

Dipaola, A. 2017. Saudi Arabia gets cheapest bids for solar power in auction. *Bloomberg Markets*[Online]. Available: https://www.bloomberg.com/news/articles/2017-10-03/saudi-arabia-gets-cheapest-ever-bids-for-solar-power-in-auction[Accessed 4/9/2018].

Dooley, J. J. 1998. Unintended consequences: Energy R&D in a deregulated energy market. *Energy Policy,* 26, 547-555.

Downs, A. 1972. Up and down with ecology: The "issue-attention cycle". *Public Interest,* 28, 38-50.

Einstein, A. 1905. Über einen die Erzeugung und Verwandlung des Lichtes betreffenden heuristischen Gesichtspunkt. *Annalen der Physik,* 322, 132‒148.

Farmer, J. D. & Lafond, F. 2016. How predictable is technological progress? *Research Policy,* 45, 647‒665.

Fouquet, R. 2016. Lessons from energy history for climate policy: Technological change, demand and economic development. *Energy Research & Social Science,* 22, 79‒93.

Freeman, C. 1995. The 'National System of Innovation'in historical perspective. *Cambridge Journal of Economics,* 19, 5‒24.

Friedman, B., Ardani, K., Feldman, D., Citron, R., Margolis, R. & Zuboy, J. 2013. *Benchmarking Non-Hardware Balance-of-System (Soft) Costs for US Photovoltaic Systems Using a Bottom-Up Approach and Installer Survey,* NREL.

Fthenakis, V. M. & Moskowitz, P. D. 2000. Photovoltaics: Environmental, health and safety issues and perspectives. *Progress in Photovoltaics,* 8, 27‒38.

Gallagher, K. S., Anadon, L. D., Kempener, R. & Wilson, C. 2011. Trends in investments in global energy research, development, and demonstration. *Wiley Interdisciplinary Reviews: Climate Change,* 2, 373‒396.

Gallagher, K. S., Grubler, A., Kuhl, L., Nemet, G. & Wilson, C. 2012. The Energy Technology Innovation System. *Annual Review of Environment and Resources,* 37, 137‒162.

GEA 2012. *Global Energy Assessment ‒ Toward a Sustainable Future,* Cambridge, UK and New York, Cambridge University Press and Laxenburg, Austria, International Institute for Applied Systems Analysis,.

Geels, F. W., Sovacool, B. K., Schwanen, T. & Sorrell, S. 2017. Sociotechnical transitions for deep decarbonization. *Science,* 357, 1242‒1244.

Gillingham, K., Deng, H., Wiser, R. H., Darghouth, N., Nemet, G., Barbose, G. L., Rai, V. & Dong, C. 2016. Deconstructing solar photovoltaic pricing: The role of market structure, technology, and policy. *The Energy Journal,* 37, 231‒250.

Gipe, P. 1995. *Wind Energy Comes of Age,* New York: Wiley.

Gowrisankaran, G., Reynolds, S. S. & Samano, M. 2016. Intermittency and the value of renewable energy. *Journal of Political Economy,* 124, 1187‒1234.

Graziano, M. & Gillingham, K. 2015. Spatial patterns of solar photovoltaic system adoption: The influence of neighbors and the built environment. *Journal of Economic Geography,* 15, 815‒839.

Green, M. A., Emery, K., Hishikawa, Y., Warta, W. & Dunlop, E. D. 2016. Solar cell efficiency tables (version 48). *Progress in Photovoltaics: Research and Applications,* 24, 905–913.

GREENPEACE 2015. *A Sustainable World Energy Outlook 2015.*

Grubler, A. 1998. *Technology and Global Change,* Cambridge, Cambridge University Press.

Grubler, A. & Wilson, C. 2014. *Energy Technology Innovation: Learning from Historical Successes and Failures,* Cambridge, Cambridge University Press.

Grubler, A., Wilson, C. & Nemet, G. 2016. Apples, oranges, and consistent comparisons of the temporal dynamics of energy transitions. *Energy Research and Social Science,* 22, 18–25.

Hager, C. & Stefes, C. H. 2016. *Germany's Energy Transition: A Comparative Perspective,* Springer.

Hekkert, M. P., Suurs, R. A. A., Negro, S. O., Kuhlmann, S. & Smits, R. 2007. Functions of innovation systems: A new approach for analysing technological change. *Technological Forecasting and Social Change,* 74, 413–432.

Hertwich, E. G., Gibon, T., Bouman, E. A., Arvesen, A., Suh, S., Heath, G. A., Bergesen, J.

D., Ramirez, A., Vega, M. I. & Shi, L. 2015. Integrated life-cycle assessment of electricity-supply scenarios confirms global environmental benefit of low-carbon technologies. *Proceedings of the National Academy of Sciences,* 112, 6277–6282.

Herzog, H. J. 2011. Scaling up carbon dioxide capture and storage: From megatons to gigatons. *Energy Economics,* 33, 597–604.

Holdren, J. P. & Baldwin, S. F. 2001. The PCAST energy studies: Toward a national consensus on energy research, development, demonstration, and deployment policy. *Annual Review of Energy and Environment,* 26, 391–434.

Hoppmann, J., Huenteler, J. & Girod, B. 2014. Compulsive policy-making—The evolution of the German feed-in tariff system for solar photovoltaic power. *Research Policy,* 43, 1422–1441.

Hutchby, J. A. 2014. A Moore's Law-like approach to roadmapping photovoltaic technologies. *Renewable and Sustainable Energy Reviews,* 29, 883–890.

IPCC 2011. *The IPCC Special Report on Renewable Energy Sources and Climate Change*

Mitigation. Intergovernmental Panel on Climate Change (IPCC).

IRENA 2017. *Renewable energy auctions: Analyzing 2017.*

IRENA 2018. *Renewable Power Generation Costs in 2017.*

Jackson, R. B., Quéré, C. L., Andrew, R. M., Canadell, J. G., Peters, G. P., Roy, J. & Wu, L. 2017. Warning signs for stabilizing global CO_2 emissions. *Environmental Research Letters,* 12, 110202.

Klein, N. 2015. *This Changes Everything: Capitalism vs. the Climate,* New York, Simon & Schuster.

Knapp, K. E. 1999. Exploring energy technology substitution for reducing atmospheric carbon emissions. *The Energy Journal,* 20, 121−143.

Laird, F. N. 2001. *Solar Energy, Technology Policy, and Institutional Values,* New York, Cambridge University Press.

LAZARD 2018. *Lazard's Levelized Cost of Energy Analysis, Version 12.0.*

List, F. 1841. *Das nationale System der politischen Oekonomie.* Waentig Heinrich, Sammlung sc.

Lundvall, B.-A. (ed.) 1992. *National Innovation System: Towards a Theory of Innovation and Interactive Learning,* London, Pinter.

Lundvall, B. Å. 2007. National innovation systems—analytical concept and development tool. *Industry and Innovation,* 14, 95−119.

Margolis, R. M. & Kammen, D. M. 1999. Underinvestment: The energy R&D challenge. *Science,* 285, 690−692.

McDonald, A. & Schrattenholzer, L. 2001. Learning rates for energy technologies. *Energy Policy,* 29, 255−261.

Millar, R. J., Fuglestvedt, J. S., Friedlingstein, P., Rogelj, J., Grubb, M. J., Matthews, H. D., Skeie, R. B., Forster, P. M., Frame, D. J. & Allen, M. R. 2017. Emission budgets and pathways consistent with limiting warming to 1.5 °C. *Nature Geoscience,* 10, 741−747.

Minx, J. C., Lamb, W. F., Callaghan, M. W., Fuss, S., Hilaire, J., Creutzig, F., Amann, T., Beringer, T., Garcia, W. D. O., Hartmann, J., Khanna, T., Lenzi, D., Luderer, G., Nemet, G. F., Rogelj, J., Smith, P., Vicente, J. L. V., Wilcox, J. & Dominguez, M. D. M. Z. 2018. Negative emissions: Part 1—research landscape and synthesis. *Environmental Research Letters,* 13, 063001.

Morris, C. & Jungjohann, A. 2016. *Energy Democracy: Germany's Energiewende to Renewables,* Springer.

Morris, I. 2010. *Why the West Rules—For Now: The Patterns of History and What They Reveal About the Future,* London, Profile Books.

Mowery, D. C. & Rosenberg, N. 1998. *Paths of Innovation: Technological Change in 20thCentury America,* Cambridge, Cambridge University Press.

Nelson, R. 1993. *National Innovation Systems. A Comparative Analysis,* Oxford, Oxford University Press.

Nemet, G. F. 2009a. Demand-pull, technology-push, and government-led incentives for non-incremental technical change. *Research Policy,* 38, 700–709.

Nemet, G. F. 2009b. Net radiative forcing from widespread deployment of photovoltaics. *Environmental Science & Technology,* 43, 2173–2178.

Nemet, G. F. 2013. Technological change and climate-change policy. In: Shogren, J. (ed.) *Encyclopedia of Energy, Natural Resource and Environmental Economics.* Amsterdam: Elsevier.

Nemet, G. F. & Kammen, D. M. 2007. U.S. energy research and development: Declining investment, increasing need, and the feasibility of expansion. *Energy Policy,* 35, 746–755.

Nemet, G. F., Braden, P., Cubero, E. & Rimal, B. 2014. Four decades of multiyear targets in energy policy: Aspirations or credible commitments? *Wiley Interdisciplinary Reviews: Energy and Environment,* 3, 522–533.

Nemet, G. F., Grubler, A. & Kammen, D. 2016. Countercyclical energy and climate policy for the U.S. *Wiley Interdisciplinary Reviews: Climate Change,* 7, 5–12.

Nemet, G. F., Callaghan, M. W., Creuzig, F., Fuss, S., Hartmann, J., Hilaire, J., Lamb, W. F., Minx, J. C., Rogers, S. & Smith, P. 2018a. Negative emissions – Part 3: Innovation and upscaling. *Environmental Research Reviews,* 13, 063003.

Nemet, G. F., Zipperer, V. & Kraus, M. 2018b. The valley of death, the technology pork barrel, and public support for large demonstration projects. *Energy Policy,* 119, 154–167.

Noailly, J. & Shestalova, V. 2017. Knowledge spillovers from renewable energy technologies: Lessons from patent citations. *Environmental Innovation and Societal Transitions,* 22, 1–14.

Norberg-Bohm, V. 2000. Creating incentives for environmentally enhancing technological change: Lessons from 30 years of US energy technology policy. *Technological Forecasting and Social Change,* 65, 125–148.

NRC 2007. *Prospective Evaluation of Applied Energy Research and Development at DOE (Phase Two),* Washington, The National Academies Press.

O'Shaughnessy, E. 2018. *Solar Photovoltaic Market Structure in the United States: The Installation Industry, Effects on Prices, and the Role of Public Policy.* PhD, University of Wisconsin-Madison.

PCAST 1997. *Report to the President on Federal Energy Research and Development for the Challenges of the Twenty-First Century,* Washington, Office of the President.

PCAST 1999. *Powerful Partnerships: The Federal Role in International Energy Cooperation on Energy Innovation.* Washington: Office of the President.

Perlin, J. 1999. *From Space to Earth: The Story of Solar Electricity,* Ann Arbor, MI, AATEC Publications.

Perlin, J. 2013. *Let it Shine: The 6,000-year Story of Solar Energy,* Novato, CA, New World Library.

Peters, G. P., Andrew, R. M., Canadell, J. G., Fuss, S., Jackson, R. B., Korsbakken, J. I., Le Quere, C. & Nakicenovic, N. 2017. Key indicators to track current progress and future ambition of the Paris Agreement. *Nature Climate Change,* 7, 118–122.

Pillai, U. 2015. Drivers of cost reduction in solar photovoltaics. *Energy Economics,* 50, 286–293.

Rai, V. & Robinson, S. A. 2013. Effective information channels for reducing costs of environmentally-friendly technologies: Evidence from residential PV markets. *Environmental Research Letters,* 8, 014044.

Rai, V. & Sigrin, B. 2013. Diffusion of environmentally-friendly energy technologies: Buy versus lease differences in residential PV markets. *Environmental Research Letters,* 8, 014022.

Rogelj, J. 2017. Transition pathways towards limiting climate change below 1.5°C. under review at *Nature Climate Change.*

Rogelj, J., Popp, A., Calvin, K., Luderer, G., Emmerling, J., Gernaat, D. et al., 2018. Scenarios towards limiting climate change below 1.5°C. *Nature Climate Change,* 8, 325–332.

Pielke, R., Jr. 2010. *The Climate Fix: What Scientists and Politicians Won't Tell You About Global Warming,* New York, Basic Books.

Rosenberg, N. 1990. Why do firms do basic research (with their own money)? *Research Policy,* 19, 165−174.

Rubin, E. S., Azevedo, I. M. L., Jaramillo, P. & Yeh, S. 2015. A review of learning rates for electricity supply technologies. *Energy Policy,* 86, 198−218.

Ryan, S. E., Hebdon, C. & Dafoe, J. 2014. Energy research and the contributions of the social sciences: A contemporary examination. *Energy Research & Social Science,* 3, 186−197.

Schock, R. N., Fulkerson, W., Brown, M. L., Martin, R. L. S., Greene, D. L. & Edmonds, J. 1999. How much is energy research and development worth as insurance? *Annual Review of Energy and Environment,* 24, 487−512.

Sivaram, V. 2018a. A tale of two technologies: What nuclear's past might tell us about solar's future. *The Breakthrough Journal,* 8.

Sivaram, V. 2018b. *Taming the Sun: Innovations to Harness Solar Energy and Power the Planet,* Cambridge, MA, The MIT Press.

Smil, V. 2008. Long-range energy forecasts are no more than fairy tales. *Nature,* 453, 154−154.

Sobin, R. 2007. Energy myth seven—Renewable energy systems could never meet growing electricity demand in America. In: Sovacool, B. K. & Brown, M. A. (eds.) *Energy and American Society − Thirteen Myths.* Springer.

Sovacool, B. K. 2016. How long will it take? Conceptualizing the temporal dynamics of energy transitions. *Energy Research & Social Science,* 13, 202−215.

Sovacool, B. K. & Geels, F. W. 2016. Further reflections on the temporality of energy transitions: A response to critics. *Energy Research & Social Science,* 22, 232−237.

Stirling, A. 1994. Diversity and ignorance in electricity supply investment. *Energy Policy,* 22, 195−216.

Taylor, M. R., Rubin, E. S. & Hounshell, D. A. 2003. Effect of government actions on technological innovation for SO2 control. *Environmental Science & Technology,* 37, 4527−4534.

Teece, D. J. 1986. Profiting from technological innovation − implications for integration, collaboration, licensing and public-policy. *Research Policy,* 15, 285−305.

Tybout, R. A. 1972. Pricing pollution and other negative externalities. *Bell Journal of Economics and Management Science,* 3, 252‒266.

UNFCCC 2015. *The Paris Agreement. United Framework Convention on Climate Change.*

Verdolini, E., Anadon, L. D., Lu, J. & Nemet, G. F. 2015. The effects of expert selection, elicitation design, and R&D assumptions on experts' estimates of the future costs of photovoltaics. *Energy Policy,* 80, 233‒243.

Verdolini, E., Anadón, L. D., Baker, E., Bosetti, V. & Aleluia Reis, L. 2018. Future prospects for energy technologies: Insights from expert elicitations. *Review of Environmental Economics and Policy,* 12, 133‒153.

Wiser, R. H. & Bolinger, M. 2017. *2016 Wind Technologies Market Report.*

Wolfe, P. R. 2018. *The Solar Generation: Childhood And Adolescence Of Terrestrial Photovoltaics,* Hoboken, NJ, IEEE Press & Wiley.

Yergin, D. 1991. *The Prize: The Epic Quest for Oil, Money, and Power,* New York, Simon and Schuster.

Zhang, F. & Gallagher, K. S. 2016. Innovation and technology transfer through global value chains: Evidence from China's PV industry. *Energy Policy,* 94, 191‒203.

2장 태양광이 저렴해진 이유

    태양광 발전은 미국을 시작으로 하여 그다음 일본, 독일, 호주, 마지막으로 중국의 기여를 통해 저렴해졌다. 태양광 리더십은 한 나라에서 다른 나라로 옮겨갔다. 미래 기술과 시장 기회에 대한 기대가 투자에 결정적이었다. 하지만 투자는 또한 단기적인 기술적 진보와 도입에 대한 반복적인 실망은 물론 정책의 변동성으로 인해 불안정했다. 기존 전력망보다 높은 가격으로 태양광 응용 제품을 사용할 의사가 있는 소비자들이 제공한 틈새시장은 정책적 지원이 부족한 상황에서 태양광 산업을 존속시켰다. 다양한 규모에서 작동 가능한 태양광의 모듈적 특성은 단위 크기가 더 협소한 기술에 비해 풍부한 틈새시장을 제공했다. 태양광의 인간적 규모도 다른 에너지 기술과 다르게 대중의 지지를 유지하는 데 기여했다.

    간단히 말해, 태양광은 다음과 같은 결과들로 인해 개선되었다.

1. 빛이 분자구조와 상호작용하는 방식에 대한 기초적 이해를 제공한 1800년대와 1900년대 초반 유럽과 미국의 과학적 기여(3장)
2. 1954년 미국의 한 기업 실험실에서 상업적으로 이용 가능한 태양광 장치를 만든 획기적인 발명(3장)
3. 1970년대 미국 정부의 연구개발 및 공공 조달 노력(4장)
4. 틈새시장을 만들어준 1980년대 일본의 전자 대기업들과 일본이 1994년 세계 최초로 시행한 지붕형 태양광 보조금 제도(5장)
5. 태양광 시장을 4배로 확장하고 생산 자동화와 규모 확대를 가져온 장비 개발을 촉진한 2000년 독일의 발전차액지원제도 도입(6장)
6. 2000년대 기가와트 규모의 공장을 건설하고 2013년부터 세계 최대의 태양광 시장을 창출한 호주에서 훈련받은 중국인 기업가들(7장)
7. 이웃을 통해 정보에 접근한 지불 의사가 큰 수요자들과, 자사의 설치 경험은 물론이고 경쟁업체의 경험에서 소프트 비용 절감 방법을 학습한 설치업체들(8장)

정책 입안자들은 중요한 국면마다 태양광 지원책으로 속도를 높였다. 이러한 노력은 종종 수년간 태양광을 지지하며 정책의 창(窓)이 열리길 기다린 소수의 정책 혁신가들에 의존했다. 때로는 유망한 기회의 장을 놓치기도 했다. 풍력은 태양광이 상업적으로 보급되기에 너무 비쌌던 시기에 태양광이 참고할 정책과 시스템의 유용한 선행 기술 사례였다. 예를 들어, 1980년대 중반 캘리포니아와 2000년대 초반 독일의 정부 가격 보증은 태양광 이전에 풍력에 먼저 적용되었다. 태양광이 지원받을 준비가 되었을 때, 정책 설계는 성숙해졌고 그 작동 원리에 대한 자신감은 커졌다.

지식은 쉽게 국경을 넘었다. 출판물, 학술회의, 장비와 인력은 세계적으로 이동했다. 이처럼 글로벌한 지식의 흐름은 새로운 기여자들이 등장하여 그들의 고유한 국가혁신시스템을 활용할 수 있게 했다. 태양광 기술은 1905년 아인슈타인이 닦은 이론적 기반, 지배적인 설계의 조기 출현, 그리고 컴퓨터 산업에서의 파급 효과로부터 혜택을 입었다. 훗날 이러한 요소들은 태양광 제조를 대규모로 확장하려는 중국 기업인들의 대대적인 노력을 뒷받침하여 가격을 낮추고 접근을 가능하게 하는 결과를 낳았다. 2000년대 초반에는 반도체 제조 경험이 태양광 개발에 결정적이었지만, 비용이 하락함에 따라 중국은 이익률이 작아 규모가 핵심인 저기술 범용 제품 산업의 경험을 최대한 활용할 수 있었다. 2010년 이후 태양광은 처절하게 경쟁하는 저수익 범용 사업이 되었다.

간헐적인 태양광 발전을 수요에 맞춘 발전이 가능한 화석연료 기반의 전력망에 통합하는 과제는 여전히 남아 있다. 그러나 태양광은 현재 상당한 산업적 기반과 경제성을 갖춰 이러한 문제를 해결하기에 훨씬 좋은 위치에 있다. 태양광이 비쌌던 초기 단계에 시스템통합을 처리해야 했다면 설치와 학습의 긍정적 피드백을 촉진할 가능성은 훨씬 적었을 것이다. 2018년까지 13개국에서 연간 1GW 이상의 신규 태양광이 각각 설치되었다. 태양광은 가장 저렴하게 전기를 생산하는 기술 중 하나가 되었다.

리더십의 이동

태양광이 걸어온 여정을 추적하는 첫 번째 설명은 한 나라가 발전을 이끌지 않았다는 것이다. 태양광의 리더십은 각 주자가 때때로 비자발적으로 바통을 넘겨주는 릴레이 경주와 같았다. 리더십을 평가하는 한 가지 방법은 태양광 제조의 세계 시장 점유율을 보는 것이다(그림 2.1). 1970년대에는 미국이 세계 생산량의 대부분을 차지했지만, 1980년대 중반

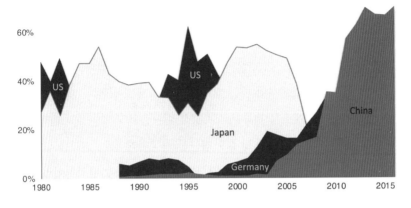

〈그림 2.1〉 연도별 세계 태양광 생산 점유율(미국, 일본, 독일, 중국)

일본이 시장을 장악했다. 10년 후 미국은 최대 생산자의 역할을 회복했지만 2004년 절정을 이룬 일본에 의해 다시 교체되었다. 산업의 주도권은 2년간 독일로 옮겨갔고 그 이후부터는 중국이 이를 차지했다. 2011년경 중국의 점유율은, 데이터의 신뢰성이 떨어지는 1970년대 미국을 제외하면, 이전 어느 나라의 점유율보다 높았다.

생산이 아닌 태양광 설치에 의한 수요 측면에서는 관점이 조금 달라질 수 있다. 우리는 여전히 미국, 일본, 중국이 지배하는 시대를 보고 있지만, 2004~2011년 기간 동안 독일의 중요한 역할 또한 확인할 수 있다(표 2.1). 2000년대 중반의 크나큰 야망에도 불구하고 태양광 시스템 제조자 역할은 했지만 태양광 패널 소비자 역할은 이에 미치지 못했고 태양광 전기 공급자 역할 역시 기대에 못 미쳤다. 물론 독일은 제조 장비 분야에서 세계를 주도했으며 2005년부터 2011년까지 중국 기업에 수백억 달러 상당의 장비를 판매했다. 반면 중국은 지배적 생산국으로 자리 잡을 때까지 대규모 내수 시장을 추구하지 않았다(그림 2.2).

	생산 1위 달성 시점	생산 최고 시점	생산 최대 점유율	설치 1위 달성 시점	설치 최고 시점	설치 최대 점유율
미국	1957	1995	63%	1957	1957	100%
일본	1985	2002	55%	1995	1998	73%
독일	2007	2010	35%	2004	2005	67%
중국	2009	2016	71%	2013	2016	48%

이러한 국가 경쟁력 사이클의 중요한 의미 중 하나는 태양광 지식이 한 국가에서 다른 국가로 이동해야 한다는 것이다. 태양광의 진전은 각 국가가 새롭게 시작하는 것이 아니라 선도 국가의 노력에 기대어 이루어진다. 국가혁신시스템이란 관점이 태양광의 진화를 이해하는 데 가장 큰 도움을 주는 곳이 바로 이 부분이다. 리더십 전환이 발생할 때마다 새로운 리더는 기존 지식을 흡수하고 고유한 기여를 추가할 수 있었다.

리더십의 중첩

국가혁신시스템(NIS) 관점은 태양광 리더십이 중첩되고 단계별로 나아가는 이유를 이해하는 데 유용하다. 간단히 말해, 각 국가는 국가혁신시스템을 통해 태양광 발전에 고유한 기여를 너렸다. 어떤 나라도 태양광 발전을 중단없이 추진하지는 못했다. 어떤 국가도 태양광을 탄생부터 대규모 보급까지 이끌 인내와 역량을 갖추지 못했다. 태양광 진흥 정책이 종료되었을 때 다른 주체들—중앙 정부의 하위 기관과 타국 정부—이 등장했다. 각국은 이전 주도국들의 작업을 활용했으며 국경을 넘나들며 전 세계를 이동하는 개인들을 통해 지식 흐름은 쉽고 풍부해졌다.

NIS 관점으로 태양광의 가격 하락을 이해하려면 지식과 학습에 초점

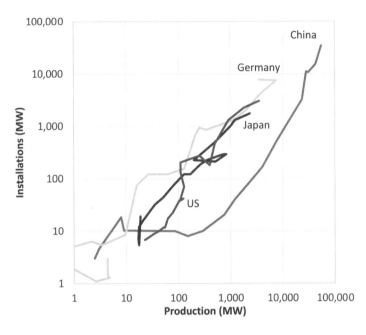

〈그림 2.2〉 1992~2016년 미국, 일본, 독일, 중국의 태양광 설치 및 생산

을 맞춰야 한다. 새로운 지식을 창출하고 습득하는 것은 국가별 맥락에 따라 다르게 작용한다. 상호 보완적인 다양한 혁신 형태들이 존재하는데 NIS에는 행위자와 주변 환경 모두 중요한 역할을 담당한다. 예를 들어, 태양광 산업의 행위자는 과학자, 태양광 설치 소비자, 기업가 등이 포함될 것이다. 주변 환경에는 제도, 정책 입안자, 국가와 위 행위자 간 상호작용하는 방식이 포함된다. 교육 시스템과 문화도 NIS 관점의 중요한 요소이다. NIS는 이러한 다양한 행위자들이 서로 '부합'하고, '조율'될 때 혁신시스템이 효과적이라고 주장한다. 뿐만 아니라 행위자와 주변 맥락이 '학습'이라는 NIS 기본 목표를 지원하는 수준에 대한 강조도 있다.

- 혁신: 새로운 기술, 프로세스 및 행동을 창조하고 채택하는 과정
- 국가혁신시스템(NIS): 혁신에 영향을 미치는 국가적 맥락의 독특한 특성을 강조하는 혁신 이론. 교육과 기관, 문화가 혁신 활동에 영향을 미친다.
- 에너지기술혁신시스템(ETIS): 혁신시스템 내에서 발생하는 지식의 피드백을 강조하는 관점
- 수요 견인: 관련 시장을 확장하는 방식 등으로 성공적인 혁신에 대한 보상을 늘리는 공공정책
- 기술 주도: R&D 지원 등을 통해 혁신 생산 비용을 감소시키는 공공정책
- 틈새시장: 기존 대규모 시장보다 높은 가격을 지불할 의사를 가지고 혁신을 받아들이는 사용자 집단
- 규모 확대(scale-up): 태양광 분야에서는 주로 제조시설의 규모 확장을 뜻하며 때론 대규모 보급으로 가는 길을 말하기도 한다. 또한 100kW 풍력터빈에서 1MW 터빈으로의 진화 같은 단위 증가로 이해될 수도 있다.
- 규모의 경제: 어떤 단위 상품을 생산하는 데 필요한 비용을 감소시키는 것을 말한다. 예를 들어, 고정 비용을 더 많은 단위에 분산시킴으로써 단위당 생산 비용이 줄어드는 것

기대가 결정적이었다

태양광 혁신에는 기대가 중요하다. 결실을 보는 데 오랜 시간이 걸렸기 때문에 투자, 정책 채택, 기술개발, 경력 변화 등을 비롯한 많은 활동이 미래 지향성을 띠어야 했다. 기업은 자신들이 찾아낸 새로운 시장에 서비스를 제공하기 위해 태양광으로 전환했다. 개인들도 진로를 결정하거나 커리어를 변경했다. 정책 입안자들은 단기 비용이 큰 데 반해 장기 이익은 불확실한 정책에 도박을 걸었다. 투자자들은 수억 달러의 투자가 필요한 제조 시설(fab)에 자금을 지원했다. 기후변화 완화조치 지지자들

은 수십 년에 걸쳐 보상이 이뤄지는 장기 정책들을 옹호했다. 이러한 모든 활동은 태양광의 발전에 중요했으며, 하나같이 업계의 미래 상황에 대한 기대에 달려 있었다.

성급한 기대와 '정책의 창(窓)'

태양광을 값싸게 만드는 데 기대가 중요한 역할을 했지만, 놀랄 만큼 자주 그것은 실망으로 무산되기도 했다. 1954년 4월 벨연구소가 발표한 최초의 태양전지가 〈뉴욕타임스〉 1면 기사에 실렸다: "새로운 배터리로 태양의 광대한 힘을 활용하다." 아이젠하워 정부는 한때 태양광을 원자력의 경쟁상대로 여겼다(대통령 소재정책위원회, 1952). 1979년 제2차 석유 위기는 "태양광 에너지에 대한 국내 정책 검토"와 2000년까지 에너지 공급의 20%를 태양광으로 대체하겠다는 카터 대통령의 계획으로 이어졌다(미국 에너지부, 1979). 1986년 체르노빌 원자력 발전소 사고는 재생에너지로 전환하려는 독일의 노력을 촉발했다. 1994년 12월 일본은 뉴 선샤인(New Sunshine) 프로그램을 발표하고(Tatsuta, 1996) 2010년까지 5GW를 생산한다는 계획을 세웠다. 중국은 1995년에 태양광을 농촌 전기화 프로그램의 일부로 도입했다(Dunford et al., 2013). 이러한 계획들은 종국에는 거의 달성되었지만, 단기적으로는 모두 실망스러웠다.

에너지는 호황과 불황에 빠지기 쉽다(Nemet et al., 2016). 다른 에너지 분야—석유, 가스, 풍력—처럼 태양광의 진화 역시 불안정했으며 일련의 좌절을 수반했다. 태양광의 엄청난 잠재력을 인식하는 계기들이 있었지만, 그 반대의 순간들도 주요국들은 모두 경험했다.

미국에서는 태양광에 대한 실망이 여러 차례 발생했다. 트루먼은 태양광보다 원자력을 선택했으며 카터는 임기 후반에 태양광 발전을 포기했

- 1839: 베크렐의 광전효과 발견
- 1905: 아인슈타인이 광전효과를 설명하는 이론 발표(노벨상 수상)
- 1954: 벨연구소가 첫 번째 실용 태양전지 출시
- 1973: 닉슨 대통령의 독립 프로젝트, 일본의 선샤인 프로젝트 시작
- 1975: 미국 에너지부의 블록바이 프로그램
- 1983: 캘리포니아 임시표준공급계약 4호 발표
- 1985: 석유 가격 폭락
- 1994: 일본의 지붕형 태양광 보조금 프로그램 시작
- 2001: 썬텍(Suntech) 설립
- 2004: 독일이 태양광에 훨씬 유리한 재생에너지법 개정
- 2005: 썬텍의 IPO와 중국 기업들의 제조 규모 확대
- 2011: 중국의 발전차액제도(FiT) 도입
- 2018: MWh당 20달러 미만의 값싼 태양광 프로젝트 다수 등장

고 레이건은 1981년 에너지부를 폐쇄하려고 했다. 일본 기업들은 1980
년대 말에 태양광 사업에서 손을 뗐다. 독일은 2008~2011년 사이에 제
조업의 상당 부분을 잃고 2012년에는 보조금 프로그램을 대폭 삭감했다.
중국의 농촌 전기화를 겨냥한 초기 태양광 도입은 실망스러웠으며 2012
년 이후 기업의 적자와 파산이 넘쳐났다.

　호황과 불황은 태양광의 오랜 역사를 특징짓는다. 여러 국가가 태양광
의 진보에 중요한 역할을 했지만, 이 이야기에서 거듭 반복되는 주제 중
하나는 태양광에 대해 각 나라들이 보인 변덕이다. R&D 예산은 우선순
위의 변화를 가장 직접적으로 표현한다. 미국의 태양광 R&D 예산에서
이러한 변동성을 분명히 찾아볼 수 있다(Nemet and Kammen, 2007). 이

러한 모습은 태양광을 넘어 에너지 전반에서 나타난다(Schuelke-Leech, 2014). 투자와 투자 중단의 파도가 계속해서 지나갔다. 수년간 일본은 미국 R&D의 변동성과 반대되는 모델로 여겨졌으며 실제로 1980년부터 2004년까지 상당히 안정적인 상황이었다. 그러나 예산 전체 기간을 분석해보면 일본조차도 불안정한 예산 지원에 시달렸다.

2010년 이후까지도 태양광 발전은 본격적인 상용화 가능성과 일정 부분 거리가 있었다. 그럼에도 태양광이 시장을 찾지 못해 사장된 다른 기술처럼 멸종되지 않은 것은 다소 의외다. 태양광은 정책 입안자, 기업, 과학자 및 대중에게 잊혔지만 어떻게든 계속 돌아왔다. 태양광이 성공한 그 이유, 태양광 산업을 계속 살아남게 한 것은 바로 틈새시장이었다.

틈새시장

일부에서는 앞서 논의한 탈탄소 과제의 엄청난 규모를 감안하면 작은 틈새시장에 서비스를 제공하는 기술은 별로 중요하지 않다는 인식을 종종 드러낸다. 그러나 혁신에 관한 연구에서 틈새시장은 핵심적 기능을 수행한다(Kemp et al., 1998; Raven et al., 2016). 평균보다 높은 비용을 지불할 의사가 있는 초기 사용자들이 존재할 때 틈새시장은 만들어지며 이는 태양광에게 매우 중요했다. 흔히 히피족, 과학자 및 환경주의자들과의 연관성을 강조하는 경우가 많지만(Laird, 2003), 태양광 발전을 이끈 핵심 행위자들 중 일부는 놀랍게도 이러한 특성을 전혀 가지고 있지 않다. 1950년대 레스 호프만(Les Hoffman)과 같은 기업가와 1980년대 샤프(Sharp)와 같은 대기업은 비즈니스 기회를 이용하는 데 집중했으며 1950년대의 주요 지원자는 미군이었다. 그 발전 과정에서 태양광은 다양한 시기에 다양한 요구에 부응할 수 있는 고유한 방법을 제공했다.

여러 국가의 우주 프로그램은 중요한 초기 틈새시장을 태양광에 열어주었다. 우주 발사가 시작된 후 60년이 지난 오늘날 지구 궤도를 도는 수천 개의 위성이 있다. 이들이 창출하는 시장은 제한적이다. 하지만 전력 비용은 비싸고 태양광의 대안인 배터리와 연료전지 가격 또한 높다. 우주 프로그램의 자금 지원 기관들은 주거용 전기 소비자보다 전기요금 지불 의사가 훨씬 높았기에 태양광을 위한 완벽한 후보였다. 이러한 틈새시장은 당장은 규모가 작더라도 후속적인 규모 확대를 통해 비용 절감의 기회를 제공할 수 있다. 틈새시장은 위험도가 높은 신기술의 출시에 중요할 수 있는데(Kivimaa and Kern, 2015), 특히 초기 비용은 크지만 시행착오를 거쳐 비용 감소가 가능한 기술의 경우 더욱 그렇다. 예를 들어 규모를 갖춘 기존 경쟁자로 인해 경쟁력을 갖추기 어려운 상황에서 틈새시장은 일시적으로나마 경쟁을 피할 수 있게 해준다(Kemp et al., 1998; Raven et al., 2016). 일부는 틈새시장에 서비스를 제공하는 것이 유용하지만 대규모 전력 공급에는 적합하지 않다고 주장한다. 전자 제품이 1980년대 박막 필름 기술의 발전을 촉진했음에도, 오늘날 태양광의 90%가 박막 필름을 사용하지 않는다는 사실에는 뭔가 이유가 있다. 이 같은 경우는 틈새시장이 산업 전체를 견인할 만큼 충분한 파급 효과를 일으켰다고 볼 수 있다.

틈새시장의 수요곡선

대규모 전력시장과 대개 거의 무관한 다양한 조건에서 작동하는 태양광의 유연성은 산업과 기술의 발전에 도움이 되었다. 해양 석유 굴착 시설, 부표, 등대, 통신 중계기, 위성, 계산기, 라디오, 장난감 및 독립형 가옥 등 응용 분야는 다양하다. 각 시장은 오늘날 태양광이 공급하는 전력 비중인 1%나 잠재 비중인 10~50% 비하면 사소할 것이다.

그러나 이러한 틈새시장은 길을 열어주었기에 중요했다. 틈새시장은 계속 만들어졌는데, 일반적으로 시장 규모가 커짐에 따라 지불 의사는 낮아졌다. 이를 수요곡선으로 표현할 수 있는데 〈그림 2.3〉은 시장들의 이어짐이라는 아이디어를 표현하기 위한 예시이다. 시장 규모를 나타내는 X축과 가격을 나타내는 Y축에 모두 로그 스케일(역주: 매우 큰 범위의 수치 데이터를 로그를 이용하여 간결하게 표시하는 눈금)을 사용했음을 유의해서 보라. 나는 본래 이 그래프를 대학원생 시절인 2005년에 만들었다(Nemet, 2006). 1장에서 설명한 2017년 전력구매계약(PPAs) 가격이 표시되어 있는데 곡선 아래쪽에 있다. 다른 이들(Verdolini et al., 2015)과 마찬가지로 2005년 나는 태양광이 얼마나 저렴해질 것인지에 대해 비관적이었다. 곡선이 더 우측으로 확장되지 않은 것 역시도 내가 비관적이었음을 보여준다. 당시엔 연간 테라와트를 말하는 게 허황되게 여겨졌지만, 오늘날 분석가들은 테라와트 단위의 연간 태양광 설치를 진

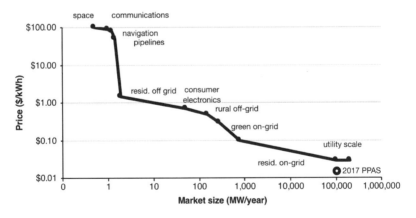

〈그림 2.3〉 태양광 전기 시장의 전개 과정. 동그라미는 2017년 전력구매계약(PPAs)

지하게 고려하고 있다(Haegel et al., 2017; Davidsson and Hook, 2017). 최근 5년간의 성장률(28%)이 지속된다면 2027년 연간 1테라와트 규모의 신규 태양광이 설치될 전망이다.

크기의 유연성

태양광은 수백 MW에서 1W 미만 손목시계 전지, 그리고 그사이 어떤 규모로도 활용할 수 있는 유연한 크기 덕분에 틈새시장의 다양한 요구에 맞출 수 있었다. 발전소 규모의 태양광은 손목시계 전지보다 10억 배 크며 그런 점에서 독특하다. 따라서 주로 생산에서의 규모의 경제와 궁극적으로 대규모 설치를 통해 가격 하락이 이뤄졌지만, 태양광은 어떤 규모로도 활용될 수 있었다. 이러한 모듈성은 다양한 응용 분야에 적합하게 했을 뿐만 아니라 다양한 의사결정 참여자를 만들었다. 대기업과 발전사 이외의 기업도 태양광에 참여해 혜택을 얻을 수 있었다. 태양광이 지닌 규모의 유연성은 개인과 기업이 모두 중요한 역할을 한다는 걸 의미했다.

정책 비의존성

틈새시장 공급 전략의 부가적인 특징 중 하나는 그러한 기회가 태양광 지원 정책과 거의 무관했다는 것이다. 정부가 우주 프로그램, 해양 석유 탐사, 가전제품 산업을 지원하는 역할을 한 건 사실이지만, 태양광을 염두에 두고 정책을 설계한 것은 아니었다. 에너지 정책의 변동성은 이 분야의 고유한 특성 중 하나였기 때문에 정책 비의존성은 틈새시장이 갖는 추가적 이점이었다(Nemet et al., 2014). 틈새는 태양광을 정책에 덜 의존하도록 만들었다. 정책 입안자는 태양광이 가격 경쟁력을 갖춘 궁극적 성공을 달성하는 데 결정적이었지만, 성공의 핵심은 태양광에 대한 대중의 관심이 낮았던 기간 동안 생존하고 성장할 수 있는 능력이었다. 예컨대 1985년 가격 하락 후 20년 동안 값싼 에너지 가격이 유지되고 정책 지원도 약했던 시기에 태양광은 가전 분야의 틈새시장에 의지해 살아남았다.

정책 입안자들의 기여

그럼에도 태양광 발전에서 공공정책의 중요성을 간과할 수는 없다. 태양광을 그 시작부터 오늘날의 대규모 보급에 이르기까지 홀로 이끈 능력과 끈기를 갖춘 단일한 국가는 없었다. 각국의 국가혁신시스템은 저마다 고유한 성과를 낼 수 있게 해주었다. 물론, 정책이 변덕스럽고 일관성이 부족하다는 주장의 이면에는 때때로 정책 결정자들이 관여했다는 뜻이 담겨 있다. 예컨대, 그들은 종종 입법화를 위해 연대하고 더욱 결정적으로는 정책의 창이 열리도록 준비함으로써 혁신적인 정책들을 개발했다.

정책의 창

정치학자들은 '정책의 창(Policy Window)'과 '세 가지 흐름'이라는 개념을 사용하여 정책 입안 과정을 설명한다(Kingdon, 1984). 문제의 흐름(제한된 관심 극복), 정책의 흐름(아이디어 및 해결책의 이용 가능성) 및 정치의 흐름(선거 및 국민 정서)이 우호적으로 연계되면 이전에는 정치적으로 어려웠을 입법화 가능성의 '창'이 열릴 수 있다. 태양광의 발전 과정에는 이러한 정책의 창을 활용한 수많은 사례가 있다. 직접적인 정책 영역을 넘어서도 기회의 창이 나타났다. 이러한 기회는 종종 단기간이었고 놓친 것도 많지만 성공적으로 활용된 예도 있다. 예를 들어, 1957년 스푸트니크 발사, 1973년 아랍 석유 금수 조치, 1979년 이란 혁명, 1986년 체르노빌 원전 사고, 1998년 독일의 적녹연정, 2001년 미국 9·11 사건, 2009~2010년 글로벌 금융 위기 등을 들 수 있다.

　미리 체계가 구축되어 이러한 정책의 창이 만들어낸 기회를 빨리 낚아챌 수 있을 때 태양광은 이를 효과적으로 활용할 수 있었다. 이를 강하게 해석하면 정책의 창이 열리는 기간이 짧아도 이익을 창출하는 활동을 하는 데 충분하다는 의미가 된다. 창이 닫혀도 활동을 지지하는 세력은 유지되고 과거로의 회귀는 어려워진다. 문제, 정책, 정치의 세 가지 흐름이 흩어져 제 갈 길을 가도 법률에 명시된 법제화, 생산에서의 규모의 경제, 지지 세력들의 연대(Jenkins-Smith et al., 2014)는 남는다. 2004년 독일 재생에너지법(EEG)에 대한 중국의 대응이 좋은 사례이다. 당시 중국은 독일에 비해 인건비에서 우위를 차지하고 있었고 현재도 그렇다. 오늘날에는 생산 자동화가 많이 이루어져 인건비 차이가 더는 큰 이점이 아니지만(Goodrich et al., 2013), 2004년 중국의 자동화 수준은 훨씬 낮았다. 이러한 이점은 독일 시장의 급속한 확장에 대응하여 중국의 규모 확장을 촉진하는 데 도움이 되었다. 중국의 또 다른 기회는 2008~2009년 글로벌 금융 위기와 함께 찾아왔다. 신용 제약과 시장의 불확실성은 다른 곳에서의 확장을 억제했지만, 중국은 예외였다.

　기회의 창이 나타났음에도 태양광이 예상보다 진전이 크게 없었던 경우도 있다. 스푸트니크 이후 그리고 1970년대 두 번의 석유 위기가 불러온 희망은 대부분 실망으로 끝났다. 정책가, 기업, 기술이 기회를 활용할 만큼 충분히 준비되어 있지 못했다. 부시 대통령이 2003년 1월 국정연설에서 언급한 "freedom fuel"는 수소였으며 태양광은 9.11 테러 대응 기술에 포함되지 못했다. 정책의 창을 잘 활용한 사례는 태양광의 성공에 핵심적이다. 이러한 기회를 놓쳐버린 많은 사례는 태양광 발전이 성공하기까지 왜 그렇게 오래 걸렸는지 이해하는 데 도움을 준다.

국가의 주도와 관여

글로벌 관점에서 보면, 정책의 창을 놓치기보다는 활용한 사례가 더 뚜렷해 보인다. 지원 정책이 종료되거나 한 나라에서 태양광에 관한 관심이 떨어지면 여러 차례 다른 나라가 나섰다. 위에서 논한 것처럼, 세계적 차원에서 태양광 주도권의 주고받기가 이루어진 것처럼 보인다. 미국에서 일본, 독일, 중국으로 이어진 주도권의 이동은 이 책의 중심 구조이다. 하지만 다른 나라들 역시 특정 시기에 중심 역할을 했다는 사실에 주목해야 한다. 호주는 1980년대 미국 프로그램이 카터와 레이건 정권하에서 쇠퇴했을 때 태양광 R&D 노력을 주도했다. 스페인은 2008년 독일의 성장이 둔화하자 가장 큰 시장이 되었으며 말레이시아는 2010년 이후 태양광 생산의 중심이 되었다. 국가가 주도적인 역할을 하지 못하게 되자 하위 단계의 기관들이 발전을 견인하는 역할을 했다. 예를 들어, 독일 남서부의 바덴뷔르템베르크는 2000년 연방 재생에너지법이 통과되기 전인 1980년대와 1990년대 태양광 관련 활동의 중심지였다. 캘리포니아는 1980년대 연방 예산이 삭감되었을 때, 그리고 2006년 다시 한번 태양광이 인기를 잃었을 때 행동에 나섰다.

근본적인 지역성

태양광의 두드러진 특성 중 하나는 철저히 글로벌화한 공급망에도 불구하고 부가가치의 상당 부분이 지역에 의존한다는 것이다. 태양광 생산을 최적화하는 수십 년의 세월이 흐른 후에도 지역성의 비중은 여전히 크다. 실제 비율로 보면 지역의 부가가치는 그 어느 때보다 높아 지붕형 태양광 시스템의 약 3분의 2(Barbose et al., 2017), 발전용 규모의 경우 2분의 1(Bolinger et al., 2017)에 달한다. 전문 용어인 "시스템 균형(balance of system)" 또는 "소프트 비용"에는 설치 인건비, 보험, 마케팅, 인허가가 포함된다(Friedman et al., 2013). 이 비용들은 거의 전부가 지역에 따라 차별화(Karakaya et al., 2016)된다는 점에서 국제적으로 거래되는 하드웨어 비용과 구별된다. 최근 데이터를 사용하면 주거용 시스템의 80%는 소프트 비용이고 20%만 전 세계적으로 거래되는 하드웨어를 기반으로 한다(Barbose and Darghouth, 2018). 발전소 규모의 시스템은 소프트 비용에서 훨씬 더 큰 규모의 경제를 가지므로 지역 비용과 글로벌 비용의 비중이 비슷하다.

본질적으로 지역적인 측면 — 고용, 경제 발전 및 이익 집단의 활동에 미치는 영향 — 은 많은 곳에, 특히 지역 단위에서 정책 결정에 영향을 끼쳤다. 지역성은 수요 측면의 태양광 정책 도입의 정당성을 제공했다(Lyon, 2016). 중요한 것은 풍력과 달리 태양광은 특별한 국산화(local contents) 요건이 필요하지 않다는 것이다(Bougette and Charlier, 2015). 시설, 전기공사 인력, 영업에 필요한 현지 지식 측면에서 태양광의 지역성은 본질적이다. 자유로운 세계 모듈 산업 안에서 국제적으로 거래되는 부품의 감소와 국산화 비중의 상승은 태양광에 대한 현지 지원을 유지하는 데 도움이 되었다. 다른 곳으로 이동성이 작은 태양광 설치의 특성은 세계화의 영향을 완화하여 지역의 정책 지원을 강화하였다. 국산화는 또한 상향식 정책 결정을 촉진했으며 이는 혁신적인 디자인과 함께 다소 혼란스러운 정책의 조합들을 불러왔다.

정책 변동성의 이점

정책의 변동성과 태양광에 대한 주도권이 한 지역에서 다른 지역으로 옮겨가는 현상의 조합은 혼란스러워 보인다. 태양광이 값싸지는 데 그렇게 오랜 시간이 걸린 주된 이유 중 하나로 언급되기도 한다. 하지만 이러한 혼란에도 이점이 있었다는 걸 이해하는 게 중요하다. 무엇보다도 이러한 개편을 통해 정부들은 서로의 경험으로부터 무엇이 효과적이고 무엇이 효과가 없는지 배울 수 있었다. 말하자면 효과적인 정책 요소들을 사용하고 의도하지 않은 부정적 결과를 초래한 요소들은 제거할 수 있었다. 이것은 새로운 정책 재조합을 가능케 했다. 완전히 새로운 정책 구성 요소들이나 경우에 따라선 완전히 새로운 정책을 설계할 수 있게 해주었을 것이다.

정책 혁신의 가장 중요한 전환이 1978년 미국 연방 정부의 '공공사업 규제 정책 입법(Public Utilities Regulatory Policy Act'에서 비롯되었다. 이 법은 전기사업자가 "회피 비용"보다 낮은 가격으로 전력 공급이 가능한 경우 공공 전력회사가 해당 사업자로부터 전기를 구매하도록 요구했다(Hirsch, 1999). 회피 비용의 규모가 정책에서 가장 논란이 되었는데, 이 부분은 1980년대 캘리포니아 공공사업 위원회가 만든 표준공급계약(Standard Offer Contract)에서 효과적으로 시행되었다. 그중 가장 중요한 것이 "임시표준공급계약 4호(ISO#4)"(CPUC, 1983)로 알려졌는데, 캘리포니아 풍력 산업을 탄생시켰다(Gipe, 1995). 계약의 핵심은 전력회사가 10년간 보장된 가격으로 전기를 구매한다는 것이었다. 이러한 가격 보장은 수십억 달러의 투자를 촉진했다(Nemet, 2012b). 독일은 1990년 재생에너지법과 궁극적으로는 2000년의 획기적인 재생에너지법(EEG) 설계에서 ISO 4호를 면밀히 검토했다. 정책 입안자들은 다른 나라들의 경험을 관찰함으로써 열린 마음으로 더 보편적인 정책을 찾을 수 있었다. 태양광 이외의 분야로도 눈을 돌리게 되었다.

선구자 역할을 한 풍력

여러 영역에서 추진된 정책들이 태양광이 전진하는 데 결정적이었다. 태양광보다 풍력이 정책 면에서 얼마나 앞서 있었는지 확인하면 놀랄 것이다. 수십 년간 풍력은 태양광의 현실적인 대안이었다. 풍력은 훨씬 더 큰 규모로 설치될 수 있었다. 개별 가구가 아니라 대부분 발전소나 마을 규모를 대상으로 하여 기존 사업 모델과 규제 체계에 잘 부합했다. 또한, 사람들이 수 세기 동안 선박, 물 펌프, 곡식 창고에서 바람을 이용해 왔다는 친숙한 장점도 있었다. 풍력의 기계적 특성은 태양광의 양자 에너지보다 친숙했고 무엇보다 최근까지 훨씬 더 저렴했다.

풍력은 종종 태양광의 경쟁자로 묘사되지만, 선행 기술로서 중요한 역할을 했다. 실제로, 풍력은 태양광이 너무 비쌀 때 정책 입안자들에게 정책을 시험하는 기회를 제공했다. 전력계통 운영자들에게는 대규모 간헐성 자원을 관리하는 경험을 제공했다. 1980년대 캘리포니아의 ISO 4호 계약의 주된 수혜자는 태양광이 아닌 풍력이었다. 태양광은 2000년 독일 재생에너지법의 수혜자였다. 재생에너지법의 새로운 관세율로 인해 태양광 보급이 폭발적으로 증가한 것은 2004년의 일이다. 미국의 재생에너지 공급의무화제도(RPS)는 풍력을 증대시켰고 최근까지 대부분의 공급 의무량은 풍력을 통해 채워졌다. 현재 RPS는 미국 태양광 수요의 핵심 동인 중 하나이다. 풍력은 훗날 태양광에게 중요해진 정책들을 연마하는 시험장이었다. 2006년 중국 재생에너지법도 풍력 지원에 초점을 맞췄다. 더하여, 풍력은 생산자들에게 시장을 확장하고 다양한 국가에서 사업을 수행하는 경험을 쌓게 해주었다. 생산자들은 미국의 생산세액공제(PTC) 같은 풍력 정책의 변동성에 익숙해졌고 글로벌한 사업운영을 통해 정책 리스크를 줄이는 능력이라는 이점을 얻었다.

정책 변동성의 위험 회피

태양광의 지역적 측면은 지역 지지 세력이 태양광에 유리한 정책을 만들고 채택하도록 연대할 수 있게 했고, 글로벌한 측면은 장비 생산업체가 정책 위험에 대비할 수 있게 했다. 태양광 모듈은 경량, 소형, 모듈식이며 중량 대비 상대적으로 높은 가치를 지닌다. 또한 전 세계로 쉽게 운송될 수 있다. 태양광 모듈을 생산하는 시설인 팹(fabs)은 지리적으로 매우 고착되어 있지만, 그 안에 설치된 고가의 장비들은 이동이 가능하다. 팹은 또한 경쟁력을 갖추기 위해 거대한 규모여야 한다는 점에서도 다르다. 사업 시작 단계에서 수억 달러의 투자가 필요하며 투자금을 회수하기까지 수년이 걸린다. 결론적으로, 생산한 태양광 모듈에 대한 미래 예상 수요는 사업 타당성과 초기 투자 여부에 결정적이며 생산 규모의 확대는 태양광의 미래 수요에 대한 기대치와 매우 긴밀하게 연결되어 있다.

태양광 수요가 불안정한 이유는 부분적으로 정책 불안정성 때문이다. 변덕스러운 보조금, 발전차액지원제도의 재설정, 경쟁 전력원의 가격 폭등 등 태양광 기업들은 상당한 정책 위험 요인들에 직면하고 있다. 중요한 것은 이러한 요인들이 풍력 발전의 경우처럼 세계적으로 상관관계가 별로 없다는 것이다(Nemet, 2010). 한 국가에서 태양광 인센티브가 삭감되어도 다른 국가에서는 인센티브가 유지 또는 강화된다. 이는 전 세계 다양한 국가들과 시장에서 사업을 운영함으로써 정책적 위험에 대비하는 기회를 창출한다. 고도로 세계화된 태양광 패널 공급망은 조율되지 않은 제각각의 국가 정책이나 지자체 정책들에 대한 회피 수단을 제공한다. 한 회사의 CEO가 말했듯 "우리는 특정 시장에 판매를 집중함으로써 더 많은 돈을 벌 수도 있다. 하지만 그것은 너무나 큰 모험이다."

앞서 논한 바와 같이 태양광은 고도로 글로벌화한 부가가치(모듈)와 지역성을 본질로 하는 부가가치(설치 등)의 조합이라는 점에서 독특하다. 태양광 전력의 총비용에서 차지하는 비중은 시간이 지남에 따라 글로벌한 것에서 지역적인 것으로 이동해 왔다. 글로벌한 측면은 어마어마한 규모의 경제와 정책 위험을 회피하는 능력을 가능하게 했으며, 이 둘은 투자를 자극했다. 지역적 측면은 고도로 국제화된 산업 환경에서조차 태양광 정책에 대한 대중의 지지를 촉진했다.

지식의 이동성

정책뿐만 아니라 개인들도 태양광의 진화에 큰 영향을 미쳤다. 무엇보다 개인의 이동(이주, 발령, 방문, 이직)은 태양광 개선의 핵심 요인이었다. R&D 자금 형식의 정책 지원과 개인 이동의 상호작용이 태양광 기술의 진화에서 과소평가된 면이 있다. 개인은 여기저기 이동하면서 지식을 확산시켰다. R&D는 그 지식을 창출했으며, 결정적으로 예상치 못한 정책의 변화로 지식이 위험에 처했을 때 이를 지켜냈다.

이동하는 개인들

이 책은 회귀분석이 가능한 무역 통계나 여타 데이터가 다루기 힘든 국제적 연결에 초점을 둔다. 그 이유는 한 곳에서 다른 곳으로 퍼지는 수많은 노하우가 사람들의 머릿속에 암묵지로 남기 때문이다(Alic, 2008). 수십 년의 태양광 발전 과정에서 사람들은 끊임없이 이동하고, 타국을 방문했으며, 회의에 참석했다. 이 모든 과정에서 때로는 의도적으로 혹은 우연한 기회에 지식 교환이 촉진되었다. 물론 하드웨어 역시 이동했다. 모듈은 전 세계로 쉽게 퍼졌다. 중요한 것은 생산 장비도 이동했다는 것이다. 한 인터뷰 대상자는 2008년에서 2012년 사이에 300억 달러 규모의 태양광 제조 장비가 독일에서 중국으로 옮겨졌다고 추정했다. 아시아에서 유럽 시장으로 운송되는 모듈과 달리 생산 장비의 이동은 사람들의 이동을 수반했다. 장비 공급업체의 직원이 와서 장비를 설치하고 라인을 최적화하기 위해 체류했다(Gallagher, 2014). 암묵적 노하우의 전수는 사람을 필요로 한다. 예를 들어, 생산라인 설치와 최적화, 대규모 태양광 배치, 특수한 지붕에 소규모 시스템을 효율적으로 설치하는 일에 이는 중요하다. 가시적·비가시적 지식 이전의 역할은 많은 산업에서 잘 확립되어 있다. 전문가 회의를 통한 지식 전달은 1950년대부터 태양광 분야에서 중요해졌다(Taylor et al., 2007). 필자와의 인터뷰에서 많은 이들이 방문, 회의 및 경험 등 사람들 간 이동의 중요성을 강조하여 나를 놀라게 했다.

개방성과 관찰

사람과 기계가 전 세계로 이동하며 노하우를 전파했다. 덜 활동적인 지식 전달 형태인 관찰도 중요했다. 태양광 산업 종사자들은 다른 곳에서 일어나는 일을 관찰하는 데 특히 열려 있는 듯했다. 과학자들은 다른 과학자들의 연구 결과를 읽고 경청했다. 1950년대 미군 통신단 같은 잠재 고객들은 연구소에서 벌어지는 일을 면밀히 추적했다. 마틴 그린 연구소 그룹은 1970년대에 미국을 순회하였고 스위스의 마르쿠스 레알(Marcus Real)은 1980년대 캘리포니아를 방문하여 어떤 일들이 일어나고 있는지 파악했다. 독일의 발전차액지원제도 설계자들은 캘리포니아 표준공급계약의 결과를, 일본의 뉴 선샤인 프로그램 설계자들은 독일의 1호 연방 주택 태양광 보조금 프로그램인 1000 루프 프로그램을 살펴보았다. 독일의 2004년 FiT는 중국의 2005년 재생에너지법과 2011년 FiT에 영감을 주었다. 중국의 태양광 기업들은 2010년 이래 제조 혁신을 빠르게 흡수했다(Ball et al., 2017). 직원들은 춘절 기간에 새 회사로 이직하곤 했다. 국가들은 서로서로 관찰했다. 우리만의 방식이라든가 고립적 성향은 놀라울 정도로 약했다. 대신 열린 마음, 관찰, 차용, 지식 이동이 넘쳐났다.

세계화를 통한 지식의 전파

가장 포괄적인 의미의 세계화가 이 모든 지식의 이전을 가능케 했다. 20세기 후반 세계 경제의 현대화와 통합은 개개인의 암묵지, 장비에 내장된 지식, 과학 보고서의 체계화된 지식 등을 포함한 온갖 지식 이동이 의존하는 인프라를 마련했다. 이러한 촉진 환경에는 비용이 거의 지속적으로 감소한 운송비도 포함되는데, 이를 통해 사람과 장비의 이동이 용이해졌다. 최근 높아지긴 했으나 시간이 지남에 따라 수입 관세 역시 하락하였고 하드웨어 이동을 쉽게 했다. 정보 흐름을 통해 과학 및 기타 지식의 이동은 물론 투입 재료의 구매 역시 가능해졌다. 이 모든 것이 개인의 국가 간 이동을 가능하게 한 문화적 세계화를 뒷받침했다.

세계화의 기회를 가장 먼저 받아들인 것은 석유회사였다. 그들은 20세기 내내 멀리 떨어진 곳에서 새로운 석유 매장량을 발견해 왔다(Yergin, 1991). 태양광의 실용적인 사용이 가능해졌을 때, 석유회사들은 고도로 세계화되어 있었다. 일본에서 태양광과 배터리가 해상 부표에 사용된 것을 본 석유회사들은 1960년대 태양광의 첫 번째 주요 사용자가 되었다. 그리고 석유회사의 국제적 특성으로 인해 이러한 사용은 전 세계로 빠르게 퍼져나갔다. 이익과 주주 가치 극대화를 추구하는 다국적 대기업들이 태양광을 활용한다는 사실과 그 효과성을 전 세계 많은 이들이 관찰하게 되었다.

국제혁신시스템

이러한 관찰을 학술 문헌과 간략히 다시 연결해 보자. 학계에서는 이를 '국제혁신시스템' 또는 국제적으로 연결된 일련의 국가혁신시스템이라 부른다(Binz and Truffer, 2017). 문화사와 제도는 NIS라는 아이디어의 핵심이며 태양광의 가격 하락을 이해하는 데 절대적으로 중요하다. 혁신 이론의 관점에서, "초국가적 연계"는 태양광 이야기의 중심을 차지해 왔다(Wieczorrek et al., 2015). NIS를 연구하는 주요 아이디어 중 하나는 NIS가 설계된 것이 아니라 상속되고 진화하는 구조라는 것이다.

R&D가 지식을 보존하다

국가혁신시스템 연구 문헌의 또 다른 유용한 개념은 "기관과 제도의 상호작용"이다(Accs et al., 2016). 대부분의 NIS 연구는 교육처럼 폭넓고 영향력이 큰 제도와 문화와 같은 비제도화된 영역의 역할을 강조한다. 태양광 분야에서 정부 지원 R&D는 고유한 역할을 하는 제도적 장치로서 태양광 산업 "주체들"과 중요한 상호작용을 하였다.

앞서 언급한 태양광 산업의 호황과 불황은 축적된 지식을 상실할 기회가 많았음을 뜻한다. 새로운 지식의 축적은 단조롭지 않다. 지식은 기술이 발전하고 뒤처짐에 따라 가치가 하락할 수 있다(Grubler and Nemet, 2014). 더 치명적인 것은, 사람들의 머릿속 암묵지가 개인들이 지식의 활용을 중단할 때 쉽게 손실된다는 것이다. 은퇴가 대표적인 사례가 될 수 있다. 태양광의 역사는 리더십의 변화에 더하여 호황과 불황의 연속으로 그려질 수 있다. 그런 점에서 은퇴만이 지식이 손실되는 유일한 경로는 아니다. 회사의 파산과 함께 직원들은 떠나고 산업이 침체에 접어들면 그들은 산업계를 완전히 떠날 수도 있다. 태양광 지식의 외부로의 이동은 여러 차례 발생했다. 1950년대 후반의 정책 우선순위 변화, 1980년 초 카터의 관심 축소와 레이건의 예산 삭감, 2008년 이후 독일의 전지 생산, 그리고 2012년 이후 중국의 공급 과잉에서 그 같은 상황이 발생했다. 태양광 시장의 변동성으로 인해 지식의 보존은 매우 중요한 문제가 되었다. 공공 R&D는 보고서 등을 통해 지식을 성문화(codify)하는 데 도움을 줬다는 점에서 결정적이었다. 많은 회사가 태양광 R&D에 투자했으며 미국과 일본은 각각 1950년대와 60년대에 R&D 프로그램이 있었다. 뒤늦게 산업에 뛰어든 중국도 1980년대에 R&D 프로그램을 시작했다. 이러한 투자는 예산 삭감과 민간 부문 투자가 감소하는 상황 속에서도 지속되는 제도를 확립했다.

공공과 민간 R&D가 모두 초기 발견으로 도움을 주었지만(Nemet and Husmann, 2012), 사람들이 성장하는 다른 분야로 떠나는 암울한 시기에 지식을 보존하는 데는 정부 R&D의 역할이 컸다. 많은 과학자와 엔지니

〈박스 2.3〉 태양광 시스템의 구성요소

- 광전지: 빛에 노출되었을 때 자유 전자를 생성할 수 있는 반도체 소재
- 셀: 전류를 생성하는 전기적 접촉과 코팅을 포함하는 광전지 재료
- 모듈: 유리와 플라스틱으로 캡슐화되어 있으며 서로 연결된 셀들로 구성. 태양광 '패널'이라고도 부름
- 인버터: 광전지가 생산한 직류를 교류로 변환하는 전기 장치로 전력망과 가정에서 사용
- 지지구조물: 지면이나 지붕에 태양광 모듈을 부착하는 데 사용되는 구조물
- 하드웨어: 모듈, 인버터, 때로는 지지구조물도 포함
- 태양광 시스템: 지역 전기 시스템에 연결된 태양광 모듈 배선과 하드웨어

어들이 다음 성장 산업을 좇아 흩어졌지만, 공공 R&D로 인해 일부는 남아 축적된 지식을 성문화했다. 이러한 지식은 다음 틈새나 정책, 혹은 다음번 호황기를 불러올 또 다른 동인이 도착할 때까지 살아남았다.

기술적 진보

태양광 기술은 지배적 디자인의 조기 출현, 광전효과에 대한 확실한 이론적 기초, 파괴적 생산 혁신, 1975년(미국)·1994년(일본)·2004년(독일)·2011년(중국)의 학습 지향적 정책 구현의 조합을 통해 발전했다.

지배적 디자인의 빠른 등장

태양광 진화의 놀라운 점 중 하나는 1954년 이래로 동일한 재료와 보편적 기술 설계를 여전히 사용한다는 것이다. 다양한 재료와 형태에도 불구하고 결정질 실리콘은 태양광 생산 점유율 90% 이상을 유지해왔다. 혁신 연구에서 가져온 "지배적 디자인"이란 개념은 태양광이 왜 성공했는지에 대한 또 다른 통찰을 제공한다(Suarez and Utterback, 1995). "안정적인 인터페이스로 사용할 수 있는 공고한 핵심 구성요소"로 규정되는 지배적인 디자인이 일단 확립되면 기술적 확장(scale-up)은 쉬워진다는 발상이다(Murmann and Frenken, 2005). 최소한 일부라도 우수한 점을 가지고 도전해온 많은 소재와 디자인, 조합의 출현에도 불구하고 태양광의 전체 디자인은 1954년, 특히 1985년 이래로 매우 안정화되었다.

실리콘은 가격이 급등했던 2007~2008년 기간에도 경쟁자들을 거듭 제압했다. 몇 번이나 이제 끝이라고 선언되었음에도 '무어의 법칙'에 호응이라도 하듯 개선은 계속되었다(Farmer and Lafond, 2016). 실리콘 기반 마이크로칩에서도 50년에 걸친 집적도의 향상이 끝났다는 우려가 있었지만 그 끝은 여전히 오지 않았다(Nagy et al., 2011). 일본, 독일, 미국의 선도 기업들이 태양광 사업에서 실패한 부분적인 이유는 실리콘 대체제에 대한 투자로 인한 것이었다. 한 인터뷰자는 "실리콘에 반대하는 쪽엔 절대 베팅하지 마세요"라고 말한다. 한 가지 이유는 컴퓨터 산업에서 실리콘이 널리 사용되고 그에 따른 노하우가 축적되었기 때문이다. 태양광이 빌려오고 재활용할 수 있는 충분한 지식을 컴퓨터 산업이 가지고 있었다(Nemet, 2012a).

현재의 실리콘 우위가 영원하리라는 의미는 아니다. 실제로 페로브스카이트(perovskite), 유기, 양자점(quantum dot) 태양전지 등이 모두 효율과 신뢰성 면에서 개선되고 있다(Sivaram, 2018). 이 기술들은 생산 규모가 커진다면 어쩌면 실리콘보다 더 낮은 가격으로 태양광을 장악할 수 있다. 그러나 태양광의 저렴함—수억 달러 규모의 제조시설—은 과거보다 경쟁 진입을 훨씬 더 어렵게 만들었다. 아마도 실리콘 위에 페로브스카이트 등을 적층하는 방식의 하이브리드가 실리콘이 구축한 규모의 경제와 공급망을 활용할 수 있어 더 가능성이 커 보인다.

이론적 기초

과학자들의 지식 창조와 지식의 이동성이 물리학에 대한 기본 이해에 달려 있다는 사실도 주목해야 한다. 이 모든 것은 100년 전 광전효과를 파동이 아닌 광자로 설명한 아인슈타인의 이론에서 유래되었다(Einstein, 1905). 이러한 이해는 벨연구소가 최초의 효율적 셀에 p-n 접합을 설계하는 작업에서 매우 중요했다(Perlin, 2013). 아인슈타인과 벨연구소의 관계는 주요한 발명이 성공하기 위해서는 현상에 대한 이론적 이해가 필요하다는 발명 이론과 잘 들어맞는다(Arthur, 2009). 이것이 우리에겐 그저 더 많은 과학과 R&D가 필요하다는 주장을 지지하지는 않는다(Bush, 1945; Lomborg, 2010). 태양광은 아인슈타인으로부터 시작된 것이 아니라, 빛에 노출되면 특이한 반응을 보이는 물질의 전기적 특성에 대한 60년 이상의 실험이 있었다. R&D 자체만으로는 확실히 오늘날 태양광 발전이 성취한 18$/MWh 수준에 도달할 수 없었을 것이다.

파괴적 생산 혁신

우리를 현재로 이끈 한 가지는 태양광의 생산 방식이었다. 태양광 제조는 파괴적 기술의 전형이었다(Wilson, 2018). 대다수 사용자에게는 우주 프로그램이 요구하는 높은 효율과 낮은 성능 저하가 필요하지 않았다. 2000년대 중국 기술은 독일에 비해 열등했고, 우주 환경에서 사용될 만큼은 아니었지만 지상에서 전기를 생산하기엔 충분했다. 중국은 국제 인증 기준에 맞춰 충분한 효율과 신뢰성을 갖춘 셀을 생산했다. 이와 함께 2008~2011년 급증하는 수요에 맞추고자 필사적인 독일 설치업체들과 협력하여 초기 제품의 신뢰성을 높이는 길을 찾았다. 그런 다음 기술 표준을 통해 점차 신뢰성을 높였다. 중국의 핵심 기여 중 하나는 이전까지 태양광 생산을 느리고 비싸게 만들었던 엄격함을 얼마간 완화한 것이다.

R&D만으론 부족하다

파괴적 생산 혁신이라는 가설은 태양광의 많은 개선이 R&D 자금 밖에서 이루어졌음을 말한다. R&D는 기술 개선에 결정적이었지만 초기 벨 연구소의 장치에서 오늘날의 대규모 산업에 이르기까지 태양광을 견인하기에는 불충분했다. 이것은 다른 기술에도 큰 시사점을 준다. 아마도 태양광의 진화를 가장 잘 보여주는 것은 "학습 곡선(learning curve)"일 것이다. 미국 에너지부 초대 태양광 프로그램 국장인 폴 메이콕(Paul Maycock)은 텍사스인스트루먼트(TI) 재직 경험을 통해 학습 곡선을 잘 알고 있었다. TI는 당시 이 개념을 대중화한 보스턴컨설팅그룹(BCG, 1972)에서 배웠을 것이다. 1950년대 태양광에서 학습 곡선을 고려했다는 증거가 있다(Cherry, 1955). 1975년 메이콕은 태양광 비용을 경험 함수로 표시했으며(Maycock and Wakefield, 1975) 그 개념은 이후 계속 사용되었다(4장 참조). 여기에는 분명한 정책적 함의가 담겨 있다. R&D만으론 불충분하다는 것이다. TI가 전자 제품에 "미래 가격 책정(forward pricing)"을 했듯이 정책 입안자들도 태양광 비용을 바이다운(buy-down) 방식으로 줄일 수 있었다. 즉, 초기 손실을 감수하며 제조 규모를 확장하고 나중에 비용 절감과 수익을 달성하는 것이다. 1975년부터 1985년까지의 "대형 조달사업(Block Buy)"은 이 개념을 구현했다. 학습 곡선은 또한 독일이 태양광 보조금에 2,000억 달러 이상 지출한 것을 정당화한 논리이기도 했다(Unnerstal, 2017). 놀랍게도 40년이 지난 지금도 우리는 여전히 메이콕을 따르고 있다. 2018년까지 업계는 500기가와트의 생산량을 축적했으며 셀은 0.20$/W, 1975년 달러로 0.06$/W 또는 56$/kW에 판매되었다. 태양광은 메이콕이 제시한 학습 곡선의 가장 낙관적인 전망을 따라 왔으며 이제 그 전망의 끝 시점에 있다.

긴 개발 여정

지난 몇 년에 걸친 값싼 태양광의 출현은 극적으로 보이지만 갑작스러운 것은 아니다. 아인슈타인이 광전효과 이론을 발표한 지 100년이 넘었고 폴 메이콕의 1975년 학습 곡선의 가장 낙관적인 길을 따라오는 데도 42년이 걸렸다. 태양광이 지금 놀랍도록 저렴하다는 사실을 일단 받아들이면 태양광이 어떻게 싸졌는가에 대한 질문만이 아니라 왜 이렇게 오래 걸렸는가라는 질문도 하게 될 것이다. 태양광을 다른 기후 신기술의 모델로 사용하려면 지난 15년간의 폭발적인 성장뿐만 아니라 전체 기술개발의 궤적을 이해해야 한다. 따라서 1973년 이전 "형성기"(Jacobsson and Bergek, 2004)를 주의 깊게 살펴보는 것이 필요할 것이다.

참고문헌

Acs, Z. J., Audretsch, D. B., Lehmann, E. E. & Licht, G. 2016. National systems of innovation. *The Journal of Technology Transfer,* 42, 997‒1008.

Alic, J. A. 2008. Technical knowledge and experiential learning: What people know and can do. *Technology Analysis & Strategic Management,* 20, 427‒442.

Arthur, W. B. 2009. *The Nature of Technology: What It Is and How It Evolves,* New York, Free Press.

Ball, J., Reicher, D., Sun, X. & Pollock, C. 2017. *The New Solar System: China's Evolving Solar Industry and Its Implications for Competitive Solar Power in the United States and the World,* Steyer-Taylor Center for Energy Policy and Finance.

Barbose, G. L., Darghouth, N. R., Millstein, D., Lacommare, K. H., Disanti, N. & Widiss, R. 2017. *Tracking the Sun 10: The Installed Price of Residential and Non-Residential Photovoltaic Systems in the United States,* Lawrence Berkeley National Laboratory and SunShot.

Barbose, G. L. & Darghouth, N. R. 2018. *Tracking the Sun: Installed Price Trends for Distriuted Photovoltaic Systems in the United States.* Berkeley, CA, Lawrence Berkeley National Laboratory.

BCG 1972. *Perspectives on Experience,* Boston, The Boston Consulting Group.

Binz, C. & Truffer, B. 2017. Global Innovation Systems—A conceptual framework for innovation dynamics in transnational contexts. *Research Policy,* 46, 1284‒1298.

Bolinger, M., Seel, J. & Lacommare, K. H. 2017. *Utility-Scale Solar 2016: An Empirical Analysis of Project Cost, Performance, and Pricing Trends in the United States.* Berkeley, CA,

Lawrence Berkeley National Lab. (LBNL).

Bougette, P. & Charlier, C. 2015. Renewable energy, subsidies, and the WTO: Where has the 'green' gone? *Energy Economics,* 51, 407‒416.

Bush, V. 1945. *Science The Endless Frontier: A Report to the President by Vannevar Bush, Director of the Office of Scientific Research and Development.* Washington, DC, United States Government Printing Office.

Cherry, W. 1955. Military considerations for a photovoltaic solar energy converter. Transactions of the International Conference on the Use of Solar Energy, Tucson, Arizona, 31 October ‒ 1 November 1955.

Christensen, E. 1985. *Electricity from Photovoltaic Solar Cells: Flat-Plate Solar Array Project of the U.S. Department of Energy's National Photovoltaics Program, 10 years of progress. JPL publication: 400‒279,* Pasadena, CA, Prepared by the Jet Propulsion Laboratory for the U.S. Dept. of Energy through an agreement with the National Aeronautics and Space Administration.

CPUC 1983. *Approval of Interim Standard Offer No.4 for PG & E, SCE, and SDG & E based on the results of a Negotiating Conference, Decision 83‒09‒054.* California Public Utilities Commission.

Davidsson, S. & Höök, M. 2017. Material requirements and availability for multi-terawatt deployment of photovoltaics. *Energy Policy,* 108, 574‒582.

Dunford, M., Lee, K. H., Liu, W. & Yeung, G. 2013. Geographical interdependence, international trade and economic dynamics: The Chinese and German solar energy industries. *European Urban and Regional Studies,* 20, 14‒36.

Einstein, A. 1905. Über einen die Erzeugung und Verwandlung des Lichtes betreffenden heuristischen Gesichtspunkt. *Annalen der Physik,* 322, 132‒148.

Farmer, J. D. & Lafond, F. 2016. How predictable is technological progress? *Research Policy,* 45, 647‒665.

Friedman, B., Ardani, K., Feldman, D., Citron, R., Margolis, R. & Zuboy, J. 2013. *Benchmarking Non-Hardware Balance-of-System (Soft) Costs for US Photovoltaic Systems Using a Bottom-Up Approach and Installer Survey.* NREL.

Gallagher, K. S. 2014. *The Globalization of Clean Energy Technology: Lessons from China,* Cambridge, MA, MIT Press.

Gipe, P. 1995. *Wind Energy Comes of Age,* New York, Wiley.

Goodrich, A. C., Powell, D. M., James, T. L., Woodhouse, M. & Buonassisi, T. 2013. Assessing the drivers of regional trends in solar photovoltaic manufacturing. *Energy & Environmental Science,* 6, 2811–2821.

Grubler, A. & Nemet, G. F. 2014. Sources and consequences of knowledge depreciation. In: Grubler, A. & Wilson, C. (eds.) *Energy Technology Innovation: Learning from Historical Successes and Failures.* Cambridge, Cambridge University Press.

Haegel, N. M., Margolis, R., Buonassisi, T., Feldman, D., Froitzheim, A., Garabedian, R., Green, M., Glunz, S., Henning, H.-M., Holder, B., Kaizuka, I., Kroposki, B., Matsubara, K., Niki, S., Sakurai, K., Schindler, R. A., Tumas, W., Weber, E. R., Wilson, G., Woodhouse, M. & Kurtz, S. 2017. Terawatt-scale photovoltaics: Trajectories and challenges. *Science,* 356, 141–143.

Hirsch, R. F. 1999. *Power Loss: The Origins of Deregulation and Restructuring in the American Electric Utility System,* Cambridge, MA, The MIT Press.

Jacobsson, S. & Bergek, A. 2004. Transforming the energy sector: The evolution of technological systems in renewable energy technology. *Industrial and Corporate Change,* 13, 815–849.

Jenkins-Smith, H., Nohrstedt, D., Weible, C. & Sabatier, P. 2014. The Advocacy Coalition Framework: Foundations, evolution, and ongoing research. In: Sabatier, P. & Weible, C. (eds.) *Theories of the Policy Process.* Boulder, CO, Westview Press.

Karakaya, E., Nuur, C. & Hidalgo, A. 2016. Business model challenge: Lessons from a local solar company. *Renewable Energy,* 85, 1026–1035.

Kemp, R., Schot, J. & Hoogma, R. 1998. Regime shifts to sustainability through processes of niche formation: The approach of strategic niche management. *Technology Analysis & Strategic Management,* 10, 175–198.

Kingdon, J. W. 1984. *Agendas, Alternatives, and Public Policies,* Boston, Little, Brown.

Kivimaa, P. & Kern, F. 2015. Creative destruction or mere niche support? Innovation policy mixes for sustainability transitions. *Research Policy,* 45, 205–217.

Laird, F. N. 2003. Constructing the future: Advocating energy technologies in the Cold War. *Technology and Culture,* 44, 27–49.

Lomborg, B. 2010. *Cool It: The Skeptical Environmentalist's Guide to Global Warming, Vintage.*

Lyon, T. P. 2016. Drivers and impacts of renewable portfolio standards. *Annual Review of Resource Economics,* 8, 141–155.

Maycock, P. D. & Wakefield, G. F. 1975. Business Analysis of Solar Photovoltaic Energy Conversion. 11th IEEE Photovoltaic Specialists Conference, May 6–8 1975 New York. IEEE, 252–255.

Murmann, J. P. & Frenken, K. 2005. *New Directions in Research on Dominant Designs.* Academy of Management, August 2005 Honolulu.

Nagy, B., Farmer, J. D., Trancik, J. E. & Gonzales, J. P. 2011. Superexponential long-term trends in information technology. *Technological Forecasting and Social Change,* 78, 1356– 1364.

Nemet, G. F. 2006. Beyond the learning curve: Factors influencing cost reductions in photovoltaics. *Energy Policy,* 34, 3218–3232.

Nemet, G. F. 2010. Robust incentives and the design of a climate change governance regime. *Energy Policy,* 38, 7216–7225.

Nemet, G. F. 2012a. Inter-technology knowledge spillovers for energy technologies. *Energy Economics,* 34, 1259–1270.

Nemet, G. F. 2012b. Subsidies for new technologies and knowledge spillovers from learning by doing. *Journal of Policy Analysis and Management,* 31, 601–622.

Nemet, G. F. & Kammen, D. M. 2007. U.S. energy research and development: Declining investment, increasing need, and the feasibility of expansion. *Energy Policy,* 35, 746–755.

Nemet, G. & Husmann, D. 2012. Historical and future cost dynamics of Photovoltaic technology. In: Sayigh, A. (ed.) *Comprehensive Renewable Energy.* Oxford, Elsevier.

Nemet, G. F., Braden, P., Cubero, E. & Rimal, B. 2014. Four decades of multiyear targets in energy policy: Aspirations or credible commitments? *Wiley Interdisciplinary Reviews: Energy and Environment,* 3, 522–533.

Nemet, G. F., Grubler, A. & Kammen, D. 2016. Countercyclical energy and climate policy for the U.S. *Wiley Interdisciplinary Reviews: Climate Change,* 7, 5–12.

NYTimes. 1954. Vast power of the sun is tapped by battery using sand ingredient. *New York Times,* p. 1.

Perlin, J. 2013. *Let it Shine: The 6,000-year Story of Solar Energy,* New World Library.

President's Materials Policy Commission 1952. *Resources for Freedom.* Washington, DC, Govt. Printing Office.

Raven, R., Kern, F., Verhees, B. & Smith, A. 2016. Niche construction and empowerment through socio-political work. A meta-analysis of six low-carbon technology cases. *Environmental Innovation and Societal Transitions,* 18, 164–180.

Schuelke-Leech, B.-A. 2014. Volatility in federal funding of energy R&D. *Energy Policy,* 67, 943–950.

Sivaram, V. 2018. *Taming the Sun: Innovations to Harness Solar Energy and Power the Planet,* Cambridge, MA, The MIT Press.

Suarez, F. F. & Utterback, J. M. 1995. Dominant designs and the survival of firms. *Strategic Management Journal,* 16, 415–430.

Tatsuta, M. 1996. New sunshine project and new trend of PV R&D program in Japan. *Renewable Energy,* 8, 40–43.

Taylor, M., Nemet, G., Colvin, M., Begley, L., Wadia, C. & Dillavou, T. 2007. *Government Actions and Innovation in Clean Energy Technologies: The Cases of Photovoltaic Cells, Solar Thermal Electric Power, and Solar Water Heating, CEC-500-2007-012.* Sacramento, California Energy Commission.

United States Department Of Energy 1979. *Domestic Policy Review of Solar Energy,* U.S. Department of Energy.

Unnerstal, T. 2017. *The German Energy Transition: Design, Implementation, Costs, and Lessons,* Springer.

Verdolini, E., Anadon, L. D., Lu, J. & Nemet, G. F. 2015. The effects of expert selection, elicitation design, and R&D assumptions on experts' estimates of the future costs of photovoltaics. *Energy Policy,* 80, 233–243.

Wieczorek, A. J., Raven, R. & Berkhout, F. 2015. Transnational linkages in sustainability experiments: A typology and the case of solar photovoltaic energy in India. *Environmental Innovation and Societal Transitions,* 17, 149–165.

Wilson, C. 2018. Disruptive low-carbon innovations. *Energy Research & Social Science,* 37, 216–223.

Yergin, D. 1991. *The Prize: The Epic Quest for Oil, Money, and Power,* New York, Simon and Schuster.

Creating a technology

1부 기술의 창조

3장 과학적 기원

    태양광의 가장 흥미로운 특징 중 하나는 한때 최첨단이었던 과학 개념들—원자의 구조, 빛의 성질, 그리고 둘의 상호작용—과 깊은 연관성을 가진다는 것이다. 이러한 첨단 과학과의 연관성은 원자력과 비슷한 측면이 있다. 초기 태양광 연구는 기초과학 및 본질에 대한 이해와 밀접하게 연관되어 있었고, 제품화 가능성에 대한 연구는 거의 없었다. 이 초창기 발전은 극도로 느린 과정이었다. 베크렐이 1839년 광전효과를 발견한 이후 벨연구소가 1954년 최초의 효율적인 태양전지를 시연하기까지 115년이 걸렸다. 이 기간의 전반부 동안 초기 발명가들은 보이는 현상을 관찰하고 재현하려고 노력했다. 관찰 자체도 중요했으나 1890년대 필립 레너드(Philip Lenard)가 등장하기 전까지 누구도 의미 있는 진전을 이루지 못했다. 그러다 20세기 과학의 거장인 아인슈타인이 1905년 광전효과에 대한 완전한 설명을 제시했고, 1921년 노벨상을 수상하게 되었다.

아인슈타인의 연구는 60년 이상 관찰되어 온 현상을 설명했다. 그는 빛을 파동의 다발(wave packet) 또는 광자(photon)로 설명했는데, 광자가 물질의 밴드갭에 해당하는 임계 에너지를 초과할 때 감광성 물질에서 전자를 방출한다. 이러한 이해는 로버트 밀리컨(Robert Millikan)과 같은 다른 과학자들에게 연구의 장을 열었고, 1930년대 지멘스, 벨연구소에 의해 체계적인 기술개발로 이어졌다. 1954년 벨연구소의 획기적인 발명으로 태양광 산업이 시작되었고 1957년 스푸트니크는 미국의 우주 경쟁에 박차를 가했다. 가장 열성적인 초기 사용자는 1950년대와 60년대 우주 프로그램을 추진한 미국 국방부였으며, 해상 석유시추선에 태양광을 사용한 다국적 석유회사들이 역시 중요한 초기 사용자들이었다. 규모는 작지만 틈새시장이 속속 등장했다. 1970년대 초까지 태양광은 신뢰할 수 있는 기술로 자리매김했고 1973년 1차 석유 위기가 닥쳤을 때 중요한 역할을 할 수 있는 위치에 있었다.

과학자들

태양광 기술개발의 기원은 에드먼드 베크렐이 염화은을 산에 담가 빛에 노출하다가 광전효과를 관찰한 1839년까지 거슬러 올라간다. 그는 겨우 19살이었지만, 이 발견은 우연이 아니었다. 베크렐은 파리에 있는 그의 아버지의 실험실에서 작업하며 전류 관찰이 가능한지 보기 위해 염화은을 백금 전기 단자에 연결하는 일을 하고 있었다. 베크렐은 그의 아들 앙리와 행한 방사능 계측 실험으로 더 유명한데 방사능의 표준 단위인 1초당 붕괴수가 그의 이름을 따서 베크렐(Bq)로 명명되었다.

베크렐의 발견 이후, 영국에서 과학적인 진전이 이어졌다. 1849년 발명가 알프레드 스미(Alfred Smee)가 처음으로 광전지 효과(photovoltaic effect)를 언급했고, 1873년에 영국의 공학자 윌러비 스미스(Willoughby Smith)가 수중 케이블을 위한 재료를 개발하면서 셀레늄 막대를 사용하여 그 효과를 관찰했다. 셀레늄은 1950년대에 최초의 벨연구소 태양전지에 사용되었다. 윌리엄 그릴스 애덤스(William Grylls Adams)와 R. 에반스 데이(R. Evans Day)는 광전지 효과를 체계적으로 조사한 최초의 팀으로, "빛이 실제로 셀레늄에서 전류를 발생시킬 수 있는지"를 조사하기 위해 셀레늄을 관찰한 논문을 왕립 학회에 발표했다.

뉴욕의 찰스 프리츠(Charles Fritts)는 1884년에 셀레늄을 사용한 최초의 태양광 모듈을 개발했다. 1880년대 뉴욕의 발명과 가능성의 시대정신을 보여주듯, 프리츠는 태양전지를 토머스 에디슨(Thomas Edison)이 막 시작한 석탄 화력 발전소의 경쟁자로 이야기했다. 또한, 프리츠는 지멘스의 설립자이자 저명한 기술자인 베르너 폰 지멘스(Werner von Siemens)에게 자신의 전지를 보여주었는데 지멘스는 전지를 독일로 가져와서 그것의 가능성을 홍보했다. 한편, 비슷한 시기에 다른 독일인들도 이 분야에서 적극적인 관찰을 진행하였다. 하인리히 헤르츠(Heinrich Hertz)는 자외선이 기체의 정전기 전압에 영향을 미친다는 것을 발견했고 빌헬름 할박스(Wilhelm Hallwachs)는 구리도 빛에 민감할 수 있다는 것을 발견했다. 전류 생성의 원리가 알려지기 전까지 이러한 관측과 실험을 통해 1890년 무렵 세계는 태양광 장치를 갖게 되었다(비록 1%의 효율이었지만). 지멘스는 사회가 태양광의 이로운 잠재력을 활용할 수 있도록 과학자들에게 태양광을 연구하고 이해하도록 독려했다.

아인슈타인

19세기 말, 소수의 과학자들은 빛의 전류 발생을 이해하기 위한 노력을 시작했다. 조지 민친(George Minchin)은 셀레늄을 연구하여 민감도가 높은 광전 장비를 만들었다. 이 정밀한 장비를 이용한 실험을 통해 민친은 흡수 물질이 전기 에너지 생성에 미치는 특성과 빛의 파장에 관한 주장을 펼쳤다. 실제로, 필립 레너드는 1890년대에 광전효과를 연구했고 전기 출력이 사용된 빛의 파장에 민감하다는 것을 발견했다.

1905년 아인슈타인은《빛의 생산과 변화에 관한 발견적 관점에 관하여》란 논문을 출판했다. 이 논문에서 그는 빛이 에너지 다발(packet), 빛 양자(light quanta) 또는 광자(photons)로 구성된다는 것을 이론화했다. 빛이 오는 다양한 파장은 빛이 얼마나 많은 에너지를 포함하는지를 결정한다. 광자가 물질의 밴드갭 또는 활성화 에너지를 초과할 만큼 충분한 에너지를 가질 때 전자가 방출되는데, 이 때문에 실험자가 감광 장치에서 전류를 감지했던 것이다. 1909년 로버트 밀리컨은 실험실에서 작은 기름방울의 전하를 측정하는 실험을 수행하여 아인슈타인의 가설을 증명했다. 이로써 그는 전자의 기본 전하를 측정해냈고(Millikan, 1913) 더 크게는 빛의 양자적 성질에 대한 아인슈타인의 이론을 확인했다.

아인슈타인의 광전 이론은 실용적인 상업용 태양광 장치의 후속 개발에 중요했다. 경제학자이자 기술사학자인 브라이언 아서가 말했듯이,

> 기술은 현상에 대한 지식과 그에 대한 이론이 얻어질 때 나타나는데, 기존 기술을 구성하는 빌딩블록(building-block)과 이를 둘러싼 현상에 대한 이해로부터 새로운 기술이 출현한다. (Arthur, 2007)

이 경우, 현상은 광전효과였다. 이 효과를 이해하는 열쇠는 물질의 밴드갭과 빛의 활성화 에너지가 전자를 방출할 수 있다는 개념이었다. 이

새로운 현상은 기술개발자들이 p-n 접합을 고안하는 데 도움이 되었다. 일단 아인슈타인의 이론이 제시되고 밀리컨이 실험으로 그것을 확인하자, 지멘스 과학자들이 문을 열었고, 이후 벨연구소는 과학 발전은 물론 실질적인 혜택을 제공하는 장치를 개발하게 되었다. 지멘스는 1930년대에 구리 기반의 태양광에 초점을 맞춰 효율이 1%인 전지를 발명했다. 이 대기업은 사하라 사막에 대량의 태양광을 설치하고 유럽에 전력을 공급할 야심찬 계획을 가지고 있었다. 독일은 1930년대 태양광 장치 기술에서 세계를 선도했으며 2차 세계대전이 아니었다면 상용 장치가 진행되었을 것이다. 이를 대신하여, 벨연구소 — 수많은 과학자, 다양한 전문성의 결합, 셀레늄과 실리콘에 대한 경험을 가지고 있었다 — 가 아인슈타인의 광자와 전자에 대한 이론을 적극 활용하게 되었다.

벨연구소

실용적인 태양전지의 첫 번째 돌파구는 뉴저지 머레이 힐의 사무 단지에서 이루어졌다. 1925년 벨 전화기 연구소로 설립된 벨연구소는 모회사의 통신 사업에 사용될 신기술을 개발하는 동시에 수익을 사회적으로 유익한 응용연구에 투자한다는 두 가지 목적을 수행했다(Gertner, 2013). 후자가 중요했던 이유는 벨 전화기가 전화 서비스에 대한 독점권을 가지고 있었기 때문이었다. 회사는 규제 기관의 간섭을 막고 독점을 유지하기 위해 사회적 유익을 창출한다는 것을 보여줘야 했다. 서류상 벨연구소는 회사의 R&D 부서였지만 연구소의 남녀 직원들은 흥미로운 신기술을 추구할 수 있는 폭넓은 자유를 누렸다. 실제로 1950년대 연구소장인 머빈 켈리(Mervin Kelly)는 벨연구소를 "창의적인 기술 연구소"라고 불렀다.

미주리주 시골에서 태어나 시카고 대학에서 물리학을 공부한 켈리는

1951년부터 1959년까지 벨연구소의 연구 책임자, 부사장, 사장을 역임하며 빠르게 성장했다. 벨은 "사물을 발명하는 방법을 발명"한다는 모토를 창안한 켈리는 자신의 역할을 연구 수행의 새로운 방법을 개발하는 것으로 보았다. 이를 위한 한 가지 방법이 뉴저지주 머레이 힐의 벨연구소 건물이었는데, 이 건물의 공간 구성은 연구원들을 물리적으로 서로 가깝게 배치하여 협업을 촉진하고자 했다. 켈리의 비전은 재능 있는 인력을 일정 수준 이상의 숫자로 규합하여 신속하고 건전한 아이디어 교환을 이루어 내는 것이었다(Bell Labs, 2018). 그는 특히 배경의 다양성에 관심이 많았는데 이를 통해 다른 전문 분야들이 서로를 보완하며 새롭고 때로는 예상치 못한 방식으로 결합하도록 했다. 이 접근 방식은 성공적이었으며 켈리의 재임 기간 벨연구소는 대서양 횡단 전화 케이블, 트랜지스터 컴퓨터, 레이저 및 세계 최초의 실용적인 태양전지와 같은 세계를 변화시킬 다양한 물건들을 생산했다.

벨연구소의 과학자들은 1930년대에 광전효과 연구에 계속 집중하지 못했으나 1940년 2월부터는 몰입하기 시작했다. 공학자 러셀 슈메이커 올(Russel Shoemaker Ohl)은 무선 전송에 크리스털을 사용하는 방법을 조사하던 중 고순도 실리콘 결정이 빛에 노출되었을 때 전류 흐름이 촉진된다는 것을 발견했다(Chodos, 2009). 결정의 균열은 결정 내에서 양전하와 음전하를 띤 불순물 사이의 경계 역할을 했으며, 이 구조는 나중에 "p-n 접합"이라고 불리게 된다. 결정의 일부가 인으로 오염되어 여분의 전자가 존재하고 음 또는 n형 반도체를 형성했다. 접합의 다른 쪽에는 붕소가 포함되어 있는데, 이는 전자가 없다는 것을 의미하므로 p형(양극) 반도체를 형성했다. 올은 "기능적 불순물"을 발견했고 책임자인 켈리를 포함한 일부 과학자 친구들에게 그 효과를 선보였다. 1941년 5월에 제출한 특허 출원에서 올은 발견에 대해 다음과 같이 설명했다.

고순도의 융합 실리콘 생산과 점 접촉 정류기를 활용한 조사에서 본 출원인은 특정 조건에서 이 물질이 가시광선에 민감하며 인가전압과 무관하게 기전력을 생성한다는 사실을 발견했다. 이 효과는 당시 알려진 가장 효과적인 광전 물질의 수준에 필적한다. (Ohl, 1946)

올의 발견이 첫 번째 태양전지가 되기까지 14년이 걸렸다.

이 작업은 캘빈 풀러(Calvin Fuller), 제럴드 피어슨(Gerald Pearson), 그리고 대릴 채핀(Daryl Chapin)이 "태양전지 프로젝트"를 결성하면서 시작되었다. 1950년대 중반 태양광 에너지가 강조되기 이전 벨연구소의 많은 이들은 트랜지스터를 연구하고 있었다. 이 연구는 전쟁 기간 레이더 시스템에 사용할 고도로 정제된 게르마늄을 만들기 위한 노력에서 시작되었다. 트랜지스터와 함께 연구 프로그램은 게르마늄을 대체하는 더 저렴하고 내구성 있는 재료로 실리콘을 발견했다. 벨의 트랜지스터는 전자 기기에 혁명을 일으켰고 컴퓨팅 장비의 핵심을 이루는 집적회로와 마이크로프로세서(트랜지스터의 시스템)의 기초를 제공했다. 실리콘은 또한 태양광 전지 생산을 위한 좋은 재료로도 밝혀졌다.

전기 기술자인 채핀은 1952년 초 라틴 아메리카 오지에서 전화 서비스에 전력을 공급하기 위한 수단으로 셀레늄 태양전지에 관심을 가졌다. 그러나 셀레늄 전지는 매우 비효율적이었다. 실리콘 트랜지스터의 선도적인 과학자이자 전문가인 실험 물리학자 제럴드 피어슨이 채핀에게 셀레늄을 실리콘으로 대체할 것을 제안했다. 그들의 목표는 오지에서 사용 가능한 극히 적은 전력으로도 작동되는 더 나은 트랜지스터를 개발하는 것이었다. 이렇게 해서 벨 태양광 배터리 프로젝트가 시작되었다. 트랜지스터 프로젝트 분야에서 실리콘의 개선은 곧 실리콘 태양전지의 더 나은 효율로 이어졌다. 동시에, 실리콘의 전기적 특성을 조작하기 위해 실리콘 도핑, 즉 실리콘 표면에 불순물을 주입하는 획기적인 방법이 고안되었다. 화학 공학자이자 팀의 세 번째 멤버인 캘빈 풀러는 고순도의 실리콘을 마련하는 것뿐만 아니라 도핑 과정을 주도했다. 풀러는 두 개의 실리콘 조각에 서로 다른 불순물을 도핑한 다음 표면을 접합함으로써 의도적으로 올이 10년 전에 발견한 p-n 접합을 만들어냈다.

채핀과 풀러, 그리고 피어슨은 효율 6%라는 목표를 달성하기 위해 다양한 구성을 시도했다. 효율을 높이려는 시도가 벽에 부딪힐 때마다 이들은 태양광 역사 전문가인 존 펠린(John Perlin)이 "소스(sauce)"라고 부른 더 높은 순도의 실리콘, 더 균일한 도핑, 그리고 더 나은 접합을 만들어 극복했다(Perlin, 1999). 1954년 2월 모턴 프린스(Morton Prince)가 합류했다. 그는 시연을 위해 장치를 최적화하고 안정화했다(Palz, 2010). 그리고 마침내 3월, 효율 6%라는 목표를 달성했다.

그들은 태양광의 진보를 나타내는 획기적인 도약을 숨기지 않고 바로 학술지에 발표했는데, 6% 효율 달성과 함께 이론적 한계인 22% 효율에 못 미친 이유인 반사, 재결합 등의 문제도 설명했다(Chapin et al., 1954). 1954년 3월 5일, 벨 과학자 3인은 "태양 에너지 변환 장치"에 대한 특허 출원을 했다(Chapin et al., 1957). 특허는 태양전지를 구성하는 8개의 선행 특허 기술을 인용했다(그림 3.1). 여기엔 올의 첫 번째 특허 외에도 그의 "개선된" 감광 장치에 대한 특허도 포함되어 있었다(Ohl, 1948). 또한 고순도 실리콘 생산을 위한 소재 처리 특허 3개(Scaff, 1946), 반도체 결정(Kirkpatrick and Sears, 1952), p-n 접합(Sparks, 1953)도 인용했다. 나

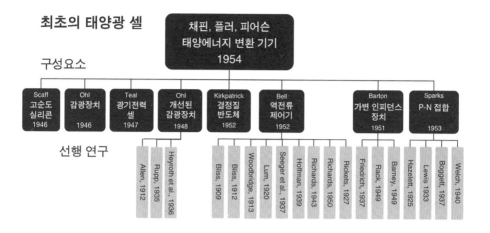

최초의 태양광 셀

채핀, 플러, 피어슨
태양에너지 변환 기기
1954

구성요소

| Scaff 고순도 실리콘 1946 | Ohl 감광장치 1946 | Teal 광기전력 셀 1947 | Ohl 개선된 감광장치 1948 | Kirkpatrick 결정질 반도체 1952 | Bell 역전류 제어기 1952 | Barton 가변 인피던스 장치 1951 | Sparks P-N 접합 1953 |

선행 연구

Allen, 1912
Rupp, 1935
Heyroth et al., 1936

Bliss, 1909
Bliss, 1912
Woodbridge, 1913
Lum, 1920

Seeger et al., 1937
Hoffman, 1939
Richards, 1943
Richards, 1950
Rickets, 1927

Friedrich, 1937
Rack, 1949
Barney, 1949

Hazelett, 1925
Lewis 1933
Boggett, 1937
Welch, 1940

〈그림 3.1〉 벨연구소의 '태양 에너지 변환 장치' 특허의 기반이 된 선행 연구

머지는 광기전력光起電力(Teal, 1947), 역전류 제어기(Bell, 1952), 가변 임피던스 장치(Barton, 1951)에 대한 특허였다. 앞의 6개는 모두 벨연구소의 발명가들이 출원한 것이었고 역전류 제어기는 독립 발명가인 에머슨 벨(Emerson Bell)이, 가변 임피던스 장치는 RCA가 발명한 것이었다. p-n 접합 효과는 아인슈타인의 활성화 에너지 개념에 의존했지만, 아인슈타인의 1905년 논문을 인용한 1,063개의 논문 중 벨연구소 소속은 두 편밖에 없었다(1970년대, 1980년대 각 1편씩). 게다가 벨의 특허 중 어느 것도 아인슈타인을 인용하지 않았는데 벨 과학자들은 다른 벨 과학자들을 인용할 가능성이 훨씬 높았다.

1954년 4월 25일, 벨연구소의 간부들은 실내조명을 이용하여 모형 관람차를 움직이는 최초의 태양전지를 선보이는 기자회견을 열었다. 태양광에 대한 연구소의 비전은 거창했고 전국적인 잡지 광고를 진행했다. 큰 기대를 모으며 〈뉴욕타임스〉의 1면에 보도되기도 했는데, 이 기사는 태양광에 대한 연구소의 야망을 반영했다.

> 이것은 새로운 시대의 시작을 알리며 거의 무한한 태양 에너지를 문명에 사용한다는 인류의 가장 소중한 꿈의 실현으로 마침내 인도할 것입니다. (NY Times, 1954)

실제로, 초보적인 수준의 태양광 발전 학습 곡선을 언급한 최초의 논문이 다음 해 열린 회의에서 발표되었다(Cherry, 1955). 프린스는 개선의 기회를 발견하였고(Prince, 1955), 1955년 중반까지 연구 그룹은 9%의 효율에 도달했다. 이 사건은 태양광 역사에서 가장 중요한 돌파구였지만, 1837년 베크렐의 발견으로부터 117년이나 걸렸다는 사실은 우리를 초라하게 만든다.

벨은 1955년 말 조지아주 아메리쿠스에서 진행한 전화 애플리케이션 시험에 10와트 모듈을 처음 사용했다. 태양전지는 작동했지만 생산 비용은 엄청나게 비쌌다. 1956년 채핀은 가정용 전력 공급에 150만 달러가 들 것으로 계산했는데, 벨연구소의 "더 낫거나 더 싸거나 혹은 둘 다"라는 원칙을 충족하는 데는 분명 실패했다. 그럼에도 오늘날 태양광 설계에 필수적인 사항들이 이 세 사람의 팀으로부터 유래했다는 점에서 기술적인 성공이었다. 결정적인 것은 실리콘의 핵심 소재화였다. 태양의 파장과 보다 직접적으로 일치하는 밴드갭을 지닌 다른 물질들도 있었다. 그러나 실리콘은 안정적이었고, 그만큼 중요한 것은 사용하면 할수록 더 많은 이점이 생기는 수확체증(increasing return)이었다. 태양광뿐만 아니라 컴퓨터 분야에서도 실리콘이 사용됨에 따라 사람들이 실리콘의 특성에 익숙해지게 되었고 더 효율적으로 빛을 전기로 변환하는 방법을 알게 되었다. 이를 통해 더 많은 발전의 여지가 있음이 드러났으며, 실제로 결정질 실리콘의 비용 절감은 60년 이상이 지난 후에도 계속되었다.

신흥 상업 시장

벨연구소의 개발과 홍보로 태양광 산업이 시작되었고 태양광이 제공하는 새로운 기회에 관심을 가진 사용자들이 나타났다. 이러한 초기 사용자 중 최초는 미군이었다.

제2차 세계대전 이후 미국 정부는 냉전 시대의 우주와 군사 경쟁에서 소련보다 우위를 점하기 위해 '페이퍼클립 작전'을 통해 독일의 많은 기술자와 과학자들을 모집했다. 그러한 과학자 중 한 사람이자 통신 위성 기술의 선구자였던 한스 지글러(Hans Zeigler)는 태양광을 주 동력원으로 활용하려는 노력을 이끌었다. 미국 육군 통신단에서 일하게 된 그는 태양광에서 원격 및 비상용 통신기술을 위한 잠재력을 보았다. 1955년, 인공위성용 태양광에 대한 아이디어를 가지고 벨연구소를 방문한 지글러는 '런치박스 작전'에 착수했다. 군의 관심은 2차 세계대전 이후 에너지 자원에 대한 우려가 고조되는 가운데 이루어졌다. 북아프리카에서 롬멜 군단의 난관, 일본의 인도네시아 침공, 나치의 석탄-액체 플랜트 확장과 같은 많은 분쟁은 에너지 부족과 연관이 있었다. 1949년 뉴욕에서 열린 '자원 보존과 이용에 관한 유엔 과학 회의'는 에너지를 세계의 중요한 자원 부족 문제 중 하나로 강조했다. 아이젠하워 행정부가 임명한 페일리 위원회(Paley Commission)는 1952년 중동 석유에 대한 의존도 증대를 경고하고 태양광에 대한 연구개발을 제안했다(Paley Commission, 1952). 이러한 배경 속에서 응용 태양 에너지 협회(The Association for Applied

Solar Energy)가 1953년 위스콘신 대학교 심포지엄을 거쳐 1954년에 설립되게 된다.

그러나 태양광은 벨의 1954년 발표 직후 실망스러운 상황을 맞게 된다. 1954년은 펜실베이니아주 쉬핑포트에서 최초의 상업용 원자로의 기공식이 열린 해이기도 했다. 아이젠하워는 1953년 12월 행한 "평화를 위한 원자력"이란 제목의 연설에서 국내 사용은 물론 이스라엘, 이란, 파키스탄에 원자력 기술을 수출함으로써 얻을 수 있는 민간의 이익을 선전하였다. 원자력은 1950년대의 지배적인 신흥 에너지 기술이 되었고 태양광은 지원을 잃고 고사할 위기에 처했다.

그러나 1957년 10월 소련의 스푸트니크 위성 발사는 태양광의 지위를 빠르게 바꾸었다. 갑자기 미국은 우주 경쟁에서 뒤처진 것처럼 보였고 상황 타개를 위한 자원들이 빠르게 공급되었다. 위성 프로그램을 주도하는 경쟁에서 해군은 공군과 육군에게 승리하게 된다. 해군은 위성 동력 공급에 검증된 기술인 배터리를 사용하려 했으나 지글러는 태양전지가 배터리보다 지속성과 무게 측면에서 유리하다고 주장했다. 실제로 미국 최초의 위성인 익스플로러 1호에 사용된 수은 배터리는 전체 중량의 40%나 차지하였고 수명은 4개월에 불과했다. 1958년 3월 발사된 뱅가드-1 위성은 태양광을 사용했다. 위성에 탑재한 6개의 태양전지는 6년 동안 무선 송신기에 전력을 공급하며 태양광이 중요한 기술임을 증명했다. 1958년부터 1969년까지 미국의 우주 프로그램은 1천만 개의 태양전지에 약 5천만 달러를 투자했으며, 유리와 주변기기에 추가로 1억 달러를 투자했다(NRC, 1972). 덧붙여, 1972년까지 태양전지를 사용한 우주선은 약 천 기에 달했다.

위성 시장은 태양광 산업에 엄청난 힘이 되었고 기업들은 수요를 충족시키기 위해 산업에 뛰어들었다. 최초의 선도자는 웨스턴 일렉트릭으로부터 벨의 특허 라이센스를 구입한 시카고의 NFP(National Fabricated Products)였으며 1955년 6월 최초의 상업용 태양전지 S-400의 판매를 시작했다. 레스 호프만이 텔레비전을 생산하고자 캘리포니아에 설립한 호프만 일렉트로닉스(Hoffman Electronics)는 1956년 NFP를 인수했고 통신 중계국용 태양전지를 목표로 삼았다. 호프만은 군용 전자 장비 제조 경험과 함께 신뢰성에 대한 명성이 있었다. 1956년 호프만은 1954년 벨 연구소의 태양전지 시연에서 전지 최적화 작업을 담당한 모턴 프린스를 고용했다. R&D 책임자로서 프린스가 이끈 호프만의 과학자들은 그리드 형태의 전기 접촉을 도입하는 등 초기 상업용 셀의 효율을 개선하며 뱅가드-1에 실릴 6개의 전지 생산에 성공한다(Nemet and Husmann, 2012). 이 성공은 수천 개의 전지 주문으로 이어졌고, 1950년대 말에는 최초의 가전제품인 태양전지 라디오를 출시하게 된다. 이 회사는 미국 육군 통신단에 의한 세계 최초로 태양광을 동력으로 사용한 서부-동부 간 양방향 방송 전송의 설계 및 구현에도 참여했다(Perlin, 1999).

새로운 틈새시장과 회사들이 1960년대에 등장했다. 내비게이션 조명 애플리케이션은 샤프가 생산한 연료 전지로 일본에서 처음 만들어졌다. 엑손의 엘리엇 버먼(Elliot Berman)은 일본 여행 중 이 시스템을 보고 엑손에 태양광을 사용하자고 건의했다. 태양광 내비게이션 조명은 곧 미국 해안 경비대와 멕시코만에 시추 플랫폼을 개발한 석유회사들에 의해 채택되었다. 티들랜드 시그널(Tideland Signal), 엑손, 기타 석유/가스 회사들이 고객이 되었고 오토매틱 파워(Automatic Power), 샤프, 필립스(Philips), 그리고 솔라파워 코퍼레이션(Solar Power Corporation)이 서비스를 제공하기 시작했다. 이 고객 중 많은 수가 국제적이었기 때문에, 태양광 기술은 1960년대에 여러 나라로 확산되었다. 멀리 떨어진 철도 건널목과 전화 중계국의 경우에 태양광은 전력망보다 더 신뢰할 수 있었다. 프랑스인들이 말리에 설치한 태양광 물 펌프 같은 개발도상국용 응용 제품들은 기술을 더욱 확산시켰다.

새로운 시장의 조짐

이러한 제품화 사례들은 태양광이 물리학자나 발명가들의 복잡한 기계에 대한 별난 관심의 대상만은 아님을 보여주었다. 태양광은 다양한 영역에서 실질적인 활용도가 있었다. 미군과 국제 석유회사와 같은 까다로운 고객들이 장기간에 걸쳐 태양광을 사용하고 있었다. 그들은 우주나 오지와 같은 곳에서처럼 다른 형태의 전력 가격이 높은 상황에서 태양광이 신뢰성과 경제성이 있다고 보았다. 이로 인해 태양광 산업이 태동하게 되었다. 여전히 태양광은 소규모였고 고도의 자동화도 없었지만 최소한의 유지 보수로 수년 동안 잘 작동하는 제품이 생산되고 있었다. 1970년대가 시작되면서, 이러한 장점들은 태양광이 훨씬 더 큰 시장들을 충족시키고 화석연료 발전의 경쟁자로 도전하리라는 좋은 신호였다.

참고문헌

Adams, W. G. & Day, R. E. 1877. The action of light on selenium. *Proceedings of the Royal Society of London,* 25, 113–117.

Arthur, W. B. 2007. The structure of invention. *Research Policy,* 36, 274–287.

Barton, L. E. 1951. *Variable impedance device.*

Bell, E. D. W. 1952. *Direct current reverse power controller.*

Bell Labs. 2018. *From AT&T to Nokia, a continuous focus on industry innovation and scientific exploration* [Online]. Available: https://www.bell-labs.com/explore/history-bell- labs/ [Accessed January 15 2018].

Chapin, D. M., Fuller, C. S. & Pearson, G. L. 1954. A new silicon p–n junction photocell for converting solar radiation into electrical power. *Journal of Applied Physics,* 25, 676–677.

Chapin, D. M., Fuller, C. S. & Pearson, G. L. 1957. *Solar energy converting apparatus.*

Cherry, W. 1955. Military considerations for a photovoltaic solar energy converter. Transactions of the International Conference on the Use of Solar Energy, Tucson, Arizona, 31 October – 1 November 1955.

Chodos, A. 2009. Bell Labs demonstrates the first practical silicon solar cell. *APS News,* 18.

Einstein, A. 1905. Über einen die Erzeugung und Verwandlung des Lichtes betreffenden heuristischen Gesichtspunkt. Annalen der Physik, 322, 132–148.

Gertner, J. 2013. *The Idea Factory: Bell Labs and the Great Age of American Innovation,* Penguin.

Kirkpatrick, W. E. & Sears, R. W. 1952. *Semiconductor signal translating device.*

Millikan, R. A. 1913. On the elementary electrical charge and the Avogadro constant. *Physical Review,* 2, 109.

Nemet, G. F. & Husmann, D. 2012. PV learning curves and cost dynamics. In: Willeke, G. & Weber, E. (eds.) *Advances in Photovoltaics Part I,* 1st Edition. Academic Press.

NRC 1972. *Solar Cells: Outlook for Improved Efficiency,* National Academies, National Research Council (NRC) Ad Hoc Panel on Solar Cell Efficiency.

NYTimes. 1954. Vast power of the sun is tapped by battery using sand ingredient. *New York Times,* p. 1.

Ohl, R. S. 1946. *Light-sensitive electric device.*

Ohl, R. S. 1948. *Light-sensitive electric device including silicon.*

Paley Commission 1952. *The Promise of Technology—The Possibilities of Solar Energy.* Washington, DC, President's Materials Policy Commission.

Palz, W. 2010. *Power for the World: The Emergence of Electricity from the Sun,* Pan Stanford Publishing.

Perlin, J. 1999. *From Space to Earth: The Story of Solar Electricity,* Ann Arbor, MI, AATEC Publications.

Prince, M. 1955. Silicon solar energy converters. *Journal of Applied Physics, 26,* 534–540.

Scaff, J. H. 1946. *Preparation of silicon materials.*

Sparks, M. 1953. *Method of making p–n junctions in semi-conductor materials.*

Teal, G. K. 1947. *Photoelectromotive force cell of the silicon-silicon oxide type and method of making the same.*

4장 미국의 기술 주도

1970년대 거의 10년간 에너지 문제가 사회의 최우선 과제로 떠오름에 따라 태양광 기술과 관련 산업은 탈바꿈했다. 전지 효율성은 3배가 증가했고, 비용은 5분의 1로 감소했으며, 혁신적인 정책의 도입과 함께 수많은 사람이 태양광에 뛰어들었다. 이러한 폭발적 활동은 1940년대부터 태양광 분야에서 세계 리더 역할을 한 미국에 집중되었고, 이는 미국이 태양광을 우선순위 기술에서 의도적으로 제외한 1980년 중반까지 계속되었다.

1973년 10월 아랍의 석유 금수 조치는 3개월 동안 석유 가격을 4배로 올렸으며, 곧바로 에너지 문제는 가격 충격의 영향을 받은 미국, 일본 및 다른 나라들의 중심 논쟁거리가 되었다. 닉슨 대통령은 '독립 프로젝트(Project Independence)'를 출범시키고 에너지를 1974년 국정 연설의 중심축으로 삼았다. 이러한 변화는 에너지가 과거에는 별도의 정책 영역으로 존재하지 않았다는 점에서 극적이었다. 특정한 연료 문제가 주목을 끌었던 구체적인 사건과 이에 대한 대응은 있었지만, 닉슨의 포괄적인 전략과 같은 정책은 이전에 없었다.

태양광은 긴급한 에너지 안보 위기에 대한 미국 정부의 대응에서 곁다리에 불과했지만, 이 위기는 산업에 큰 변화를 가져왔다. 석유 금수 조치로 인해 대규모 정책의 창을 열었고, 업계는 축적된 역량으로 이를 활용할 준비가 잘되어 있었다. 금수 조치 이전부터 태양광 발전에 탄력이 붙고 있었지만, 우연히도 조치 일주일 후 태양광 연구 우선순위에 관한 체리힐 회의가 열리게 되었다. 미국 연방 정부는 1974년부터 1981년 예산 삭감 때까지 태양광 R&D에 17억 달러를 투자하는 '기술 주도' 방식을 채택했는데 17억 중 90%는 카터 행정부의 네 차례에 걸친 예산 요구로 확보된 것이다. 그러나 많은 진전에도 불구하고 1986년(Maycock, 1981)까지 태양광을 석유 화력 발전 수준으로 만든다거나 1990년까지 전력망에 통합하겠다(Roessner, 1984)는 야심 찬 계획은 달성되지 못했다.

이 기간에 에너지부(DOE)와 후일 NREL(National Renewable Energy Laboratory)로 이름이 바뀐 태양에너지연구소(SERI)를 비롯한 주요 기관들이 설립되었다. 또한 정부 조달사업(Block Buy), ISO 4호라고 불린 캘리포니아의 초기 발전차액지원제도와 같은 새로운 정책이 이때 등장했다. 연방기금, 새로운 조직, 조달사업과 더불어 태양광의 상업화 시기가 도래했다는 기대가 합쳐져 수천 명을 현장에 끌어들였고 업계가 더욱 국제화되고 비용을 절감하며 전문화되도록 자극했다.

미국의 프로그램은 전 세계에서 사람들을 끌어들여 미국에서 일하고 미국의 노력에 기여하고 방문하고 연구하도록 만들었다. 태양광에 대한 연방 정부의 우호적인 정책 기조는 1979년 최고조에 달했고 1980년 가장 많은 R&D 예산을 확보했다. 그러나 그 후 태양광의 우선순위는 하락했고 1980년 레이건 대통령이 선출되면서 미국의 태양광 프로그램은 체계적으로 해체되었다. 1980년대 중반의 에너지 가격 폭락과 함께, 업계의 남겨진 기업들은 틈새시장을 통해 살아남게 되었다. 그 결과 이 시기에 개발된 기술, 제조 및 정책 설계 관련 지식은 정부 지원과 시장 전망이 훨씬 밝은 호주, 독일, 일본과 같은 국가로 이전되었다.

국가혁신시스템(NIS) 관점에서 보면, 미국은 제2차 세계대전 이후 시작된 매우 성공적인 전략, 말하자면 과학 연구에 대한 공공 투자가 사회를 개선하고 경제 성장을 촉진하는 기술개발의 핵심 기능이라고 생각했다(Bush, 1945). 이는 미국 국립과학재단(NSF)의 설립 명분으로도 활용되었다(Bush, 1947). 종종 "기술 주도(technology push)"라고 불린 이 아이디어는 맨해튼과 아폴로 프로젝트 성공의 핵심이었다. 실제로 닉슨은 '독립 프로젝트'를 발표할 때 이 두 프로그램을 구체적으로 인용했다. 독립 프로젝트 시기에 에너지 R&D에 사용된 100억 달러는 규모 면에서 두 프로젝트와 비슷했으며 맨해튼보다 크고 아폴로보다는 작았다(Nemet and Kammen, 2007). 미국의 대규모 R&D 프로그램에 대한 비판적 검토는 태양광 R&D를 분석 사례들 중 가장 성공적인 프로그램으로 꼽았다(Cohen and Noll, 1991). 이 시기에 미국 NIS는 첨단기술과 군사적 응용을 매우 중요시하였다. 특히 1970년대 말에 태양광으로 인해 미국 NIS가 어느 곳을 지향해야 하는지에 대한 개념의 분열이 드러나기도 했다. 수요 견인 전략을 옹호한 이들은 제트엔진과 반도체가 성공적이었던 것처럼 정부가 초기 기술조달에 적극적이어야 한다는 행동주의 전략을 추구했다(Nelson and Langlois, 1983; Ruttan, 2006; Mowey, 2009). 1980년 레이건 혁명이 일어나면서 버니바 부시(Vannevar Bush)의 기술 주도로 회귀할 것을 주장하는 새로운 견해가 등장했다. 그러나 레이건의 전략을 정부가 기초 연구에만 자금을 지원하고 시장에 나머지 기회 창출을 맡겨야 한다는 점에서 상당히 제한된 관점의 기술 주도(technology-push) 전략이었다. 초기 수요 견인 프로그램인 대형 조달사업은 기초 연구에만 초점을 맞춘 레이건 시대의 단출한 기술 주도로 옮겨가면서 예산이 대폭 삭감된다.

아랍 석유 금수 조치와 '독립 프로젝트'

1973년 10월 6일, 이집트군과 시리아군은 시나이반도의 이스라엘 진지에 공습과 포격을 가했고, 뒤이어 32,000명의 보병이 침공을 개시했다. 욤 키푸르 전쟁으로 알려진 이 공격에서 그들의 목표는 1967년 6일 전쟁에서 이집트가 이스라엘에 빼앗긴 시나이반도를 탈환하는 것이었다. 일주일 후, 닉슨 대통령은 미 공군이 항공기, 탱크, 포, 탄약을 텔아비브 근처의 벤구리온 공항으로 보급하는 니켈 잔디 작전을 승인했다. 이에 대응하여 아랍석유수출국기구(아랍 OPEC에 이집트, 시리아 추가)는 미국, 영국, 네덜란드, 캐나다, 일본에 대해 석유 판매를 중단할 것이라는 금수 조치를 발표했다. OPEC 국가들은 또한 전체적으로 생산량을 줄이겠다고 공언했고 실제로 그해 말까지 25% 감축이 달성되었다. 금수 조치 발표에 따라, 10월과 1월 사이에 유가는 4배로 뛰게 된다. 1973년 가을 중동에서 일어난 사건들은 빠르게 세계의 관심을 받았고 에너지 정책과의 연관성은 즉각적이었다. 닉슨 대통령은 집무실 방송에서 금수가 시작된 지 2주 만에 '독립 프로젝트'에 관한 첫 연설을 했다(Nixon, 1973). 그런데 금수 조치에 앞선 일련의 상황은 이 위기로 인해 정책의 창이 열리자마자 신속한 대응을 가능하게 했다(그림 4.1).

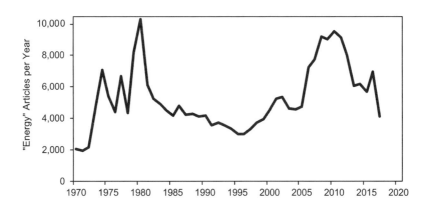

〈그림 4.1〉 사회적 관심사가 된 에너지:
1970년부터 2017년까지 《뉴욕타임스》 기사에 등장한 '에너지' 단어의 연간 빈도수

완전히 새로 시작된 일은 없었다. 태양광 관련 활동은 이미 진행되고 있었는데, 예컨대 크리스털 시스템즈(Crystal Systems) 같은 기업은 1971년 대형 실리콘 결정을 생산하기 시작했다. 또한 1971~1972년 언론은 태양광을 긍정적으로 평가했고(Laird, 2001), 페일리 위원회는 중동 석유에 대한 의존을 1952년에 경고한 적이 있었다. 닉슨은 1971년 6월 에너지 기구에 대한 계획을 의회에 제출했다. 1970년에 그는 석유 수입 금지를 해제했었다. 이후 석유 수입은 극적으로 증가한다. 실제로 석유 위기 직전 닉슨에게 보낸 딕시 리 레이(Dixy Lee Ray) 보고서는 에너지 소비가 향후 10년 동안 2배로 증가할 것이며 상당량의 석유 수입이 초래될 거라고 경고했다(Ray, 1973).

그러나 가장 중요한 전조 사건은 욤 키푸르 전쟁이 시작된 지 2주 만인 10월 23일부터 25일까지 뉴저지주 체리힐에서 열린 회의였다. 베테랑인 찰리 게이(Charlie Gay)는 인터뷰에서 그 행사를 "**미국 태양광 산업 발전**

에서 가장 큰 촉매제가 된 사건"으로 평가했다. 체리힐 회의는 국립연구재단(NSF)과 나사(NASA)가 공동으로 신소재, 테스트 장비 및 대규모 시스템을 포함하여 광범위한 R&D 목표를 설정한 회의였다. 이것은 나중에 평판형 태양광 프로젝트를 설립한 NSF의 국가필요산업연구(RANN) 프로그램의 일부였다. 회의는 산업계 45%, 학술계 35%, 정부 20%로 폭넓은 대표성을 지닌 130명의 참석자로 구성된 6개의 워킹그룹으로 구성되었으며(Blieden, 1999), 우주용 태양광 분야에서 일한 경험이 있는 이들이 대부분이었다. 회의를 둘러싸고 있는 지정학적 맥락을 숙지하고 있던 참석자들은 태양광 관련 긴급 프로그램을 위한 R&D 자금을 신속하게 편성했는데, 여기에는 공정표와 목표, 비용 타깃도 설정되어 있었다. 그들은 1975년부터 1985년까지 2억 5천만 달러의 R&D 자금을 제안했다. 이 예산은 후일 1974년 '독립 프로젝트' 청사진에 포함됐는데, 그대로 시행되면 1975~1985년 총예산은 체리힐에서 야심 차게 제안된 금액의 4배에 달하는 규모였다. 체리힐 회의가 있은 지 2주 만에 이루어진 11월 7일 닉슨은 다음과 같이 연설했다.

> 태양신 아폴로의 정신으로, 맨해튼 프로젝트의 결정과 함께, 이번 10년이 끝날 때까지 외국 에너지원에 의존하지 않고 우리 에너지 수요를 감당하는 역량을 개발하는 것을 국가적 목표로 삼읍시다. (Nixon, 1973)

아랍의 석유 금수 조치는 정책의 창을 크게 열어젖혔다. 이는 분쟁 상황에서의 연료 접근성에 대한 군사적 고려 이외에 국가적 관심사로 거의 떠오르지 않았던 '에너지'를 새로운 정책 영역으로 만들었다. 에너지 전담부서도 없었고 정책적 맥락에서 에너지를 이야기하는 사람도 존재하지 않았다. 에너지 관련 통계가 일부 수집되었고 군은 연료 접근성의 중요성을 인식하고 있었지만, 대부분의 정보는 민간에 숨겨져 있었다. 산업 전반에 걸친 큰 변화는 에너지를 공공의 문제로 만들었으며, 이로 인해 에너지 정보 역시 공공재가 되었다. 닉슨 대통령은 1974년 1월 30일 연두 국정 연설에서 '독립 프로젝트'를 핵심 주제로 삼았다.

> 186번의 연두 국정 연설 중, 이것은 미국 역사상 에너지가 최우선순위인 첫 번째 메시지입니다. 지금으로부터 2년 후 독립 200주년을 맞아 제가 지난 11월에 선언한 '독립 프로젝트'의 목표를 향해 힘차게 달려갑시다. 이것을 우리의 국가적 목표로 만듭시다. 이 10년이 끝나는 1980년에 미국은 일자리를 제공하고 집을 난방하고 교통을 움직이는 에너지를 다른 나라에 의존하지 않을 것입니다. 정부의 약속을 보여주고 에너지 연구개발에 박차를 가하기 위해 향후 5년 동안 우리는 100억 달러의 연방 자금을 지출할 계획입니다. 엄청난 규모입니다. 하지만 1980년대 미국의 에너지 수요에 필요한 새로운 자원, 기술, 역량 개발에 민간 기업은 같은 5년간 2,000억 달러, 10년 후에는 5,000억 달러를 투자할 것입니다. 이것은 우리가 수행할 프로젝트의 규모를 나타내는 척도 중 하나일 뿐입니다. (Nixon, 1974)

석탄, 원자력 및 혼합 연료에 비하면 미미했지만, 태양광 연구에도 100억 달러 중 일부가 할당되었다. 사안의 긴급성에도 불구하고 그해 8월 닉슨의 사임으로 이어진 워터게이트 스캔들이 커지면서 의회는 에너지연구개발청(ERDA) 신설에 미온적이었다. 대신 닉슨 자신이 움직였다. 1973년 12월 연방 에너지국이 설립되고 4월경 워싱턴에 1,500명의 직원이, 10개의 지역 사무소에 1,000명의 직원이 고용되었다. 6월에 이 조직은 장기 에너지 계획을 책임질 연방 에너지청으로 승격되었으며, 이 계획은 5개월 후 제럴드 포드가 대통령이 되면서 발표되었다.

「독립 프로젝트 청사진」(Kelly et al., 1974)은 몇 쪽에 걸쳐 태양 에너지를 집중해서 다루었는데, 연방 정부의 역할을 자세히 설명하기보다는 닉슨이 약속한 민간 부문 투자의 역할을 정당화하는 데 중점을 두었다. 청사진은 1974년부터 1990년까지 에너지 부문 투자에 1조 달러를 예상했으며 그중 0.8%는 태양 에너지가 차지할 것으로 보았으나 그 주인공은 태양광이 아닌 태양열 난방이었다. 청사진은 1990년까지 세부 사항을 포함한 장기 계획을 세웠지만, 태양광은 무시되었다.

> 가까운 미래에 태양전지는 발전 부분과 직접적으로 경쟁할 필요가 없는 특수 응용 분야에 사용될 것입니다. 이러한 분야에는 원격 신호 장비(예: 바다 부표) 전원, 소형 엔진 발전기, 보트나 여름 캠프용 소규모 배터리 충전이 포함됩니다. (Kelly et al. , 1974)

태양광은 장기적으로 봐도 미국의 에너지 수입 위기에 대한 대응에 포함되지 않았다. 비록 30기 미만이 건설되었지만 2000년까지 1,000기의 새로운 원자로 건설 계획이 있었던 원자력이 훨씬 더 큰 역할을 했다.

정치학자인 프랭크 레어드(Frank Laird)는 위기가 기존 문제 틀을 수정하고 그 틀을 안내할 새로운 아이디어가 제도화되는 기회를 제공한다고 주장한다(Laird, 2001). 그러나 핵심 아이디어는 거의 바뀌지 않았고 새로운 제도는 결코 실현되지 않았다. 석탄 및 원자력 같은 잘 확립된 대규모 기술에 초점을 맞춘 문제 프레임에 태양광은 맞지 않았다. 환경 운동가와 기술자들로 구성된 연대 지지 세력의 등장에도 불구하고 태양광은 1970년대에 '기술적 시민권'을 획득하지 못했다(Laird, 2001).

새로운 기관들: ERDA, SERI, DOE

그러나 1990년을 장기 계획으로 설정한 청사진의 시점을 넘어 태양광의 장기적 발전에 강력한 영향을 미치게 될 기관들이 등장하게 된다. 첫째, 닉슨의 탄핵을 뒤로하고 의회가 1974년 10월 에너지재편법의 일환으로 **에너지연구개발청**(ERDA)을 창설한다. 로버트 C. 시먼즈는 밥 프리와 함께 ERDA의 초대 대표를 지냈다. ERDA는 「미래를 위한 에너지 선택 만들기」, 1975년 6월의 「국가 에너지 RD&D 계획」, 「국가 태양 에너지 RD&D 보고서」(Reuyl, 1977)와 같은 출판물을 빠르게 발표했다. 폴 메이콕은 텍사스인스트루먼트의 전략기획실을 떠나 1975년 6월 ERDA에 들어가 태양광 프로그램을 운영했다. 하지만 ERDA에서 태양광의 역할은 1977년 카터 행정부가 시작될 때까지 미미했다.

두 번째로 중요한 기관은 ERDA가 1977년 설립한 **태양에너지연구소**(SERI)였다. 카터는 닉슨, 포드와는 달리 의회를 성공적으로 설득하여 에너지를 장관급 부처로 승격시켰다. 연방 에너지청은 카터 행정부 출범 1년 만에 **에너지부**(DOE)가 됐다. 그해 10월 제임스 R. 슐레진저가 초대 에너지부 장관으로 취임했다. 카터는 또한 ERDA 태양광 프로그램의 대부분을 SERI로 이관시킴으로써 에너지 내 태양광의 중요성을 부각시켰다. 공식적으로는 태양광 프로그램이 DOE의 워싱턴 DC에서 운영되었고 대학과 산업체에 R&D를 위한 자금을 제공했다(Laird, 2001). 폴 라파포트는 콜로라도주 골든에 위치한 75명의 직원으로 이루어진 이 프로그램의 첫 책임자였다. 1978년의 태양광연구개발법은 이러한 초기 기관들의 위상을 한층 높였다. 이 법은 단기 사업화에 초점을 맞추고 2000년까지 50GW(실제는 2011년 달성)를 목표로 10년 15억 달러 규모의 태양광 R&D 계획인 "국가 태양광 프로그램"을 수립하였다. 이 프로그램은 기술별로 3개 감독 기관을 승인했는데 결정질 실리콘 어레이는 NASA 제트추진연구소(JPL), 박막 및 고효율 실리콘은 SERI, 집광형 태양광 시스템은 산디아 국립연구소가 맡게 되었다. 메이콕은 인터뷰에서 다음과 같이 회상했다.

> 1978년 태양광 계획은 1982년에는 기술을, 1986년에는 상업적 성숙을 갖추고 1988년에 가격 경쟁력 있는 제품을 출시할 것을 요구했습니다. 다시 말해, 태양광은 10년 내 경제성을 갖춘 핵심 전력원이 되고자 했습니다.

1979년 이란 혁명과 뒤이은 2차 석유 파동으로 카터는 태양 에너지에 더욱 박차를 가했다. 1979년 6월 20일 카터 대통령은 태양개발은행을 포함하여 태양 에너지 사용을 전국적으로 확대하는 프로그램을 발표하고 태양 에너지 R&D 예산을 확대했다. 백악관은 범부처 계획을 주도하며 당시 가용한 태양 기술의 사용을 위해 공격적인 목표를 제시했다. 「국내 태양 에너지 정책 평가」(미국 에너지부, 1979)의 발간을 통해 태양광은 미국 연방 정부의 우선순위에서 역대 가장 높은 위치에 올라가게 되었다. 그러나 카터 행정부 후반에는 태양광에 대한 강조가 훨씬 줄어들게 되었다. 카터는 태양광을 포함한 재생에너지가 단기적으로 그를 위해 아무것도 할 수 없다는 것을 깨달았고 임기 말에는 태양광 R&D 지출의 삭감을 제안하기 시작했다. 카터는 1979년 7월 15일 "신뢰의 위기"라는 제목의 연설에서 다음과 같이 주장했다.

에너지는 이 나라를 하나로 묶는 우리의 능력을 확인하는 즉각적인 시험장이 될 것이며, 우리가 결집하는 기준이 될 수도 있습니다. 에너지라는 전장에서 우리는 새로운 국가적 자신감을 회복하고 나라의 운명에 대한 통제권을 되찾아올 수 있습니다. (Carter, 1979)

카터가 끝내 자금 지원이 불발된 태양개발은행을 통하여 태양광을 포함한 재생에너지 발전 비중을 2000년까지 총 에너지의 20% 수준으로 높이겠다는 목표를 짧게 재언급하긴 했지만, 위 비전 발표에서 태양 에너지는 극히 작은 역할만을 할 뿐이었다. 그럼에도 1975년에 시작된 태양광 연구의 대폭발은 많은 성과를 달성했으며 그 주춧돌은 평판형 태양광 어레이 프로젝트였다.

블록바이(공공 조달사업)

1975년 ERDA는 세계 최초로 태양광에 대한 수요 견인 프로그램을 시작하였다. ERDA는 우수한 반도체 그룹을 가지고 있고 우주용 태양광 개발 경험이 있는 캘리포니아주 패서디나의 제트추진연구소(JPL)에 프로그램 관리를 맡겼다(Blieden, 1999). ERDA는 이 프로그램을 "저비용 태양광 어레이 프로젝트"라고 불렀는데, 나중엔 결국 "평판 배열 태양광 프로젝트"(FSA)로 이름이 바뀌었다. 이 프로그램의 일부는 "블록바이"를 포함하고 있었다. 블록바이 프로그램에는 '독립 프로젝트'에 스며들어 있던 '아폴로 프로젝트'적 사고가 두드러졌다. 당시 프로그램의 리더들은 초기에 예상한 2000년이 아닌 1980년대 중반까지 경쟁력 있는 태양광이 가능하다는 긍정적 생각으로 가득했다(Maycock, 1981). 그러나 프로그램이 본격화되던 1980년대 초, 레이건 행정부는 태양광 R&D 예산을 연간 1억 3천만 달러에서 5천만 달러로 삭감하고 정부는 "응용 연구"보다는 기초 연구에 집중할 것임을 분명히 했다. FSA는 결국 1986년 9월 말까지 단계적으로 폐지되었다.

블록바이의 동기는 1985년까지 지상에서 사용할 대규모 모듈 및 어레이의 생산 기술과 노하우를 개발한다는 '독립 프로젝트'와 직접적인 연관이 있었다. 1974년에 태양광은 20년 동안 존재해 왔지만, 여전히 너무 비쌌고 독립주택, 통신, 해상 항법 장치, 위성과 같은 틈새시장에서 연간 약 100kW의 전력을 공급하는 데 머물고 있었다. ERDA는 태양광이 기존의 화석연료 발전, 특히 상당한 전력 생산을 담당하면서도 점점 부족해지는 석유와 경쟁할 수 있는 실질적인 산업 개발을 원했다. 그런 관점에서 JPL은 우주 응용 분야에서 얻은 노하우를 이용하여 지상용 태양광을 개발하고자 의도적으로 선택된 것이다. 태양광의 광범위한 보급을 위해 이 프로젝트는 10% 효율, 20년 수명, 와트당 0.50달러(1975년 달러 기준)인 태양광 모듈 개발을 계획했다. 이를 위해, 실리콘 정제부터 셀 신뢰성 및 성능 검증에 이르기까지 전체 생산 단계에서 비용 절감이 추구되었다. 한편, R&D에서 새로운 기술적 옵션이 도출되면, 경제적 분석을 통해 선택된 가장 유망한 옵션으로 연구가 지속되었다. FSA 예산의 대부분은 민간과 대학의 연구개발 지원에 사용되었으며, 이는 태양광 기술의 급속한 발전을 촉진한 연방 정부, 대학 및 산업의 조합으로 이어졌다.

비용 절감 목표는 ERDA의 태양광 프로그램 책임자인 폴 메이콕이 주창한 경험 곡선(experience curve) 개념과 밀접히 관련된다. 메이콕은 경험 곡선 개념을 광범위하게 사용하여 전략적 계획을 수립했다. 메이콕은 1964년부터 1975년까지 텍사스인스트루먼트에서 전략 계획을 수립하면서 경험 곡선을 폭넓게 사용했다. TI는 경험 곡선을 이용해 다이오드,

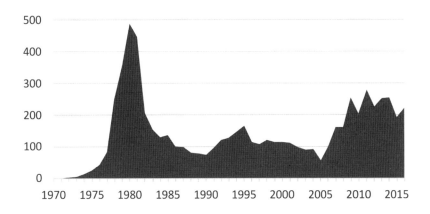

〈그림 4.2〉 미국 연방 정부 태양광 R&D 예산. 2017년 고정달러(백만) 기준

트랜지스터, 집적회로, 그리고 나중에는 계산기 비용을 예측했다. 경험 곡선은 Y축에 기술, 엔지니어링 및 비용 고려사항을 통합하고 X축에는 마케팅 및 가격 탄력성을 포함시켰다. 엔지니어과 마케팅 부서 모두 이 개념이 제품 전략에 유용함을 알게 되었다. 메이콕은 경험 곡선을 ERDA 로 가져왔고, 곧 40년 이상의 시간이 흘러도 예측 목표에 부합하는 태양 광 비용 전망 곡선(Maycock and Wakefield, 1975)을 개발했다(그림 4.3). 이 예측에는 태양광을 100GW 규모로 높이기 위한 100~200억 달러의 보조금 프로그램이 포함되어 있었다. 2017년 달러로 환산하면, 투자액 은 약 500억 달러 규모로 독일이 같은 목표를 달성하기 위해 지출한 금 액의 4분의 1 정도이다(6장). 돌이켜 보면, 메이콕은 경험 곡선이 ERDA 와 이후 DOE 상부에 의해 완전히 받아들여지지 않았다고 말한다. 정부 는 TI처럼 생산과 마케팅 결정에 동일한 통제력을 행사하지 않았다. 그런 식의 행동은 일부에게는 공산주의적 '계획'처럼 의심스럽게 들렸으며 이

는 1980년 선거 이후 용납될 수 없었다. 게다가 응용 연구에서 기초 연구로의 전환 역시 정책 입안자들을 계획 도구로부터 멀어지게 했는데 비용 및 보급량은 목표가 아닌 지침이 되었고 효율과 같은 기술성이 더 중요한 목표가 되었다. 그럼에도 FSA 프로그램의 근무자들은 태양광 어레이 제조산업 비용 표준(SAMICS)이라는 비용 모델링 컴퓨터 프로그램의 도움으로 매우 상세한 비용 목표를 개발해 냈다.

블록바이는 ERDA가 민간 기업으로부터 미리 지정된 양의 태양광을 구매하는 공공 조달사업이다. 사업 설계자들이 직면한 가장 중요한 질문 중 하나는 얼마나 구매할 것이냐였다. 이들은 제조업체에 예산을 알려주고 와트당 5달러의 가격 목표를 결정한 후 비공식적으로 사전 협상을 통해 연간 약 100~300kW의 계획 수치에 도달했다. 공식적인 조달 프로세스는 뒤로 남겨둔 채 계약이 체결됐다. 10년 이상의 프로그램 진행을 통해 ERDA는 12개가량의 제조업체로부터 400kW가 조금 넘는 모듈을 구

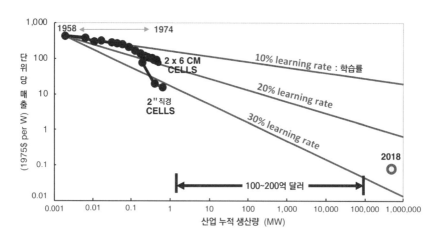

〈그림 4.3〉 1975년 이후 태양광 모듈 학습 곡선 예측

입했다. 이 프로그램은 1976년부터 1981년까지 전 세계 태양광 구매의 약 17%를 차지하였다.

구매는 5개의 일련의 '블록'으로 이루어졌으며, 제조업체에 점점 더 까다로운 사양을 요구하였다(Roessner, 1982; Maycock & Stirewalt, 1985; Green, 2005; Wolfe, 2018). 비용 절감은 생산 공정 전 단계를 살펴보고 절감 기회를 찾는 상향식 컴퓨터 모델인 SAMICS에 의해 가능해졌다. 그렇지만 구매 규모를 지속적으로 확대한다는 계획에도 불구하고 1981년의 예산 삭감은 블록 4와 블록 5의 대규모 축소를 야기했다.

블록바이 프로그램은 태양광 산업의 상당 부분을 끌어들였다.

> 한때는 … 태양광 업계에 속한 거의 모든 사람이 [FSA 프로젝트의] 목표를 달성하기 위해 일하는 작업 파트너였죠. (Callaghan and McDonald, 1986)

기업과 학계, 그리고 개인들은 블록바이 프로그램에 큰 관심을 보였다. DOE의 태양광 부서장이자 벨연구소의 태양전지 프로젝트의 전 멤버인 모턴 프린스 박사, 국립 태양광 발전 프로그램의 책임자인 폴 메이콕과 로버트 아난(Robert Annan)은 프로그램의 성공에 전략적인 역할을 했다. 1986년까지 태양광을 경쟁력 있게 만들겠다는 계획은 1981년 변화를 맞게 된다. 이는 1980년 11월 로널드 레이건 대통령의 당선뿐 아니라 석유 발전 감소, 새로운 에너지 공급에 따른 에너지 가격 하락으로 태양광에 불리한 경제 환경이 조성된 것에 기인한다.

> 의회는 시범사업과 구매조달 같은 시장 개발 활동을 원했지만, DOE 계획은 연구개발을 계속 강조했다. 1978년 2월 3일로 기록된 DOE의 국가 태양광

발전 프로그램 계획은 8년간 3억 8천만 달러를 투자하는 방안("수요 견인" 주도)을 구상했지만, 계획 단계 이상 진척되지 못했다. (Roessner, 1982)

이에 대한 대응으로 블록바이 프로그램은 (리스크 증가와 긴 투자 회수 기간 때문에) 민간이 기피하는 장기 영역을 목표로 설정했다. 1990년 경 태양광 발전은 기존 발전과 경쟁하기 위해 0.17$/kWh(1985년 달러 기준)에 판매해야 할 것으로 추정되었다. 효율성 목표는 당초 10%에서

⟨표 4.1⟩ US 블록바이(공공 조달사업) 프로그램

출처 : 로스너 1982, 메이콕 · 스터왈트 1985, 메이콕 · 스터왈트 2005, 볼프 2018

블록	연도	구매량 (kW) 계획	실구매	예산 달러	$/W	공급자
1	1975~76	46	54/58	0.9백만	15.22	M7 International, Sensor Technology, Solarex, Solar Power Corporation, Spectrolab
2	1976~77	90	123/127	1.7백만	13.72	Sensor Technology, Solarex, Solar Power Corporation, Spectrolab
3	1978~79	200	205/259	2.2백만	10.50	Arco Solar, Motorola, Sensor Technology, Solarex, Solar Power Corporation
4	1980~81	500	26/32			Arco Solar, Applied Solar Energy Corporation, General Electric, Motorola, Photowatt, Solarex, Spire Corporation
5	1981~85	1000	9			Applied Solar Energy Corporation, Arco Solar, General Electric, Mobil Solar, Motorola, Solarex,
합계	1975~85	1836	427			

13~17%로 상향되었고 모듈 수명은 30년으로 연장되었다.

프로젝트 요약 보고서는 의회 지도자들이 FSA를 **가장 잘 관리되는 정부 사업 중 하나**로 평가했다고 전하고 있다(크리스텐슨, 1985).

실제로 이 프로그램에는 많은 성과가 있었다. 프로젝트 분석/통합팀은 당시 개발 중인 선도적인 태양광 기술을 평가했고 FSA 프로젝트가 설정했던 많은 목표를 달성했으며 1981년의 방향 전환에 상당히 기여한 것으로 보았다. 결국은 태양광이 1985년 무렵에 미국에 널리 보급되지는 않았지만 FSA가 태양 에너지 산업의 발전 궤적에 끼친 긍정적인 영향을 고려하면 전반적인 성공으로 간주해야 한다. 블록바이 프로그램은 제조 공정에서 중요한 병목 현상을 해결하는 데 성공했다. 기술의 신뢰성을 입증했으며 무엇보다 민간이 생산에 투자하고 결과물의 성공에 이해관계를 갖도록 했다. 이러한 투자가 일어날 수 있도록 정부가 시장을 창출해야 했다. 기업들은 누가 가장 먼저 연간 1MW를 생산할 것인지를 두고 경쟁했는데 기술적으로 블록바이 5에 등장한 셀들은 2018년과 상당히 유사하다. 모듈 효율성이 5%에서 15%로 향상되었다. 아울러 1985년 무렵에는 가격이 1974년 수준의 15%로 떨어졌으며 10년간의 제품 보증도 가능하게 되었다. 이 프로그램이 기업의 다양화를 이끌어내고 가치사슬의 전문화를 가능하게 한 것도 중요했다. 예를 들이, 여러 회사가 폴리실리콘을 생산하게 됨에 따라 폴리실리콘은 일종의 범용 상품이 되었다. 전문 공급업체들의 등장으로 인해 모듈 제조업체가 자체적으로 정제 실리콘이나 웨이퍼를 생산하는 경우는 없었다.

상황의 변화

1973년 10월 체리힐 회의와 1979년 국내 정책 검토(Domestic Policy

Review) 사이에 미국 태양광 산업에 형성되었던 모멘텀은 두 가지 사건으로 인해 뒤바뀌게 된다. 첫째, 1980년 11월 로널드 레이건의 당선은 보수주의로 이어지며 비군사적인 정부 활동과 특히 태양광 지원 축소를 목표로 삼았다. 레이건은 10월 카터와의 대통령 선거 토론에서 에너지 문제해결에서의 연방 정부의 노력에 대한 자신의 견해를 분명히 밝혔다.

저는 자유로운 기업이 정부보다 사람들이 필요로 하는 것들을 더 잘 생산할 수 있다고 믿습니다. 에너지부는 100억 달러가 넘는 엄청난 예산을 가지고 있지만, 석유 1쿼트나 석탄 한 덩이, 그게 아니면 에너지 비슷한 어떤 것도 생산하지 않았습니다. (Reagan and Carter, 1980)

물론 DOE의 주된 임무는 연구와 혁신이었고 에너지 생산 사업은 아니었다. 실제로, 기관 예산의 대부분은 R&D보다는 핵무기와 기초 물리학 연구에 쓰인다. 레이건이 이끌었던 보수주의 운동은 '정부계획'이나 '관리'를 거부했는데, 예를 들어 닉슨이 제정한 시속 55마일의 속도 제한을 폐지해 버렸다. 레이건 행정부는 페르시아만에서의 증산과 미국의 영향력 확대에 중점을 두었다. 이것은 소련의 아프가니스탄 침공에 대한 대응으로 페르시아만 방어 의지를 천명한 카터 대통령의 카터 독트린의 연장선에 있었다. 산업 전문가들은 태양광을 상대로 "초토화" 복수가 벌어졌다고 말했다. 초기의 군사적 용도와 독립형 태양광 시스템의 특성에도 불구하고 태양광은 보수주의 사고에 역행하는 것으로 보였다. 태양광 지지자들은 특정 이익 집단 또는 좌파 이념가들로 규정지어졌다. 레이건 행정부는 DOE가 적은 예산을 받아야 하고 기초 연구에 집중하며, 블록바이 프로그램과 같은 사업화 노력을 끝내야 한다고 말했다.

1980년, DOE는 태양광전지 생산 방법에 대한 3년 기한의 계약 4개를 시작했는데, 1981년 레이건 취임 후 계약이 모두 해지되고 말았죠."— 폴 메이콕.

레이건은 치과의사인 제임스 B. 에드워즈를 DOE 장관으로 임명했는데 그의 임무는 DOE를 폐쇄하는 것이었다. 에드워즈는 SERI의 데니스 헤이스를 해고하고 1985년 예산을 1981년 수준의 5분의 1로 축소했다. 두 번째로, 1985년 10월 사우디아라비아가 공급 과잉으로 세계 석유 시장의 가격을 폭락시키는데 이로 인해 향후 20년간 낮은 에너지 가격이 유지되며 대체 에너지가 큰 타격을 받게 된다. 석유 독립은 더 이상 문제가 아니었으며, 미국인들은 연료를 많이 소모하는 스포츠 유틸리티 차량을 구입하였고 석유 수입은 급증했다. 1986년 레이건은 1979년에 카터가 설치한 백악관의 태양열 온수 패널을 철거해 버렸다.

캘리포니아, PURPA, 그리고 표준공급계약

1970년대 미국 연방 정부가 전 세계 태양광 활동의 중심이 ERDA와 SERI임을 분명히 했지만, 같은 시기 캘리포니아의 활동도 태양광 개발에 크게 기여했다. 첫째, 캘리포니아 의회는 법안 제1575호, 워런-알퀴스트법(Warren-Alquist Act, Taylor et al., 2006)을 1974년 통과시켰고, 이로써 캘리포니아 에너지위원회(CEC)에 법적 권한이 부여되었다. CEC는 40년 이상 동안 태양광 연구와 보급 자금 지원에 중심적인 역할을 하게 된다. 둘째, 카터 행정부는 1978년 **공공사업규제정책법**(PURPA)을 통과시켰다(Hirsch, 1999). PURPA는 전력회사가 "적격설비"를 갖춘 소규모 발전사로부터 전력 생산에 드는 "회피 비용"과 같은 가격으로 전력을 구매할 것을 요구했는데 이 구매 계약에 대한 세부 절차는 각 주에 맡겨졌다. 캘리포니아 공익설비위원회(CPUC)는 이러한 구매를 용이하게 하기 위해 일련의 표준계약을 개발하며 앞장섰다. 이에 대해 발전사업자들은 전력 피크타임에 사용되는 유류 발전의 연료인 석유 가격에 연동된 가격을 제안했다. 표준계약 1호과 2호는 유가와 연동되어 변동성이 매우 커졌다. 당시 가장 활동적인 "적격설비"인 풍력 사업자들은 풍력이나 재생에너지 프로젝트는 한계 비용이 낮은 장기 자본투자라고 주장하며 자본 수익을 보장하고 일정한 수익이 가능하도록 고정 가격제를 요구했다. 그리하여 CPUC는 1985년에 고정된 지급 일정을 가진 임시 표준공급계약 4호(ISO#4)에 합의하게 된다. 1980년대 상반기에는 에너지 가격 상승이 지속될 것으로 예상되었기 때문에, 계약에는 연간 7%의 가격 상승이 포함되었다. ISO 4호는 캘리포니아의 풍력 발전 붐을 이끌었고, 월스트리트 금융계는 풍력 발전 프로젝트에 10억 달러의 자금을 지원했다(Nemet, 2009). 비슷한 규모의 태양열 전기(STE) 발전소도 ISO 4호에 따라 구축되었다(Lotker, 1991). 하지만 1980년대 중반까지 태양광은 여전히 높은 가격으로 인해 이 유리한 제도의 혜택을 받지 못했다. 그런데 1985년에 유가가 폭락하자 "임시" 조항이 발동되고 훨씬 낮은 수준에서 계약이 재협상되면서 풍력 및 STE 개발업체 중 다수가 파산하는 상황이 발생하였다(Shinnar, 1993).

그럼에도 이 제도는 전 세계의 주목을 끌었다. 고정가격 계약은 매우 큰 자본을 신속하게 동원할 수 있음이 분명해졌다. 독점 전력회사의 안정된 기존 기술과 경쟁하는 풍력이나 태양열 같은 경우도 마찬가지였다. 1980년대 중반 CPUC나 CEC를 방문한 독일 대표단의 목표가 무엇이었는지 정확히 파악하기는 어렵지만, 인터뷰에 응한 독일인들은 캘리포니아 ISO 4호의 발전을 면밀히 관찰했으며 고정가격 계약이 효과가 있음을 확인했다고 밝혔다. 풍력 터빈 장비의 대부분을 공급하고 있던 덴마크인들도 역시 새로운 시장을 효과적으로 창출한 이 정책을 잘 알고 있었다. 7년 후, 독일의 아헨은 태양광을 대상으로 자체적인 ISO 4호를 제안하기 시작했다(6장 참조).

성과

ERDA와 SERI 프로그램은 가속도를 내는 시점에서 비록 중단되었지만 다양한 성과를 창출했다. 기술을 향상시키고 인력을 산업으로 끌어들였으며 국제적인 산업을 발전시켰다.

향상된 기술 중 일부는 지식의 경계와 첨단기술을 확장했다. 이 프로그램은 광범위한 기술발전 경로를 개척하고 실현 가능한 일련의 제품들을 탄생시켰다(Maycock, 1981). 1954년부터 2004년까지 20개의 가장 중요한 혁신 연구를 분석한 자료(Green, 2005)에 따르면, 이 중 14개가 1974~1981년에 있었고 거의 모두 미국에서 이루어졌다고 한다. 1957년에서 1993년 사이의 획기적인 발전에 대한 또 다른 연구는 태양광 기술에서 23가지 혁신적인 발전을 가져온 39개의 특허를 확인했다(Nemet and Husmann, 2012). 이 중 절반 이상이 ERDA/SERI 기간에 개발되었다. 예를 들면, 펄스 어닐링, 알루미늄 기반 페이스트, 수소 플라즈마 패시베이션, 준사각 웨이퍼 등이다. 이 시기 미국 밖에서도 발전이 있었다. 뉴사우스웨일스 대학의 마틴 그린 연구팀은 미세 접촉, 반사 방지, 표면 텍스처링, 후면 접촉, 산화물 패시베이션을 개발했다. 스위스의 HCT 쉐이핑시스템즈(Shaping Systems)는 피아노 와이어 대신 래디얼 타이어용으로 개발된 와이어를 사용하여 웨이퍼를 절단하는 와이어톱을 개발했다. 다이아몬드 가루가 섞인 이 톱은 재료 손실이 더 적으면서도 더 얇은 웨이퍼 생산에 성공했다.

다른 개선 사항들은 더 파괴적인 혁신 접근법이었다. 예를 들어, 지멘스는 1970년대 후반에 다결정 실리콘 잉곳 공정을 발명했는데, 이전에는 모든 태양광이 대형 단결정에서 자라났다. 다결정 기술은 1980년대에 개발되어 상용화되었으며 현재 널리 사용되고 있다. 단결정만 사용하는 컴퓨터 반도체와 달리 태양광은 다결정 사용이 가능했기 때문에 고순도를 필요치 않게 되었다. 이러한 혁신들은 다른 파괴적 혁신들의 발판을 마련했다(Wilson, 2018).

비용 절감은 ERDA/SERI 프로그램의 뚜렷한 목표이자 대표적인 성과였다. 모듈 비용은 1974년과 1981년 사이에 1/5로 급격히 떨어졌다. 이는 태양광 역사상 7년 동안 일어났던 비용 절감 속도 중 2010년에 이어 두 번째로 빠른 속도이다. 한편 프로그램의 목표는 1986년까지 와트당 0.70달러, 1990년까지 와트당 0.15~0.40달러 모듈이었으나(Maycock, 1981) 1980년대에는 비용 절감 속도가 느려졌고 목표는 달성되지 않았다. 1990년의 모듈 비용은 상위 목표보다도 10배나 높았고 와트당 0.40 달러의 모듈은 2012년에나 가능해졌다. 그럼에도 이러한 비용 절감이 인상적인 이유는 2010년 이후의 특징인 대규모 규모의 경제가 아닌 평범한 수준의 R&D와 구매조달을 통해 달성되었다는 점 때문이다. 이것은 아마도 R&D 자금 이용보다는 태양광의 상용화가 도래했다는 민간의 합의와 참여 때문에 가능했을 것이다.

또 다른 중요한 성과는 에너지에 대한 대중과 연방 정부의 큰 관심으로 인해 많은 이들이 태양광에 뛰어들었다는 것이다. 구체적으로, 1981 년경에는 4,000명의 인력이 태양광 분야에 종사하게 되었다(Maycock,

1981). 뉴사우스웨일스 대학의 마틴 그린은 1976년 그의 팀과 함께 미국을 여행했는데 다양한 제조업체들과 연구실을 방문하고 특히 용광로 같은 장비를 어떻게 사용하는지 이해하고자 했다. 그린은 전지 효율의 세계 기록을 계속해서 갈아치우고 중국의 거대 태양광 기업의 설립자들 다수를 교육하게 된다. 마르쿠스 레알은 1986년 란초 세코(Rancho Seco) 태양광 시설을 방문하게 되는데 세계 최초의 지붕형 태양광인 '프로젝트 메가와트'를 스위스에서 추진하게 된다. 이러한 태양광 지자자들은 다양한 배경을 갖고 있었으며 대다수는 결코 산업을 떠나지 않았다. BP솔라의 전 CEO인 필립 울프(Phillip Wolfe)가 "완전히 빠져버린 사람들"이라고 불렀듯, 업계가 반복적인 침체를 겪을 때도 습득된 지식은 사람들 속에서 대부분 그대로 유지되었다(Wolfe, 2018). 과연 사람들은 왜 이 분야에 머물기로 결심했을까? 우선, 기술 자체가 매혹적이었으며 또한 사회를 위해 무언가 좋은 일(에너지 안보, 환경 문제 등)을 하고 있다는 느낌을 가질 수 있었다. 많은 업계 종사자들은 산업의 변덕스러운 부침에도 불구하고 태양광 대한 강한 내재적 동기를 지니고 있었다.

신산업

급성장하는 태양광 산업은 1970년대 후반, 특히 1977년부터 1981년까지 연방 정부 노력의 주요 결과 중 하나였다. 독자적인 역량을 갖춘 태양광 회사들이 여럿 등장했고 매출도 1976년 7백만 달러에서 1982년 1억 달러로 증가했다(Roessner, 1984). 이들 기업은 자체적으로 기술을 개선했고, 블록바이의 도움을 받아 체계화된 생산라인을 구축하기 시작했다. 1980년대 초반의 제조기업들은 1960~1970년대 우주 산업의 수요를 충족시킨 회사들과 달리 성능보다는 낮은 비용에 초점을 맞춘 새로운 회사들이었다. 예컨대, 아랍 석유 금수 조치 전 여름에 운영을 시작한 메릴랜드의 솔라렉스(Solarex)는 효율을 10%에서 14%로 높이는 한편 다결정 실리콘의 초기 도입자였다(Perlin, 1999). 이 회사는 1983년 아모코(Amoco)에 인수된다. 빌 예커스(Bill Yerkers)가 우주 프로그램에 태양광을 판매하는 회사로 1975년 설립한 솔라테크놀로지 인터내셔널(STI)은 1977년 아르코(Arco)에 합병된다. 아르코솔라 불린 이 회사는 1983년부터 지멘스가 인수한 1990년대 초까지 세계 최대 생산업체였다. 2002년 지멘스는 회사를 셸(Shell)에 팔았고, 2006년 셸은 솔라월드(Solarworld)에 회사를 다시 매각했다. 이 회사는 금속 전극에 실리콘 코팅 대신 유리에 셀을 접착시키는 스크린 프린팅을 상용화했다. 1960년대 후반 석유 플랫폼 항법 조명을 일본 샤프로부터 구매했던 엑손의 엘리엇 버먼은 이후 솔라파워 코퍼레이션을 설립하는데 우주 분야에 필요한 표면 연마 같은 고비용 공정을 생략함으로써 비용을 크게 절감했다.

1985년의 유가 폭락 전까지 태양광 회사들은 주식시장에서 상당한 자본을 끌어모을 수 있었다. 1983년 스파이어 코프(Spire Corp)가 주식을 상장했고 1985년 나스닥에 에너지컨버전디바이스(Energy Conversion Devices)가 상장되었다. 1985년 가격 폭락 이후 에너지에 대한 우려가 급격히 줄어들기 직전에, 스탠퍼드 대학의 딕 스완슨(Dick Swanson) 교수가 썬파워(SunPower)를 설립했다. 썬파워는 1970년대 R&D 노력을 바탕으로 수년간 세계에서 가장 효율적인 상용 모듈을 만들었다. 썬파워는 시기가 적절치 않아 6년 동안 새 회사를 위한 자금을 모을 수 없었는데, 미국의 우주용 제품이나 일본의 가전제품보다 훨씬 동떨어진 분야의 틈새시장에 의지했다. 회사는 노트북 컴퓨터 간 데이터를 무선 전송하는 초기 방법인 적외선 데이터 포트에 그들이 제조한 빛에 민감한 반도체 재료를 적용했다. 또한 혼다로부터 태양광 경주용 자동차를 주문받아 또 다른 틈새시장에서 돌파구를 찾았다. 태양광 발전은 산업에 대한 노하우를 남기며 계속 살아남았다. 정책, 정치, 시장이 불리한 상황에서도 다양한 틈새시장에 서비스를 제공할 수 있을 만큼 기술이 모듈식이고 유연했기에 가능했다. 레이건 시대의 변화에 대한 업계의 반응은 엇갈렸다. 일부는 이를 '산업이 자립할 수 있는 길'로 봤으며 다른 이들은 보조금을 받는 유럽과 일본 기업들과의 경쟁이 치열해질 것을 우려했다.

> 미국 정부 프로그램의 결과로 모듈 설계의 극적 개선이 10년 동안 이루어진 후, 미국의 태양광 발전에 대한 예산 지원 삭감은 주요 개발을 다른 곳으로 이동시켰다. (Green, 2005)

실제로 태양광 혁신은 다른 곳, 특히 신흥 초강대국 일본으로 옮겨갔다. 마르쿠스 레알은 1987년 스위스에서 메가와트 프로젝트를 시작했다. 2년 전 미국을 방문했을 때 그는 캘리포니아의 태양광 프로젝트를 목격했고, SERI에서 일하는 여자친구도 있었다. 독일 대기업 지멘스는 1989년에 아르코솔라를 4,000만 달러에 인수했는데, 이 해는 독일의 태양광 R&D가 미국을 넘어선 첫해이기도 하다.

참고문헌

Blieden, R. 1999. Cherry hill revisited—a retrospective on the creation of a national plan for photovoltaic conversion of solar energy for terrestrial applications. *AIP Conference Proceedings,* 1999. AIP, 796–799.

Bush, V. 1945. *Science The Endless Frontier: A Report to the President by Vannevar Bush, Director of the Office of Scientific Research and Development.* Washington, DC, United States Government Printing Office.

Bush, V. 1947. A National-Science-Foundation. Science, 105, 302–305.

Callaghan, W. & McDonald, R. 1986. *The Flat Plate Solar Array Program Final Report.* Jet Propulsion Laboratory.

Carter, J. 1979. *The "Crisis of Confidence" Speech.* The White House.

Christensen, E. 1985. *Electricity from photovoltaic solar cells: Flat-Plate Solar Array Project of the U.S. Department of Energy's National Photovoltaics Program, 10 years of progress. JPL publication: 400–279,* Pasadena, CA, Prepared by the Jet Propulsion Laboratory for the U.S. Dept. of Energy through an agreement with the National Aeronautics and Space Administration.

Cohen, L. R. & Noll, R. G. 1991. *The Technology Pork Barrel,* Washington, Brookings.

Green, M. A. 2005. Silicon photovoltaic modules: A brief history of the first 50 years. *Progress in Photovoltaics: Research and Applications,* 13, 447–455.

Hirsch, R. F. 1999. *Power Loss: The Origins of Deregulation and Restructuring in the American Electric Utility System,* Cambridge, MA, The MIT Press.

Kelly, J. T., White, D. L. & United, S. 1974. *Project Independence: Federal Energy Administration, Project Independence blueprint: Final Task Force Report.* Washington, DC, For sale by the Supt. of Docs., U.S. G.P.O.

Laird, F. N. 2001. *Solar Energy, Technology Policy, and Institutional Values,* New York, Cambridge University Press.

Lotker, M. 1991. Barriers to Commercialization of Large-Scale Solar Electricity: Lessons Learned from the LUZ Experience. Sandia National Laboratories.

Maycock, P. 1981. Overview of the US Photovoltaic Program by an Ex-DOE Person. Proceedings for 15th IEEE Photovoltaic Specialists Conference. Kissimmee, FL, 1981.

Maycock, P. D. & Wakefield, G. F. 1975. Business Analysis of Solar Photovoltaic Energy Conversion. 11th IEEE Photovoltaic Specialists Conference, May 6-8 1975New York. IEEE, 252-255.

Maycock, P. D. & Stirewalt, E. N. 1985. *A Guide to the Photovoltaic Revolution*, Emmaus, PA, Rodale Press.

Mowery, D. 2009. National security and national innovation systems. *The Journal of Technology Transfer*, 34, 455-473.

Nelson, R. R. & Langlois, R. N. 1983. Industrial Innovation Policy: Lessons from American history. *Science*, 219, 814-818.

Nemet, G. F. 2009. Demand-pull, technology-push, and government-led incentives for non-incremental technical change. *Research Policy*, 38, 700-709.

Nemet, G. F. & Kammen, D. M. 2007. U.S. energy research and development: Declining investment, increasing need, and the feasibility of expansion. *Energy Policy*, 35, 746-755.

Nemet, G. & Husmann, D. 2012. Historical and future cost dynamics of Photovoltaic technology. In: Sayigh, A. (ed.) *Comprehensive Renewable Energy*, Oxford, Elsevier.

Nixon, R. M. 1973. *Speech on Project Independence*. The White House.

Nixon, R. M. 1974. *State of the Union Address*. Washington, D.C.

Perlin, J. 1999. *From Space to Earth: The Story of Solar Electricity*, Ann Arbor, MI, AATEC Publications.

Ray, D. L. 1973. *The nation's energy future. A report to Richard M. Nixon, President of the United States*, Washington, U.S. Atomic Energy Commission.

Reagan, R. & Carter, J. 1980. Carter-Reagan Debate.

Reuyl, J. S. 1977. *Solar Energy in America's Future: A Preliminary Assessment*, ERDA.

Roessner, J. D. 1982. Government-industry relationships in technology commercialization: The case of photovoltaics. *Solar Cells*, 5, 101-134.

Roessner, J. D. 1984. Commercializing solar technology: The government role. *Research Policy*, 13, 235-246.

Rothwell, R. 1992. Successful industrial-innovation - critical factors for the 1990s. *R&D Management*, 22, 221-239.

Ruttan, V. W. 2006. *Is War Necessary for Economic Growth?* Military Procurement and

Technology Development, Oxford, Oxford University Press.

Shinnar, R. 1993. The rise and fall of Luz. *Chemtech,* 23, 50‒53.

Taylor, M., Thornton, D., Nemet, G. & Colvin, M. 2006. *Government Actions and Innovation in Environ Technol for Power Production: The Cases of Selective Catalytic Reduction and Wind Power in California.* Sacramento, California Energy Commission.

United States Department Of Energy 1979. *Domestic Policy Review of Solar Energy,* U.S. Department of Energy.

Wilson, C. 2018. Disruptive low-carbon innovations. *Energy Research & Social Science,* 37, 216‒223.

Wolfe, P. R. 2018. *The Solar Generation: Childhood and Adolescence of Terrestrial Photovoltaics,* Hoboken, NJ, IEEE Press and Wiley.

2부 시장의 형성

5장 일본의 틈새시장

　1973년 봄, 일본의 막강한 통상산업성(MITI, 현 경제산업성의 전신) 내에 있는 공업기술원(AIST)은 대규모 프로젝트 과제에 대한 연간 제안서들을 검토하기 시작했다. 개발국장인 나바시 마사토(Nabahi Masato)와 연구개발 총괄자 스즈키 켄(Suzuki Ken)은 그중 얼마나 많은 수가 에너지 관련 주제를 다루고 있는지 주목했다(Shimamoto, 2014b).* 1차 석유 파동은 몇 달 후 일이었지만 일본 제조사들은 국가의 원유 수입 의존도가 높아지는 것에 대해 정부가 조치를 취할 것을 촉구하고 있었다. 나바시, 스즈키와 동료들은 예상되는 사회적 영향도에 따라 에너지 관련 주제들을 평가했다. 그들은 태양광에 최고 등급인 A를 주었다. 하지만 나바

---

* 이 문단은 미노루 시마모토 교수의 2014년 저서 『국가 프로젝트 관리: 선샤인 프로젝트 하(下) 태양광 발전 시스템의 개발』에 실린 일본 선샤인 프로젝트 결산 정보에 기반하고 있다.

시가 공업기술원의 R&D 프로그램 총괄자들에게 누가 태양광에 관한 새로운 기획을 이끌고 싶은지 물었을 때, 단 한 사람도 손을 들지 않았다. 나바시는 스즈키에게 부탁했는데 그 역시 너무 어려울 것 같다며 거절했다. A급 연구 과제를 이끄는 것에 대한 열의 부족은 지나친 신중함 때문만은 아니었다. 그보다는 태양광이 상업화되기까지 수년이 걸릴 것이라는 신중한 우려가 있었다. 그리고 이 관료들은 MITI의 대규모 R&D 과제는 5년 이내에 성공적인 결과를 보여줘야 한다는 것을 잘 알고 있었다. 공업기술원의 R&D 담당자들이 여기에 참여하기 위해서는 더 강력한 동기부여와 성과관리 일정의 변경이 필요했을 것이다. 이 두 가지 모두 몇 달 뒤 아랍의 원유 수출 금지 조치와 함께 찾아왔다.

개요

일본은 유망한 기술을 개발하고 상용화하여 시장을 창출하였으며, 결과적으로 세계 생산을 장악하기 위한 모든 핵심적인 혁신 요소를 마련함으로써 태양광 분야에서 글로벌 선도국이 되었다.

일본의 기업과 정부는 처음부터 상업적 활용에 초점을 맞춘 수십 년간의 연구개발을 1950년대에 수행했다. 교세라(Kyocera), 산요(Sanyo), 샤프와 같은 일본 대기업들은 미국 기업만큼 일찍 태양광 산업에 뛰어들었고 태양광을 팔 수 있는—주로 가전제품인—수익성 있는 틈새시장을 발견했다. 틈새시장이 포화되자 MITI는 획기적인 지붕형 태양광 보조금 프로그램을 만들었다. 선불형 보조금, 10년에 걸친 단계적 보조금 축소(역주: 기술 학습효과, 단가하락에 따라 연도별 보조금을 축소하는 제도), 넷미터링(Net metering, 역주: 태양광 발전량만큼 전기요금 절감) 같은 보상 정책들이 있었다. 1994년부터 2005년까지 이 프로그램 기간에 20만 가구에서 태양광을 설치했고 일본 태양광 제조기업은 그 수요에 맞춰 규모를 확대했다. 일본의 선두기업인 샤프는 생산 규모를 200배로 늘렸고 2000년대 중반, 업계 초창기 이래로 그 어떤 회사도 도달하지 못한 높은 시장 점유율을 달성했다. 하지만 그 직후 샤프의 성장은 정체되었다. 독일과 훗날의 중국 제조기업은 더 큰 규모로 생산할 수 있었다. 일본 태양광의 오랜 역사, 정부 지원의 수준, 기업의 높은 참여도를 고려했을 때 일본이 태양광 분야에서 선도국 지위를 잃어버린 것은 놀라운 일이다. 하지만 이것은 유일한 경우가 아닌데, 미국과 독일도 넘볼 수 없을 것 같았던 선도국 자리를 놓쳐버렸다. 일본의 주도권 상실은 독일 시장의 출현을 예측하지 못했고 생산 비용 절감보다는 품질을 높이는 것에 집중했으며, 실리콘 공급 원료 조달을 위한 장기계약 체결을 꺼렸고 생산 투자를 박막형 태양전지로 옮겼으며, 기술개발 주도권을 장비 공급업체에게 내줬기 때문이다.

일본의 국가혁신시스템은 정부 역할이 크다는 점에서 다른 나라와 구별된다(Johnson, 1982). 태양광 산업이 있는 어떤 나라보다도, 심지어 중국과 비교했을 때도 일본에서는 정부가 하는 일이 매우 중요하다. 일본 정부는 R&D 자금을 지원할 뿐만 아니라 민간 R&D의 방향성도 상당 부분 결정한다. 미국의 R&D 지원이 레이건 정부에서 대폭 삭감됐을 때 일본의 R&D 지원은 증가했다. 일본은 산업 전체가 공유하는 기대치를 창출하고 의도적으로 기술 간 파급 효과를 촉진하는 강력한 산업 정책을 시행했다. 일본이라는 발전 국가(Johnson, 1982)의 중심에는 통상산업성이 있었다. MITI는 유망한 기술 분야에 초기부터 관여한다는 특징이 있었다(Freeman, 1987). 이러한 초기 단계의 개입은 기업이 세계적으로 경쟁력을 갖춘 뒤 지원하는 중국 정부의 접근법과는 차이가 있었다. 한 가지 사례는 MITI에서 거래 비용을 낮추기 위해 실제 시장이 있기도 전인 1990년대 초, 태양광 설치를 위해 넷 미터링을 장려했다는 것이다.

태양광 분야에서 일본의 국가혁신시스템은 사업을 착수하기 위한 아주 작은 역할에 다국적 대기업을 참여시켰다는 점에서도 구별된다(Shum and Watanabe, 2007). 결과적으로 일본의 태양광 거버넌스는 고도로 협동조합주의적(corporatist)이었다. 정부는 대기업과 협의하여 정책을 개발했고 이 과정에서 시민 참여나 기업가의 의견은 거의 없었다. 6장에서 보게 될 또 다른 전통적인 협동조합주의 정치 시스템인 독일과 비교해 보자. 독일은 태양광을 풀뿌리에서 시작했고 스타트업 기업들이 글로벌 리더가 되었다. 일본의 시스템은 R&D 컨소시엄을 촉진하였고(Watanabe et al., 2004), 이 컨소시엄은 참여자들 사이에, 예를 들면 장래의 보급 규모와 가격에 대한 공동의 기대치를 도출해냈다. 또한 일본의 산업 정책과 태양광 개발의 뚜렷한 특징 중 하나인 기술 로드맵도 만들었다. 공유된 기대치를 만드는 것은 기업이 대규모 투자를 하도록 장려하는 효과적인 방법이었다.

MITI는 여러 분야의 기술들 사이에 지식 공유를 극대화할 수 있도록 의도적인 노력을 기울였다. 산요와 교세라와 같은 대기업들이 주요 참여자였기 때문에 범위의 경제(economies of scope, 역주: 두 가지 이상의 제품을 함께 생산할 때 각각 따로 생산할 때보다 비용이 적게 드는 이점)에 대한 기회는 커 보였다(Suzuki and Kodama, 2004). MITI는 이를 국가 수준에서 추진했다. 다른 어떤 나라도 지식의 확산을 명시적인 목표로 삼지는 않았기 때문에, 틈새시장이 가장 중요시된 곳이 일본이라는 점은 놀라운 일이 아니었다.

틈새시장은 아직 대중 시장의 관심을 끌 만큼 가격이 떨어지지 않았을 때 중요한 역할을 했다. 틈새시장은 더 큰 지불 의사를 지닌 작은 시장들을 제공했으며, 그 덕분에 태양광 제조기업들은 종종 보조금 없이 실제 소비자를 대상으로 하는 실제 제품들을 출시할 수 있었다. 가전업체들은 일본 경제에서 강력한 역할을 했으며, 제품 차별화 방법의 일환으로 태양광에 관심을 갖게 되었다.

1980년대 일본 R&D의 80%는 박막형 실리콘 태양전지에 집중되었다. 박막형 태양전지는 대중 시장에서 판매될 만큼 효율이 높지 않았지만, 시계, 계산기, 장난감 등에 활용하기에는 중요한 기술이었다. 하지만 근본적으로 틈새시장은 기업이 시장을 확장하고 규모의 경제를 목표로 할 만큼 크지 않았다.

정책 부문에서 일본이 가장 크게 기여한 것은 기술 주도와 수요 견인 정책을 결합한 것이다(Nemet, 2009). 1974년 선샤인 프로젝트부터 기술 주도 R&D는 강력하고 일관되게 추진됐는데, 1990년대 일본은 설치 보조금을 지원하고 넷 미터링을 허용하면서 수요 측면에 집중했다. 일본은 기술 주도와 수요 견인 정책의 선순환 구조를 만들었고(Watanabe et al., 2000), 이후 독일에서 이를 모방했다. 이것은 세계 최초로 태양광의 대규모 제조를 촉진했다. 2000년대 초반 샤프의 제조 규모 확장은 다른 어떤 일본 기업들과도 달랐는데, 회분식(batch) 공정(역주: 원료를 투입하여 일정 시간이나 공정을 거쳐 제품을 얻는 방식. 연속식 공정과 달리 계속해서 원료를 투입하지 않는다)을 산업용 규모의 연속식 공정으로 전환함으로써 그것이 가능함을 보여주었다.

일본은 일련의 R&D, 틈새시장, 시장 창출 그리고 규모 확장을 통해 태양광 생산을 산업화했다. 일본의 태양광 기업은 전 세계에서 가장 큰 기업이 되었다(Honda, 2008). "일본 산업은 세계 태양광 산업의 중추를 이룬다."(Foster et al., 2009). 하지만 일본과 1위 회사인 샤프는 2005년 이후 주도권을 잃었다. 여기에는 다양한 해석이 가능하다: 일본은 독일의 시장이 빠르게 성장할 것을 예상하지 못했다; 일본의 인건비가 경쟁력이 없었다; 품질을 너무 과도하게 강조했다; 실리콘 가격 급등에 미진하게 대응했다; 박막형 태양전지에 과잉 투자를 했다 등등.

일본은 태양광에 새롭게 기여함으로써 독일과 훗날 중국의 부상에도 기여했다. 그러한 기여 중 일부는, 새로운 틈새시장을 통해 기술을 향상함으로써 후발 참여자들이 더 나은 설계와 생산 기술을 도입할 수 있게 한 것이다. 또 다른 기여는 지붕형 태양광 보조금 프로그램과 규모 확장을 통한 비용 절감의 이점을 보여주는 등 다른 곳에서 다른 자원과 역량 구성으로 전개할 수 있는 복제 가능한 모델을 제공한 것이다.

전쟁 이후부터 석유 파동까지: 산업 정책, 연구, 등대 그리고 인공위성

일본에서 태양광의 기원은 1940년대와 고통스러웠던 전후 시대로 거슬러 올라간다. 이 당시 집권한 정부의 주요 목표는 국민이 최소한의 생계를 유지할 수 있게 주거와 식량을 제공하는 것이었다. 재건이 진행되고 생존이라는 당면 요구가 충족되자, 인플레이션이 발전을 위협했다. 이러한 상황에서 통상산업성(MITI)이 다른 정부 기관과 일본의 통상 정책을 조정하기 위해 1949년에 설립되었다. MITI는 1980년대와 1990년대 일본에서 등장하게 된 태양광 산업에서 중요한 역할을 했다.

MITI는 다른 부처에서 관리하지 않는 일본의 모든 산업과 관련된 수출, 수입, 투자에 영향을 끼쳤다. 이러한 광범위한 영향력으로 환경오염 관리와 국제 무역과 같이 일반적으로 충돌하는 정책들을 효율적으로 운영할 수 있었다. MITI는 일본 산업 정책의 설계자로, 산업의 중재자와 규제자라는 이중의 역할을 수행했다. MITI와 일본 산업의 공생적 관계 속에서 국내 제조업 발전이라는 부처의 임무를 보완하도록 통상 정책이 만들어졌다. MITI는 수입 제품과의 경쟁에서 산업을 보호하고 기술개발을 지원하며 합병을 촉진하는 등 일본의 산업 발전 전반에 걸쳐 일정 부분 기여했다. 1980년대까지 차기 총리가 일본 정부의 수장을 맡기 전에 의례적으로 MITI 장관을 역임하는 것이 MITI가 갖는 위상을 상징했다.

MITI의 영향력은 1950년대와 1960년대에 가장 강했지만, 시장 개방을 촉진하면서 내수 산업을 지원하는 이중적인 역할을 수행하면서 갈등이 불거졌다. 1980년대까지 일본의 수출이 성공하여 통상국과의 갈등이 발생하자 MITI의 정책은 변하기 시작했다. 예를 들어, MITI는 일본 자동차 제조사들과 일제 자동차 수입을 줄이고자 하는 미국의 정책 입안자들 간의 대화를 중재했다. 그런데 부처의 힘은 환율에 대한 통제력을 잃게 되면서 점차 약해졌다. 압박에 대응하기 위해 MITI는 산업계와의 밀접한 관계를 이용하여 일본의 시장 개방을 장려하는 등 수입 정책을 완화하기 시작했다. 일본의 수입 자유화로 시장에 외국 기업이 들이닥쳤다. 일본 산업 내 MITI의 영향력은 지속적으로 축소되었으며, 2001년 조직이 해체되고 경제산업성(METI)으로 개편되었다.

샤프는 1945~1973년 사이에 부상한 일본 태양광 분야의 또 다른 주요 조직이다. 샤프는 태양광 산업에 어느 회사보다도 오랫동안 그리고 지속적으로 참여해왔다. 1915년 샤프의 창업주인 도쿠지 하야카와는 기계식 펜슬 제품 '에버-샤프(Ever-Sharp)'를 출시하면서 제조업에 등장했다. 1950년대 후반 샤프가 태양전지 연구를 시작했을 때, 샤프는 이미 양산에 대한 경험은 있었지만 반도체 생산을 개발하고 있던 다른 기업에 뒤처진다는 느낌이 있었다. 샤프가 60년 이상 태양광 산업에 기여한 것은 하야카와로부터 비롯되었는데, 1970년 그의 전기(傳記)에서 다음과 같이 말했다.

> 나는 미래의 가장 큰 과제는 태양의 열과 빛을 모으고 저장하는 것이라고 생각한다. … 모든 생물이 태양의 축복을 누리고 있는데, 우리는 발전소에서 생산한 전력에 의존해야 한다. 엄청난 열과 빛이 우리에게 도달하고 있으니, 우리는 이 두 가지 축복을 이용하는 방법을 생각해야 한다. 이 지점에서 태양전지가 나오게 된 것이다. (Jones and Loubane, 2012)

하야카와가 태양광에 관심을 갖게 된 것은 단지 그의 비전 때문만이 아니라, 태양광 분야에서 이룬 발전으로 회사의 다른 부분에 파급 효과가 미칠 것이라 기대했기 때문이다. 태양광 분야에 대한 이러한 체계적인 접근 방식은 산업 전반에 걸친 지식 확산의 극대화를 추구하는 일본의 국가 혁신시스템을 대표하는 것이었다.

1954년 벨연구소가 미국에서 최초로 효율적인 셀을 출시한 직후, 샤프는 태양광 연구를 시작했다(Kimura and Suzuki, 2006). 샤프는 NEC, 미쓰비시(Mitsubishi), 산요와 함께 태양광 분야에 최초로 진출한 일본 기업 중 하나였다. 초기에 시작했으므로 샤프의 태양광 기술은 벨연구소의 설계를 기반으로 삼게 됐는데, 후발 주자들이 적용한 우주용 제품 설계와는 달랐다(Green, 2005). 게다가 다른 기업들과 달리 당시 샤프는 반도체 사업을 하고 있지 않아 공정에 대한 노하우 없이 백지상태에서 시작했다. 샤프의 태양전지 설계는 단순했고 제3장에서 언급된 p-n 접합 기술이 논문들을 통해 이미 잘 알려져 있었다(Chapin et al., 1954). 그래서 샤프는 태양전지를 독자 개발하는 데 어려움이 없었고, 미국의 최초 태양광 기업인 호프만의 경우처럼 벨연구소의 기술을 이전받을 필요도 없었다. 불과 몇 년 동안 태양광 기술을 연구한 뒤인 1958년 11월 샤프는 70W급 첫 번째 상업용 모듈을 토호쿠 전력의 통신 중계소에 설치했다. 태양광 산업에 진출한 다른 기업들과 마찬가지로 광전지의 중요한 초기 적용은 전자공학에서 사용할 수 있는 광 검출기였다.

샤프는 1959년 단결정 태양전지 가공을 시작했고, 1963년 나라 지역 제조공장에서 태양전지를 대규모로 생산하기 시작했다. 샤프는 제품을 실증하는 데 시간을 낭비하지 않았다. 같은 해 그들은 대량 생산을 시작했고, 23W 태양전지를 사용하여 요코하마 항만 근처 쓰루미 등대 1호에 전력을 공급했다. 샤프는 이 신규 발전원의 새로운 용도를 시험했다. 등대, 해안 경비대용 항해 부표, 우주 프로그램용 인공위성이 새로운 사용처에 포함됐다. 1966년 샤프는 225W 태양광 발전 시스템을 나가사키현 오가미 섬 등대에 설치했는데, 이는 당시로는 가장 큰 태양광 발전 시스템이었다. 이후에 샤프는 1961년부터 1972년까지 226개의 등대에 태양전지 시스템을 설치했다(Perlin, 1999).

1965년 일본 과학위성 프로그램이 시작되자 새로운 시장이 출현했다. 1967년 샤프는 위성에 장착할 태양전지 개발을 시작했고 1974년에는 일본 최초로 우주용 태양광 모듈을 생산했다. 이 모듈은 1976년 발사된 일본 우주 프로그램의 우메(Ume) 위성에 설치되었다. 그리고 1980년대 초, 샤프는 일본우주개발사업단(NASDA)의 독점 공급자가 되었다.

선샤인(Sunshine) 프로젝트, 1974년 7월~1984년

미국에서와 마찬가지로 1973년 아랍 석유 금수 조치는 일본의 에너지 정책 입안을 촉진했다. 아랍 국가들은 일본을 비롯한 캐나다, 네덜란드,

영국, 미국으로의 원유 수송을 막았다. 유가 충격은 자국 내 에너지 자원이 거의 없었던 일본에 특히 심한 영향을 미쳤다. 그래서 미국보다 일본의 위기의식은 훨씬 더 깊었다. 미국과 비슷한 점은 위기로 대중적 관심과 자원이 모이며 이를 통해 축적되어온 선행 노력들이 확장됨으로써 일본의 위기 대응이 강화되었다는 점이다. 1973년 가을까지 MITI 산하 공업기술원(AIST)은 주요 산업기술 정책 프로그램으로 '대규모 산업 프로그램'을 수립했다. 이 프로그램의 일환으로 MITI는 1974년 7월 선샤인 프로젝트를 공식적으로 시작했다. 선샤인 프로젝트는 닉슨 대통령의 에너지 독립 프로젝트 직후 시작되었으나 관점은 달랐다. 이 프로젝트는 태양광, 석탄을 포함한 6개 R&D 분야를 대상으로 했는데, 특히 초기에는 원자력을 포함하지 않았다.

선샤인 프로젝트의 목표는 전반적으로 일본 에너지 공급 인프라의 취약성을 다루는 것이었고 특히 해외 원유 의존도를 낮추는 것이었다. 이 프로그램은 혁신에 초점을 두었고 다음을 강조했다.

> 여러 해에 걸친 다양한 중기 연구 과제들을 통해 2000년까지 청정에너지를 생산하고 향후 수십 년간의 에너지 수요 중 상당 부분을 충족시킬 신기술을 개발한다. (Matsumoto, 2005)

이 프로젝트는 에너지를 넘어 일본 최초의 "국가 프로젝트라고 불릴 만한 대규모 장기 기술개발 노력"이라는 점에서 두드러졌다(Kashiwagi, 1996). 기술적 초점은 초기 우선순위였던 태양열 발전에서 1981년 태양광 발전으로, 이후 비정질 실리콘 태양광으로 옮겨갔다. 이러한 후반부 기술개발의 초점은 가전제품 시장을 개방하고 일부 대기업에서 태양광 기술 상용화에 적극 참여하도록 이끌었다는 점에서 변화를 가져왔다.

미국과 마찬가지로 일본에서 에너지 문제에 대한 경각심은 위기 이전부터 형성되었다. 1970년대 초 일본 기업가들은 해외 원유에 대한 국가의 과도한 의존에 대해 정부 차원에서 무언가 조치를 취해 달라고 요구했다. 일본은 자국 내 에너지 자원이 거의 없었으므로 수력, 원자력, LNG 발전소 증설을 검토하는 계획을 수립했다. 그중에서도 원자력이 가장 매력적인 대안이었다. 일본은 1960년대 후반 원자력 발전소 건설을 시작했지만, 핵폐기물 저장과 사고 가능성 때문에 정치적으로 여전히 선호하는 대안은 아니었다. 원래 태양광은 이중 어느 것과도 경쟁할 수 없어 기술개발 프로그램 중 우선순위가 높지 않았다. 태양 에너지가 엄청나게 풍부한 자원인 것은 자명했지만, 높은 가격이 문제였다. 일본은 원유 수입 의존도에 대응 가능하도록 태양광 기술을 개발하는 프로젝트가 필요했다.

선샤인 프로젝트에 대한 아이디어는 정부 연구소인 전자공학연구소(Electrotechnical Laboratory, ETL)에서 석유 파동 직전의 봄과 여름에 시작되었다. 1973년 5월, MITI는 "신에너지" 부서의 설립을 요청했고, 8월에 ETL을 포함한 기관들이 "신에너지" 기술에 대해 문의하기 시작했다(Matsumoto, 2005). ETL 내부에서는 실험실 관리자 중 한 사람인 다카시 호리고메(Takashi Horigome)가 공공 영역과 언론 및 TV에서 태양광의 개념을 주창하면서 태양광 기술의 공개적인 지지자가 되었다. 그는 1973년 초 공업기술원에 태양광 연구 기획에 대한 아이디어를 제안하기 시작했는데, ETL의 경영진은 상당히 회의적이었다.

호리고메의 조수 중 한 사람의 증언에 의하면, 연구소는 태양광 같은 것은 결코 아무런 성과도 얻지 못하리라 느꼈다고 한다. 그런 유치하고 장난감 같은 연구가 우리 연구소에서 수행되고 ETL의 특별 연구처럼 연구 자금을 배정받는다고? 완전히 말도 안 된다. 이것이 당시 그들이 보였던 태도였다. (Shimamoto, 2014b)

이 장 첫 부분에서 설명했듯이, 공업기술원의 R&D 총괄인 스즈키 켄이 바로 여기에서 태양광 프로그램을 이끄는 임무를 맡게 되었다. 그는 재빨리 호리고메에게 직접 연락하여 적극적인 참여를 요청했다. 스즈키는 호리고메의 강력한 지원자가 되어 호리고메가 태양광 연구를 할 수 있는 공간을 마련하도록 ETL 경영진을 설득했다. MITI의 의도가 더 명확해지자, 호리고메와 스즈키는 계획을 수립하는 것을 논의하기 시작했고, 태양광에 대한 대규모 산업기술 프로그램 계획을 MITI에 보냈다. 1973년 8월 통상산업성 장관은 이 프로그램에 대한 계획을 발표하였다. 그리고 아랍의 석유 수출 금지 조치가 두 달 후 시작되었다.

석유 파동과 함께 MITI는 국가의 중요한 문제를 이끄는 기관으로 입지를 굳혔고 많은 지지를 받았다. 대체에너지정책실을 신설하여 위기를 극복할 수 있는 새로운 에너지 자원을 개발하는 임무를 맡겼다. 일본 산업에 유용한 기술들을 개발하는 공업기술원(AIST)이 설립되었다. AIST는 다양한 기술에 걸친 장기적 방향성을 가지고 있었고 규모 면에서는 미국의 아폴로 프로젝트와 비슷했으며 우선순위는 에너지 독립 프로젝트만큼 높았다. 일본에서 대부분의 연구 과제는 5년 이내에 투자 대비 수익을 얻어야 했지만, MITI는 여기에 장기적인 관점을 채택했다. 국가의 에너지 의존에 관한 문제는 매우 중요하므로, 저렴한 태양광 기술을 개발하는 데 25년이 걸린다고 해도 받아들일 수 있었다.

정부가 에너지와 관련해 무언가 해야 한다고 처음 요구한 것이 산업계

였기 때문에, 선샤인 프로젝트의 목적은 산업 정책을 지원하는 것이었다. 빠르게 성장하는 기업은 지속적 성장을 위해 안정적인 에너지 확보가 필요했다. 태양광은 언젠가 다른 산업을 성장시킬 것이라는 관점에서 관심받았지, 태양광 자체가 하나의 산업이 될 것이라는 점에서 관심받지는 않았다. 미국과 마찬가지로 아랍의 원유 수출 금지 조치와 관련한 정책의 창이 열리면서 이러한 선도적인 노력들이 빠르게 시행되고 확장될 수 있었다. 석유 파동 이후 이것이 선샤인 프로젝트가 되었고 1974년 7월 MITI에 본부를 두고 공식적으로 출범하였다.

선샤인 프로젝트에서는 대학교와 연구소가 연구를 수행하였고 그 본부는 AIST에 있었다. 실증을 포함한 기술개발은 새로운 조직인 신에너지개발기구(NEDO)가 이끌었다. 이 조직은 1980년 설립되었고 교세라, 산요, 샤프 등 산업계와 긴밀하게 협력했다. 연례회의인 일본 태양광과학공학학술대회(PV Science and Engineering Conference, PVSEC. 역주: 현재는 국제태양광학술대회로 아시아에서 열리는 가장 큰 태양광 학술대회이다)도 출범했다. AIST 관계자들은 많은 예산을 지원하고 어쩌면 30년에 걸친 노력이 필요한 상황에서 대중적 지지를 일으킬 수 있도록 이 프로젝트에 '선샤인'이라는 이름을 붙이기로 했다.

태양 에너지가 초기 관심 대상이었음에도 스즈키는 태양 에너지가 실패할 위험에 대비할 필요성을 느꼈고 추가로 또 다른 에너지 프로그램을 모색했다. 최종적으로 포함된 4가지 기술은 다음과 같다: 1) 태양 에너지, 2) 지열 에너지, 3) 석탄 가스화 및 액화, 4) 수소 에너지. 특히 원자력(핵분열) 기술은 포함되지 않았는데, 부분석으로는 1945년 이후 일본에서 생긴 반핵 감정이 강했기 때문이다. 원자력은 일본에서 언젠가는 활용할 것으로 여겨졌지만, 다른 나라와 달리 태양광이 널리 보급된 이후에 활용될 것으로 인식되었다.

태양 에너지 분야에서 태양열 발전(STE)이 가장 많은 자금을 지원받은 것은 상용화에 가장 가깝다고 여겨졌기 때문이었다. 하지만 일본은 대기 중 습도가 높아 태양열 발전을 하기에는 햇빛이 너무 산란되었다. 그 결과 1980년경에는 태양광이 태양 에너지 프로그램의 중심이 되었다. 태양광으로의 전환은 자금을 지원하는 프로젝트 유형에도 영향을 미쳤다. 대규모 태양열 발전 시범사업과 다르게, 태양광 프로젝트는 터널 조명, 인공위성, 농사용 기계와 같은 소규모 기기를 대상으로 했다. 태양광은 경제성을 갖추는 데는 시간이 오래 걸릴 것으로 예상되었다. 비용 절감이 R&D 과제의 핵심이었고 태양광 가격을 100분의 1로 줄이는 것이 목표였다. 예를 들어, 실리콘 가격이 비쌌기 때문에 초창기 노력의 대부분은 실리콘 비용 절감과 태양전지의 실리콘 필요량을 줄이는 것이었다.

석유 파동이 한창일 때 예산이 정해졌기 때문에 전액을 지원받을 수 있었던 선샤인 프로젝트의 1974년 첫해 예산은 23억 엔(2천만 달러)으로 태양 에너지 관련 일반 회계에서 지원했다(Shimamoto, 2014a). 1978년까지 예산은 4배로 증가했다. 태양 에너지는 6개 중점 R&D 분야 중 하나로 연간 총예산인 1.5천만 달러의 20% 수준이었고 대부분 자본 설비와 조달 관련이었다. 선샤인 프로젝트 예산으로 인건비를 지급하는 ETL을 제외하고 기업과 대학은 인건비를 자체 부담했다. 1970년대 내내 예산은 크고 안정적이었다. 많은 예산 지원에 대한 정당성을 보여주기 위해, 연구 과제들은 2000년까지 완료 시기를 연장하여 야심 찬 목표를 제안했다. 다방면의 기술개발 계획이 있었지만 주된 목표는 태양 에너지였다. 전망치는 극적인 수준으로, 전체 에너지 중 태양 에너지가 차지하는 비중이 1990년 1/2, 1995년에 약 2/3가 될 것이라 예상했다.

선샤인 프로젝트의 시작부터 기업은 열성적으로 참여했다. 어떤 의미에서 기업은 주요 선도자였다. 여러 기업은 1973년 석유 파동이 일어나기 한참 전부터 새로운 에너지 전략을 요구했다. 히타치(Hitachi), 마쓰시타(Matsushita), NEC, 도시바(Toshiba), 토요 실리콘(Toyo Silicon), 샤프는 모두 태양광 과제 초기부터 참여해 해당 분야에서 일정 부분 R&D를 하고 있었다. 하지만 선샤인 프로젝트가 시작되자 샤프가 가장 많은 경험을 얻었다. 샤프는 태양광 과제를 회사의 기술 역량을 향상시키는 기회로 보았다. 선샤인 프로젝트는 광전 소재의 특성을 이해하는 데 도움을 주었을 뿐 아니라 기업이 기술개발에 더 참여할 수 있게 만들었다. 예를 들면 1990년 전체 에너지 중 태양 에너지가 절반을 차지한다는 야심 찬 연구 과제 목표는 기업들이 태양광의 시장 기회가 상당할 것이라는 인식을 갖게 하는 데 큰 영향을 미쳤을 것이다(Kimura and Suzuki, 2006). 반면 새롭게 지원받는 R&D 자금은 큰 동인이 아니었다. 기대 시장이 공공 R&D 자금보다 중요해졌다는 한 가지 사례는 이들 기업과 나중에 참여한 주요 플레이어인 산요와 교세라가 이 분야에 자체 R&D 자금을 투자하기 시작했다는 것이다(Watanabe et al., 2000).

샤프는 1974년 선샤인 프로젝트 추진부를 만들고 1950년대부터 샤프에서 태양광 제조를 이끈 기무라 겐지로(Kimura Kenjiro)를 부서장으로 임명했다. 부서에서는 자동화에 적합한 공정을 만들기 위해 태양전지 생산 관련 표준화를 연구했다. 특히 교세라가 채택한 미국 타이코(Tyco) 사의 엣지-결정 성장 공정(Edge-fed growth process)에 특히 관심이 많았다. 이 공정은 잉곳이 절단되는 과정에서의 값비싼 실리콘의 손실을 막을 수 있다. 선샤인 프로젝트 당시 일본에는 제조시설이 거의 없었다는 사실을 아는 것이 중요하다. 당시 일부 미국산 제조 장비가 사용되기 시작했지만, 미국산 장비로는 비용 절감이 불가능했다. 그래서 일본 내 반도체 장비 기업과 태양광 기업들은 독자적으로 전용 생산 장비를 개발했다. 각 사는 생산라인에 맞게 자체적으로 개별 장비를 만들었다. 한 회사의 장비가 다른 회사의 것과 같이 작동할 수 있게 하는 대규모 생산 설비에 대한 공통 스펙은 부재했다. 이와 대조적으로, 후일 독일에서는 제3의 생산 장비 공급업체를 발전시켰는데, 이로 인해 여러 회사에서 같은 장비를 적용하고 다른 장비 공급업체의 기계와 결합하여 라인을 만들 수 있었다. 이러한 방식을 통해 전문화가 가능해졌으나, 일본의 자체 개발 모델로는 달성할 수 없는 부분이었다.

샤프는 1976년 세계 최초로 태양광 계산기를 선보인 데 이어 3년 뒤 태양광 패널로 전력과 난방을 공급하는 하이브리드 하우스를 시연하며 태양광 상용화에 앞장섰다. NEDO의 지원을 받는 시범사업은 너무 작았기 때문에 이러한 신사업 중 어느 것도 수익성을 보장하지는 않았다. 하지만 샤프의 경영진은 창업자의 열정 때문인지 투자를 계속했다. 교세라도 비슷한 추세로 1975년 자체 R&D에 착수했고, 1979년 첫 생산을 시작하여 1980년에는 양산을 시작했다. 하지만 기업의 열정에도 한계가 있었다. 수익 전망은 멀었고 많은 기업들은 태양광 개발 프로젝트에 주저했는데, 선샤인 프로젝트의 대담한 목표를 10년이 지난다 해도 달성할 수 있을지 확신하지 못했기 때문이다.

1970년대 말부터 일본 기업들은 태양전지 생산에서 큰 수확을 얻기 시작했다. 주요 성과 중 하나는 상당 부분을 자동화한 500kW 모듈 공장을 공동으로 세운 것이다. 일본에서 가장 큰 태양광 제조기업을 포함하여 적어도 9개 회사가 공장의 생산 단계에 참여했다. 이 통합 생산시설은 일본이 동시기에 진행 중이던 미국의 블록바이 프로그램에 가장 근접한 것이었다. 둘 다 태양광 제조를 노동 집약적 맞춤형 공정에서, 보다 자동화된 대량 생산 시스템으로 전환한다는 목표를 가지고 있었다. 이 통합 생산공장은 1980년 건설하기 시작하여 1982년부터 1985년까지 가동했다 (Shimamoto, 2014a).

그러나 가장 극적인 기술적 도약은 박막형 태양광의 일종인 비정질 실리콘(a-Si) 개발에 있었다. a-Si에 대한 연구는 1950년대 미국 RCA에서 시작했으며 이후 1960년대 스탠 오브신스키(Stan Ovshinsky)와 에너지 컨버전디바이스에서 개발했다. 일본의 a-Si 프로그램의 독특한 특징은 전통적인 결정질 실리콘(SI)의 경우와 달리 대학이 깊이 관여했다는 점이다. a-Si는 플라스틱 기판에 증착하기 위해 당시 가격이 비쌌던 실리콘이 소량만 필요했기 때문에 결정질보다 훨씬 저렴해질 가능성이 있었다. 결정 성장과 웨이퍼 절단 같은 공정 일체가 불필요했기 때문이다. 뒤판이 유연해서 윤곽이 있는 표면에 쉽게 모양을 만들 수 있었고 형광등이 있는 실내 환경에서 잘 작동했다. 하지만 효율은 약 2분의 1 정도로 훨씬 낮았다. x-Si와 동일한 효율 향상을 a-Si에서도 재현할 수 있다면 a-Si가 이기는 기술이 된다는 것은 뻔한 일이었다. 기업들은 1970년대 후반은 물론 2000년대 후반까지 a-Si에 큰돈을 걸었다(Endo, 2017). 하지만 결국 a-Si의 효율 향상이 실현될 수 없는 것으로 드러나면서 일본은 태양광 생산 분야에서 선두 자리를 내줬다.

2차 석유 파동과 선샤인 프로젝트의 강화

1979년 초 이란 혁명과 그해 말에 촉발된 석유 파동은 선샤인 프로젝트에 다시 활력을 불어넣었다. 가장 중요한 변화는 1980년 새로운 기관인 신에너지개발기구(New Energy Development Organization, NEDO)

가 출범한 것이었다. NEDO의 역할은 실제 적용, 제조 개선, 비용 절감이라는 세 가지 새로운 초점으로 연구를 조정하는 것이었다. 이 시기에는 기업의 참여가 더욱 중요해졌는데, 선샤인 프로젝트 초창기보다 초기 상업화 기회가 더 확실해졌기 때문이다. 하지만 태양광은 여전히 자체적인 산업으로 부상하지 않았다. 선샤인 프로젝트 후속 단계의 불편한 진실 중 하나는 1980년대 예산의 절반 이상이 석탄 기술에 사용되었다는 것이다.

1980년 5월 석유 대체에너지 개발 및 촉진에 관한 법률(법안 제71호)에 의거해 NEDO가 설립 승인을 받았다. 국립전자공학연구소(National Electrotechnical Laboratory)의 전력 연구 총괄자였던 다카시 호리고메는 NEDO 태양에너지국의 총괄자가 되었다. 이 기간에 대체에너지 개발을 위한 특별 회계를 통해 안정적인 자금 조달이 이루어졌다. 1980년 이후 선샤인 프로젝트의 예산 대부분은 전기 및 석탄 구매에 대한 세금으로 자금이 지원된 이 계정에서 나왔다. 일본 R&D 자금은 미국의 불안정한 예산과 대조적으로 1980년부터 2003년까지 확실히 안정적이었다(그림 5.1). 이 시기 일본의 발전은 태양광 기술 분야에서 일본이 대규모 향상을 앞두고 있다는 우려가 미국에서 커질 정도였다. 특히 a-Si 분야에서 미국이 R&D 예산을 삭감했기 때문에 뒤처질 거라는 우려가 커졌다(Maycock et al., 1983). 이러한 우려로 미국 에너지부는 1983년 일본에 대표단을 파견하여 현지 상황을 평가했다(Shimada, 1983).

1980년대 초에는 당시 "대량 생산"으로 여겨지던 목표치에 도달한 최초의 파일럿 제조 공장도 세워졌다. 1970년대 후반 미국에서 일어났고, 당시 일본에서도 어느 정도 일어났듯 정부 조달은 1980년대 중반 규모 확장의 큰 부분을 차지할 것이었다. 그래서 설계와 조립 단계의 표준화에 집중했다. 이 과정은 생산자들이 생산에 대한 경험을 축적하고 실천을 통

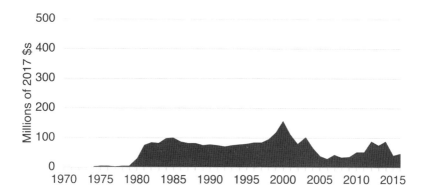

〈그림 5.1〉 일본의 태양광 R&D 자금(2017년 기준 백만 달러).
비교를 위해 세로축을 미국 R&D 자금을 나타낸 〈그림 4.2〉에 맞추었다.

한 학습으로 공정을 조정하는 방법을 찾을 수 있도록 기회를 제공했다.
일본의 전기 가격은 미국의 약 두 배였기 때문에 비용 절감 목표는 그렇
게 높을 필요가 없었다.

1980년부터 일본 기업들은 태양광 기술개발에서 훨씬 더 적극적인 역
할을 수행했다. NEDO는 산업, 정부, 학계 사이의 연결고리를 만들기 위
해 의식적으로 노력했다. 연구개발 진행 과정에서 서로에게 피드백을 제
공하는 컨소시엄에 참여하는 것을 장려함으로써 신뢰 있는 소통의 장을
구축하고자 했다. NEDO는 경쟁사들이 연구에 협력할 방법을 마련하기
위해 까다로운 긴장감을 해소해야 했다(Matsumoto, 2005). 수익을 낼 수
있는 상업화가 임박하면서 이러한 긴장감은 고조되었다.

경쟁사끼리 협력하는 가장 중요한 메커니즘은 기술보다는 정책에서
비롯되었다. a-Si 기술은 상당히 발전하여 태양광을 상업화하려는 가전
제품 기업의 눈길을 끌었다. 예를 들어, 산요는 1979년에 a-Si를 대량

생산하기 시작했고 1980년대 내내 가전제품 태양광 분야에서 활발하게 활동했다. 샤프는 1976년 소형 태양전지를 계산기에 결합하는 일을 시작했고 1980년 최초의 태양전지 계산기를 판매했다. 정책이 a-Si 연구를 지원하는 역할을 확실히 수행하였고, 연구 컨소시엄을 만들기 위한 정부의 노력으로 참여자들은 진행 상황을 빠르게 인식했다. 하지만 기업이 태양광에 관심을 갖는 주요 동인은 원유 수입 의존성을 다루는 것과는 무관했다. 기업은 자사의 가전제품에 a-Si 기술을 도입했을 때 발생하는 상업적 기회에 관심을 뒀고, 이는 시종일관 이들의 주요 관심사가 되었다. 계산기와 전자 제품은 리버스 엔지니어링(역설계)이 쉬웠기 때문에 지식이 빠르게 전파되었다. 1982년 일본의 태양전지 연간 생산량 1.7MW 중 80%는 가전제품용이었다(Maycock et al., 1983).

선샤인 프로젝트를 통해 달성하고자 하는 정부 목표는 이러한 발전 방향과 완전히 일치하지 않았다. 정부는 기업에서 가정과 기업을 위한 더 큰 태양광 모듈을 제조하는 쪽으로 발전하기를 원했지만, 정부보다 기업이 더 힘이 셌고 태양광은 그리드 전력과 경쟁할 만큼 저렴하지 않았기에 소비자 틈새시장이 계속해서 지배적이었다. 따라서 NEDO가 가전제품용 태양광이 원유 수입 문제를 해결하는 데 도움이 되지 않는다는 우려를 표명했을 때, 태양광 틈새시장 기술이 결국에는 대규모 발전 분야로 전파될 것이라 가정하면서 이러한 발전 방향을 용인해야 한다는 합의에 도달했다. 기술 파급 효과에 대한 이러한 인정과 장려는 NEDO와 MITI가 일반적으로 갖는 특징이었다.

1980년대 a-Si를 지향하는 기업과 전통적인 결정질 실리콘 태양광을 개발하는 기업들 사이에 차이가 나타났는데, 히타치, 도시바, NEC가 후자 그룹에 속했다. 연구 방향에 대한 차이라기보다는 생산시설을 건설하기 위해 상당한 재정적 약속을 수반한다는 데 그 차이가 있었다. 태양광을 이용한 원격 통신 중계기 및 인공위성 등 통신 장비 주력 사업을 지원하기 위해 히타치는 연간 250kW, NEC는 연간 100kW 생산 규모의 태양전지 생산라인을 구축했다. 도시바는 "리본형 실리콘(Ribbon silicon)"을 사용하는 새로운 유형의 결정질 태양광에 집중하였고 1983년 NEC, 히차티와 함께 연간 500kW 생산 규모의 공장을 개발했다. 리본형 실리콘 공정은 실리콘을 원하는 두께로 뽑아 절단할 필요가 없어 공정에 드는 비용과 실리콘을 절감할 수 있는 장점이 있었다. 이후 최대 생산업체가 된 교세라는 모빌(Mobil), 마쓰시타와 협력하여 리본형 실리콘을 개발하기 위한 합작회사인 JSEC(Japan Solar Energy Company)를 설립했다. 마쓰시타는 한 개 이상의 p-n 접합 스택을 사용하는 복합셀도 연구하였다.

한편, 산요전기, 후지전기(Fuji Electric), 미쓰비시전기는 가전제품에 집중하기 위해 a-Si를 개발했다. 이 중 산요는 1980년대 계산기용 a-Si를 상용화해 가장 중요한 업체가 되었고 태양광 계산기를 만드는 카시오(Casio) 같은 대형 가전제품 기업에 태양전지를 판매할 만큼 크게 성공했다. 산요는 태양광에 진심으로 헌신했다. 선샤인 프로젝트 자금을 활용하는 경쟁사들과 달리 산요는 자체 R&D 자금을 연구에 투자했다. 샤프는 a-Si/x-Si 기술을 모두 개발함으로써 1980년대 초 두 기술의 분수령 속에서 중립을 지켰다.

1984~94, 선샤인 프로젝트 이후의 소강기: 시범사업과 소규모 시장

미국의 '독립 프로젝트'와 마찬가지로 선샤인 프로젝트는 1970년대 석유 파동으로 인한 위기가 사라지면서 정책적 지원 하락에 직면했다. 유가는 1980년대 초 하락했고 1985년 가을에 폭락했다. 특별회계 덕분에

R&D 자금 수준은 유지되었지만, 1980년대 중반에는 기업의 참여가 줄어들었다. 가전제품 틈새시장을 제외하면 공공 자금으로 지원하는 시범사업이 1980년대에 사실상 태양광의 유일한 시장이었다(Kimura and Suzuki, 2006). 많은 기업에서 태양광을 완전히 포기했는데, 선샤인 프로젝트가 지원하는 시범사업의 시장 규모가 너무 작고 가전제품 시장은 포화상태에 이르렀기 때문이었다. 기초기술은 잘 개발되어 있고 공공 재산인 데 반해, 기업의 생산 기술은 독점적 소유 형태이고 그다지 발전하지 못했다는 점에서 죽음의 계곡이 존재한다는 우려가 있었다. 이러한 격차는 1990년대 중반 지붕형 태양광 프로그램이 도입되고 나서야 비로소 극복되었다.

그럼에도 일관성 있는 R&D 자금 지원은 일본이 미국과 다른 경험을 하도록 했다. 과학자와 공학자들은 부분적으로는 R&D 자금 지원이 계속되었기 때문에 계속 참여할 수 있었다. 또한 모든 기업이 태양광을 포기한 건 아니고, 교세라, 산요, 샤프는 이 분야에 남아 있었다. NEDO 프로그램은 비용 절감 목표를 달성했는데, 1980년에서 1985년까지 가격이 4분의 1에서 5분의 1로 하락했다.

1980년대 태양광에 대한 전 세계의 관심이 줄어들 때, 샤프는 신형 태양광 계산기 라인을 출시함으로써 태양전지 생산 기지 역할을 계속했다. 1983년에도 해상 안전, 기상 관측소, 농업 및 기타 오프 그리드(off-grid, 역주: 전력망에 연결하지 않고 자체 발전원을 이용한 전력 공급) 기계를 위한 태양광을 생산하고 있었다. 1984년 샤프는 일본 신조 지역에 태양광 관련 제품만을 전문적으로 생산하는 첫 번째 제조공장을 열었다. 연간 3MW 규모로 a-Si 생산이 가능한 생산 장비를 미국의 에너지컨버전디바이스에서 구입했다. 더욱이 샤프는 다른 기업에서 하지 않을 때도 새로운 태양광 기술과 제품을 개발하기 위한 연구개발을 계속했다. 급격한 유가 하락에도 일본이 태양광 R&D에 투자를 계속한 이유 중 하나는 1970년 대 석유 파동 위기가 일본에서 훨씬 더 심각했기 때문이다. 위기에 대한 기억과 재발 가능성은 사라지지 않고 있었다.

1984년부터 1994년까지 전 세계적으로 태양광 분야는 소강상태에 머물렀지만, 틈새시장과 정부 지원 시범사업이 아닌 다른 시장에 태양광을 공급하는 방안에 대한 아이디어가 등장하기도 했다. 첫째, 1980년대 말 일본태양광발전협회(JPEA)가 설립되어 태양광이 기존 산업에 소규모 공급되는 것이 아니라 자체적으로 하나의 산업이 될 수 있다는 개념에 초기 당위성을 제공하는 활동을 시작했다. 샤프와 산요와 같은 기업들은 세계를 선도하는 가전제품 사업을 통해 MITI와 이미 매우 밀접한 관계를 맺고 있었는데, 자연스럽게 MITI와 협력하여 지붕형 태양광 보조금 프로그램을 위한 아이디어를 개발했다. 이러한 협동조합주의적 지배구조는 정책 설계 시 신규 진입자를 배제하고 기존 국내 대기업의 영향력을 강화했다. 이 기업들은 1980년대부터 비용을 낮추기 위해 더 긴 시간이 필요하다고 주장해왔다. 이러한 주장은 산업이 성숙해지고 시장 지원을 지지하는 집단적인 목소리가 합쳐지면서 더욱 두드러졌다.

둘째, 1990년 MITI의 에너지 전망 중 하나는 향후 10~20년 동안 재생에너지 비중을 높여가는 것을 목표로 삼았다. 셋째, 역시 1990년에 기술 간 파급 효과를 모색하는 데 집중하는 R&D 컨소시엄인 태양광발전기술연구조합(PVTEC)이 출범했다(Watanabe et al., 2000). 넷째, 놀랍게도 일본 전력회사들이 1992년에 자발적인 넷 미터링을 제공하기 시작했다. 이러한 변화로 주택용 고객은 지붕에서 만들어지는 여분의 태양광 발전 전력을 전력회사에 되팔 수 있었고, 이는 태양광의 경제성을 높여주었다.

그런데 전력회사들은 1980년대에는 넷 미터링 방식을 강력하게 반대했었다. 변화에 대한 한가지 해석은 MITI의 재생에너지 목표를 보고 전력회사들도 여기에 동참해야 함을 깨달았다는 것이다. 냉소적으로 보면, 전력회사의 사전 조치는 향후 규제를 피할 수 있고 넷 미터링을 자발적으로 도입함으로써 스스로 중단할 수도 있다는 것을 의미했다.

다섯째, 이 시기에 국제적인 협력이 구축되고 있었다. 일본은 유럽의 발전 상황을 매우 잘 알고 있었는데, 스위스의 알파레알(Alpha Real)이 추진하는 메가와트 프로젝트와 1990년 독일에서 첫 번째 시장 창출 정책이 시작되는 것을 보았다. 일본은 또 여러 가지 양자 협정을 체결했는데, 호주와는 현장 시험과 원격 기기에 관해, 미국과는 정보 공유를 위한 전문가 교류를 위해, 그리고 국제에너지기구와도 양자 협정을 체결하였다(Takahashi, 1989).

마지막으로 1997년 교토 국제회의센터에서 체결된 국제협력 이행협약과 함께 1990년대 초 일본에서는 기후변화가 이슈로 떠올랐다. 이러한 새로운 정책 방향은 재생에너지 보급에 대한 기대를 불러일으켰다. 선샤인 프로젝트로 지탱하던 산업 정책과 에너지 독립에서 벗어나 태양광의 새로운 동인을 제공한 것이다.

1990~1991년 일본 버블경제의 비참한 붕괴와 함께 거의 모든 정부 프로그램이 중단되었지만, 청정에너지가 인기를 끌고 태양광 R&D 자금이 유지된 것은 이러한 모든 동인들을 보여주는 것일지도 모른다.

1994~2005년 지붕형 태양광 프로그램

선샤인 프로젝트 이후 일본의 가장 중요한 태양광 정책의 단초를 마련한 것은 두 개의 주요한 선도적인 지붕형 태양광 보조금 프로그램이었다.

첫 번째로 '700개 지붕 사업(700 Roofs Program)'이 1993년 말 시작되어 태양광에 대한 잠재 수요가 얼마나 되는지를 보여주는 최초의 실질적 지표를 MITI에 제공했다. 1,000명 이상의 지원자들이 보조금을 신청했다. MITI는 사업 예산을 1,000개로 확대하고 5,000건의 지원서를 접수했다. 대규모 보조금 사업이 인기가 있을 것이라는 게 분명해졌다. 두 번째로 일본태양광발전협회의 로비를 거쳐 "역방향 태양전지 그리드 연결에 대한 기술요건 지침"이 채택되었다(Tatsuta, 1996). 전력회사들은 한 해 앞서 넷 미터링을 자발적으로 제공했지만, 이 정책 패키지는 시스템 설치와 관련한 거래 비용을 줄여주었다(Shimamoto, 2014a). 정책 패키지를 통해 태양광 설치업자들은 잉여 전력을 계속해서 그리드에 되팔 수 있을 것이라는 확신을 가질 수 있었고, 법제화는 전력회사가 넷 미터링을 중단할 가능성을 없애버렸다.

태양광에 대한 대중의 관심과 강력한 동인들이 있었음에도 지붕형 보조금 프로그램의 여정은 어려움에 직면했다(Kimura and Suzuki, 2006). 첫째, 개별 가구에 보조금을 지원한 선례가 없었다. 둘째, 영향력이 점점 커지던 재무성은 전반적으로 보조금 사업을 철폐하고 있었다. 셋째, 이 사업은 태양광 설치를 결정하고 수천 달러를 직접 투자하려는 개별 가정에 사업이 의존한다는 점에서 위험했다. 왜냐하면 일반 사람들이 사업에 참여하지 않는다면 산업을 육성하거나 비용 절감을 촉진하는 일은 일어나지 않을 것이기 때문이었다.

MITI는 네 가지의 긍정적인 요인의 결과로 이러한 어려움을 극복했다(Kimura and Suzuki, 2006). 첫째, 보조금 사업을 통해 학습효과가 활성화되고, 학습 곡선에 따른 비용 절감으로 이어질 것이라는 공감대가 형성되었다. 둘째, 위에서 설명한 동인들의 결과로 MITI와 NEDO는 재생에너지 보급을 확대하기 위해 실질적이고 매우 가시적인 뭔가를 해야 한다는 강한 압박을 느꼈다. 셋째, 700개와 1,000개 지붕형 시범사업은 주택 소유자들이 태양광 시스템에 열정적으로 비용을 지불하리라는 믿음을 강화했다. 넷째, 전력 및 석탄에 대한 세금은 '대체에너지 개발을 위한 특별 회계'에 충분한 자금을 뒷받침했고 지원금을 신속하게 지출할 수 있었다.

이를 원동력으로 MITI는 세계 최초로 상당한 규모의 태양광 시장을 창출하는 정책을 시작했다. 거의 동시에 1993년 산업과학기술청(AIST)은 태양광 R&D 자금을 개편하는 뉴 선샤인 프로젝트를 발표하고, 2030년까지 이산화탄소 배출량 50%를 저감하고 2030년 에너지 공급량의 1/3을 태양광으로 공급하는 장기 목표를 수립하였다.

MITI는 1994년 지붕형 태양광 보조금 사업을 시작했다. 사업의 중점 내용은 설치 비용의 일부를 지원하는 것이었지만, 비용을 보조하는 여러 정책도 포함했다. 설치를 위한 인가 절차 간소화, 그리드에 연결하기 위한 기술 지침, 전력회사가 자발적으로 시행하는 넷 미터링 방식 지원을 정책적으로 제공했다.

보조금 제도 자체는 본래 주택용 태양광 설치업자에게 하드웨어, 설치, 연결 등을 포함한 시스템 설치 비용의 50%를 현금 지원하는 것이었다. 학습 곡선이 비용을 낮춰줄 것이라는 예상에 따라, 이 제도는 보조금이 시간이 지남에 따라 단계적으로 줄어들다 10년 후 종료될 것이라고 명시했다. 감소하는 보조금이라는 개념은 일본의 가장 큰 정책적 혁신으로 전 세계에서 차용할 것이었다. 보조금은 1994~96년 50%, 1997~99년 33%로 책정되었으며 그 이후 2000년에는 kW당 150~270엔, 2001년에는 120엔, 2002년에는 100엔, 2003년에는 90엔, 2004년에는 45엔, 2005년에는 20엔으로 고정되었다. 〈그림 5.2〉는 이러한 보조금을 같

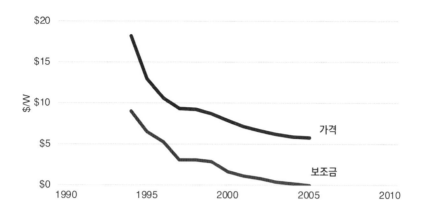

〈그림 5.2〉 1994년부터 2005년까지 일본에 설치된 태양광 시스템 가격

은 시기에 설치된 시스템 평균 가격과 함께 보여준다. 가격과 보조금이 모두 꽤 빠르고 일정하게 와트당 달러 단위로 감소하는 것을 알 수 있다.

매년 1,000여 가구 수준에서 3년간 성공을 거둔 후, MITI는 1997년에 프로그램을 상당히 확대하여 1997년부터 1999년까지 예산을 3배에서 4배로 늘렸다. 2000년까지 일본은 세계에서 가장 큰 태양광 시장이었다. 아마도 처음으로, 단기간 내 기업이 태양광 분야에서 돈을 벌 수 있음이 명확해졌다. 설치량은 1994년 539개에서 2000년 15,879개, 2004년 54,475개로 증가했다. 사업 예산 규모에 따라 설치가 제한되었고 매년 초과 지원하여 설치량은 초창기 대비 5배 이상 증가했다. 그리고 마침내 사업에 대한 정책적 지원이 쇠퇴했다. 전력회사와 원자력 산업계와 같은 강력한 주체들이 태양광을 단순히 새로운 것이 아닌 위협으로 보기 시작하면서 2000년에 사업이 거의 없어졌다. 실제로 전력회사들의 동업자 단체인 일본전기사업연합회는 1990년대에 재생에너지를 폄훼하고 원자력을 옹호하는 내용의 월간지 1면 지면 광고를 내기도 했다. 보조금 예산은 2003년에 절반 이상 삭감되었고 2005년에 종료되었다. 그 시점에 보조금은 없어졌어도 넷 미터링은 남아 있었다.

11년의 사업 기간에 20만대 이상의 시스템과 0.8GW 규모의 용량이 설치되었으며, 총 11억 달러의 예산이 집행되었다. 이 사업은 태양광 분야에 학습 곡선이 존재한다는 실질적인 증거를 제공했다. 사업이 진행되는 동안 설치된 시스템 가격은 3분의 1 이하로 감소했다. 뉴 선샤인 프로젝트의 R&D 자금과 보조금 사업의 결합은 기업이 태양광을 발전시키기 위해 자체 R&D를 투자하는 '선순환'을 촉진했다(Watanabe et al., 2000). 사업을 설계할 때 의도한 측면이라고 말하기는 어려워도 그 결과는 꽤 분명하다. 그러므로 가장 극적인 결과는 일본에서 본격적인 태양광 시장이 출현했다는 점이다. 〈그림 5.3〉에서 알 수 있듯이, 세계 태양광 시장은 지붕형 사업 이전 틈새시장 제품이 주도하는 시장에서 지붕형 제품이 주도하는 시장으로 이동했다(Maycock, 2005). 일본의 지붕형 사업과 함께, 가장 중요한 태양광 시장은 더 이상 틈새시장 제품이 아닌 소비자 전력시장이었다. 태양광은 이제 그리드 전력과 직접적으로 경쟁하고 있었다.

샤프의 규모 확장

교세라, 산요 그리고 샤프 모두 지붕형 보조금 사업의 혜택을 받았다. 앞의 두 기업은 1980년대와 1990년대 초에 태양광 분야에서 더 활동적이었지만 샤프는 이들을 뛰어넘어 세계 최대 태양광 제조기업이 되었다. 1994년부터 2005년까지 생산 규모가 200배로 증가했다. 2005년에 제조공장은 0.5GW 규모의 생산 용량을 지녔다. 세계 시장 점유율은 1993년에 2% 미만이었는데 보조금 사업이 종료되었던 2005년에는 28%였

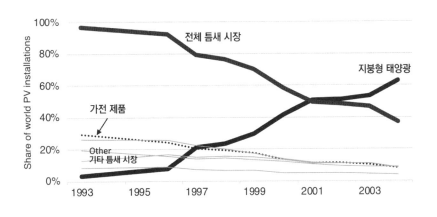

〈그림 5.3〉 분야별 세계 태양광 시장 점유율

다. 2003년에 도달한 30% 시장 점유율은 1988년에 세계 시장 데이터를 종합한 이래로 태양광 회사가 도달한 가장 높은 시장 점유율이었다. 지난 10년 동안 등장한 중국의 거대 태양광 기업 중 10% 점유율을 넘은 기업은 한 곳도 없었다. 샤프는 적시에 원활하게 규모를 확장했다. 샤프와 다른 일본 제조기업의 흥미로운 면은 태양광이 거대한 대기업의 작은 부분에 불과했기 때문에 태양광 생산 비용에 대한 데이터를 발표하지 않았다는 점이다. 그러한 불투명성은 2000년 즈음 독일과 중국에서 시작된 태양광 전문 기업의 등장과 함께 극적으로 변화하기 시작했다.

샤프는 2003년에 북미 시장을 위한 상업용 및 주택용 태양광을 생산하기 위해 테네시주 멤피스에 40MW 생산라인을 건설하면서 국제적으로 확장하기 시작했다. 2004년 샤프는 유럽 시장에 더 나은 서비스를 제공하기 위해 영국에 40MW 생산라인을 구축했다. 결정질 실리콘 시장을 장악한 샤프는 박막형 태양전지 제품에 눈독을 들였다. 2008년에는 가쓰

라기 시에 있는 제조공장의 박막형 태양전지 생산 규모를 연간 15MW에서 160MW로 늘렸다. 2010년 샤프는 사카이 시에 새로운 제조공장을 열면서 박막형 생산 규모를 두 배로 늘렸다. 샤프의 연구자와 엔지니어들은 유럽과 미국의 연구 기관과 기업의 연구자, 엔지니어들과 거의 교류하지 않았다. 기껏해야 그들은 학회에 참석할 뿐이었다.

하지만 세계 태양광 산업에서 샤프가 차지한 선도적 지위는 2005년이 최고점이었다. 시장 점유율은 2007년까지 10% 미만으로 줄어들었고 그 이후로도 한 자릿수로 계속 감소했다. 일본의 태양광 산업은 오늘날에도 여전히 남아 있지만, 훨씬 더 작아졌고 틈새시장의 고효율 제품에 다시 초점을 맞추고 있다. 어떤 사람들은 샤프가 그토록 지배적인 위치에서 그렇게나 빨리 추락한 이유를 궁금해한다. 샤프는 규모 확장에 따른 이익을 직접적으로 인지했고, 일본의 공급망과 가까웠으며, 여러 시장을 활용하기 위해 국제적인 입지를 구축했고 수십 년에 걸친 연구개발과 업계 경험을 통해 다른 어떤 기업도 가지지 못하는 지식을 축적했다.

샤프가 선두 자리를 놓치게 된 이유에 대한 가능한 몇 가지 설명은 일본과 다른 곳에서의 인터뷰에서 알 수 있다. 첫째, 샤프를 포함한 일본 기업은 독일 시장이 그렇게 빨리 커질 것이라고 예상하지 못했다. 아마도 앞서 설명한 배타성 때문이었을 것이다(Harborne and Hendry, 2012). 샤프는 비타협적이었다. 게다가 시장이 급성장한다는 점이 명확해지자 대응할 수가 없었는데, 10년간 세계 태양광 시장을 선점해온 내수용 생산에 익숙해져 있었기 때문이다. 한 인터뷰자는 "우리는 독일에 많은 관심을 기울이지 않았다"고 말했다. 샤프는 유럽에서 판매하고 유럽 유통업체와 협력한 경험이 거의 없었다. 2004년 이후, 일본이 2005년 보조금 사업을 종료하면서 거의 모든 수요가 유럽에 있었는데도 말이다.

둘째, 일본은 특히 중국이라는 신흥 경쟁국보다 근본적으로 더 고비용인 위치에 있었다. 인건비, 재료비, 교통비, 전기료 모두 일본이 중국보다 훨씬 비쌌다. 일본이 환경 보호를 강조함에 따라 중국에서 사업하는 것에 비해 운영비도 높았다. 중국은 태양광 기업이 운영 중인 특정 구역의 환경 문제는 주로 지방 당국의 허가 사항이었다. 중국은 전력 공급이 안정적이었는데, 36시간 동안 일정한 온도를 유지해야 하는 실리콘 단결정 인상(pulling, 引上) 공정에는 안정적인 전력 공급이 필수적이었다. 그런데 일본 기업은 경쟁사에 지적 재산권이 유출될 것을 우려해 저비용 지역으로의 생산 이전을 꺼렸다. 결국 샤프도 저비용 지역에서 해외 생산을 추진했지만 신중하고 느긋한 의사결정 과정 때문에 그러한 노력은 너무 작고 또 느렸다.

이와 관련한 원인으로 샤프는 품질을 중시하는 생산 방식에 자부심을 느꼈는데, 아마도 일본의 자동차 산업 성공에서 오는 문화적 파급 효과 때문일 것이다. 중국 기업들이 지속적으로 목표로 삼은 비용을 절감하는 생산 방식에 타협하지 않았다. 샤프는 2004년 이후 태양광 시장이 급격하게 성장했기 때문에 높은 가격에 계속 판매할 수 있다고 생각했다. 품질에 대한 수요가 항상 존재할 것이라고 가정했기 때문이었다. 샤프는 고효율, 내구성, 낮은 성능 저하도 및 기타 품질 관련 이점을 통해 우위를 유지하려고 했다. 중국에서 나타난 파괴적 생산 혁신은 이러한 고품질 특성은 어느 정도 절충하고 더 큰 비용 절감으로 이를 보완했는데, 이 같은 일은 일본에서는 일어나지 않았다.

셋째, 샤프는 고순도 실리콘 시장의 역학 관계에 능숙하게 적응하지 못했다. 한 인터뷰자는 조심스럽게 다음과 같이 말했다. "소재 조달, 특히 값싼 실리콘 원자재 조달이 잘되지 않았다." 2004년부터 2008년까지 실리콘 가격이 10배나 올랐음에도 와커(Wacker), 헴록(Hemlock), 도쿠야마(Tokuyama)와 같은 당시 실리콘 제조기업은 생산 확대를 주저했다. 그들은 실리콘 수요가 변덕스러운 정책 입안자들에 지나치게 의존하고 있어서 회의적이었을 수 있다. 대신에 그들은 kg당 15달러인 생산 비용으로 kg당 100달러를 상회하는 가격을 유지하는 데 몰두했을 수도 있다. 어쨌든 실리콘 제조기업은 고객의 요구에 따르고 새로운 생산 설비를 짓기 시작했다. 그 대가로 그들은 대규모 선납 주문 형식을 보장받고 수년 간의 생산 기간 동안 높은 가격을 지불받는 약속을 원했다. 이 지점에서, 탄탄하고 성공한 대기업 중 하나인 샤프는 태양광 분야에서 골칫거리가 되었다. 독일의 큐셀(Q-Cells), 중국의 썬텍(Suntech) 같은 스타트업 기업들은 원자재를 이용할 다른 옵션이 없었기 때문에 장기계약을 체결할 수밖에 없었다. 샤프와 대조적으로, 선불금과 장기계약은 회사 전체의 지불능력을 충분히 위태롭게 할 수 있었다. 스타트업은 실리콘 제조사들의 요구에 운을 맡길 수밖에 없었던 반면 샤프 이사회는 이를 거부했다. 경쟁사들이 대규모로 확장하는 동안 결과적으로 원자재 공급에 대한 압박을 받았다. 더 일반적으로는, 일본 대기업의 의사결정 과정은 스타트업에 비해 너무 느렸고, 독일의 FiT 제도 때문에 시장에서는 빠른 속도를 요구했다. 이와 관련하여 대기업은 거부할 포인트가 많은 반면 스타트업은 그렇지 않았다. 중국과 일부 독일의 스타트업은 소위 기업가적 특성이라고 하는, 큰 위험을 감수하는 데 훨씬 더 편안함을 느끼는 개인들이 회사를 이끌고 있었다.

넷째, 샤프가 실리콘 부족 문제에 신중하게 대응한 방식은 실리콘을 훨씬 적게 사용하는 기술로 크게 확장하는 것이었다. 이 기술은 박막형 비정질 실리콘 기술로, 일본이 1970년대 후반과 1980년대에 개척한 분야였다. 오사카 사카이 시 본사 인근에 있는 a-Si 제조공장에 1,000억 엔(약 10억 달러)을 들여 a-Si 태양광 모듈과 샤프의 전략적 제품이었던 LCD TV를 공동 생산했다. 2010년에 가동한 제조공장의 목표는 범위의 경제를 달성하는 것이었다. 하지만 a-Si가 경쟁력을 갖추기 위해 필요한 효율 향상은 실현되지 못했다. 결과적으로 상업용 a-Si 기술은 결정질 실리콘 효율에 가깝게 된 게 하나도 없었다. 만약 a-Si 효율이 x-Si 효율 범위의 두 배로 증가했다면, 샤프의 중대한 결정은 샤프 태양광에 다른 결과를 가져왔을 것이다. 하지만 그 대신 사카이 시의 제조공장은 샤프의 발목을 잡았고, 고가의 실리콘 공급 장기계약도 비슷한 영향을 끼쳤다. 이것은 태양광 역사에서 결정질 실리콘에 대한 내기가 나쁜 결과로 판명된 유일한 사건은 아닌데, 6장에서 더 살펴볼 예정이다.

다섯째, 2004~2008년은 태양광 산업의 기술 패권이 제조기업에서 장비 기업으로 넘어가는 시기였다. 생산 공정이 노동 집약적이지 않고 자동화됨에 따라 태양광의 기술력은 제품이나 생산라인이 구성되는 방식이 아니라 그 생산라인을 구성하는 장비에 있었다. a-Si는 충분히 효율적이지 않았기 때문에, 샤프의 a-Si에 대한 베팅은 장비 제조사에 가치가 부가되는 이러한 새로운 변화에 악영향을 끼쳤다.

독일의 태양광 산업계, 특히 장비 공급업체들은 1990년대 일본의 태양광 산업의 발전을 예의주시해 왔다. 그들은 1994년에 시행된 지붕형 보조금 사업에 특히 관심이 많았다. 그 사업은 일본 주택 소유자들이 자신의 태양광 시스템에 약 10억 달러를 투자하도록 했고, 전기요금 납부자들과 석탄 사용자들이 약 10억 달러로 그 설치 자금을 댔다. 또한 샤프가 실현한, 마침내 유례없는 글로벌 선두 지위를 차지한 산업을 지원했다. 예측 가능한 보조금 지급 계획은 주택 소유자들이 태양광에 투자하는 강한 유인이 되었고, 동시에 보조금이 축소되고 궁극적으로 일몰될 예정이었기 때문에 산업계를 자극하여 태양광 비용을 절감하는 데 도움이 된다는 것을 정책 설계를 통해 보여주었다. 두 명의 독일 정책 기업가들은, 비록 규모가 두 자릿수나 더 크긴 하지만, 이것으로 무엇을 할 수 있는지에 대한 추가적 증거를 보았다.

참고문헌

Chapin, D. M., Fuller, C. S. & Pearson, G. L. 1954. A new silicon p⁻n junction photocell for converting solar radiation into electrical power. *Journal of Applied Physics,* 25, 676⁻677.

Endo, E. 2017. Influence of resource allocation in PV technology development of Japan on the world and domestic PV market. *Electrical Engineering in Japan,* 198, 12⁻24.

Foster, R., Ghassemi, M. & Cota, A. 2009. *Solar Energy: Renewable Energy and the Environment,* Boca Raton, FL, CRC Press.

Freeman, C. 1987. *Technology Policy and Economics Performance: Lessons from Japan,* London, Pinter.

Green, M. A. 2005. Silicon photovoltaic modules: a brief history of the first 50 years. *Progress in Photovoltaics: Research and Applications,* 13, 447⁻455

Harborne, P. & Hendry, C. 2012. Commercialising new energy technologies: Failure of the Japanese machine? *Technology Analysis & Strategic Management,* 24, 497⁻510.

Honda, J. 2007. History of Photovoltaic Industry Development in Japan. *Proceedings of ISES World Congress 2007* (Vol. I⁻Vol. V). Springer, 118⁻123.

Johnson, C. 1982. *MITI and the Japanese Miracle: The Growth of Industrial Policy: 1925⁻1975,* Stanford, CA, Stanford University Press.

Jones, G. & Loubane, B. 2012. *Power from Sunshine: A Business History of Solar Energy,* Cambridge, MA, Harvard Business School.

Kashiwagi, T. 1996. Technological breakthrough and global cooperation. In: Suzuki, Y., Ueta, K. & Mori, S. *Global Environmental Security: From Protection to Prevention*. Berlin, Springer.

Kimura, O. & Suzuki, T. 2006. 30 years of solar energy development in Japan: Co-evolution process of technology, policies, and the market. Berlin Conference on the Human Dimensions of Global Environmental Change: "Resource Policies: Effectiveness, Effi-ciency, and Equity", 17‒18 November 2006. Berlin, 17‒18.

Matsumoto, M. 2005. The uncertain but crucial relationship between a 'new energy' technology and global environmental problems. *Social Studies of Science*, 35, 623‒651.

Maycock, P. D. 2005. *PV Technology, Performance, Cost 1995‒2010. Williamsburg, VA, PV Energy Systems*.

Maycock, P. D., Shimada, K., Stirewalt, E. N. & Hunt, V. D. 1983. *America Challenged: Photovoltaics in Japan*. Williamsburg, VA, PV Energy Systems.

Nemet, G. F. 2009. Demand-pull, technology-push, and government-led incentives for non-incremental technical change. *Research Policy*, 38, 700‒709.

Perlin, J. 1999. *From Space to Earth: The Story of Solar Electricity*, Ann Arbor, MI, AATEC Publications.

Shimada, K. 1983. *Photovoltaic Research and Development in Japan*. National Technical Information Service, U.S. Dept. of Commerce.

Shimamoto, M. 2014a. Chapter 3: Case study ‒managing technology development. *Keikaku no sohatsu: Sunshine keikaku to taiyoko hatsuden (National project management: the development of photovoltaic power generation system under the Sunshine Project)*. Tokyo: Yuhikaku (in Japanese).

Shimamoto, M. 2014b. Chapter 7: The politics of creating new significance. *Keikaku no sohatsu: Sunshine keikaku to taiyoko hatsuden (National project management: the development of photovoltaic power generation system under the Sunshine Project)*. Tokyo: Yuhikaku (in Japanese).

Shum, K. L. & Watanabe, C. 2007. Photovoltaic deployment strategy in Japan and the USA‒an institutional appraisal. Energy Policy, 35, 1186‒1195.

Sugiyama, T. 2018. Decreasing cost of PV: Who should take credit?: The role of government in technological progress. International Environment and Economy Institute.

Suzuki, J. & Kodama, F. 2004. Technological diversity of persistent innovators in Japan ‒ Two case studies of large Japanese firms. *Research Policy,* 33, 531‒549.

Takahashi, K. 1989. Sunshine project in Japan-solar photovoltaic program. *Solar Cells,* 26, 87‒96.

Tatsuta, M. 1996. New sunshine project and new trend of PV R&D program in Japan. *Renewable Energy,* 8, 40‒43.

Watanabe, C., Wakabayashi, K. & Miyazawa, T. 2000. Industrial dynamism and the creation of a "virtuous cycle" between R&D, market growth and price reduction ‒ the case of photovoltaic power generation (PV) development in Japan. *Technovation,* 20, 299‒312.

Watanabe, C., Kishioka, M. & Nagamatsu, A. 2004. Effect and limit of the government role in spurring technology spillover ‒ a case of R&D consortia by the Japanese government. *Technovation,* 24, 403‒420.

6장 독일의 수요 견인

    독일은 이전보다 훨씬 큰 시장 수요를 창출함으로써 저렴한 태양광 개발에 기여하였다. 20년에 걸쳐 새로운 조직을 발전시키고 그들과 다른 이들 사이에 지지자 연합을 구축한 뒤, 1998년 녹색당이 집권 파트너가 되면서 정책의 창이 열렸으며, 이들의 주도로 2000년 3월 독일 의회가 재생에너지법(Erneuerbare-Energien-Gesetz, EEG)을 통과시켰다. 재생에너지 전략은 1968년 학생 시위, 1970년대 반핵 운동, 1986년 체르노빌 사고로 촉발된 새로운 환경운동에 뿌리를 두고 있다. 태양광에 대한 지원은 본래 풀뿌리와 지역을 기반으로 했으나, 나중에 연방 차원에서 제도화되었고 2004년 태양광 중심의 EEG로 개정되면서 태양광에 대한 지원이 정점을 찍었다. 이러한 장기적인 풀뿌리 운동은 정부가 재생에너지와 특히 태양광을 지원할 것이라는 기대가 커지도록 뒷받침했다. 큐셀과 같은 기업이 설립된 1990년대 후반에도 이러한 정책 방향은 자명했다.

2004년부터 2012년까지 EEG는 총 2,000억 유로 이상의 보조금 사업으로 독일에서 30GW 이상의 태양광 보급을 지원했다. EEG는 세계 태양광 시장을 변화시켰는데, 2004년부터 2010년까지 사업의 정점 기간의 설치량은 세계 시장이 30배 성장할 때 그 절반을 차지할 정도였다.

EEG는 전 지구적인 학습효과 프로세스를 촉진하고, 거대한 규모의 경제를 위한 기회를 창출했다. 처음으로 장비 공급업체는 반도체 산업의 장비를 용도 변경하는 것이 아닌 태양광 제품만을 위한 전용 장비를 설계할 수 있었다. 이를 통해 태양광 제조기업의 생산 공정 자동화가 가능해졌다. 새로운 시장 기회는 월스트리트 투자자들과 벤처 투자자들의 관심을 끌었다. 태양광 스타트업은 기업 공개(IPO)를 통해 수억 달러의 자금을 모집하고, 이전보다 훨씬 큰 수준으로 생산을 확대하는 데 투자할 수 있었다. 이 모든 것은 태양광의 비용을 줄였고, 낮은 가격은 새로운 구매자를 끌어들여 수요를 확대했으며, 이는 더 큰 규모의 비용 절감을 가능케 했다. EEG가 시작된 2000년부터 종료된 2012년까지 태양광 모듈 가격은 EEG 이전 수준의 16%로 떨어졌다. 돌이켜보면 독일인들은 이것을 세계 다른 나라에 주는 혜택이라고 여겼다.

> 사실 독일 국민들은 상당한 돈을 지불하고 있지만, 독일에서 우리는 이것을 감당할 수 있습니다. 우리는 부유한 나라입니다. 이것은 우리가 전 세계에 주는 선물입니다. ― 마르쿠스 스타이겐베르거(Markus Steigenberger), 아고라 에너지 전환(Agora Energiewende) (Gillis, 2014)

독일의 태양광 제조기업들은 일본을 제치고 세계 최대 규모가 되었다. 솔라월드, 큐셀 등은 결국 중국의 새로운 경쟁자들만큼 비용을 낮출 수 없는 역량의 한계로 어려움을 겪었다. 세계에서 가장 중요한 시장에 자리하고 있다는 큰 장점에도, 한때 규모가 컸던 큐셀은 결코 중국 경쟁사 수준만큼 생산 규모를 확장할 수 없었다. 큐셀은 고가의 실리콘 공급 계약에 묶였으며, 과도하게 다각화했고 대담한 비용 절감 목표를 세우는 데 너무 늦었다. 그리고 무엇보다도 글로벌 금융위기 때 자금이 중단되었는데, 당시 중국의 경쟁사들은 생산 확대에 수백억을 투자하고 있었다.

그럼에도 장기적으로는 EEG의 국내 수혜자들, 특히 압도적인 수요를 누린 지역의 태양광 설치업자들은 번창했다. 이 기회를 최대한 활용한 또 다른 부문은 센트로썸(Centrotherm), 로스앤라우(Roth & Rau), 레나(Rena), 슈미드(Schmid)와 같은 장비 공급업체들이었다. 이들은 또한 독일의 교육 시스템과 1981년부터 꾸준히 지원한 태양광 R&D 투자로부터 혜택을 받았다. 장비 제조사들은 태양광 전용 장비를 설계함으로써 태양광 제조업을 산업화하는 데 가장 크게 기여했으며, 이 장비를 독일 제조기업에, 나중에는 중국에 판매했다. 이 시기 기술의 최전선은 태양전지 설계에서 장비 설계로 이동했다. 2004년경 이 기업들은 턴키 시스템을 판매하기 시작했는데, 여러 장비를 생산라인에 통합시킴으로써 제조기업에게는 노하우가 적게 필요했다. EEG로 인한 급격한 수요 증가는 제조기업 측에 빠른 속도를 요구했고, 그래서 턴키 옵션은 판매가 잘 되었으며 새로운 기업들이 시장에 진입할 수 있게 했다.

더 넓게 보면, EEG는 태양광이 생산 규모를 확장하고 산업용 생산 공정을 개발하고 전력망에 대규모로 통합될 수 있는 진지한 기술임을 전 세계에 보여주었다. 정책 자체로, 특히 FiT 요소는 다양한 국가에서 실행될 수 있는 모델로 작용했다(Steinbacher and Pahle, 2016). 처음에는 스페인과 이탈리아에서, 나중에는 아시아와 아프리카에서도 시행되었다. 일부에서는 EEG의 성공으로 에너지 시스템을 전환하는 것이 예상보다 쉽고 비용이 적게 든다는 걸 보여주었다고 주장한다(Hager and Stefes, 2016). 이러한 해석에 힘입어 EEG는 2010년 독일이 채택한 에너지 전환 정책 (Morris and Jungjohann, 2016)과 2015년 12월 파리협정을 가능하게 했다(UNFCCC, 2015). 이렇게 광범위한 선한 영향력이 독일 밖에서 커다란 영향을 끼쳤기 때문에, EEG는 독일이 "세계에 주는 선물"로 불려왔다. 한 인터뷰자는 이것이 인쇄기 이후 독일에서 일어난 가장 중대한 기술적 발전이었음이 드러날 거라고 말했다.

국가혁신시스템 관점에서 독일은 유구한 교육, 연구, 공학의 역사를 이용하여 여전히 세계를 선도하는 생산 장비 제조산업과 생산 공정 라인 설계를 발전시켰는데, 이는 독일 최대의 제조업체들이 선두 자리를 잃어버린 지 10년이 지난 후였다. 독일은 새로운 정책 아이디어에 놀랄 만큼 개방적이었는데, EEG 설계의 중요한 요소를 캘리포니아(구매가 보증)와 일본(단계적 보조금 축소)으로부터 차용했다. EEG의 개발은 다른 태양광 국가의 정책 결정과 달리 상향식에 가까웠다. 시위에서 시작하여 지역 주도로 옮겨지고 마침내 국가 정책으로 25년에 걸쳐 발전하였고, 그 과정에서 대규모 전력회사의 반대를 극복할 수 있었다. EEG의 비용은 상당했는데 납세자들이 부담했다. 독일 혁신시스템의 또 다른 특징은 장기적 관점이었다. EEG는 40년에 걸친 재생에너지, 에너지 효율, 이산화탄소 배출량 목표를 가진 에너지 전환 정책에 의해 강화되었다. 또한 정치경제적 고려 사항을 잘 파악하여 많은 전력 소비자들의 비용 부담을 덜어주었다. 마지막으로 EEG와 EW(에너지 전환)는 1차 세계대전 이후 재건과 2차 세계대전 이후 EU의 부상, 그리고 베를린 장벽 붕괴 이후 구동독 통합에 근원을 둔, 변화를 관리하는 독일의 문화적 역량을 반영한다.

아래에서 위로: 68세대부터 1980년대 말까지

재생에너지에 대한 독일의 대중적, 정치적 지지는 '68세대' 학생 운동과 1970년대와 80년대에 이어진 반핵 운동으로부터 나왔다. 풀뿌리 조직은 매우 성공적인 모델이 되었고, 따라서 재생에너지에 대한 초기 정책적 지원의 상당 부분은 시(市)와 랜더(Lander, 주) 단위에서 일어났다. 68운동은 1968년 서독 대학에서 일어난 학생 운동으로 베트남 전쟁에 반대하는 프랑스와 미국의 시위에 대한 반향으로 일어났다. 이것은 권위주의에 반대하는 평화적 시위였으며 독일의 전통적인 협동조합주의 정치에 대한 도전으로 풀뿌리 조직을 이용했다. 독일 재생에너지법을 설계한 두 사람 중 한 명인 한스 요제프 펠(Hans Josef Fell)은 이것을 "혁명의 문화"라 묘사했는데(Davidson, 2012), 다른 한 명인 헤르만 셰어(Hermann Scheer)는 다음과 같이 말했다.

공통적으로 경험한 바로는 민주주의가 있는 국가에서도 정부가 해야 할 일을 정부가 하지 않는다는 점이다. 이러한 배경 없이는 독일에서 태양광을 보급하기 위한 입법의 민주적 기반을 조성하는 데 도움이 된, 재생에너지 민중운동으로 이어신 과정을 설명할 수 없다. (Palz, 2010)

68운동은 다른 나라보다 독일에서 더 큰 영향을 끼쳤는데, 그 영향은 수십 년간 이어졌다. 재생에너지는 풀뿌리 시위와 전통적인 정치의 대안으로 조직화하는 가능성을 키웠다. 소규모 태양광은 이 모델에 적합했다.

1970년대 중반 풀뿌리 반핵 운동이 바덴-뷔르템베르크와 프라이부르크를 중심으로 일어났다. 풀뿌리 조직화와 평화 시위를 활용했다는 점에서 68운동의 방식과 유사했다. 68운동이 베트남에 대한 반감에서 지정학과 연결된 것처럼, 반핵 운동은 냉전(Cold War)과 밀접했다. 독일은 최전선에 있었고 전술핵이 사용된다면 독일이 가장 먼저 영향을 받을 것이었다. 이 운동의 중심이 된 사건은 건설 현장의 점령이었는데, 1975년 2월 와일(Whyl) 원자로 건설 계획을 성공적으로 무산시켰다. 지역 방언인 "Nai Haemmer Gsait"(우리는 아니라고 했다)를 반복해서 외치는 것이 집회의 구호가 되었고, 이후 시위에서 비슷한 전술을 사용했다. 이 운동은 상당한 비용을 감수하더라도 도덕적 신념, 소규모 생산자와 대중의 지지를 강조하는 상향식 운동이 되었다(Hager and Stefes, 2016). 독일의 전력 관련 의사결정이 나치 시대인 1935년 에너지산업법에 의거한다는 점은 이 운동의 반권위적인 측면을 자극했다.

1973년과 1979년의 석유 파동은 석유에서 벗어난 다각화의 필요성을 분명히 했다는 점에서 이 운동에 추가적인 동인으로 작용했다. 시위가 근본적으로 원자력을 논외로 했다는 이유로, 석탄은 산성비를 야기한다는 이유로, 천연가스는 수입된다는 이유로, 재생에너지가 운동이 하나로 모이는 긍정적인 방향을 제시했다. 이 저항 운동은 따라서 비전형적인 님비주의(NIMBY)라고 할 수 있는데, 대안을 제시하고 기술지향적이고 미래지향적이었기 때문이다. 이러한 기술 친화적인 방향은 1981년 아돌프 괴츠베르거(Adolf Goetzberger)가 설립한 프라이부르크의 프라운호퍼 태양광시스템연구소(Fraunhofer-ISE)와 같은 기관의 설립을 이끌었다. 괴츠베르거는 벨연구소에서 트랜지스터를 연구하고 독일로 돌아왔다. 프라운호퍼-ISE는 곧 연방 연구 기금을 받을 자격을 갖춘 독일 연구 기관들의 공식 그룹인 라이프니츠협회(Laibniz Association) 회원이 되었다. 이보다 앞서 1975년 AEG, 도니에(Dornier), 필립스, RWE, BBC 등 5개

기업으로 구성된 '태양광 워킹그룹'이 설립되었으며, 이후 보쉬(Bosch) 와 와커가 합류했다.

1986년 4월 체르노빌 원전 사고는 원자력에 대한 반대를 더욱 고조시켰고, 그때쯤부터 원자력 반대가 재생에너지 지지와 직접적으로 연결되는 것이 확고하게 자리 잡았다. 사고가 1,000마일이나 떨어진 곳에서 발생했음에도 그 영향력은 가깝게 느껴졌다. 쇠나우(Schoenau, 독일 남서부의 마을) 근처 산 정상의 관측소는 비정상적인 방사능 수치를 감지한 최초의 장소 중 하나였다. 독일의 많은 지역이 오염된 비에 노출되었고 사람들은 지역에서 나는 버섯과 멧돼지 고기를 수년간 피했다. 이것이 "원자력을 반대하는 부모들"이라는 단체 설립으로 이어졌다. 1986년 말, 독일 연방 정부는 환경부를 설립했다. 체르노빌은 독일 환경주의에 관한 기념비적 사건이었고, 이것은 재생에너지에 대한 대중과 정치적 지지가 20년 동안 지속되는 주요한 추진력을 주었다. 1980년대 프라운호퍼-ISE 가 폐쇄에 직면했을 때, 체르노빌의 경험은 그것을 존속시켰다.

체르노빌은 이목을 끄는 사건이었지만, 1980년대 독일 환경운동을 독일 정치에서 주변부 요소 이상으로 만든 다른 동인들이 있었다. 1970년대 초, 로마 클럽(Club of Rome)의 성장 한계 연구는 경제 성장과 다른 사회적 목표 사이의 균형에 관한 생각에 영향을 끼쳤다(Meadows et al., 1972). 1980년대 초 검은 숲(Black Forest)의 나무들이 산성비로 죽어가면서 석탄을 태우는 것의 단점이 드러났다. 이 사건이 바덴 뷔르템베르크에서 일어났다는 것이 지역의 참여를 더욱 집중시켰다. 체르노빌 사건 이후 불과 6개월 후인 1986년 11월, 스위스 바젤 인근의 화학 공장에서 발생한 화재로 1,000톤의 살충제와 기타 화학 물질이 라인강으로 유입되어 독일로 흘러들면서 이 지역의 강을 붉게 만들었다.

이러한 여러 동인들이 제도적인 반응을 일으키기 시작했다. 1987년 독일물리학회는 기후변화에 관한 첫 번째 보고서(DPG, 1987)를 발표하여 콜(Kohl) 총리가 기후변화를 세상에서 가장 중요한 환경 문제라고 천명하게 했다. 기후변화는 그 이후로도 독일의 중요한 정치적 의제로 남아 있다. 기후와 재생에너지 간의 관계는 일찍부터 형성되었는데, 예를 들면 1980년대 말의 기후 조사위원회(Enquette Commission)의 사례가 있다. 1970년대의 동인들은 1980년 카를스루(Karlsruhe)에서 녹색당 창당으로 이어졌고 1990년 동독 시민운동 번드니스 90(Bündnis 90)과 합쳐졌다. 녹색당은 이후 거의 모든 선거에서 5~10%의 득표율을 기록했으며, 이는 나중에 연립 정부를 구성할 정도로 득표율이 충분히 높았다.

환경 관련 비정부기구(NGO)도 등장하기 시작했다. 그린피스는 독일에서 활동했고 독일 환경주의의 풀뿌리 기원에 따라 태양광 NGO들도 일찍부터 등장했다. 1978년 전통적인 동업자단체인 독일태양광에너지산업협회가 설립됐다. 프라이부르크의 외코연구소(Öko Institute)는 재생에너지에 반대하는 정부 및 전력회사에 대항한다는 명시적 목표를 가지고 재생에너지 홍보에 집중했다. 1986년 설립된 태양에너지진흥협회는 재생에너지 비용을 충당하는 데 정부 지출을 활용하자는 아이디어를 개발해 홍보했는데, 이는 후일 발전차액지원법에 포함되었다. 1988년 헤르만 셰어는 재생에너지 지원 정책을 정치인들에게 로비하는 유로솔라(Eurosolar)를 설립했다. 이러한 지지의 일부는 시장을 공정하게 만들기 위해서는 국가 개입이 필요하다는 "오르도 자유주의(Ordo-liberalism)"로 정당화되었다(Morris and Jungjohann, 2016).

이러한 동인들과 그로 인해 설립된 기관들은 재생에너지를 지원하는 새로운 정책 체제를 꾸준히 지지했다. 1970년대와 1980년대 독일의 태양광 정책의 거의 전부는 연방 연구기술부(Federal Ministry for Research and Technology)가 자금을 지원하는 에너지 R&D로 구성되었다. 연방 연구기술부는 1974년에 상당한 존재감을 가지고 출발하여 1982년에 정점을 찍었고 이후 보수적인 콜 행정부가 16년간의 통치를 시작하면서 쇠퇴했다. 이 시기에 미국의 R&D가 강세를 보였지만 독일도 상당한 투자를 했다. 대부분의 R&D가 원자력과 다른 기술을 지원했음에도 연구 기관과 기업에서 태양광 기술에 대한 전반적인 역량을 키울 수 있었다. 소규모의 태양광 R&D가 큰 도움이 된 것이다. R&D 이외의 재생에너지 지원은 1970년대와 1980년대는 거의 없었고, 연방 차원의 지원은 확실히 없었다(Jacobsson and Lauber, 2006). 1970년대와 1980년대 내내 석탄과 원자력이 주도하던 전력 부문은 일반적으로 재생에너지에 적대적이었다. R&D 이외의 일부 활동은 1983년 최초의 대규모(300kW) 태양광 시범 발전에서 시작되었다. 이후 이 사업은 1986년과 1995년 사이에 건설된 70개의 대규모 태양광 설치시설에 자금을 지원했다.

R&D를 넘어 재생에너지에 대한 일부 하향식 지원이 이 시기에 개발되기 시작했다. 1980년 외코연구소 보고서는 에너지 전환을 처음으로 설명했다(Krause, 1980). 이 아이디어는 아모리 로빈스(Amory Lovins)가 주창하는 소프트 에너지 경로로 전환하여 석유와 원자력 발전을 단계적으로 중단하는 것이었다. 핵심적이고 뚜렷하게 현실적인 측면은 이것이 수십 년에 걸친 느린 전환이 될 것이라는 점이었다. 게다가 1980년에 진행된 조사위원회는 원자력을 유지하면서도 에너지 효율과 재생에너지를 최우선으로 고려해야 한다고 결론을 내렸다. 1981년부터 1986년까지 5년에 걸친 연구는 에너지 효율 향상과 재생에너지의 우선순위를 확인했지만, 원자력은 폐기하는 쪽으로 바뀌었다. 이 연구는 체르노빌 사고 직

전에 발표되었다. 1994년, 환경 보호 조항이 독일 헌법에 추가되었다.

이 시기에 민간 부문의 활동도 시작되었다. 독일의 초기 태양광 기업인 지멘스와 ASE(Applied Solar Energy, Angewandte Solarenergie)는 최첨단 기술을 보유한 미국의 태양광 기업들을 인수했다. 독일어권 스위스의 태양광 기업인 알파레알은 스위스의 주택 옥상에 333개의 시스템을 설치하는 '메가와트 프로젝트'를 시작했다. 창업자인 마르쿠스 레알은 세크라멘토 근처의 란초 세코 태양광 프로젝트를 시찰하기 위해 1986년 미국을 방문한 바 있었다. 알파레알은 지붕형 태양광을 지지한 최초의 기업 중 하나였고, 나중에 '넷 미터링'으로 알려진 아이디어를 최초로 추진한 기업이 되었다.

초기 지붕형 사업: 1988~1999년

더 중요한 점은 1990년부터 2000년까지 독일의 도시에서 태양광 보급을 주도했다는 점이다. 아헨(Aachen) 시는 지역 기반 태양광을 최초로 도입한 선구자였다. 1992년 볼프 폰 파베크(Wolf von Fabeck)는 kWh당 2마르크(Deutsch Mark: DM)의 보조금을 제안했는데, 이는 약 1.3달러로 소매 요금의 20배 수준이었다. 폰 파베크와 다른 시민들은 시의회를 동원하여 지역 전력회사가 태양광 발전에 대해 표준 수익을 포함한 전체 투자비용을 충당하는 합리적인 요금을 제공하도록 요구하는 몇 가지 결의안을 통과시켰다. 아헨 시의회는 1994년에 이 계획을 적용했다. 아헨 시는 태양광에 대한 전체 비용을 보상한 최초의 도시는 아니었지만, 수십 개의 다른 지자체들이 그 모델을 사용했다. 태양광 활동가들은 지역 차원에서 조직하는 방법을 배웠고 기술에 대해 학습하며 태양광과 태양광이 경쟁해야 하는 시장의 경제성을 이해하기 시작했다. 활동가들은 헤르만 셰어의 강력한 지원을 바탕으로 지방 정부가 법을 제정할 수 있게 했다. 아헨은 독일 전역의 지자체들이 시스템 설치 비용을 보조하는 태양광 정책을 시행하는 모델 역할을 했다. 예를 들어, 1993년 한스 요제프 펠은 고향인 바이에른주 훔멜스부르크에 아헨 모델을 적용했는데, kWh당 1.89DM(1.15달러)를 보상하는 계획으로 이는 10년 후 통과된 EEG의 약 2배 수준이었다. 유틸리티 사업의 한 가지 결과는 기업이 모듈 제조사 및 설치업자로 태양광 산업에 진출하도록 촉진했다는 점이다. 두 번째 결과는 아헨 모델이 다른 도시로 확산하고 그것이 태양광 보급을 촉진하여 태양광을 법제화하고 태양광에 대한 대중적 관심이 상당하다는 점을 분명히 했다는 것이다.

이와 거의 동시에 연방 정부는 유사한 정책을 국가적으로 적용하는 실험을 시작했다. 1,000개 지붕형 사업과 마찬가지로 그들은 PURPA와 캘리포니아 표준공급계약, 특히 ISO 4호에서 많이 차용했는데, 이것은 민간 부문의 투자를 자극하는 데 매우 효과적이었다(4장). 캘리포니아 계약과 마찬가지로 이것은 태양광에 국한되지 않고 기술 중립적이었다. 태양광과 기타 재생에너지 기술은 1차적으로 연방 정부의 R&D 프로젝트로 간주되었기 때문에 지자체의 설치 사업에도 불구하고 이 정책은 보급 사업이 아니라 '대규모 시범' 사업으로 여겨졌다. 재생에너지 R&D의 연장선으로 묘사되는 점은 특정 기술에 보조금을 지원하고 정부가 수혜자를 선정하는 것에 회의적이었던 경제부의 비판을 피해갈 수 있게 했다.

ISO 4호와 마찬가지로 핵심 개념은 발전차액지원법이었는데, 이는 전력회사가 재생에너지 발전기의 그리드 연결을 허용하고 그 전력을 특정 요금으로 구매하는 것이었다. 요금은 소매 전기요금의 90%로 책정되었는데, 이 제도는 가격이 2~3배 낮은 도매시장에서도 지불하도록 설계되었다. 그리고 요금은 20년간 보장했다. 그리드 접속 계약은 소규모 발전소에 프로세스가 용이하도록 표준화되었다. 이 정책의 정당성은 소규모 발전소를 위해 경쟁의 장을 공평하게 만드는 것이었다. 보수파는 화석연료 발전으로 인한 환경오염의 외부효과를 설명하는 데 도움이 되리라는 이유로 동조했다. 하지만 전력 구입 가격이 높았음에도 태양광은 이 제도의 혜택을 보지 못했고, 거의 모든 보급은 풍력 발전으로 이루어졌다.

1990년 전기공급법(Electric Feed-in Law, Stromeinspeisungsgesetz)은 1991년 1월 1일 발효했다. 세계 최초의 재생에너지 발전차액지원제도로서, 비슷하게 설계된 ISO 4호가 먼저 나왔지만, 이것은 명목상으로는 FiT가 아니었다. 다른 제도와 마찬가지로 많은 양의 풍력 발전이 보급되기 시작하면서 전력회사들은 법정과 입법 절차 양쪽에서 공격해 왔다(Jacobsson and Lauber, 2006). 프레우센 엘렉트라(Preussen Elektra)는 EU의 반보조금 규정에 따라 이 법에 이의를 제기했는데, 2001년 유럽사법재판소(European Court of Justice)가 이 법이 국가 원조에 해당하지 않는다고 판결함으로써 패소했다. 한편 1997년 보조금을 삭감하겠다는 제안으로 인해 지역사회 단체, 금속 노동자는 물론 재생에너지 산업 단체와 투자자들이 참여하는 대규모 시위가 이어지면서 재생에너지 지지 세력이 발전하기 시작했음을 보여주었다. 재생에너지가 대중의 폭넓은 지지를 받고 있다는 인식은 보다 의욕적인 정책을 위한 계획을 진행할 수 있게 해주었다. 정책 입안자들의 지원을 요청한 뒤 ASE/RWE 쇼트솔라(Schott Solar)는 1998년 20MW 태양전지 제조공장을 신규 건설하였고, 같은 해 셸은 겔젠키르헨에 10MW 태양전지 공장을 세웠다.

여러 지자체가 자체적인 제도를 고안하였고, 1,000개 지붕형 사업의 지원자가 초과되었으며, 전기공급법의 혁신적인 설계로 인해 새로운 지지 세력은 더 큰 것을 위한 로비를 시작했다. 재생에너지 기업들은 새로운 보조금 사업이 시작되지 않으면 독일을 떠날 거라고 위협했다. 그린피스와 태양에너지진흥협회는 새로운 사업을 요구했다. 1993년, 헤르만 셰어는 자신이 설립한 태양광 압력단체인 유로솔라를 통해 10만 개의 지붕형 태양광 계획을 제안했지만 거절당했다.

더 큰 무언가가 다가오고 있었다. 1998년 9월 선거로 중도좌파 사회민주당(SPD)과 녹색당의 연합 정부가 떠올랐고 이 연대는 2005년까지 유지되었다. 20년이 넘는 풀뿌리 조직화 이후, 녹색당은 국가 정치에서 공식적으로 손을 잡았다. 연합을 구성하는 협정에는 재생에너지에 대한 지원, 10만 지붕형 태양광 사업, 그리고 탈원전이 포함되었는데, 이 모든 것은 몇 년 내 결실을 보게 되었다(Staiss and Rauber, 2003). 10만 지붕형 태양광 사업은 1999년 말까지 3,500건의 융자만 이루어졌고 2003년 계획이 폐지되었다는 점에서 다른 정책 수단보다 보급을 촉진하는 데 덜 효과적이었다. 하지만 재생에너지 기업들은 산업에 대한 정치적 지원이 이전보다는 훨씬 더 커졌다는 것을 알아차리기 시작했다.

재생에너지법(EEG): 1998~2021

사회민주당 소속인 헤르만 셰어는 1980년부터 2010년 사망할 때까지 독일 연방의회 의원이었다. 셰어는 EEG의 성공을 돌아보며 "중요한 것은 사회적 수용과 비전"이라고 주장하고 "해방적 동기부여"의 필요성에 대해 말했다(Palz, 2010). 그는 68운동의 중심지 중 하나인 하이델베르크 대학교의 학생 대표였다. 그는 68운동의 행동주의와 풀뿌리 조직을 직접적으로 연결하였고, 태양광을 해방이라고 이야기했으며, 칸트의 도덕 철학을 언급했다. 그의 저서 중 하나인 《태양광 경제(Solar Economy)》는 나중에 발생한 많은 것들을 예견했다(Scheer, 2004).

펠은 더 어렸고 1968년에 고등학생이었는데 대학에서 68운동을 따랐다. 그는 1998년부터 2013년까지 녹색당 당원이었다. 그는 자신의 목표에 가까워졌다고 느꼈고 성장 한계 연구와 1973년 석유 파동으로부터도 영향을 받았다. 그는 1970년대 후반 태양광을 위해 중요한 역할을 한 카터 대통령을 존경했다. 레이건 정권하에서 미국의 태양광 사업이 보복적으로 무너지는 것을 본 펠은 폭넓은 관심에도 권력을 쥔 이해관계자들이 태양광의 비전에 반대할 수 있다는 것을 깨달았다. 그 결과 그는 EEG를 제정할 때 부처나 규제기관에 위임한다는 내용 대신 구체적인 가격과 기타 정량적 변수를 법에 포함시켰다. 이는 반대자들, 특히 경제부의 간섭을 피하기 위함이었다. 이러한 통찰력은 EEG가 채택되고 법률의 엄격함을 유지하며 10년도 더 넘는 기간 동안 지속하는 데 결정적이었다.

셰어와 펠은 EEG를 설계하면서(RESA, 2001) 20년간의 정책, 특히 독일의 지방 정부 보조금 사업, 일본의 지붕형 태양광 사업, 미국의 ISO 4호 계약을 참고했다. 이러한 계약과 마찬가지로 EEG는 그리드 운영자가 소규모 전력 생산자의 전기를 구매하게 했다. 지자체의 FiT처럼 그리드 운영자가 태양광 발전사업자에게 지불 요금을 보장했다. 이전 사업에서 보듯 요율은 기술에 따라 달랐는데, 태양광처럼 미성숙한 기술은 더 높은 요율을, 풍력처럼 성숙한 기술은 낮은 요율을 책정했다. 지붕형 태양광 시스템(최대 5MW)은 kWh당 0.99DM(0.50달러)를 받았는데, 이는 소매 전기요금의 두 배를 훨씬 웃도는 것이었다. 투자자들의 위험을 제한하기 위해 그 요금을 20년간 보장했다. 이 법에 반대하는 보수파, 경제부, 유럽집행위원회 경쟁부(Competition Directorate)를 달래기 위해 일본의 정책을 차용하여 보조금을 매년 5%씩 줄여나간다고 명시했다. 이 정책은 또한 태양광 설치 용량이 350MW에 도달하면 FiT를 종료한다는 일몰 조항을 포함시켜 제약을 받게 했다. 시장 가격을 웃도는 태양광 전력 가격은 납세자들의 추가 부담으로 지원됐는데, 시간이 지남에 따라 납부액은 가구당 월 20유로로 계산되었다(Unnerstal, 2017). 또 다른 정치적 타협안에서는 전력 다소비 제조업체는 추가 부담을 면제받는다고 했는데, 외국과 경쟁 시 부당하게 불이익을 받을 수 있다는 주장 때문이었다.

EEG가 채택되는 과정에서 셰어와 펠은 사회민주당과 녹색당의 동료 의원들에게 이 정책으로 태양광이 본격적인 산업이 될 거라고 설득했다. 한 가지 관점은 이 정책이 태양광 투자자들에게 12~15% 수익률을 제공한다는 점을 강조하는 것이었다. 소규모 주택 소유자라도 누구나 이렇게 좋은 수익을 낼 수 있다는 것을 독일 의회의 여러 의원에게 호소했다. 또한 제조업 구축을 위한 추가 보조금 지원이 가능한 구동독 지역에 기회가 될 거라고 주장했다. 일부 보수파도 설득당했는데, 정치적으로 보수적인 남부 지역의 태양광 자원이 좋았기 때문이었다. 다른 보수파와 전력회사의 이해관계자들은 태양광의 규모가 너무 작아 문제가 되지 않는다고 일축해 심각하게 반대하지도 않았다. EEG는 2000년 4월 1일 발효되었다. EEG의 채택과 후속 이행은 이 법률에 대한 반대를 격화시켰다. 독일산업연합, 전력회사협회, 경제부(SPD가 운영)가 EEG를 비판하고 나섰다. 그러나 2002년 선거에서 SPD가 약해지고 녹색당은 좋은 결과를 얻어, 녹색당은 재생에너지 정책을 경제부가 아닌 환경부로 이임했다. 그럼에도 전력회사들은 이후 10년간 법의 영향력을 줄이고자 특히 열심이었다.

녹색당의 힘이 세지자 강화된 버전의 EEG를 추진할 수 있게 되었다. 2004년 7월 통과된 재생에너지자원법 개정안은 EEG의 구조를 유지한 채, 태양광에 대한 지원 요율(feed-in rate)을 올리고, 기술 간 요율을 보다 다변화하고 EEG에 대한 비용을 면제받는 기관의 수를 확대하였다. 또한 2022년까지 재생에너지 20%라는 목표를 도입했다. 이 같은 개정은 EEG의 "골드러시 계기"를 촉발하였다. 2003년부터 2004년까지 설치량은 4배 증가했으며 산업을 뒤바꿔놓았다. 예를 들어, 2002~03년에 에르솔(Ersol)은 장기계약을 체결할 고객을 찾고 있었는데, 2004~05년에는 수요가 너무 많아져, 더 큰 규모의 수요를 잡기 위해 기존 계약을 기꺼이 취소했다. 2000년 법의 350MW 목표는 3년 만에 달성했고, 2002년에 1,000MW로 목표가 늘어났다. 재생에너지 전력 비중은 6%에서 2014년 27%로 확대되었다. 설치 시스템의 자금 조달은 지역 은행, 주 은행과 독일 개발은행인 KfW의 저금리 대출에서 이루어졌다(Quitzow, 2015).

어떤 이들은 수요 증가가 너무 빨랐다고 주장한다. 2004년의 kWh당 0.54달러라는 새 요율은 너무 높았을 것이다. 한 가지 해석은 EEG와 그 개정안들이 통과되는 데 너무 오래 걸려 태양전지 가격이 하락하고 수요가 급증하는 동안 책정된 요율이 빠르게 뒤처졌다는 설명이다. 적정 요율을 결정하는 것은 시장이 아니라 정치인들에 의해 이뤄지고 있었다. 이것은 다수당과 연합이 변화하는 동안 합의와 타협이 필요했다. 시장, 특히 제조 단가는 정치인들보다 빠르게 움직였다. 한 가지 결과는 산업이 성숙함에 따라 태양광 산업이 형성된 것이다. 태양전지 제조사가 급격히 증가했다. 제조업 투자는 구동독의 탈하임 근처 "태양광 밸리", 드레스덴 근처의 프라이베르크, 그리고 에르푸르트에 집중되었다. 일부에서는 이 엔트리에 "C와 D급 선수들"이 포함되어 12~15%의 손쉬운 수익률을 봤다고 불평했다. 또 다른 비판은 시장이 급성장하면서 독일에 비해 더 빠르게 규모를 확장할 수 있었던 중국 제조기업이 부상했다는 것이다. 특히 2009~2010년에 중국 국영 은행은 독일 기업이 금융 부문에서 조달 가능한 것보다 더 낮은 이자율로 더 많은 자본을 자국 기업에 제공했기 때문에 중국 제조기업은 규모를 더 빠르게 확장할 수 있었다. 전력회사들은 태양광 수요를 완전히 과소평가한 것으로 보인다. "그들은 기회를 놓쳤고" 태양광을 진지한 기술로 생각하지 않았다. 태양광은 흥미롭지만 중요한 역할을 하기까지 50년은 걸릴 것이라는 의견이 지배적이었다.

장기적 관점에서 EEG는 보다 엄격한 재생에너지 목표와 더 넓은 의미에서 에너지 전환(Energiewende)을 발전시킬 수 있게 했다. 에너지 전환(EW)이란 「소프트 에너지로 가는 길」(Lovins, 1976)에서 제시한 개념에서 기원한 것으로 본래 1980년에 만들어진 용어(Krause, 1980)다. 2010년 정부가 발간한 '컨셉 페이퍼'에 의하면 재생에너지를 늘리고 원자력을 단계적으로 폐지하여 이산화탄소 배출을 감축하는 40년에 걸친 독일의 종합 계획이다(Morris and Jungjohann, 2016). EW 하에서 재생에너지 목표는 2020년까지 35%, 2030년까지 50%, 2040년까지 65%, 2050년까지 80%이다. 2018년 연합 정부 협정에 따라 2030년 목표가 65%로 상향되었다. 20년 전에는 이런 목표를 생각할 수 없었는데, EEG의 경험이 이를 가능하게 해주었다. 에너지 효율 향상과 함께 EW의 재생에너지 목표는 반드시 달성해야 할 목표이다(Unnerstal, 2017). 비용이 여전히 문제이고 이산화탄소 배출량도 충분히 떨어지지 않았지만, 적어도 단기적으로는 탈원전으로 인해 재생에너지가 석탄 대신 천연가스를 대체할 예정이다.

국제적으로 보면 독일은 EEG를 통해 정책 리더십을 수출할 수 있었다(Steinbacher and Pahle, 2016). 2000년대 초반 재생에너지는 여전히 독일 밖에서 꽤 불분명한 상태였다. 국제에너지기구(International Energy Agency: IEA)는 에너지 시스템을 모델링하여 비용 절감을 평가하였다.

IEA가 펴낸《에너지 기술 전망(Energy Technology Perspective)》은 재생에너지의 성장 과정을 서술했다(IEA, 2006). 태양광 학습 곡선의 강력한 지지자인 IEA의 클라스 오토 웨인(Clas-Otto Wene)은 영향력 있는 책을 펴내기도 했다(Wene, 2000). 하지만 재생에너지는 IEA의 대표적인 보고서인 연간《세계 에너지 전망(World Energy Outlook)》에는 등장하지 않으며 오늘날에도 계속 경시하고 있다(Creutzig et al., 2017).(역주: 2023년 현재는 IEA에서 재생에너지 전망 보고서도 발간하고 있다.) EEG는 틈새시장이나 모델뿐 아니라 현장에서 일어나는 일을 중요하게 보여주면서 태양광을 법제화하기 시작했다. 부분적으로는 IEA의 고집에 대응하는 차원에서 독일은 2050년까지 700GW의 재생에너지를 목표로 하는 새로운 국제기구인 국제재생에너지기구(IRENA)를 후원했다. IRENA의 주요 역할은 재생에너지와 관련하여 정부가 중요한 역할을 할 수 있음을 설득하는 것이었다. 법제화를 위한 또 다른 움직임은 '기후변화에 관한 정부간 협의체'(IPCC)를 설립한 것인데 2010년《재생에너지에 대한 특별 보고서》(IPCC, 2011)를 발간하였다. 독일의 EEG 경험은 이 모든 국제적인 발전을 점점 더 신뢰할 수 있게 만들었는데, 태양광에 대한 수요가 있고 비용이 감소할 수 있으며 정책이 양자의 상호작용을 촉진할 수 있다는 점을 EEG가 보여줬기 때문이다.

2000년 EEG와 2004년의 개정안은 태양광 산업을 위한 게임 체인저였으며, 독일을 넘어 7장에서 보게 될 중국까지 그 영향력이 확장되었다. 그런데 왜 그런 일이 발생했을까?

주된 설명은 1998년에 정책의 창이 열렸다는 것이다. 최초의 소규모 태양광과 풍력 시스템이 활용 가능해졌는데, 풍력 가격이 하락하여 태양광이 대규모로 보급될 준비가 되었다고 보았다. 태양광 지지자들은 학습 곡선에 따라 추가적인 비용 절감이 가능할 것으로 예상했다. 태양광 기술은 보편화하고 있었다. 사람들은 태양광 계산기를 사용했고, 인공위성에도 태양광을 장착했으며, 태양광 시스템은 10년 이상 사용해도 여전히 작동했다. 1980년대 북해 펠본에 설치한 최초의 태양광 시스템은 2000년에도 가동되고 있었다. 게다가 셰어와 펠은 연방 사업의 성공을 자신하고 있었는데, 지역 단위에서 그 사업이 성공했기 때문이었다. 초기 사업에 대한 경험으로 전력회사가 재생에너지를 지원하지 않을 것이며 시민들이 직접 참여해야 한다는 점이 분명해졌다. 한편 펠은 자신의 고향인 바이에른주에만 100개 이상의 친 태양광 NGO가 결성되었다는 것을 알았는데, 이는 태양광에 대한 대중의 관심이 강했음을 보여준다.

최초의 지붕형 보조금 사업이 1988년이었다는 점을 고려하면, 2000년에 EEG가 통과하기까지 왜 그렇게 오랜 시간이 걸렸는지 물을 수 있다. 사람들은 태양광에 대한 경험을 축적할 필요가 있었다. 태양광이 잘 작동하고 시스템 성능이 저하되지 않으며 그리드와 같이 잘 작동할 수 있는지를 확인해야 했다. 즉, 산업이 성숙해져야 했다. 예를 들어, 풍력 산업에는 20여 개의 다양한 제조사들이 등장했다. 규모의 경제를 구현하여 앞으로 비용이 절감되리라는 걸 보여줘야 했다. 투자자들은 기술, 미래 비용, 경쟁 시장에 대한 전망을 도출할 시간이 필요했다. 사람들은 정부가 특정 시범사업을 결정하는 것이 아니라 시장이 어떤 기술(예를 들면, 태양광 대 풍력)을 적용할지 결정하는 것에 익숙해져야 했다. 어떤 의미에서 EEG와 뒤이어 일어난 태양광 열풍은 하루아침에 일어난 것으로 보이지만 그 이면에는 장기간의 진전이 있었다. 하지만 시작 전에는 그것에 대해 주요하게 공개적으로 토론한 적은 없었다. 2000년까지 태양광은 "기술적 위험"을 수반하지 않으며, 태양광의 성공은 모두 비용 문제에 달려 있다는 것이 분명했다.

그러나 결국 EEG는 반발에 직면했다. 성공의 희생양이 된 EEG는 세간의 이목을 끄는 목표였고 2004년 개정안 이후 곧 하향 조정이 시작됐다. 일련의 발전으로 인해 EEG에 대한 반대가 커졌다. 2005년 9월 선거는 중도우파 기독교민주당(CDU)과 중도좌파 사회민주당(SPD)의 새로운 집권 연합으로 이어졌다. 두 정당 모두 석탄 산업과 강하게 유착했다. 녹색당은 빠졌다. 부분적으로는 태양광 수요가 급증하면서 2004년부터 2008까지 고순도 실리콘 가격이 급등했고, 이로 인해 태양광 원자재 가격이 상승했다. 태양광 모듈 가격은 지지자들이 희망했던 것처럼 지속적으로 하락하지 않고 꾸준한 가격 수준을 유지했다. EEG가 가진 주요 정당성 중 하나인 학습 곡선은 끝에 도달한 것처럼 보였다. 전력회사들은 재생에너지에 관한 정치적 논쟁에서 더 많은 영향력을 얻기 시작했다. 이들은 EEG가 형성되던 1998년부터 2000년 사이엔 태양광의 중요성을 간과했으나 2007~2008년에는 적극적으로 저지하고 나섰다. 2010년까지 여러 정당에서 재생에너지에 대해 강력한 반대 성명을 발표했다.

더불어 EEG와 EW의 비용에 대한 논의가 확산되었다. EEG 할증금(태양광과 풍력 보조금을 지원하기 위해 주택용 전기 소비자가 부담하는 금액)은 kWh당 0.54센트에서 1.32센트까지 증가했다. 최근 추정치를 종합하면 2015년부터 2050년까지 EW 비용은 GDP의 약 0.25%를 차지하며 이 중 절반은 탈원전 때문으로 나타났다(Unnerstal, 2017). 이에 비해 독일의 통일 비용은 1.2%, 석탄 보조금은 0.3% 수준인 것으로 나타났다. 가구당 월 20유로가량 부담하는 수준이다. 게다가 이 비용의 분배 문제와 퇴행적인 성격에 대한 논쟁이 있었는데, 부담금은 가난한 사람들의 소득에서 차지하는 비중이 컸고, 태양광을 훨씬 더 많이 설치하는 부자들의 소득에서 차지하는 비중은 작았다. 하지만 전체적인 사회적 비용에 대한 논의는 2010년 이전에는 거의 논의되지 않았다.

2000년대 중반 태양광 지지자들은 해마다 초과 설치되는 것을 막기 위해 보조금 수준을 그때그때 조정해야 한다고 주장했다. 강력한 정책 수단을 유지하는 것과 병목 현상을 일으켜 가격을 상승시키는 과다 투자를 피하는 것 사이에 미묘한 균형이 있었다. EEG를 약화시킨 첫 번째 개정은 2009년 재생에너지자원법에서 시작되었다. 태양광 보조금 "체감"비율(지원 수준의 연간 감소율)은 5%에서 8~10%로 바뀌었으며 요금은 유연해졌다. 신규 태양광 보급량이 "회랑(corridor)" 설치 목표치를 초과하는 경우 요금은 더 낮게 조정될 수 있었다. 보조금은 2010년 7월 태양광법(PV Act, 그림 6.1)으로 11~16% 수준의 감소율로 더 낮아졌다. 2011년 7월의 태양광 중간법(PV Interim Act)은 지원금을 추가로 인하하고

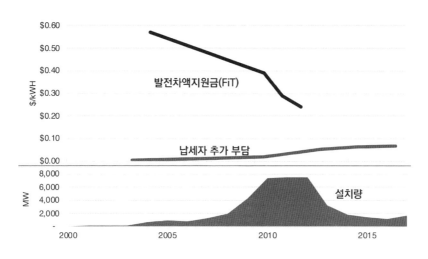

〈그림 6.1〉 독일의 FiT 보조금 수준, 납세자 부담, 독일 내 설치량

소비자 전기요금을 두 배 인상했다. CDU와 자유민주당의 새로운 우파연합 하의 2012년 재생에너지자원법은 태양광 보조금이 없는 시장을 준비하는 것을 목표로 삼았고 미국의 생산세액공제(Production Tax Credit)와 유사한 시장 프리미엄 제도를 도입했다. 이 법안은 지원금을 추가 감면하고 처음으로 그리드 운영자가 그리드 혼잡 시 태양광 출력을 제한할 수 있게 했다. 2013년 태양광법은 발전차액지원 수준을 30% 인하하고 태양광 설치를 52GW로 제한했다. 2014년 재생에너지자원법은 경매 방식으로의 전환과 사전계획 입지 제도를 포함한 EEG 2.0을 시작했다.

2013년이 되자 독일에서 태양광을 반대하는 사람들은 승리를 선언할 수 있었다. 독일의 태양광 시장은 2004년부터 매년 50% 이상 성장하다가 2011년에 정체되어 1% 성장하고 2012년에는 2% 성장에 그쳤다. 이렇게 급격한 성장이 갑자기 끝나자 독일의 태양광 생산자들은 충격이 더 컸는데, 이들은 독일 내수 시장에 더 많이 의존했기 때문이다. 큐셀, 썬웨이스(Sunways), 쇼트솔라 모두 1년 안에 사업을 중단했다. 2013년을 기점으로 독일의 태양광 시장은 매년 작아져 2017년까지 계속 축소되었다. 2006년부터 2009년까지 몇 년간의 침체 후 학습 곡선이 다시 작동하여 2010년부터 2013년까지 급격한 비용 절감이 이루어진 것은 놀랍지 않았다. 그렇지만 그때 중국은 세계 최대 생산국이 되었다.

유망주였던 큐셀은 왜 더 확장하지 못했나?

큐셀은 EEG에서 가장 유망한 스타였다. 큐셀은 EEG보다 먼저 생겼지만, EEG에 의해 살고 또 죽었다. 큐셀의 창업자인 라이너 레모인(Reiner Lemoine)도 셰어처럼 68세대였다. 그는 베를린 공과대학 항공우주학과를 졸업하고 크뢰츠베르크에 소재한, 일명 "사회주의자 엔지니어 집단"

이라 불린 부젤트로닉(Wuseltronik) 연구소에 들어가게 되었다. 1996년 솔론 AG(Solon AG)를 설립한 그는 태양전지를 매입해 모듈을 생산했다. 레모인과 솔론 출신의 다른 두 인물인 폴 그루노(Paul Grunow)와 홀거 페이스트(Holger Feist)는 곧 새로운 회사를 계획하기 시작했다. 그들은 높은 '품질'에 초점을 맞춰 태양전지를 생산하고자 했고, 이 고품질 태양전지에 큐셀이라는 이름을 붙였다.

베를린에 공장을 짓는 자금을 조달하는 데 실패한 후 그들은 훗날 '태양광 밸리'라고 알려진 비터펠트 외곽 탈하임에 1999년 11월 큐셀을 설립했다. 열정적인 비터펠트 시장인 만프레트 크레신(Manfred Kressin)은 자금 조달을 수월하게 해주는 한편, 확장의 여지가 넓은 지역을 추천해주었다. 그들은 스타트업 자금으로 6만 유로를 모았고 솔론의 투자자로서 20%의 지분을 보유한 엔젤투자자 이모 슈토허(Immo Stoher)로부터 시드 자금을 받았다. 또한 화학공학자이자 석유 산업 분야에서 일한 전직 매킨지(McKinsey) 컨설턴트인 안톤 밀너(Anton Milner)를 CEO로 고용했다. 밀너의 큐셀은 태양전지를 만드는 데 집중했기에 초기 고객은 태양광 모듈 제조사였다. 큐셀은 글로벌 석유회사의 자회사로 가득한 태양광 기업의 세계에서 섹시한 스타트업이었다. 회사는 젊은이들로 가득 찼고 빠르게 움직였으며 태양광 무역 전시회에서 호화로운 파티를 열었다.

큐셀은 빠르게 일했고 2001년 7월까지 10MW의 생산라인을 운영하고 있었다. 2002년에는 C&A 백화점의 상속자가 설립한 자선가-자본주의 펀드인 굿에너지스(Good Energies)로부터 2차 라운드 자금을 확보하였다. 굿에너지스는 2006년까지 큐셀의 지분 49%를 소유했다. 큐셀은 2002년 생산 규모를 두 배로 늘리고 스타트업상을 수상했는데, 부상으로 맥킨지의 무료 컨설팅이 포함되어 있었다. CEO 밀너와 함께 이는 전직 맥킨지 컨설턴트들이 회사에 들어오는 계기가 되었는데, 훗날 일부 직원들은 이로 인해 회사가 단기 성과에만 집중하게 되었다고 비판했다.

그럼에도 큐셀은 2002년부터 2005년까지 생산 규모를 10배로 키웠고, 전 세계 총생산의 10%에 가까운 300MW까지 규모를 확장했다. 회사는 2005년 상장하고, 2006년 네 번째 생산라인을 완성했으며, 2007년 10억 달러의 태양전지를 판매했다. 기존의 태양광 기업인 BP솔라, 셸솔라, RWE 쇼트는 느리고 보수적이었으며 신생기업을 심각하게 받아들이지 않았다. 큐셀은 솔라월드와 에르솔과 같은 태양광 전문 스타트업과 함께 성장에 집중했다. 그러자 기존 기업들은 사업을 접기 시작했다.

빠르게 몸집을 키우는 것은 2005년부터 2008년까지 언제나 성공적인 전략이었다. EEG가 열풍이었을 때 재생에너지는 매년 독일 전력 공급의 1%를 추가했다. 헤드헌터들은 박사과정 학생들에게 학업을 중단하고 솔라월드나 큐셀 같은 기업으로 옮기라고 연락을 돌리고 있었다. 공학적 전문성 덕분에 큐셀은 어떤 장애물도 극복하고 생산 규모를 빠르게 확대할 수 있었다. 어떤 경우에도 생산 규모를 확대하는 것이 기술적으로 어렵지 않았다. 웨이퍼와 태양전지를 만들기 위해 장비를 추가하고 더 큰 웨이퍼를 활용하는 것은 성공적이었다. 실리콘 잉곳을 생산할 때 생산 규모를 확대하는 과정은 열처리 장비(furnace, 역주: 온도와 가스, 압력 등을 가해 원하는 막질을 생성하는 장비)와 풀러(puller, 역주: 잉곳을 생성하는 장비)를 추가하고 때로는 더 큰 장비로 옮기는 작업이 포함된다. 더욱이 태양광 생산과 관련한 많은 지식들은 공공의 재산이었다. 미국, 독일, 호주의 대학들은 전 세계에 진출할 학생들을 가르쳤다. 지식은 또한 장비 제조업체에 의해 전파되기도 했다. 마지막으로 4장에서 보았듯, 개방을 장려한 산업계의 만연한 이상주의를 도외시해서는 안 된다.

큐셀은 2008년에 세계 최대 태양전지 제조기업이었다. 하지만 커지는 과정에서 큐셀은 장기적인 영향을 끼치는 두 가지 중요한 결정을 내렸다. 두 가지 모두 고순도 실리콘 가격 상승이라는 산업 내 대혼란에 대한 대응 차원이었다. 이러한 결정들은 원자재 비용을 상승시켰을 뿐만 아니라 독일의 태양전지 및 모듈 제조기업들의 규모 확장 의지에도 영향을 미쳤다. 독일 최대 태양전지 제조기업인 큐셀은 2006년 연례 보고서에서 "우리의 정책은 관련 원자재를 확보했을 때만 생산 규모를 확장하는 겁니다."라고 밝혔다(Quitzow, 2015).

첫 번째 결정으로 큐셀은 폴리실리콘 장기 공급 계약을 체결했다. 2005년 중반에 회사는 740MW 규모의 태양전지를 제조할 수 있는 900톤의 실리콘 공급 계약을 맺었는데, 이는 3년 치 생산량에 해당하는 규모로 현물 가격으로 1억 달러에 달하는 물량이었다. IPO 직후인 2006년 증권거래위원회(SEC) 자료에서 큐셀은 다음과 같이 보고했다.

우리는 2007년과 2008년에도 실리콘 확보의 병목 현상이 발생할 가능성이 있다고 가정하고 있습니다. 경쟁사들과 비교했을 때, 우리는 실리콘과 웨이퍼 공급에서 좋은 위치를 차지하고 있습니다. 우리의 지위와 전문성, 그리고 높은 성장률과 높은 생산량을 지속해서 달성하기 위해 수년에 걸쳐 주요 공급업체와 긴밀한 협력을 유지했기 때문입니다.

이듬해 큐셀은 노르웨이의 실리콘 제조업체인 엘켐솔라(Elkem Solar)와 2008년부터 2018년까지 연간 2,000톤 이상의 공급 계약을 체결했는데, 이는 10GW의 태양전지를 제조할 수 있는 규모이자 기대 성장률로 10년간 생산했을 때 필요한 양이었다.

우리는 2월 초 발표한 장기계약이 큐셀에 상당한 이득이 될 거라고 봅니다.

큐셀은 또 노르웨이의 REC와 7,400톤, 캐나다 BSI와 연간 6,000톤을 계약했고, 중국 LDK와는 10년 동안 6GW 이상의 웨이퍼 공급 계약을 체결했다. 큐셀의 계약은 2008년과 2009년까지는 고정가격으로 공급받지만 2010~2011년의 가격은 사전에 합의된 가격과 공급 시점의 현물 가격의 평균값으로 결정되는 것이었다. 2008년 말에 시작된 실리콘 가격의 폭락을 감안하면, 총 20억 달러에 해당하는 이러한 계약은 큐셀에게 매우 비싼 것으로 드러났다. 큐셀은 이 구매를 위해 5억 유로 규모의 채권을 발행하여 자금을 조달했고 이 중 일부는 R&D에도 활용했다.

큐셀의 두 번째 결정은 결정질 태양광을 대체하는 여러 기술로 다각화한 것이었다. 박막형 태양전지가 일종의 대체 기술이었는데, 카드뮴 텔루라이드(CdTe)와 구리 인듐 갈륨 셀레늄(CIGS)에 특히 집중했다. 2005년 큐셀은 CSG솔라에 6백만 달러를 투자해 25MW 박막형 생산라인을 건설했다. 2007년 자회사인 손토(Sonto) GmbH는 마이크로몰프(micro-morph) 박막형 생산라인을 60MW로 확장했다. 또한 미국 파트너사 에버그린솔라(Evergreen Solar)와 함께 CIGS 태양전지를 생산했고 2008년 또 다른 박막형 자회사인 칼릭소(Calyxo)를 위한 신규 생산라인을 준공했다. 2008년, 시장이 가장 빠르게 성장할 때 큐셀은 차세대 태양광을 위한 연구개발에 투자한 것이었다.

회사의 핵심 사업에 대한 투자 외에도 연구개발 라인 구축과 신기술 상용화에 자금을 집행할 것입니다.

장기적인 관점에 집중하는 것은 현명해 보이지만, 큐셀이 결정질 태양광 대체 기술에 그렇게 많이 투자한 것은 놀라운 일이었다. 그 시기는 중국의 경쟁자들이 결정질 실리콘 태양광의 생산성을 높이기 위해 초집중하던 때였기 때문이다. 한 인터뷰자는 큐셀이 다양한 기술에 너무 "집적거렸다"라고 말했다. 또 다른 사람은 큐셀이 결정질 실리콘 태양광 가격이 그만큼 떨어질 수 있다고 생각하지 않았다고 말했다. 중국 기업들은 결정질 태양광의 비용 절감 가능성을 비관하던 큐셀에 동조하지 않았다. 결과적으로 중국 기업들이 옳았고 대체 기술로 전환하려는 큐셀의 결정은 회사의 경쟁적 입지를 위험에 빠뜨렸다.

　큐셀은 이러한 결정 때문에 2009년 1분기에 어려움을 겪기 시작하면서 처음으로 손실을 발표했는데, 이것은 그해 전체로 이어져 19억 달러의 손실을 기록했다. 회사는 500명의 직원을 해고하고 남아 있는 직원의 근무 시간도 80% 수준으로 줄였다. CEO인 안톤 밀너는 2010년 3월 사임했다. 경쟁사들이 큐셀보다 훨씬 빨리 비용을 절감하면서 가격이 빠르게 하락했다. 큐셀은 2009년 마이너스 매출총이익을 기록했는데, 이는 경쟁사 대비 15% 이상 높은 생산 비용과 기존에 맺은 실리콘 조달 계약 때문이었다. 이것은 큐셀이 추가로 판매할 때마다 손해를 본다는 것을 의미했다. 밀너는 큐셀의 "Q"(Quality, 품질)를 강조했고 독일산으로 더 신뢰도가 높다고 홍보했지만, 낮은 비용이 이길 수밖에 없었다. "다시 시작하는 큐셀"이라는 선언 하에 비용 절감 노력의 일환으로 500MW 규모의 생산라인을 7번째로 말레이시아에 가동했지만 2009년까지 기다려야 해서 큐셀은 중국과 당장 경쟁할 준비가 되지 못했다. 2012년 한국의 한화 태양광이 큐셀을 인수했다. 아시아로의 전환은 이 업계의 리더십 전환을 보여주는 적절한 사례였다. 독일의 한 인터뷰자는 다음과 같이 말했다.

중국은 올바른 비전을 가지고 있었다. 세계가 100MW에 관해 이야기할 때 중국은 1GW에 대해 말했다. 그들이 옳았다.

태양광 공급망에서 차지하는 위치를 고려하면 큐셀의 몰락은 놀랍다. 큐셀은 거의 10년 동안 선도적인 규모 확장을 이뤄낸 확실한 기록을 가지고 있었다. 또한 그들은 독일 기업의 대표적인 특징인 위험 회피 성향에서 벗어나 있다고 차별화했다. 그들은 핵심 원자재와 장비 공급업체를 쉽게 이용할 수 있었는데, 전자의 가장 큰 기업과 후자의 대부분은 독일에 기반을 두고 있었다. 세계 정상급의 엔지니어들도 확보할 수 있었다. 큐셀은 비용이 더 낮고 투자 보조금도 지원받을 수 있는 구동독 지역에 생산시설을 건설하여 유리한 생산 비용 자산을 가지고 있었다. 결정적으로 큐셀은 정책 결정 과정의 앞자리에 있었으며, 세계에서 가장 중요한 태양광 시장과 밀접했다. 어떻게 된 일인지는 이것만으로 충분하지 않다. 위의 두 가지 결정, 고가의 실리콘 계약과 기술 다각화 전략은 큐셀이 중국에 경쟁 우위를 빼앗기는 원인으로 작용했다(그림 6.2).

다른 몇 가지 요인도 큐셀의 소멸을 가속화했다. 첫째, 2008년 글로벌 금융위기 이후 큐셀은 자본을 이용할 수 없었다. 이것은 큰 변화였다. 당시 큐셀은 부채 자금 조달만 가능했는데 수익 증가 속도가 너무 느려 은행에서 회사의 지불 능력을 확신하기 어려웠다. 2009년, 수익이 감소하자 큐셀은 멈춰버렸다. 이와 달리 2009년은 중국 정부가 태양광 산업에 대해 적극적인 신용 사업을 시작한 해였다(7장). 중국은 설치 지원에서 생산 설비를 확장을 위한 자금 지원으로 정책 영역을 확장했다. 하지만

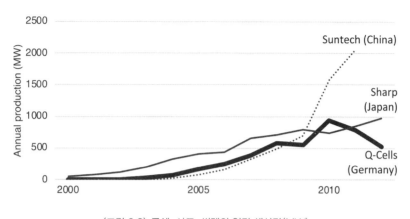

〈그림 6.2〉 큐셀, 샤프, 썬텍의 연간 생산량(MW)

이러한 정책 혁신이 독일에서는 이루어지지 않았다(Grau et al., 2012).

둘째, 큐셀은 인적 자본의 제약에 부딪혀 과학자와 엔지니어를 충분히 확보할 수 없었다. 대학원생들에게 학업을 중단하고 큐셀에서 일하라고 제안한 것을 볼 수 있는데, 이런 학생들은 회사에 더 높은 임금을 요구할 수 있었고 이로 인해 큐셀의 비용 구조가 높아질 수 있었다.

셋째, 솔라월드와 함께 큐셀도 최신 제조 장비에 매우 높은 가격을 지불했다. 그들이 첫 번째 고객이었기 때문에 이 장비들은 "스펙에 따라" 맞춤 제작되었고 가격이 비쌌다. 독일 생산자들은 자주 베타 타입의 기계를 받았다. 이렇게 미숙한 기술은 생산 지연을 야기했고 엔지니어들은 회사의 자원인 그들의 시간을 생산 확대가 아닌 이 시스템을 적용하는 데 쓸 수밖에 없었다. 이와 대조적으로 중국 제조사들에게 장비가 판매될 시점에는 정교화되고 표준화된 장비로 더 저렴하고 성숙한 기술이었다. 따라서 중국은 검증된 저가 장비를 이용할 수 있었지만, 큐셀은 그 장비 개발에 자금을 지원했음에도 저가로 이용할 수 없었다.

넷째, 인터뷰자들은 큐셀과 같은 혁신적인 스타트업에도 적용되는 독일 기업문화의 체계적인 측면을 지적했다. 한 가지는 긴 테스트 과정으로 인해 혁신의 속도가 느려지는 점인데, 품질 보증에 진지해질 때 테스트 시간이 길어진다. 일례로 태양전지에 전기적 접점(electrical contacts)을 만들기 위해 듀퐁이 은으로 된 땜질 재료를 새로 만든 점이다. 보쉬는 제품에 사용하기 전 6~12개월간 품질을 검증한다. 그런데 자동차 분야에서 필수적인 주의 사항이 태양광 분야에서는 중요하지 않을 수 있다. 이와 달리 중국 기업들은 처음에는 신기술에 회의적이지만, 일단 다른 회사에서 그 효과가 어느 정도 입증되면 새로운 생산 공정을 빠르게 적용한다. 혁신은 입소문과 정보 교환을 통해 확산되어 혁신 기술은 매우 빠르게 전파된다. 독일의 기술 도입은 더 느린데, 다른 곳에서 관찰 가능한 성공을 베끼기보다는 각 기업이 자체 개발해야 한다는 경향성 때문이다.

태양광 생산 장비의 제조

독일의 장비 제조업체들은 태양광 산업에 가장 먼저 기계를 공급했다. 시장이 커지면서 센트로썸, 로스앤라우, 만츠(Manz), 레나, 아시스(Asys), 슈미드, 인놀라스(Innolas), 요나스앤레드만(Jonas & Redmann) 등이 장비 처리량을 빠르게 늘일 수 있었는데, 이는 태양광이 급속하게 성장하는 데 상당히 기여했다. 독일 이외에서도 바치니(Baccini, 이탈리아), 템프레스(Tempress, 네덜란드)/암텍(Amtech, 미국), 마이어버거(Meyer-Burger, 스위스), GTAT(미국), 어플라이드 머티리얼즈(Applied Materials, 미국) 등이 장비를 제조했다. 이 기업들은 1990년대에 들어서야 태양광 산업에 본격적인 관심을 두게 되었다.

1990년대 독일의 태양광 산업은 생산과 설치 모두에서 시장 점유율이

10%를 넘지 않는 조용한 곳이었다. 대기업이 소유한 태양광 제조사에서도 태양전지 생산은 수동으로 처리하는 소규모 작업이었다. 1995~97년에도 태양광 전용 제조 장비는 없었다. 대다수 기업은 반도체 회사에서 구입한 중고 장비를 사용하고 있었다. 1998~99년 태양광 생산량은 국가 전체로 봐도 몇 MW 수준이었는데, 여전히 생산량이 매우 적었기 때문에 태양광 생산자들이 전문 장비에 투자하기에는 물량이 충분하지 않았다. 또한 시장 규모가 작아서 장비 공급업체 입장에서는 태양광 전용 기계를 만들 정당성이 없었다. 대신에 태양광 생산자들은 반도체 회사의 중고 장비를 가지고 할 수 있는 일을 했고, 어떤 경우에는 태양광 생산에 더 적합하도록 장비를 고치기 시작했다. 독일 외에 1990년대 후반 미국의 솔라렉스와 일본의 교세라와 같은 선도 기업에서도 각각의 원자재와 제품을 수동 조작하는 여러 기계를 놓고 생산라인을 운영했다. 게다가 그 기계들은 전자 제품 회사에서 사용하던 중고 제품이었다.

2000년이 되자 몇몇 업계 사람들이 이 상황을 관찰하기 시작하였고 태양광 산업이 본격적인 궤도에 오르려면 자체 제조 장비가 필요하다는 생각이 나타났다. 최초의 태양광 전용 장비는 아마도 미국에서 만들어졌을 텐데, 리본형 실리콘을 제조하는 타이코의 엣지-결정 성장 공정이었을 것이다. 1980년대 스위스의 HCT 커팅테크놀러지스(HCT Cutting Technologies)가 개발한 와이어 절단 기술은 중요한 혁신이었다. 이 기술은 레이디얼 타이어(radial tires)를 위해 개발된 와이어를 이용해 4,000개의 웨이퍼를 동시에 자를 수 있었는데, 태양광에서 발전한 혁신을 반도체 산업에 활용하게 된 드문 사례였다.

반사율을 최소화하기 위해 전지 표면을 텍스처링(texturing)하고 태양전지를 전기적으로 연결하는 스트링 영역에서도 태양광 전용 장비가 필요했다. 리본형 실리콘 같은 것을 제조하는 공정은 반도체 공정에 없었기 때문이다. 그럼에도 스트링(연결) 같은 일부 공정은 2000년대까지 수동 공정으로 남아 있었다.

초기 노력 중 하나가 콘스탄츠에 기반을 둔 GP솔라(GP Solar)였는데, 태양전지 생산라인의 품질을 관리하는 테스트 장비를 이곳에서 생산하기 시작했다. 새로운 종류의 장비이자, 결정적으로 태양광 생산을 위한 전용 장비로서 컴퓨터 산업에서 쓰던 장비를 개조한 것이 아니었다. 비슷한 시기에 반도체 열처리 장비업체인 센트로썸은 태양광 쪽으로 다각화하는 데 집중하기 시작했다. 디퓨전(확산) 공정의 열처리 장비는 예컨대 염화 포스포릴(phosphoroxycloride, $POCl_3$) 가스에서 인(phosphorus)을 흡수시킴으로써 실리콘 웨이퍼 표면에 불순물을 확산시켜 p-n 접합을 형성하는 데 사용된다. 태양광 전용 열처리 장비 개발에 뛰어든 센트로썸은 광전지에 요구되는 실리콘 균질도가 반도체에 비해 낮기에 열처리 장비 안에 더 많은 실리콘 웨이퍼를 쌓을 수 있음을 깨달았다. 웨이퍼 표면은 여전히 인 규산염 유리(phosphorous silicate glass)로 코팅되어 있지만 균일하지는 않았다. 이 경우에 간단한 수정만 거치면 되는데, 열처리 공정에서 더 많은 웨이퍼를 장착할 수 있는 새로운 웨이퍼 홀더(보트boat라고 부름)와 더 큰 직경의 긴 튜브만 필요했다. 여기서부터 지속적인 수정과 업그레이드 과정을 거치면서 높은 처리량을 담보하는 신뢰성 있는 태양광 전용 디퓨전 열처리 장비를 만들었다. 이 공정의 획기적인 발전은 요나스앤레드만이 개발했는데 200개, 400개, 나중엔 1,000개의 웨이퍼를 쿼츠 보트(quartz boats)에 적재하는 작업을 자동화했다.

2004년 EEG 개정으로 전 세계 설치량에서 독일 시장이 차지하는 비중이 25%에서 60% 이상으로 늘었다. 이러한 폭발적인 성장은 태양광 전용 장비의 필요성과 시장 기회를 창출했다. 예를 들어 2004년까지 태양광 산업은 컴퓨터 산업에서 두 가지 핵심 원자재를 오프-스펙(off-spec, 역주: 본래보다 품질을 낮추는 것)하여 사용했는데, 두 가지는 바로 고순도 실리콘과 웨이퍼였다. EEG로 인해 오프-스펙 원자재 공급이 충분하지 않게 되었고, 이에 따라 실리콘 공급 위기가 나타나고 대체 공급자의 필요성이 커지게 되었다.

실리콘 제조업은 5대 제조사들의 과점 형태였다. 이들은 가격 상승의 혜택을 보며 생산 확대를 꺼렸다. 게다가 불과 몇 년 전까지만 해도 반도체 산업에서 과잉 생산의 문제가 있어서, 또 다른 과잉 생산 사이클을 피하고자 신중을 기했다. 실리콘 제조는 기술력과 자본 집약적인 장비가 필요했다. 이 기업들은 kg당 25달러에 실리콘을 만들어 열 배가 넘는 가격에 팔고 있었다. 가장 큰 기업 중 하나인 와커는 1990년대에 태양광 전문 사업을 시작할지 검토했으나, 오너 일가는 그 시장이 너무 위험하다고 생각했다(Palz, 2010). 회사들은 이리저리 냄새를 맡고 실리콘 산업에 뛰어들기 시작했다. 한 스타트업은 몬산토 전자재료회사(MEMC)와 헴록에서 엔지니어를 고용하여 태양광 전용 폴리실리콘을 생산하기 시작했다. 이것은 컴퓨터 산업보다 덜 자본 집약적이었고 실리콘 순도가 100배 낮아서 비용을 두 배 이상 절감할 수 있었다. 높은 가격을 감안하면 투자자를 모으는 것이 어렵지 않았고 1억 달러를 모으는 것도 가능했다. 4년 안에, 이렇게 실리콘 제조 방식은 널리 퍼졌고 가격은 폭락했다.

급성장하는 시장은 또한 태양광 전용 장비 개발에 대한 투자 수익이 상당할 것이라는 기대감을 조성하기 시작했다. 큐셀, ASE, 솔라월드, 누켐(Nukem)/쇼트(Schott)와 같은 독일 기업들은 급증하는 수요에 대응하기 위해 투자에 나섰다. 최초로 태양광 전용 장비를 갖춘 태양광 제조공장은 프라이부르크에 있는 솔라월드의 생산라인으로 EEG에 딱 맞추어 2004년에 가동했다. 2018년의 태양광 제조공장과 전반적으로 비슷하게 만들어진 최초의 시설이었다. 당시 세계 최대 제조기업이었던 샤프도 교세라와 마찬가지로 그 해에 현대식 제조공장을 건설했다. 각 공장에는 플라즈마 화학기상증착기(PECVD), 디퓨전 열처리 장비, 스크린 프린팅, 가스 코팅 및 태양광 전용 품질 관리 장비를 설치했다.

태양광 생산자들은 이러한 장비를 개발하도록 자금을 지원하고 오류를 검증하는 일을 도왔다. 장비 제조업체들은 초기 자금을 독일, 스위스, 프랑스, 미국, 일본의 국가 R&D 지원에서 조달했다. 하지만 1998년과 2004년 사이에 그들이 개발한 최초의 태양광 전용 장비를 태양광 제조업체에 판매함으로써 결과적으로 개발 비용을 사용업체에 돌릴 수 있었다. 모든 장비 제조업체가 비슷한 과정을 거쳤다. 먼저, 고객을 위한 맞춤형 장비를 설계한다. 장비 제조업체는 첫 번째 모델을 비싸게 판매하는데, 이를 통해 기계를 최초로 개발하는 데 들어간 높은 비용의 일부를 충당하는 것이다. 기본적으로 첫 번째 고객이 개발 비용을 지불한다. 이 고객들은 최초 장비의 신뢰성과 효과성에 대한 위험을 감수하고 사내 엔지니어 인력을 투입하여 시스템 오류를 검증함으로써 개발 비용을 부담한다. 중국 고객의 관심이 커져도 유럽 장비 제조업체는 유럽 고객을 선호했는데, 커뮤니케이션이 원활하고 이동이 쉬우며 엔지니어 지원에서 보다 유리했기 때문이다.

초기 적용 비용은 물론이거니와 장비 제조업체들이 반도체 산업에서 얻은 경험에서 비롯된 품질 보증을 얻을 수 있었는데, 기술뿐만 아니라 고객의 요구를 관리하고 운영에 투입한 장비의 첫 번째 버전을 서비스하고 조정하는 것이 중요했다. 이후 등장한 턴키 방식은 품질 보증을 필수적인 전략으로 만들었는데, 산업 경험이 없는 신규 기업의 시장 진입을 장려하기 위해서였다. 2004년 EEG가 시작되면서 더 많은 처리량과 높은 수율을 가진 최첨단 기계를 사용하는 것이 중요해졌기 때문에 태양광 생산자들은 신규 장비에 투자하는 위험을 감수했다. 일단 2004년 이후 자금 조달이 원활해지자, 최소한 단기적인 개발 비용을 지불할 여력이 있었다. 그리고 장비를 처음부터 개발하는 것이 아니라 반도체 장비를 개조하는 것이었기 때문에 개발 비용은 통상 그리 높지 않았다.

이러한 자금 지원으로 다양한 장비가 만들어졌다. 마이어버거는 잉곳에서 여러 장의 웨이퍼를 동시에 절단할 수 있는 와이어 절단 기술을 개발했다. HCT는 디스플레이 산업에서 기판 재료로 사용하던 사파이어 커팅을 장비에 활용했다. 와커는 폴리실리콘의 화학기상증착을 위해 지멘스 원자로(reactor)를 개발했다. PVA 테플라(PVA Tepla)는 특정 태양광을 위한 단결정 웨이퍼 풀러를 개발했는데, 이것은 컴퓨터 산업에 필요한 고순도 실리콘을 생산한 경험에서 비롯되었다. 크리스털 시스템즈는 미국에서 다결정 기계를 개발했다. 이들 기업 중 일부는 경쟁사들이 그들의 장비를 시장에 출시하지 못하게 하는 데 상당히 집중했다.

장비업체의 고객인 태양광 생산자들은 다양한 방식으로 장비에 자금을 지원했다. 석유회사가 소유한 태양광 기업들은 모기업으로부터 투자를 받았다. 솔라월드는 자체적으로 자금을 조달했고 그 일부를 장비 구매에 사용했다. 2005년까지 IPO가 주요한 자금 조달 방식이었는데, 독일의 큐셀과 중국의 썬텍 등이 여기에 해당했다. 〈그림 6.3〉에서 보듯이 EEG가 확립하면서 장비 제조업체들의 R&D가 증가한 것을 알 수 있다 (Breyer, 2012). 2009년까지 태양광 기업의 R&D 집약도(R&D비용/매출액)의 순위를 매겼을 때, 상위 15개 중 7개는 장비 제조업체가 차지했다.

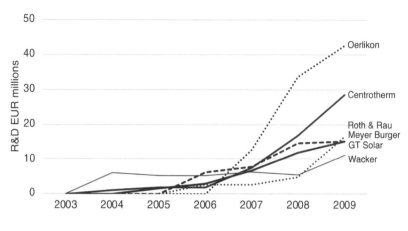

〈그림 6.3〉 태양광 장비 제조업체의 R&D 투자(단위: 백만 유로)

   턴키 시스템 개념은 2001년과 2002년에 등장했다. 미국의 반도체 장비 제조업체인 어플라이드 머티리얼즈는 일찍이 개발했지만 짧게 정점을 찍고 사라진 박막형 실리콘 기술을 가지고 있었다. 센트로썸은 솔라월드에 최초의 태양광 턴키 생산라인을 제공했다. 솔라월드 창업자인 프랭크 아스벡(Frank Asbeck)은 태양전지 생산 공장을 건설하고 싶었지만 기술적 역량이 없었다. 센트로썸은 썬웨이스의 생산라인을 구축하는 데 참여했던 엔지니어들을 채용했다. 2004년 센트로썸은 웨이퍼로부터 태양전지를 생산하는 턴키 생산라인인 "도이치 셀(Deutsche Cell)"을 솔라월드에 제안했다. 센트로썸은 장비를 공급하고 생산라인을 구축할 것이었다. 그들의 제안은 태양전지 효율, 처리량, 수율 및 비용에 대한 품질 보증을 포함하고 있었다. 센트로썸은 이러한 구체적인 지표로 평가받고자 했다. 그 거래에는 일시불 선금이 포함되었다.

   곧 다른 태양광 제조기업도 센트로썸이 전체 생산라인을 잘 구축한다는 사실을 알게 되었다. 회사는 곧 독일의 또 다른 주요 스타트업인 큐셀로부터 주문을 받았다. 이 경우는 가벼운 버전의 턴키였는데, 큐셀이 장비 일부를 직접 조달하고 센트로썸이 자체 부품을 공급해 생산라인을 설치하는 방식이었다. 센트로썸은 턴키 생산라인을 대만과 한국, 나중에는 중국에 판매하기 시작했다. 곧 턴키 태양전지 생산라인 시장의 80~90%를 차지하게 되었다. 이로써 어플라이드 머티리얼즈, 슈미드 등 다른 장비 제조업체들이 대만, 한국, 중국의 후발주자들을 글로벌 태양광 시장에 빠르게 진입하도록 턴키 생산 장비를 공급할 수 있는 문이 열렸다.

공급자 관점에서 턴키 방식이 성공하기 위해서는 고객들이 업계 최고 수준의 기술 수준으로 도약해야 한다. 고객들은 첨단기술을 보유하면서도 위험하지 않은 수준에 머물러야 한다. 공급업체들은 그러한 위험성을 제거한다는 전제로 턴키 방식을 판매했는데, 설치 전문성과 품질 보증 때문이었다. 고객들이 목표를 달성하고 만족하면, 공급업체로부터 더 많은 장비를 구매할 거라는 기대가 있었다.

반도체 등 태양광 외부 산업에서 장비 공급업체의 전문성을 활용할 수 있는 공통 기술 플랫폼이 등장하면서 부품 간 상호교환의 가능성이 이전보다 커졌다(Wu and Mathews, 2012). 턴키 방식이 처음부터 끝까지 솔루션을 제공하는 경우는 거의 없었다. 대신 턴키는 일반적으로 가치사슬(폴리실리콘, 결정체, 웨이퍼, 태양전지, 모듈)의 한 단계를 자동화하는 것을 의미했다. 예를 들어, 턴키 솔루션으로 웨이퍼에서 태양전지를 생산(태양전지 공장)하거나, 태양전지에서 모듈을 생산(모듈 공장)할 수 있었다. 이 시기의 한 연구에 따르면 111개의 장비 공급업체 중 74%가 "하나의 생산 공정만을 위한 장비를 제공"하며 가치사슬 전체에 적용 가능한 장비를 공급하는 업체는 단 한 곳이었다(Neuhoff et al., 2007).

그럼에도 턴키 옵션의 등장으로 초기 태양광 업체들의 성공에 필수적이었던 노하우 없이도 더 많은 기업이 시장에 진입할 수 있었다. 이는 시장이 급속도로 성장하고 자금이 풍부했던 2005년 이후 일부 중국 기업들에게는 특히 중요했다. 턴키 솔루션을 채택한 기업은 R&D보다 생산에 집중할 수 있었다. 턴키 방식은 기업이 돈으로 노하우를 대체할 수 있게 했다. 300억 달러 이상이 중국 공급업체에서 유럽 장비업체로 흘러 들어 갔다. 그런데 턴키 장비를 채택한 기업에서 낮은 모듈 효율 때문에 수익 창출에 어려움을 겪는 일이 많다는 사례가 있었다(Schmidtke, 2010). 결국 중국 고객들은 장비 공급업체로부터 개별 장비를 구매하여 다른 곳, 예를 들면 독일의 제조공정 컨설팅 서비스를 통해 프로세스 통합과 최적화를 위한 노하우를 조달하는 방식을 선호했다. 턴키 장비는 비쌌는데 비용은 가장 중요한 문제였다. 2018년, 턴키 솔루션을 제공하는 기업은 소수에 불과했다(표 6.1). 그래도 턴키는 기업에 속도를 제공했는데, 이는 중국이 높은 가치로 여기는 것이었다. 장비가 조달되고 생산라인이 일단 구축되면, 태양광 생산자들은 그들이 잘하는 일, 즉 수율을 최적화하고 제품의 전력 생산 효율을 높이는 데 집중할 수 있었다.

태양광 제조 장비는 2010년부터 대거 중국에 진출하기 시작했는데, 이 시기는 시장이 빠르게 성장하고 장비 구매를 위한 자금 조달이 상대적으로 용이할 때였다. 2000~2005년에는 대부분의 장비가 유럽에 판매되었는데, 2010년에는 90% 이상이 중국에 판매되었다. 이러한 장비에는 가공 설비, 표면 세정, 그리고 태양전지 제조공정의 다양한 단계가 포함되었다. 태양전지에서 모듈로 가는 공정 장비는 별로 없었는데, 이 공정은 중국 장비에 의해 마침내 자동화되기 전까지 놀라울 만큼 오랜 시간 동안 수동 작업으로 남아 있었다.

〈표 6.1〉 2018년 태양광 산업의 글로벌 제조 장비 공급업체

출처 : ENF Solar (2018)

	잉곳	웨이퍼	전지(셀)	결정질 패널	박막형 패널
전체 기업	88	318	479	617	219
턴키 장비 제공 기업	5	9	17	56	17

한 인터뷰자는 2008년과 2012년 사이에 300억 달러 규모의 장비가 유럽과 미국에서 중국으로 넘어갔다고 추정했다. 장비 수요는 꾸준히 늘지는 않았는데, 일반적으로 대규모로 투자되는 생산라인에 들어갔기 때문이다. 그래서 몇 년간의 침체기가 있기도 했다. 중국에 장비를 판 많은 기업은 기술자를 중국에 파견하여 장비 설치, 서비스 및 교육까지 제공했다. 독일은 중국의 제조기업이 성공할 때까지 지원했으며, 그들이 제공한 지식과 장비를 이전함으로써 이익을 얻기를 희망했다.

마침내 중국은 자체 장비를 만들기 시작했고, 또 매우 빨리 완성했는데, 처음에는 신뢰성이 떨어졌다. 2004년 다수의 중국 기업은 태양전지에 대해 알 필요 없이, 단지 그것을 만들 수 있는 장비를 구입할 돈만 있으면 됐다. 한 인터뷰자는 이렇게 말했다.

독일 컨설팅사에 소속되어 있었는데, 중국 기업이 생산시설을 설치하는 것을 지원하고 가끔은 철수하는 일도 도왔습니다. 우리는 장비를 설치하고 사용법을 가르치기 위해 중국 출장을 가곤 했습니다. 저는 솔라펀(Solarfun) 설립에 투자한 스위스 벤처의 지원으로 솔라펀과 트리나(Trina)에 가게 됐습니다. 독일의 기술적 노하우를 중국에 전수하는 데 중요한 역할을 했죠. 운영을 시작하고 생산량을 늘리기 위한 성능 최적화에 많은 시간이 필요하

지 않았습니다. 기업이 장비를 갖추면 생산은 쉽게 이루어졌습니다. 우리는 2~4주 안에 4명에게 노하우를 전수할 수 있었습니다.

리버스 엔지니어링(역설계)이 발생했고 그 결과 장비의 혁신은 빠르게 확산되었다.

어떤 사람들은 다음 단계에서 소수의 대형 장비 제조사가 중국과 나머지 아시아 지역에서 장비를 생산할 거라고 예상한다. 서구의 장비 제조에서 혜택을 보고 독일 수준의 디자인과 품질을 구현함으로써 의심의 눈초리를 극복한 새로운 기업이 등장할 것이다. 그들은 또 중국에서의 생산을 통해 혜택을 얻을 수 있는데, 중국 엔지니어들은 빠르고 실용적이며 비용은 여전히 훨씬 더 저렴하다. 2018년 턴키 방식은 인도, 튀르키예, 아라비아 반도에서 나타났다. 튀르키예에서는 일명 가벼운(light) 턴키 방식이 사용되는데, 제조사들은 다른 장비에 대해서는 직접 협상하기를 원한다.

독일의 전기요금 납부자들은 태양광 시장을 창출하는 데 2,000억 달러 이상 투자했다. 이는 아무도 상상하지 못한 수준으로, 시장 창출뿐 아니라 태양광 전용 장비 공급업체라는 새로운 산업을 촉진하기에 충분했다. 태양광 시장은 투자자와 기업가들이 이어지는 활동으로 그 시장을 목표로 삼을 만큼 충분히 컸다. 이러한 기업가들이 가져온 가장 중요한 결과물은 중국에 있었다. 중국의 신생기업들은 독일 제조사들이 충족할 수 없었거나 충족하지 않았던 수요를 충족하기 시작했고, 결국 더 많이 생산하고 더 많은 비용을 절감하기 위한 생산 확대에 그 장비를 활용했다.

참고문헌

Breyer, C. 2012. *Economics of Hybrid Photovoltaic Power Plants,* book-on- demand.de.

Creutzig, F., Agoston, P., Goldschmidt, J. C., Luderer, G., Nemet, G. & Pietzcker, R. C. 2017. The underestimated potential of solar energy to mitigate climate change. *Nature Energy,* 2, nenergy2017140.

Davidson, O. G. 2012. *Clean Break: The Story of Germany's Energy Transfor- mation and What Americans Can Learn from It.* ebook.

DPG 1987. Gemeinsamer Aufruf der DPG und der DMG. Warnung vor weltweiten drohenden Klimaänderungen durch den Menschen. *Physikalische Blätter,* 43, 347–349.

ENF Solar. 2018. Available: www.enfsolar.com/. [Accessed 15 March 2018].

Gillis, J. 2014. Sun and wind transforming global landscape. *New York Times,* September 13, p. 1.

Grau, T., Huo, M. & Neuhoff, K. 2012. Survey of photovoltaic industry and policy in Germany and China. *Energy Policy,* 51, 20–37.

Hager, C. & Stefes, C. H. 2016. *Germany's Energy Transition: A Comparative Perspective,* Springer.

IEA 2006. Energy *Technology Perspectives – Scenarios and Strategies to 2050,* Paris, International Energy Agency.

IPCC 2011. *The IPCC Special Report on Renewable Energy Sources and Climate Change Mitigation.* Intergovernmental Panel on Climate Change (IPCC).

Jacobsson, S. & Lauber, V. 2006. The politics and policy of energy system transformation—explaining the German diffusion of renewable energy technology. *Energy Policy,* 34, 256–276.

Jacobsson, S., Sanden, B. A. & Bångens, L. 2004. Transforming the energy system— the evolution of the German technological system for solar cells. *Technology Analysis & Strategic Management,* 16, 3–30.

Krause, F. 1980. *Energie-Wende: Wachstum und Wohlstand ohne Erdöl und Uran.* Frankfurt am Main, Öko Institut.

Lovins, A. B. 1976. Energy Strategy: The Road Not Taken? *Foreign Affairs,* 55, 65–96.

Meadows, D. H., Meadows, D. L., Randers, J. & Behrens, W. W.III 1972. *The Limits to Growth,* Washington, DC, Potomac Associates.

Morris, C. & Jungjohann, A. 2016. *Energy Democracy: Germany's Energiewende to Renewables,* Springer.

Neuhoff, K., Nemet, G., Sato, M. & Schumacher, K. 2007. *The Role of the Supply Chain in Innovation: The Example of Photovoltaic Cells.* Cambridge, University of Cambridge – Electricity Policy Research Group.

Palz, W. 2010. *Power for the World: The Emergence of Electricity from the Sun,* Pan Stanford Publishing.

Quitzow, R. 2015. Dynamics of a policy-driven market: The co-evolution of technological innovation systems for solar photovoltaics in China and Germany. *Environmental Innovation and Societal Transitions,* 17, 126–148.

RESA 2001. Act on Granting Priority to Renewable Energy Sources (Renewable Energy Sources Act, Germany, 2000). *Solar Energy,* 70, 489–504.

Scheer, H. 2004. *The Solar Economy: Renewable Energy for a Sustainable Global Future,* Abingdon and New York, Earthscan.

Schmidtke, J. 2010. Commercial status of thin-film photovoltaic devices and materials. *Optics Express,* 18, A477–A486.

Staiss, F. & Räuber, A. 2003. Strategies in photovoltaic research and development – market introduction programs. In: Bubenzer, A. & Luther, J. (eds.), *Photovoltaics Guidebook for Decision-Makers,* Springer.

Steinbacher, K. & Pahle, M. 2016. Leadership and the Energiewende: German leadership by diffusion. *Global Environmental Politics,* 16, 70–89.

UNFCCC 2015. *The Paris Agreement. United Framework Convention on Climate Change.*

Unnerstal, T. 2017. *The German Energy Transition: Design, Implementation, Costs, and Lessons,* Springer.

Wene, C.-O. 2000. *Experience Curves for Technology Policy,* Paris, International Energy Agency.

Wu, C.-Y. & Mathews, J. A. 2012. Knowledge flows in the solar photovoltaic industry: Insights from patenting by Taiwan, Korea, and China. *Research Policy,* 41, 524–540.

Making it cheap

3부 가격 낮추기

7장 중국의 기업가들

    1994년 1월, 마틴 그린과 데이비드 호그(David Hogg), 그리고 시정룽 (施正榮, Zhengrong Shi)은 호주 시드니를 떠나 중국으로 날아갔다. 당시 그린 교수와 뉴사우스웨일스 대학(UNSW)의 연구진이 고효율 태양전지 를 개발한 지 얼마 되지 않을 때였다. 그린 교수는 상업화하기에 적절한 시점이라고 판단했다. 호그는 UNSW의 지적 재산권을 담당했고, 시정룽 은 그린의 연구실에서 박사후 연구원으로 있으면서 출장 중에는 통역 역 할도 했다. 하지만 출장은 실망스러웠다. 이들은 생산 파트너를 찾고 있 었지만, 당시 그린의 말을 빌리면 "필요한 인프라가 하나도 없는 절망적 인 곳"이었다. 출장에서 돌아온 그들은 중국 대신 호주 시드니에서 회사 를 시작했다. 지역 전력회사인 퍼시픽파워(Pacific Power)로부터 4천 5 백만 달러의 투자를 유치하고 회사 이름을 퍼시픽솔라(Pacific Solar)라고 지었다. 그 당시 그린과 호그, 그리고 시정룽이 중국 출장을 몇 달만 늦췄다면 어땠을까? 중국의 사업 환경은 그 후 4년 동안 극적으로 개선되었기 때문이다. 첫 번째 중국 출장이 있었던 1994년 중앙 정부는 광범위한 국세·지방세 분리 개혁을 시행했다. 이것은 전반적인 세금 수입을 늘리기도 했지만, 더 중요한 것은 해당 도시 내에서 기업에 징수한 세금 수입의 훨씬 더 많은 부분이 지방 정부에 가도록 바뀌었다는 것이다(Lou, 2008). 어느 날 갑자기 그들은 기업 유치에 강한 동기부여를 갖게 된 것이다. 2000년에 그린의 팀원들이 다시 중국으로 돌아왔을 때, 비즈니스 환경은 많이 바뀌어 있었다.

태양광에 대한 중국의 기여: 개관

알버트 아인슈타인의 과학적 발견, 벨연구소의 초기 연구, 미국의 블록바이 정책, 일본의 틈새시장, 독일의 발전차액지원제도 등이 태양광 개발에 핵심적인 역할을 했다. 그러나 2000년과 2016년 사이 중국에서 벌어진 일은 저렴한 태양광에 가장 직접적으로 기여했으며, 그 기간 동안 중국의 태양광 회사들은 생산량을 500배로 늘렸다. 2007년까지 중국은 다른 어떤 나라보다 더 많은 태양광을 생산했고 2013년에는 다른 어떤 나라보다 더 많은 태양광을 설치했다. 2017년까지 중국은 전 세계 태양광의 70%를 생산했다.

이 시기 중국에서 일어난 눈에 띄는 변화를 이해하기 위해 그린의 연구팀이 주축이 되어 설립한 선구적 회사, 썬텍에 초점을 맞추고자 한다. 설립자들 중 거의 대부분은 호주 국적이었으며 그중 일부는 중국계 호주 이민 1세대 또는 2세대였다. 중국의 태양광 산업이 성장하고, 번영하고, 결국 세계를 지배하게 된 중심에는 썬텍이 있었으며, 다른 기업이 따라하는 성공적인 모델을 구축했다. 이 모델은 태양광에 대한 도시들의 관심을 불러일으키게 되어 중국 내 공급망이 구축되었고 지역의 숙련된 노동자가 생겨났다. 또한 수출을 위해 외국 기업들과의 제휴가 일어났고 미국 자본 시장의 금융을 끌어올 수 있게 되었으며, 최종적으로 수익성 있는 사업 모델을 확립하게 되었다. 썬텍은 오늘날 중국에서 혁신의 원동력인 기업가정신의 역할을 보여준다. 중국 정부의 태양광 산업에 대한 관심과 동기부여는 1970년대 국가 안보, 1980년대와 90년대 빈곤 문제, 2008년 이후의 경제 성장, 2010년대의 환경 문제 등 시간이 지남에 따라 다양한 아젠다 속에서 등장했다. 확실히 중국 정부는 태양광 산업을 육성하는 데 중요한 역할을 했다. 그러나 태양광 산업의 발전에서 국가의 역할은 두 번째였으며 2000년대 기업의 창업 활동(기업가정신)이 가장 큰 역할을 했다(Quitzow, 2015). 2009년 이후에야 국가는 번창하는 태양광 산업을 가능하게 하는 데 중요한 역할을 했다.

이러한 구분은 태양광 회사를 위한 펀딩 주체가 바뀌는 과정에서 가장 명확히 드러난다. 중국의 태양광 산업은 2000~2007년 사이에 몇 개의 신생기업 수준에서 세계적인 태양광 리더로 탈바꿈하게 된다. 초기에는 사업가 자신이나 엔젤투자자에 의한 수백만 달러 규모의 펀딩이 여기저기 분산되어 파편적으로 투자가 진행되었다. 대부분 호주와 중국의 합작 기업의 형태로 사업이 시작됐으며 전문 지식은 호주에서, 일부 창업 자본은 중국에서, 뒤따르는 큰 규모의 투자는 미국으로부터 받았다. 중국 정부는 1990년대 '광명공정'(Brightness Program)으로 작은 내수 시장을 만들었고 그전에는 일부 국영기업들이 태양광(위성 및 통신시설의 전력 공급용) 생산을 지원했다. 중국 정부의 태양광 지원은 2009년부터 본격화되었다. 이는 기업들이 2005~2007년 뉴욕증시 상장(IPO)을 통해 탄탄한 기반을 확립한 이후였다. 여기서도 썬텍이 그 흐름의 선두에 섰다.

중국의 태양광 기업들은 썬텍이 상장한 2005년 12월부터 2007년 말까지 미국 자본 시장에서 70억 달러를 조달했다. 중국 정부는 2009년 강력한 지원을 시작했고 2010년에는 태양광 회사에 수백억 달러의 신용을 제공했다. 비록 늦었지만, 생산시설 확장을 위해 수십억 달러의 투자가 더 필요했기 때문에 정부의 참여는 여전히 중요했다. 이후 글로벌 태양광 수요의 증가가 가속화되었으며 연간 수출선적량이 30%에서 50% 이상 늘어났다.

2004년 중반 독일의 FiT가 촉발한 태양광 수요의 폭발적인 증가는 중국의 생산에 변화를 가져왔다. 1970년대와 80년대의 위성 프로그램과 1996년과 2002년의 농촌 전기화 계획으로 중국 시장이 작게 형성되었다. 그러나 독일 시장은 백 배나 컸다. 게다가 독일 정책에서 보조금을 장기적으로 축소해가는 계획은 보조금 프로그램이 끝나기 전에 태양광 설치를 서둘러야 함을 의미했다. 2004년, 태양광 산업 참여자들은 갑자기 서둘러야 한다는 걸 깨달았다. 중국인들은 누구보다 빨리 짓는 걸 잘한다. 반면 미국, 일본, 독일은 시장의 수요를 충족시키기는커녕 기회를 제대로 인식하지도 못했다. 중국 기업의 뚜렷한 특징 중 하나는 "조직 능력", 즉 신속한 고용, 신속한 생산, 신속한 개선 능력이다. 이러한 능력은 독일 태양광 시장이 요구하는 것과 정확히 일치했다.

중국은 2005년 재생에너지법이 통과되면서 내수 시장이 중요해졌다. 다른 나라와 마찬가지로 풍력은 태양광의 유용한 선행 기술로 작용했다. 이 법은 주로 풍력을 대상으로 했지만, 중국이 언젠가는 태양광의 주요 시장이 될 것이라는 기대감을 전달함으로써 중국 태양광 기업에 대한 투자자들의 신뢰를 강화했다. 2011년 만들어진 중국 FiT는 글로벌 금융위기와 독일 보조금 개혁으로 중국의 수출이 둔화한 이후에도 산업이 지속적으로 성장할 수 있도록 해주었다.

중국 기업들은 다양한 방식으로 태양광 기술의 발전에 기여했다. 태양광 R&D, 초기 태양광 생산, 1970~1990년대 반도체 산업의 출현은 역량의 기초를 제공했다. 섬유 산업과 같은 대량 생산 시스템을 갖춘 다른 분야의 경험도 한몫했다. 2000년부터는 광범위한 국제협력과 특히 호주를 비롯한 서방에서 교육을 받고 귀국한 중국인들에 의해 상당한 노하우가 중국으로 전해졌다(Binz et al., 2017). 호주는 중국의 태양광 회사들에 꾸준히 인재들을 제공했는데, 이 중에는 호주에서 태어난 사람들도 있지만, 특히 중국 태생으로 호주 국적을 취득한 사람들도 있었다. 또한 외국산 기계, 그리고 그 설치와 최적화를 위해 중국을 방문한 기술자를 통해 중국에 꾸준한 지식이 유입되었다. 호주, 독일, 미국에서 중국으로 이주한 사람들도 중국의 성공에 결정적이었다. 많은 회사들은 기술적으로 가장 쉬운 모듈 생산부터 시작했으며 점진적으로 업그레이드했다.

중국 기업들은 기술 표준/인증 획득이라는 중요한 이정표들을 달성함으로써 중국산 상품에 회의적인 독일의 초기 고객들에게 신뢰를 줄 수 있었다. 독일 시장이 커져서 독일 기업의 공급 역량을 넘어서면서 독일 유통업체들은 모듈 공급처를 찾기 위해 중국으로 눈을 돌렸다. 그 과정에서 태양광 기술의 표준/인증을 보유하고 있다는 사실은 독일인들을 설득하는 데 도움이 되었다. 독일 기업들이 중국산 모듈을 빠르게 채택함으로써 중국 기술은 비로소 글로벌 시장에서 인정받게 되었다.

중국의 낮은 인건비는 산업이 확장되던 2000~2007년의 핵심기간 동안 중국에 비교 우위를 제공했다. 그러나 이러한 장점은 자동화의 빠른 확산으로 오래 지속되지 못했다. 인건비 비중이 너무 작아져 큰 이점을 제공할 수 없었다. 경쟁력을 잃지 않기 위해 중국은 속도, 유연성, 공급망

파트너 간의 신속한 정보 교환과 같은 다른 이점에 의존해야 했다. 자동화 확대와 비용의 급락은 동시에 진행됐다. 결과적으로, 반도체 산업 밖에서의 경험이 점점 더 중요해졌다. 치열한 경쟁으로 마진이 희박한 시장에서 섬유, 신발, 핸드백 등을 생산한 경험은 대규모 생산 노하우를 제공했다. 중국은 다른 어떤 태양광 생산국보다 그러한 활동에 더 많은 경험을 지니고 있었다.

중국 산업이 성장함에 따라, 경쟁이 극도로 심해졌다. 2004년 샤프의 세계 시장 점유율은 28%였으나 지금은 1위 기업의 시장 점유율이 10%를 넘지 않게 되었다(그림 7.1). 경쟁이 치열해지면서 수익은 얻기 어려워졌고 비용은 계속 하락했다. 중국은 시기적으로 거의 완벽하게 생산 규모를 확대함으로써 수요를 제때에 맞췄으며 너무 이르지도 않았다. 공급 초과의 시기가 있었지만, 그 초과 용량은 곧 연간 30%를 훨씬 넘는 성장률을 보인 글로벌 시장에서 해소되었다.

중국 태양광 산업의 시작

중국은 1950년대 후반부터 태양광 연구를 수행해왔다. 1957년 미국의 뱅가드 1호(Vanguard-1) 위성 발사 이후, 태양광은 우주 프로그램을 가진 국가들 사이에서 큰 관심을 끌었다. 중국은 러시아를 좇아서 지구 궤도로 인공위성을 발사하기 위해 우주 경쟁에 뛰어들었으며, 1971년에 태양전지을 탑재한 첫 번째 위성인 둥팡훙(東方紅)-2호를 발사했다. 그 후 중국은 1980년대 초 대규모 농촌 전기화 프로그램을 시작하면서 지상에 설치하는 태양광 연구개발에 관심을 갖게 되었다(Zhi et al., 2014). 제6차 5개년 계획(1981~1985)에는 효율 향상 및 비용 절감을 위한 태양광 R&D에 1,000만 달러가 포함되어 있었고, 이 중 상당 부분은 미국에

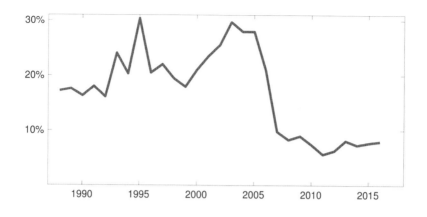

〈그림 7.1〉 세계 태양광 제조 시장에서 1위 기업이 차지하는 점유율

서 턴키 라인 7기를 수입하는 데 사용되었다(Zhang and White, 2016). 참고로, 동 기간 미국의 해당 예산은 중국보다 100배나 더 컸다.

초기 생산

1960년대 중반, 중국은 반도체를 제조하는 국영기업들로 구성된 작은 컴퓨터 산업을 구축했다. 이 회사들 중 두 곳은 1970년대 군 통신과 위성 관련 애플리케이션 수요를 채우기 위해 태양광 사업에 뛰어들었다. 허난성 소재의 카이펑 태양전지공장(Kaifeng Solar Cell Factory)은 1970년에 태양광 연구를 시작해 1975년에 단결정 태양전지를 만들기 시작했다. 1978년부터 닝보 태양광공장(Ninbo Solar Power Source Factory)은 전지와 모듈 제작을 시작했으며 윈난 반도체공장(Yunnan Semiconductor Devices Factory)은 1979년부터 단결정 전지를 만들기 시작했다(Dunford et al., 2013). 1980년대 초 카이펑과 윈난은 미국에서 생산 장비를 수입하여 규모를 키울 수 있었다(Jang and White, 2016).

윈난 반도체공장은 1990년대 유럽 시장에 모듈을 수출하면서 급속도로 발전했다. 이 유통망을 통한 수출은 그 양이 많지 않았지만 중요한 성과였다. 유럽인들은 초기 중국 기업의 품질과 신뢰성에 회의적이었고, 따라서 중국 기업이 유럽에서 제품 인증을 받기가 쉽지 않았다. 1990년 중국의 총생산량은 0.5MW에서 90년대 말까지 10년간 2MW로 증가했다. 3억 5천만 세대가 사는 거대한 나라에서 지붕형 태양광 시스템이 10년 동안 고작 100여 개에서 400여 개로 늘어났음을 의미한다. 그럼에도 태양광 R&D를 통해 반도체 회사들은 실리콘 소재와 대량 생산에 대한 이해를 높일 수 있었고, 이는 이후 태양광 공급망이 급속도로 커지는 데 중요한 씨앗이 되었다. 또한 이 시기 동안 개인적인 네트워크가 형성되었던 것이 후일 태양광 산업이 급속도로 확대되는 데 중요하게 작용했다.

초기 시장

중국 농촌의 전기 보급 사업은 1990년대에도 계속해서 정책 우선순위에 있었고 태양광도 작게나마 역할을 했다. 1996년 시작된 광명공정 정책은 중국 서부 시골에 전력을 공급하기 위해 재생에너지를 사용하는 계획이었다. 목표는 2010년까지 2,300만 명에게 전기를 공급하기 위해 재생에너지, 특히 소규모 풍력, 지붕형 태양광을 사용하는 것이었다. 그러나 비용은 싸지 않은 방법이었다. 후속으로 2003년 추진된 송전도향공정(送电到乡工程, Township Electrification Program)은 30억 위안 이상의 지원금으로 20MW의 태양광을 설치하는 것으로 규모가 더 컸다. 가정에 전기를 공급하는 두 정책에서 태양광이 핵심 역할을 하지는 않았지만, 중국에서 태양광 산업이 성장하는 데 중요하게 작용했다. 1990년대 중반까지 약 5MW가 설치되었으며, 이후 2004년까지 10배로 증가했다. 미국(BP, Shell Solar), 독일(Siemens Solar), 일본(Sharp, Sanyo) 기업들이 중국에 진출했으며 새로운 중국 기업들도 등장하기 시작했다. 그러나 이 시기 동안 태양광의 비싼 가격과 전망 역시 좋지 않을 것이라는 인식 때문에 중국 내 태양광 시장은 여전히 매우 작았다.

국제협력

2000년대 초, 중국은 재생에너지 기술에 관한 일련의 국제협력에 참여하기 시작했다. 덴마크, 독일과는 풍력 발전에 관한 양자 협력 협정을 맺었다. 세계은행과 지구환경기금은 중국의 재생에너지 프로젝트를 지원하는 데 관심을 갖게 되었다. 태양광 관련 협력에는 일본과 진행한 '신에너지 기술개발기구 프로젝트'와 독일과 진행한 '서부 태양 에너지 프로젝트'가 있었으며 캐나다, 네덜란드와의 양자 협력 협정 등도 있었다. 일부 협력은 기술 교류에 기반했지만 정책 교류도 있었다. 예를 들어, 2004년, 2006년 신재생에너지법이 계획되고 있을 때, 정부 관리들은 덴마크, 미국, 스페인, 그리고 가장 중요하게 독일을 방문하여 신재생에너지 지원 정책의 이행 문제에 대해 배웠다. 2010년까지 중국은 60개 이상의 국제 협력 협정을 체결했다(Zhao et al., 2011). 이러한 공식적인 협의는 학술 출판물, 사람들의 암묵지, 기계에 구현된 지식 등의 형태로 전파되는 비정형 지식(노하우: know-how)의 직접적인 교류를 촉진했다.

정부 지원

중국의 공공 기관들은 다양한 수단으로 여러 단계에 걸쳐 태양광 산업의 발전을 지원하였다. 하지만 중앙 정부는 결실이 확실히 예상되는 시점에서야 태양광에 관심을 갖기 시작했다. 태양광은 너무 비싸다고 여겨졌기 때문에 풍력이 재생에너지 육성 정책의 초점이 되어왔다. 2005년과 2006년에 중국의 태양광 회사들이 서방 증권거래소에 상장하고 수억 달러의 국제 자본을 유치하기 시작하면서 상황이 달라졌다. 비슷한 시기인 2004~2005년에 2006년 재생에너지법이 준비되면서 중국이 조만간 재생에너지의 주요 시장이 될 것이라는 기대가 생겼다. 중국의 태양광 기업들이 IPO로 정당성을 입증한 후, "새로운 에너지"는 12차 10개년 계획에서 전략 산업이 되었고 태양광은 그 핵심이었다. 이러한 국가계획 상의 명시적인 표현은 자치체와 지방 정부가 중앙 정부로부터 태양광 산업에 대한 지원을 받을 것이라는 기대를 품게 했다.

중앙 정부와 대조적으로 지방 정부와 자치체는 다른 다양한 제조업을 지원한 것처럼 태양광 산업의 발전도 적극적으로 지원해 왔다. 1994년 재정 개편으로 자치체는 관할 구역 내 기업으로부터 얻은 법인세 수입의 훨씬 더 많은 부분을 사용할 수 있게 되었다. 이것은 아마도 기업을 유치하고 그들의 성공에 투자하기 위한 경쟁을 촉발했을 것이다. 지방자치체들은 무상 토지, 산업 단지 내 쉬운 인허가, 저렴한 전기 공급, 노동자 모집 및 훈련 지원, 한시적 지방세 공제 등을 제공했으며, 작지만 자치체의 직접 투자도 시행했다. 자치체들은 때때로 공동 대출을 체결하여 은행의 상환 위험을 줄여 기업들이 낮은 금리로 대출을 받을 수 있게 했다.

이러한 자치체 지원사업 중 일부는 IPO 전 단계의 초기 기업들에게 결정적인 도움이 되었다. IPO를 통해서 기업은 시장으로부터 정당성을 확인함과 동시에 많은 자본을 동원할 수 있었다. 이후, 2008~2011년간에 생산시설 확충에 필요한 투자가 훨씬 더 커졌고 국영 은행들이 점점 더 관여하게 되었다. 예를 들어, 2010년에 중국개발은행은 LDK솔라에 90

억 달러, 잉리(英利, Yingli)에 50억 달러, JA솔라에 40억 달러의 대출을 해주었다(Grau et al., 2012). 2012년 독일 시장이 성장을 멈추자 중국 은행들의 구조조정과 대출 탕감 의지가 이들 기업 중 일부가 생존할 수 있도록 역할을 한 것으로 보인다.

이러한 다양한 형태의 정부 지원을 넘어, 문화 또한 중요했던 것으로 보인다. 중국의 여러 인터뷰 대상자들은 급속한 생산 규모 확대를 가능케 한 핵심 요인으로 "조직 역량"을 꼽았으며 그 바탕에는 중국인들이 새로운 생산 인프라를 구축하는 능력에 자신감을 갖게 한 다른 산업에서의 경험이 있었다. 그것은 결국 땅, 돈, 사람을 잘 엮어내는 일이다. 무엇보다 중요한 것은 빠른 속도로 새로운 생산 설비를 구축할 수 있는 능력이었다. 중국 국가혁신시스템의 또 다른 측면은 해외로부터의 지식 유입에 대한 개방성으로 훨씬 폐쇄적이었던 일본의 국가혁신시스템과 뚜렷한 대조를 이룬다. 호주에서 훈련받은 인력들의 전문 지식은 중국의 초기 태양광 산업 설립에 핵심적이었다. 어떤 한 기업은 조직 역량과 지식에 대한 개방성이라는 두 가지 특징을 모두 일구어냈다. 오늘날 우리가 가지고 있는 중국 태양광 산업의 시초는 거의 전적으로 바로 이 기업, 썬텍의 설립과 성장 덕분이라고 할 수 있다.

썬텍(Suntech)

1986년 상하이광학정밀기계연구소에서 석사 학위를 취득한 시정룽은 미국에서 박사 학위 과정을 밟을 수 있는 장학금에 지원했다. 그는 장학금을 받았지만, 그 장학금은 그를 호주로 보냈고, 호주는 훗날 그가 인정했듯이 어디 있는지조차 알지 못하는 곳이었다. 이 사람이 바로 1994년 마틴 그린이 중국에 갈 때 동행했던 바로 그 인물이다.

시정룽은 1988년 3월 상하이를 떠나 뉴사우스웨일스 대학 대학원에 진학했다. 그의 장학금은 호주로 유학하는 데는 도움이 됐지만, 시드니에서 생활하기에는 충분치 않았다. UNSW의 물리학과 지도교수는 그가 정말로 필요한 자금을 가지고 있지 않았다. 지도교수는 그에게 전기공학과에 가보라고 말했다. "연구비가 엄청 많은 사람이 거기 있어요. 그린 교수에게 가보세요." 시정룽은 그린 교수를 찾아가 일자리를 부탁했다. 그린은 그에게 자리가 없다고 거절하고 미안하다고 했다. 시는 그린 교수의 거절을 받아들이지 않고, 정규직은 필요하지 않고 시간제 연구직을 원할 뿐이라고 말했다. 다음날 그린은 시정룽이 그의 연구실에서 일하는 것에 동의했다. 3년 후, 1991년 시정룽은 그린을 지도교수로 하여 태양광 발전 기술로 박사 학위를 마쳤다. 그는 그린의 연구실에서 보낸 대부분의 시간을 유리에 박막 태양광-실리콘을 증착하는 기술과 모듈의 비용을 줄이는 방법을 연구하는 데 사용했다.

중국에서 UNSW로: 중국인 유학생들

시정룽이 그린 교수의 연구실에 들어간 첫 번째 중국인 학생은 아니었다. 1978년 중국의 지도자가 된 덩샤오핑은 1,000명의 중국 학생들이 해외에서 공부할 수 있도록 하는 프로그램을 시작했다. 중국은 그들의 교통비, 등록금, 그리고 적당한 생활비까지 지불했다. 유학생과 연구원으로 구성된 첫 1,000명 중에는 UNSW에서 공부하기 위해 1980년에 도착한 시지쿤(Jiqun Shi)도 있었다. 그는 마틴 그린의 태양광 발전 기술 연구소에서 방문 연구원으로 자리를 잡았고 곧 긍정적인 인상을 남겼다. 시지쿤은 중국에서 마이크로 전자공학을 공부하고 대부분의 시간을 반도체 재료를 가공하면서 보냈다. 그린은 마이크로 전자공학에 대한 그의 배경 지식이 작업을 빨리 습득하는 데 도움이 되는 것을 보고 크게 놀랐다. 중요한 것은 시지쿤이 그린이 높이 평가한 "외부 지식"을 연구실에 가져왔다는 것이다. 이로써 1980년대 초에 중국과 호주 사이에 지식이 흐르는 통로가 마련되었다.

학사 학위를 마친 후, 시지쿤은 중국으로 돌아갔다. 그 직후 그린은 초대장을 받고 1984년 화중과학기술대학교를 방문하여 당시 출간된 교과서(Green, 1982)를 바탕으로 태양광에 대한 3주간의 강좌를 진행했다. 그린은 매일 교실을 가득 메운 백여 명의 학생들이 정말로 태양광에 관심이 있는지 알 수 없었다. 그들 중 다수는 대학 측의 동원으로 억지로 참석한 학생일 가능성이 높아 보였다. 아마도 이 방문의 가장 중요한 의미는 첸시(Xi Chen)가 당시 강의에 사용된 교과서를 중국어로 꼼꼼하게 번역하는 계기가 됐다는 것이다.

그린은 1980년대 내내 중국을 방문하여 회의에 참석하고 대담을 나누었다. 그는 값싼 태양광 발전의 실현과 개발도상국의 산업화 중 무엇이 먼저 이뤄질지 관심 있게 지켜보았다. 만약 태양광이 충분히 빨리 저렴해진다면 중국, 인도와 같이 덩치 큰 개발도상국들은 화석연료가 아닌 태양광으로 산업화가 가능할 것이다. 이러한 시급성은 연구 그룹의 관심을 중국과 인도의 태양광 애플리케이션에 집중시켰다. 그린의 연구 그룹은 1980년대 말 인도에서 고효율 셀 기술을 사용할 수 있게 했고 뉴델리에 이 기술을 위한 생산라인을 설립하는 일을 도왔지만, 중국보다 인도에 사업장을 설립하는 것이 훨씬 더 어려울 거라고 확신했다. 그린의 두 번째 중국인 제자인 자오지안화(Jianhua Zhao)는 박사 학위를 위해 1984년 호주에 왔으며 그때 동행한 그의 아내 왕아이화(Aihua Wang)도 그린의 지도로 박사 학위를 받았다. 왕은 그린의 연구실에서 고효율 PERC 셀을 처리하는 일을 시작했다. 자오와 왕은 2006년 각각 차이나 써너지(China Sunergy)의 기술 부사장과 최고 기술 책임자(CTO)가 되어 중국에 돌아왔다(Green, 2016). 차이나 써너지는 썬텍에 이어 두 번째로 중국에서 30MW의 셀 생산 능력을 갖춘, 표본이 되는 회사가 된다. 그린의 세 번째 중국인 박사 과정 학생인 다이시민(Ximin Dai)도 2005년 JA솔라의 CTO로 중국에 돌아왔는데, JA솔라 역시 30MW 셀 생산 능력에 도달한 네 번째 회사였다. 그린의 연구실에 도착한 다섯 번째 중국 학생이 바로 시정룽이었다.

퍼시픽솔라

1994년 마틴 그린은 그의 연구실에서 개발한 실리콘 박막 기술을 학생들과 함께 사업화하기 위해 4,500만 달러의 투자를 받아 퍼시픽솔라를 설립했다. 그린 자신은 연구 이사를 맡고 데이비드 호그를 총괄 이사로 임명했다. 박사 후 연구생 신분이었던 시정룽은 연구부장 겸 공정/기술개발 이사가 되었다. 이들 3명은 회사 설립 6개월 전에 중국을 방문하여 공장 설립을 알아보았으나 성과 없이 돌아왔고 대신 그들은 시드니 남쪽 교외 지역인 보타니에 작은 생산시설을 세웠다. 그리고 1980년대 초부터 그린과 함께해온 테드 스츠피탈락(Ted Szpitalak)이 합류하여 생산 장비를 확보하는 중요한 임무를 맡았다. 그의 강점은 중고 장비를 구하고 중개하는 것이었다. 그 모든 장비의 원천은 미국의 반도체 산업이었다. 그린은 쓸만한 중고 장비를 구하기 위해 스츠피탈락이 원하는 만큼 자유롭게 미국을 방문할 수 있게 해 주었다. 스츠피탈락은 1980년대 내내 태양광 분야에서 매우 강력한 인적 네트워크를 구축했다. 퍼시픽솔라는 박막 태양광 기술을 개발하는 데 집중했다. 스츠피탈락은 그린이 결정질 실리콘의 세계 최고 효율을 달성한 것을 바탕으로 국제적 명성을 얻었는데 정작 사업적으로는 박막 태양광에 집중하고 있다는 사실이 실수라고 생각했다. 시정룽 역시 박막 태양광에만 집중하는 것은 문제라고 생각했다. 연구부장으로서 시정룽은 퍼시픽솔라가 결정질 실리콘 생산라인 구축에도 일부 투자하자고 이사회에 제안했으나, 이사회는 BP솔라, 샤프와 같은 기존의 결정질 실리콘 생산자들과는 규모 면에서 경쟁이 되지 않으리라 판단하여 그 제안을 기각했다. 1990년대 말 퍼시픽솔라는 신규 투자자가 필요했고 큐셀이 2004년에 자산을 매입했다. 한편 퍼시픽솔라는 인력 충원을 위해 중국인 연구원을 많이 데려갔고, 그 여파는 직접적으로 중국 태양광 산업의 기술개발 및 생산 능력이 저해되는 결과를 가져왔다(Green, 2016). 퍼시픽솔라 직원들은 장비를 싸게 구입하는 법, 전혀 다른 기계들을 조합하여 비록 규모는 작아도 잘 작동하는 생산라인을 구축하는 법, 지속적으로 기계를 조율함으로써 생산성을 올리는 법 등을 배웠다. 데이비드 호그는 회사 운영과 절차에 대한 ISO 인증을 획득함으로써 직원들이 품질 경영과 같은 선진 경영 기법을 확실히 익히도록 했다.

사업 계획

1990년대 후반 퍼시픽솔라에 근무하는 동안 시정룽은 일본과 독일에서 태양광 산업 육성 정책이 시작되고 있다는 것을 알게 됐다. 그는 또 고효율 우주용 태양광 제조기업인 스펙트로랩(Spectrolab)이 소유한 초기 태양광 특허 중 일부가 곧 만료되어 기술을 무료로 쓸 수 있다는 걸 알고 있었다. 그는 상업용 제품을 만드는 것에 점점 더 관심을 갖게 되었다. 당시 중국에서 진행되고 있던 경제개혁으로 인해 창출된 기회에 열광했던 중국 태생의 호주인 후아이진 새미 양(Huaijin Sammy Yang)이 1999년 시정룽을 방문했다. 훗날 JA솔라의 CEO가 된 새미 양은 시정룽이 중국에서 회사를 설립하도록 격려했다.

2000년, 시정룽, 새미 양, 스츠피탈락은 2주간 중국을 방문하여 태양광 사업 설립에 관해 많은 사람과 의견을 나누었다. 1994년 방문 때처럼 시정룽은 중국에서 태양광을 생산하기에는 아직 이르다는 느낌을 받았다. 당시 중국의 태양광 업체는 2개에 불과했는데, 한 곳은 연간 2MW, 다른 한 곳은 연간 200kW를 생산하고 있었다. 생산된 태양광은 연간 약 500개의 지붕형 태양광 시스템을 설치하는 데 쓰였다. 전체적으로 중국의 태양광 생산은 실험실 규모를 갓 넘어선 수준이었다. 그럼에도 세 사람은 격려를 받았고 어느 순간 사업계획서를 써달라는 요청을 받았다.

여행을 마치고 호주로 돌아온 시정룽은 사업계획서를 작성하기 시작했다. 그의 첫 번째 과제는 14년 전 호주로 이주한 이후 쓰지 않았던 중국어를 다시 배우는 것이었다. 그는 중국어로 200페이지 분량의 사업계획서를 작성하는 데 2주를 보냈다. 그는 필요한 재료와 장비 예산을 계산하는 법을 모른다는 것을 깨달았지만 자신의 실험실이 어떻게 작동하는지는 잘 알고 있었다. 그래서 대신 그는 연구실에서 사용했던 품목들의 비용을 적용했고 대규모 생산으로 인한 비용 절감률은 30%로 설정했다. 그는 와트당 3달러에 모듈을 판매할 수 있다면 25%의 총 마진을 창출할 수 있을 거라고 계산했다. 1999년의 평균 모듈 가격은 와트당 3.80달러에서 3.50달러 사이였다.

그런 다음 시정룽은 가능한 한 많이, 중국에서 관심을 보인 사람들에게 사업계획을 설명했다. 상하이, 다롄, 항저우 등을 방문했지만 기대보다 관심이 적었다. 관심을 보인 사람 중 우시(无锡) 중국공산당 부서기인 왕지아준(Jiajun Wang)이 있었는데 시정룽의 구상을 좋아했다. 우시는 첨단기술 산업을 유치하기를 원했고 그들을 이끌 전문가가 필요했는데 때마침 등장한 시정룽 박사는 국제적으로 명성이 있었고 인맥이 좋았으며, 과학적 신뢰도도 갖추고 있었다. 우시 정부는 시정룽을 초청해 프레젠테이션 기회를 주었다.

2000년 8월, 시정룽은 기대감에 찬 청중들 앞에서 자신의 아이디어를 발표하고 질의응답을 하며 우시에 태양광 회사를 설립할 가능성에 대해 논의하는 데 4시간을 보냈다. 시 관계자 중 한 명은 그에게 "당신이 CTO가 아닌 총괄 책임자가 되길 바란다"고 말했다. 시정룽은 그때 처음으로 기술자가 아닌 CEO로서의 자신의 모습을 그려보게 되었다고 한다. 하지만 치명적인 장애물이 남아 있었다. 그들의 열정에도 불구하고 우시 정부가 회사를 설립하기 위한 투자를 준비하는 건 꽤 어려운 일이었다.

한편, 새미 양은 투자자를 찾기 위해 중국 전역을 헤매고 있었다. 9개월이 지나도록 아무도 관심을 보이지 않아 양은 아무런 성과를 거두지 못했다. 결국 왕지아준 부서기가 나서 몇몇 지방 기업에 행정적 영향력을 행사했다. 그는 우시에 소재한 다섯 회사에 전화를 걸어 신설 태양광 회사의 지분에 각각 백만 달러씩 출자해 달라고 요청했다. 이 회사들은 가전제품을 포함한 다른 제품들을 생산하는 업체로 태양광과 아무런 관련이 없었기에 모두 거절했다. 그러나 부서기는 그들의 거절을 받아들이지 않았다. 중국 군(軍)은 1990년대 예산이 삭감된 이후 부족한 예산을 채우기 위해 자체적으로 제조업을 운영해왔고 부서기가 호출한 5개의 지역 회사 역시 군의 통제를 받고 있었기에 부서기는 더 강력한 요청을 할 수 있었다. 다음 날 아침 정해진 계좌에 6백만 달러가 입금되었다.

투자 계약 체결을 앞둔 우시 정부는 객관적인 위치에 있는 제3자를 고용하여 사업 계획에 대해 철저히 검증했고 시드니에 있는 그의 집에 대한 조사와 UNSW의 동료들에 대한 인터뷰를 진행했다. 최종 컨소시엄에는 벤처캐피털 회사 두 곳(우시 벤처캐피털 그룹, 우시 하이테크 벤처캐피털 컴퍼니)과 현지 기업의 투자 부문 다섯 곳(우시케다 국제투자, 우시국제신탁투자, 리틀스완그룹, 우시머큐리그룹, 우시산허그룹)이 참여했다(Hejun, 2015). 시정룽은 40만 달러를 직접 투자해 5%의 지분을 얻고 자신이 보유한 14개의 태양광 특허권을 현물 출자하여 20%의 지분을 추가 획득했다. 나머지 75%는 7개의 국영기업이 소유했다. 시정룽은 6백만 달러의 투자금이면 퍼시픽솔라를 당장 그만둘 수 있다는 걸 깨달았다.

그러나 시정룽은 15년 동안 그린의 신뢰를 얻었고 회사 동료들을 실망시킬 수 없었기에 퍼시픽솔라를 바로 떠날 수 없었다. 그는 2000년 가을 무렵 3개월 동안 자신이 떠난다는 사실을 조금씩 알렸다. 가장 중요한 것은 그린이 지지했다는 것이다. 그린은 시정룽에게 "나는 자네를 100% 지지하네. 자네가 심사숙고한 것을 알기에 옳은 결정을 했으리라고 믿네." 라고 말했다. 호주에서 태어난 두 아들을 지금 중국으로 데려가지 않으면 중국 사회와 영원히 멀어질 것이라고 시정룽이 말했을 때 그린은 그의 결심이 섰음을 알았다고 했다. 2001년 1월, 마침내 썬텍이 설립되었다.

첫 번째 생산라인: 스타트업

2001년 3월, 시정룽과 그의 아내 그리고 두 아들은 시드니를 떠날 준비를 했다. 그들은 태양광 연구 자료 20박스를 중국으로 가는 배에 실었다. 그런 다음 네 식구는 우시에 있는 새 집으로 향했다. 도착 당시 시정룽과 스츠피탈락은 그들이 중국에서 사업하는 것, 특히 어떤 장비와 부품이 현지 조달 가능한지 잘 알지 못했다. 심지어 유리도 처음에는 호주에서 조달했을 정도였다. 시정룽의 사업계획서대로 600만 달러의 자본금으로 연간 3MW의 모듈을 생산할 수 있는 '3MW 생산라인'을 구축하는 것이 첫 번째 임무였다. 이 생산라인은 2002년 9월 9일 가동을 시작했는데, 곧 자원을 창의적으로 활용하여 썬텍의 생산 첫해인 2002년 말 연간 10MW의 모듈 생산 능력을 갖출 수 있었다.

시정룽은 생산라인을 잘 운영하고 업계의 빠른 기술발전을 따라가려면 독자적인 연구가 필요하다고 생각하고 극심한 제약 조건에도 불구하고 100만 달러를 사용하여 R&D 연구소를 만들었다. 이 연구소는 나중에 썬텍이 빠르게 발전하는 태양광 산업의 선두를 유지하는 데 핵심적인 역할을 했다. 그것은 국제 과학 표준에 맞게 지어진 중국 최초의 태양광 연구소로 운영 비용을 낮게 유지하기 위해 가능한 모든 기회를 이용하면서도 모든 것을 가장 진보된 기술로 사용하도록 설계했다. 스츠피탈락은 중국의 반도체 산업뿐만 아니라 다른 태양광 회사들로부터도 중고 장비를 사들이기 위해 열심히 뛰어다녔다. 이것은 썬텍이 중국에서 태양광 산업의 선구자로서 도전을 보여준 상징적인 장면이기도 하다. 중국 내에서 자체적으로 공급망을 구축하기 위해 누군가는 해야만 하는 일이었다. 썬텍은 그 후로도 계속해서 중국에서 최초의 일을 만들어 나가게 된다.

가족들을 우시로 이주시킨 후 시정룽은 스츠피탈락와 같이 3MW 생산라인에 쓰일 장비를 찾아 미국, 일본, 독일의 장비 제조사를 만나러 떠났다. 그들은 3~10MW 모듈 생산라인을 6개월 만에 구축했고 셀 생산라인을 구축하는 데는 12개월이 걸렸다. 썬텍은 중국에서 반도체 산업에 종사한 경험이 있는 생산 엔지니어를 채용했다. 3개월 동안 하루 16시간씩 일한 끝에 그들은 당시 업계 평균을 약간 웃도는 15%의 효율로 소량의 모듈 생산을 시작할 수 있었다. 이러한 높은 효율 덕분에 중국에서 썬텍이 이름을 알릴 수 있었다. 그들은 정말로 세계적인 수준의 제품을 만들고 있었다. 시정룽은 이러한 고품질 모듈을 전 세계에 알리는 일이 중요하다는 걸 그린과 일하던 때부터 알고 있었다. 시정룽은 중국의 다른 어떤 회사도 가지고 있지 않았던 ISO 9001 인증 획득을 추진했고 IEC, EC 품질 표준 인증을 받기 위해서도 투자했으며, 그 결과 2003년에 인증서를 모두 취득할 수 있었다. 시정룽은 태양광 시장을 잘 알고 있었기 때문에 처음부터 일본(당시 가장 큰 시장)에, 더 나아가서는 유럽 시장으로 수출하기 위한 제품을 생산하고 있었다. 그때까지만 해도 썬텍은 자국 내에서만 모듈을 판매하고 있었는데, 중국 시장은 너무 작았고 유럽 시장은 당분간 접근하기 어려울 거라는 우려가 있었다. 실제로 그즈음 4명의 관리자급 직원들이 회사를 떠나기도 했다(Zhang and White, 2016).

2002년 말 썬텍 공장이 막 가동되기 시작했을 때, 2년 전 사업계획서에서 시정룽이 제시한 생산단가 목표치인 와트당 3달러에는 미치지 못했지만 크게 실망스러운 수준은 아니었다. 당시 썬텍은 와트당 3.28달러에 모듈을 생산해 와트당 3.48달러에 판매하고 있었다. 비용 변동에도 불구하고 원가 이상으로 생산하는 것은 가능했지만, 썬텍는 그해 이익을 내지 못하고 약 100만 달러의 적자를 냈다(Hejun, 2015). 그러나 시정룽은 장기적인 가능성을 믿었고 초기임에도 원가 이상으로 생산 및 판매가 가능하다는 사실에 고무되었다.

두 번째 생산라인: 독일 시장의 개척

2002년 말 관리자급 직원들의 이탈은 시정룽이 기술과 생산에만 치중했던 이전에 비해 마케팅에 더 집중하는 계기가 됐다. 2003년 3월, 그는 독일 베를린에서 열린 국제 태양광 컨퍼런스에 참석했다. 당시 세계적인 리더였던 샤프는 참석하지 않았고, 썬텍이 컨퍼런스에 참여한 유일한 아시아 기업이었다. 처음에 참석자들은 무심코 썬텍의 부스를 지나쳤다. 그들은 한 아시아 남자가 그들에게 거의 완벽한 영어로 말했을 때 놀란 것처럼 보였다. 태양광 효율 세계 기록을 꾸준히 갱신한 UNSW의 연구성과는 잘 알려져 있었기에 그 당시의 연구 활동을 언급함으로써 독일인들에게 곧 신뢰를 줄 수 있었다. 그들은 기술력을 높이 평가했다. 회의적이었던 독일인들은 곧 썬텍 부스에 있는 사람들에게 기술력을 증명할 기회를 주었다. 썬텍은 컨퍼런스 이후 두 달 동안 연간 생산량에 해당하는 10MW를 모두 팔아치웠다. 시정룽이 영업 활동에 집중한 것은 효과가 있었다. 이제 그들은 생산 설비 확장이 필요했다.

그러나 우시 제조업체들로부터 받은 초기 투자금 6백만 달러는 이미 남아 있지 않았다. 시정룽은 썬텍 이사회가 생산 확대를 결정하도록 적극적으로 노력했다. 우시 정부가 2년 전에 그랬던 것처럼, 이사회에 참여한 우시 제조업체들은 생산 확대에 대해서는 승인하면서도 신규 투자는 전혀 제공하지 않았다. 다행히 현지 은행들은 생산하는 모든 모듈을 썬텍이 판매하고 그것도 이윤을 남기면서 판매할 수 있음을 알고 있었다. 썬텍은 중국 지방 은행들로부터 대출을 받기 시작하여 2003년과 2004년 사이에 우시 정부로부터 550만 달러를 유치하였다.

중국에서 두어 해를 지낸 시징룽은 중국에 대양광 회사는 없지만 관련된 새로운 활동이 생겨나고 있다는 걸 알게 되었다. 썬텍은 독일산(産) 폴리실리콘(Poly-crystalline Silicon)을 재료로 만든 실리콘 웨이퍼를 사용하는 첫 번째 10MW 생산라인을 구축했었다. 폴리실리콘과 달리 모노실리콘(Mono-crystalline Silicon)은 결정 영역 가장자리 관련 손실이 없었기 때문에 약간 더 높은 효율을 보였다. 그러나 용융실리콘에서 단결정을 뽑아내는 모노실리콘 제조공정은 금형을 사용하는 폴리실리콘 제조공정보다 비쌌다. 그런데 중국의 제조업체들은 이미 반도체 산업의 메모리칩 제조공정에서 단결정 잉곳을 만들어내고 있었다. 시정룽은 독일의 폴리실리콘보다 중국의 모노실리콘을 더 싼 가격에 공급받을 수 있다는 걸 알게 됐다. 그는 비용 절감 차원에서 두 번째 생산라인에 중국산 단결정 웨이퍼를 사용하는 과감한 결정을 내렸다. 시정룽은 대학 연구실과 퍼시픽솔라에서의 경험을 바탕으로 태양광 기술에 대한 광범위한 전문성을 갖출 수 있었으며, 이것은 비용 절감 기회가 생겼을 때 신속하게 대안 기술로 전환하는 것을 가능하게 했다.

그러나 두 번째 생산라인을 설치할 장비를 확보하는 건 여전히 쉽지 않은 일이었다. 단결정 공정에는 이산화티타늄으로 셀을 수성 코팅하는 고가의 장비가 필요했다. 시정룽은 이 장비를 신속하게 수배하기 위해 그의 해외 태양광 기술자 인맥을 통해 알아보았다. 2003년 8월, 그는 로마의 유로솔라에 재직 중인 친구 프란체스카 페르라짜(Francesca Ferrazza)를 만났다. 그녀는 50만 유로에 산 그 장비를 5만 유로에 팔았다. 시정룽은 그 자리에서 바로 가격에 동의했고 즉시 중국으로 배송해달라고 요청했다. 그러나 그때는 이탈리아 휴가철인 8월이었고, 고가의 무거운 기계를 서둘러서 중국으로 보내려는 사람은 아무도 없었다. 때마침 항공사의 실수로 그의 짐도 분실하여 시정룽은 짐도 장비도 없이 빈손으로 떠나야 했다. 돌아와서 프란체스카에게 전화를 걸어 장비가 어디 있는지 물었으나 그녀는 가격이 7만 유로로 올랐다고 했다. 그는 동의했고 마침내 장비를 배송받을 수 있었다.

시정룽이 대당 150만 달러가 드는 스크린 인쇄기를 구입할 때도 비슷한 어려움에 직면했다. 이번에도 그는 국제적인 인맥을 활용했다. 그는 NPC라는 일본 회사가 스크린 인쇄기를 만들려고 한다는 걸 알고 있었다. 그는 그들의 첫 번째 기계를 흥정하면서 50% 할인된 가격을 제안받았으나 더 깎아줄 것을 요구했다. NPC는 동의했고 썬텍은 스크린 인쇄기를 단돈 40만 달러에 구입했다.

2003년 11월, 썬텍은 두 번째 생산라인을 완공했고 12월 18일 본격적인 가동에 들어갔다. 시정룽은 중고 장비를 사서 조립하고 기존에 알고 있던 공급업체와 협상하고 중국 파트너사로부터 조달이 가능해짐으로써 100만 달러가 조금 넘는 예산으로 라인을 구축할 수 있었다. 이는 연간 생산 용량 기준 와트당 3센트라는 전대미문의 저렴한 비용이었다. 그러나 스크린 인쇄 과정에서 셀이 파손되어 초기 수율(공정이 끝난 후 사용 가능한 셀의 비율)이 80%에 불과할 정도로 낮았다. 시정룽은 NPC에 전화를 걸어 문제를 설명하고 "날 실망시키지 마세요."라고 말했다. NPC는 엔지니어 팀을 급파했고 며칠 내에 수율을 80%에서 98%로 끌어 올렸다. 2003년 말 썬텍은 연간 생산량 40MW(기존 생산라인 10MW, 신규 생산라인 30MW)의 공장을 운용했다. 우시에는 이제 300명의 직원이 있었다. 괄목할 만한 성장에도 불구하고 썬텍은 여전히 전 세계 태양광의 1% 미만을 생산하고 있었다.

세 번째 생산라인: 발전차액지원제도

2004년 초, 시정룽은 다시 썬텍 이사회에 참석하여 생산라인을 계속 확장해야 한다고 말했다. 이번에 시정룽은 자신의 접근 전략을 "저비용 확장 전략"이라고 분명히 했고 이사회는 승인했다. 그는 계속해서 비용을 절감했다. 시정룽은 당시 미국 뉴용증권거래소에서 상장 폐지된 아스트로파워(Astropower)를 눈여겨보았다. 아스트로파워는 그가 관심 있는 두 가지 자산을 가지고 있었다. 썬텍은 첫 번째 생산라인을 구축하기 위해 독일 회사인 로스앤라우로부터 플라즈마 화학기상증착기(PECVD)를 구입했는데, 그 장치의 명판에 'PECVD machine #3'이라고 쓰여 있었다. 그런데 Machine #1, #2가 아스트로파워 소유였던 것이다. 시정룽은 이 장치들을 사겠다고 제안했다. 한 대는 이미 분해되어 핵심 부품만 남아 있었지만 다른 한 대는 작동이 가능했고, 아스트로파워는 50% 할인 가격으로 매각하는 데 동의했다. 시정룽은 이 기계를 독일 호헨슈타인-에른스탈(Hohenstein-Ernstthal)로 보내 로스앤라우에서 정비를 한 다음 항공 화물로 우시에 있는 썬텍의 세 번째 생산라인으로 보냈다. 이 생산라인은 8월 18일 가동을 시작하여 2004년 말쯤 연간 30MW를 생산하여, 썬텍은 총 70MW의 연간 생산 능력을 갖추게 되었다. 이는 2년 만에 7배 증가한 수치였지만 여전히 업계 선두인 샤프의 5분의 1에도 미치지 못하는 수준이었다. 그럼에도 썬텍는 다가올 태양광 산업의 폭발적인 성장에 대비하고 있었다.

독일 시장은 2004년 하반기 급성장하여 1년 만에 4배로 성장했다. 썬텍은 태양광 시장이 성장하기를 기다려왔지만, 이것은 예상 밖의 일이었다. 일본, 독일, 미국의 기존 대기업과 달리, 썬텍은 준비가 되어 있었다. 독일의 대규모 공급업체인 큐셀과 솔라월드는 자국 시장과 가깝고 공급업체에 대한 접근성이 우수하며 생산 규모라는 뚜렷한 이점을 갖고 있었다. 그러나 비용 면에서 그들은 썬텍과 경쟁할 수 없었다. 가격은 하락했고 큐셀은 원가 이상으로 모듈을 판매할 수 없었다. 한편, 썬텍은 2004년에 2천만 달러의 순이익을 냈다.

썬텍이 모듈을 만들기 위해서는 구입처인 솔라월드의 실리콘 웨이퍼가 간절히 필요했다. 2004년 10월, 시정룽은 솔라월드의 CEO 프랑크 아스베크(Frank Asbeck)를 본에서 만났다. 아스베크의 자택에 초대받은 그는 2005년에 썬텍이 더 많은 웨이퍼를 공급받는 방법을 논의했다. 정원을 산책하는 동안 아스베크는 농담 삼아 "아마도 내년 이맘때쯤이면, 당신 회사가 우리 회사에 납품하게 될걸요!"라고 말했다. 실리콘 웨이퍼 공급량에 여유가 없었고 독일 태양광 수요는 확대일로에 있었다. 시정룽은 솔라월드가 모듈 생산을 확대할 여력이 없음을 알고 썬텍에 연간 태양광 10MW를 생산할 수 있는 웨이퍼를 계속 공급해달라고 제안했다. 썬텍이 더 많은 웨이퍼를 확보할 수 있으면, 독일에서 판매할 수 있는 모듈로 만들어 솔라월드에 되팔겠다는 것이었다. 아스베크는 이 제안이 흥미롭다고 생각했고, 둘 사이의 합의는 곧바로 계약으로 이어졌다. 당시 두 회사의 우호적인 관계는 독일 시장의 호황을 지속시키는 데 도움이 되었다. 그러나 아이러니하게도 7년 뒤 솔라월드는 중국 태양광 기업들을 상대로 유럽연합(EU) 집행위원회에 반덤핑 제소를 했다. 시정룽은 프랑크에게 전화를 걸어 "프랑크, 뭐 하는 거야?"라고 따졌지만, 곧 세상이 바뀌었음을 받아들이고 프랑크도 살길을 찾아야 했을 것이라고 생각했다.

두 회사의 관계에서 보듯 썬텍은 웨이퍼를 직접 만들고 싶어하지 않았다. "각 회사는 자신만의 전문 분야를 특화해야 한다"는 시정룽의 비즈니스 철학은 남들보다 한 수 위였다. 그러나 썬텍은 다운스트림 태양광 프로젝트를 개발하는 첫 번째 태양광 제조사가 되고자 했다. 그는 2006년 뉴욕 킹스턴에 소재한 태양광 프로젝트 개발회사 인수를 검토하면서 개발 사업에 거의 뛰어들 뻔했다. 시정룽은 "당신이 당신 고객들과 경쟁하기 시작한다면, 누가 당신한테 구매하기를 바라겠소?"라는 말을 듣고 결국 거래를 단념했다. 그럼에도 시정룽은 태양광 수요를 확대하기 위해 무언가를 하는 것이 유익할 거라는 생각에는 변함이 없었다. 2년 후 그는 글로벌 솔라펀드(Global Solar Fund, GSF)의 운명적인 인수와 함께 그 전략으로 돌아가게 된다.

시정룽은 어떤 공정이 시간이 쌓이면서 개선되더라도 새로운 문제가 꽤 큰 규모로 발생한다는 것을 인식하고 있었다. 설비투자에 드는 비용이 상당해졌지만, 그 이상으로 인재 확보와 교육에 대한 우려가 컸다. 초창기에 시정룽은 일주일에 세 번 저녁 시간에 직원들을 교육했다. 그러나 회사가 커짐에 따라 개인 교습 방식의 직원 교육은 더 이상 가능하지 않았다. 회사는 정형화된 교육과 절차를 개발해야 했으나 그것은 쉽지 않았고 회사 초창기의 자기 주도 방식과도 어울리지 않았다.

모두가 회사를 창업할 수 있는 것은 아니다. 어떻게 팀을 같이 만들어 가느냐가 핵심이다. 나는 항상 그 시절이 그립다. 우리는 주말에 만나 생산라인에 무엇이 누락되었는지, 왜 누락되었는지에 대해 이야기하곤 했다. 회사의 조직문화는 매우 중요한데 우리는 토론과정에서 언쟁도 많이 했지만, 항상 끝나고 나서는 서로를 안아주곤 했다. 이것은 격앙된 분위기를 진정시키는 효과가 있었다. – 시정룽

시정룽은 지난 40년 동안 '속도'가 중국의 성공에 중요한 요소 중 하나였다고 말한다. 기회를 재빨리 포착하고 그것을 이용하는 기업가들이 매우 많았다. 훗날 엄청나게 성장한 많은 중국 회사들이 공유하는 초기 특징 중 하나는 값싼 저품질의 제품을 신속하게 생산한다는 것이었다.

2006년 재생에너지법
2003년 국가발전개혁위원회(NDRC)는 재생에너지를 다루는 부서를 신설했다. 중앙 정부가 재생에너지 확대를 결정한 것이다. 2003년부터

2005년까지 30억 위안의 마을 전기화 정책 프로그램을 개선하는 것부터 시작했고 잉리, 트리나(Trina) 등 많은 기업이 이 시기에 이득을 보았다. 그러나 농촌 전기화 사업이 진행되면서 태양광 보급이 한계에 부딪힌 것을 알게 됐다. 특히 태양광을 전력망에 연결하는 것이 항상 가능한 것은 아니라는 사실이 문제였다. 이것을 바로잡기 위해 새로운 법이 필요했다. 2003년, 중국은 덴마크, 미국, 독일 정부의 도움을 받아 재생에너지법을 고안했다. 이 법에 대한 계획은 2004년 본에서 열린 국제 재생에너지 컨퍼런스에서 공개되었고 2006년 1월부터 시행에 들어갔다. 중국은 이제 국가 재생에너지법을 가지고 있다. 초기에는 태양광 발전은 훨씬 비쌌기 때문에 주로 풍력 산업이 혜택을 받았다. 그러나 이 법은 재생에너지에 대한 사람들의 인식에 중요한 영향을 미쳤고 중국 내수 시장에서 태양광 시장이 가까운 시일 내 매우 커질 수 있다는 기대를 낳았다. 이것은 중국의 태양광 기업에 점점 더 관심을 갖게 된 외국인 투자자들에게 중요한 신호였다.

기업공개(IPO)

중국의 다른 기업들은 썬텍이 무엇을 어떻게 하는지 인식하기 시작했지만 썬텍의 국제적 인증과 유통망은 쉽게 갖출 수 없었다. 반면에 썬텍은 투입이 부족했다. 즉, 필요한 실리콘 웨이퍼를 만들 수 있는 충분한 실리콘과 잉곳 슬라이싱 기술도 없었다. 그때까지의 방법은 중국 업체로부터 잉곳을 구매한 후 일본이나 노르웨이로 보내 잉곳을 얇게 썰어서 웨이퍼를 만들고 이것을 다시 중국으로 들여오는 것이었다. 그 과정에서 비용이 많이 들었다. 시정룽이 이 문제를 해결하려 끼어들었다. 그는 2004년 초, 당시 알고 지낸 스위스 마이어버거 CEO인 페터 폴링(Peter Pauling)

으로부터 첫 번째 멀티 와이어톱을 구매해 가져왔고 이로써 중국은 실리콘 웨이퍼를 대량 생산할 수 있게 되었다. 태양광 셀 위에 덮는 유리와 전도체용 알루미늄 페이스트 등 썬텍은 이전까지 해외에서 비싸게 구입할 수밖에 없었던 재료들을 중국 내에서 조달하기 시작했다. 당시 썬텍은 자금력이 모자랐기 때문에 금전이 아니라 풍부한 국제적 인맥과 전문성을 통해 이들 기업이 자리 잡도록 도왔고 중국 내에서 공급망의 핵심 부분을 구축할 수 있었다.

  썬텍의 재정 상황은 2004년에 크게 좋아졌다. 미국의 벤처투자자들은 태양광과 중국, 두 가지 테마 모두에 관심을 두게 되었다. 썬텍은 골드만삭스, 드래곤테크 벤처스, 액티스 캐피털이 이끄는 1억 달러 규모의 해외 벤처캐피털 투자를 유치했다. 비슷한 시기에 썬텍 경영진은 초기 투자자들(우시의 가전제품 제조업체들)로부터 1억 달러의 주식을 되샀는데 이 초기 투자자들은 4년도 안 되어 100만 달러의 투자금을 16배로 되돌려받게 되었다. 초기 투자자였던 공기업들로부터 주식을 매입함으로써 썬텍은 이제 미국 주식시장의 요구사항인 국가 소유에서 자유로워졌다. 상장 요건을 갖춘 썬텍은 2005년 12월 IPO를 통해 4억 달러의 자금을 조달하는 데 성공했다. 샤프 납품 실적을 갖고 있고 조립기술이 우수한 일본 기업인 MSK를 인수하면서 새로운 영향력을 더욱 드러냈다. 그때까지만 해도 중국이 일본에 투자한 사례는 찾기 어려웠다. 이러한 기업 인수는 중국이 해외에서 노하우를 습득하는 새로운 방법이 되었다. 썬텍은 이제 중국에서 영향력이 있었다. 이때까지 중국 중앙 정부가 재생에너지에 초점을 맞춘 것은 태양광보다 훨씬 저렴한 풍력이었다. 그러나 이제 썬텍은 정부 지원과 금융 지원을 받기 시작했다. 월스트리트에서 이 성공 사례는 중국에서 태양광으로 무엇을 할 수 있는지를 보여주었다.

중국의 태양광 산업

썬텍이 보여준 뚜렷한 성공 사례는 따라 하기 좋은 길을 만들어주었다. 중국의 많은 기업들은 이 기회를 놓치지 않고 뒤를 따랐다.

초기 진입 기업들

썬텍의 성공을 따라 하려는 기업들이 생겨났다. 첫 번째 추종자들은 실제로 썬텍보다 먼저 사업을 시작하여 광명공정 정책에 따라 작지만 성장하는 시골 전기화 시장에 서비스를 제공했다. 썬텍의 모델을 모방함으로써 그들은 결국 이전에 볼 수 있었던 것보다 훨씬 높은 수준으로 생산 시설을 확장했다.

썬텍과 마찬가지로 잉리는 중국 국영기업(SOE)이나 일본 경쟁자들과 같은 대기업 계열사가 아닌 벤처기업이었다. 미아오 리안셍(Liansheng Miao)은 화장품이나 정수(淨水) 같은 분야에서 여러 회사를 창업한 경험이 있었는데, 1997년 중국 허베이성 바오딩(保定)에서 60만 달러의 개인 자금으로 잉리를 설립했다. 그는 일본에서 태양광 네온 조명을 보고 1993년 중국으로 조명기구를 수입하기 시작했다. 기업가이자 사업가로서 그는 태양광 회사를 시작하는 것에 관심을 두게 되었다. 이러한 기업가적 측면은 민첩성이라는 장점으로 작용하기도 했지만, 장애물이 되기도 했다. 예를 들어, 1998년 잉리는 국영기업이 아니라서 자금 조달의 자격이 없다는 이유로 중국개발은행으로부터 300만 달러의 대출을 거부당했다(Dong et al., 2015). 이 문제를 풀기 위해 비오딩 하이테크 단지(Baoding High-Tech Zone)를 관리하는 정부는 국영기업 중 하나가 잉리의 지분 대부분을 인수하도록 주선했다. 그런 다음에야 잉리는 베이징 태양광연구소의 CTO인 왕유팅(Yuting Wang)을 고용하여 태양광 수출 시장을 공략하기 위해 회사의 방향을 바꾸기 시작했다.

거기서부터 잉리는 썬텍의 생산 규모 확대 궤도를 따라갔다. 중고 장비에서 라인을 긁어모은 썬텍와 달리 잉리는 2001년 턴키 방식으로 모듈 생산라인을 도입했다. 2003년 암텍, GTAT 등의 중고 장비로 3MW 셀라인을 구축하고, 이들 기업의 기술자를 활용하여 생산라인을 가동시켰다(Zhang and Gallagher, 2016). 잉리는 2004년 독일과 스페인에서 대대적인 광고와 함께 첫 번째 모듈을 독일에 판매했다. 중국 반도체 산업에서 일하던 사람들을 고용하면서 거의 매년 생산량을 두 배로 늘릴 수 있었다. 2007년 6월, 썬텍의 IPO 이후 18개월 만에 잉리는 뉴욕증권거래소에 상장하여 3억 1,900만 달러를 모금했다.

이와 비슷하게 트리나를 설립한 가오지판(高紀凡, Gao Jifan) 회장은 태양광 산업에 경험은 없었으나 화학 분야 석사 학위와 가정용 세제 생산 경험을 가지고 있었다(Zhang and White, 2016). 가오는 1997년 말 창저우에 트리나를 설립하고 처음에는 에너지 효율이 좋은 건축 외장재를 생산했지만 2000년부터는 전기가 들어오지 않는 지역에 태양광 시스템 사업을 목표로 했다. 트리나는 광명공정의 공급자로 선정된 최초의 비국영 기업이었으며, 이는 트리나의 인지도를 높이고 반도체 산업의 엔지니어들을 끌어들일 수 있게 했다. 독일 시장이 급성장하자 트리나는 2004년 말 샤프에서 구입한 웨이퍼를 이용해 6MW 라인의 첫 번째 모듈을 생산했다. 트리나는 잉리, 썬텍보다 느리게 설비 확장을 추진하여 미국 주식 시장에 상장된 다음 해인 2007년에서야 100MW 용량을 초과하는 데 그쳤다. 그러나 이후 그들은 8천만 달러의 대규모 투자를 단행하여 중국산 잉곳 생산 기계 20대, 스위스산 와이어톱 20대, 독일산 반도체증착공정

장치 4대, 중국산 자동 라미네이터 6대를 갖춘 공장을 신설했다.

쿠샤오화(Xiaohua Qu)는 썬텍보다 1년 늦게 캐나디안솔라(Canadian Solar)를 시작했다. 시정룽과 마찬가지로 쿠는 초기부터 기술적 경력을 갖춘 태양광 과학자였다. 그는 토론토 대학에서 재료과학을 전공했으며, 온타리오발전회사에서 연구원으로 일했다. 그는 ATS에서 근무하면서 사업개발 능력을 키울 수 있었는데, ATS가 인수한 태양광 회사인 포토와트(Photowatt)의 아시아 담당 상무로 자리를 옮겼다(Jang and White, 2016). 포토와트에 있는 동안, 쿠는 차량용 태양전지 시스템 사업 계획을 세워 폭스바겐으로부터 수주할 수 있었다. 엔젤투자로 40만 달러를 모은 쿠는 2001년 말 창수에서 그것을 제조하기 시작했다. 이 회사는 2004년 쑤저우에서 모듈 생산을 시작해 트리나와 같은 해에 100MW를 돌파했다. 2006년 11월 나스닥에 상장하여 1억 800만 달러를 조달하였다. 2007년에는 셀을 제조하기 시작했다.

썬텍과 캐나디안솔라는 10년 이상 세계적인 태양전지 생산 경험을 갖춘 팀에 의해 시작된 반면, 잉리와 트리나는 나중에 호주에서 훈련받은 엔지니어를 최고기술책임자(CTO)로 채용했지만 태양광 전문가들이 주도하지 않았다. 그들은 현명하게 좀 더 점진적인 접근법을 취했다. 기술적으로 가장 난이도가 낮은 단계에서 생산을 시작하여 전지를 유리와 금속 및 플라스틱에 포장하여 배선하는 태양전지 모듈을 만들었다. 그들은 셀을 주로 독일에서 수입했다. 이 회사들은 구매한 셀로 모듈을 생산하여 독일에 패널로 수출하는 데 주력했다. 이 시기의 활동은 자본 집약적이지 않았다. 중국의 인건비 우위는 산업 초기 비교 우위의 핵심 원천이었다. 이후 2005년에는 트리나가 폴리실리콘 생산으로, 2006년에는 웨이퍼로, 2008년에는 셀로 확장하는 등 보다 복잡한 활동으로 업그레이드되었다(Zhang and Gallagher, 2016).

'패스트 팔로어(fast follower)' 전략은 나중에 규모를 확장한 트리나와 잉리와 같은 회사에 더 나은 장비가 제공됨에 따라 일부 기술적 도약을 가능하게 했다. 이 회사들은 계속해서 그들의 기술적 능력을 확장했고, 두 회사 모두 호주 뉴사우스웨일스 대학에서 훈련받은 엔지니어들과 함께 2007년까지 연구개발 프로그램을 시작했다. 잉리는 2007년 R&D 프로그램을 시작했고 트리나는 그전에 그렇게 했다. 트리나의 경우 R&D는 점점 더 생산과 관련이 깊어지고 있었다. 주요 생산라인과 인접한 소규모 시범 라인인 '골든라인'을 설치해 생산 개선을 시험했다(Ball et al., 2017). 2014년까지 트리나는 다결정 태양전지의 효율성을 세계 최고 수준으로 개발했다.

실리콘 공급

태양광 웨이퍼 제조의 주재료인 정제 실리콘 가격은 2004년부터 상승해 왔는데 2006년 상황이 악화되었다. 2006년 썬텍은 미국 몬산토 전자재료회사(MEMC)로부터 향후 10년간 60억 달러 규모의 웨이퍼를 사들이기로 합의했다. 2007년 말에서 2008년 초 사이에 정제 실리콘 가격은 4년 만에 10배 증가한 킬로그램당 500달러까지 치솟았다(그림 7.2). 이는 독일에서 태양광 시스템에 대한 수요가 극적으로 증가한 것과 동시에 일어났다. 실리콘 수급 문제는 2008년에 더욱 심각해졌다(Pillai, 2015). 시베리아 이르쿠츠크에 본사를 둔 니톨(Nitol)은 주요 공급업체가 되었다. 1998년에 니톨의 설립자인 드미트리 코텐코(Dmitry Kotenko)는 트리클로로실란(trichlorosilane)을 만들던 70년 된 화학 공장을 인수한 후 트리클로로실란을 전구 화학 물질로 사용하는 태양광 폴리실리콘에 집중

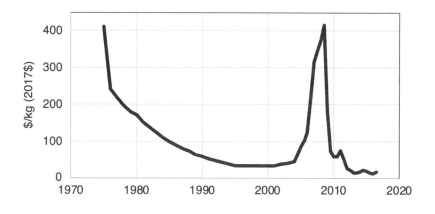

〈그림 7.2〉 정제 실리콘 가격($/kg)

하도록 회사의 사업 방향을 바꾸었다. 니톨은 러시아 은행의 자금과 세계 은행의 7,500만 달러를 들여 노보체복사르스크에 있는 공장에 7억 달러를 투자해 욀리콘(Oerlikon), 레노바(Renova)로부터 기계 및 장비를 사들이고 미국 GT솔라로부터 5,000만 달러의 가치가 있는 폴리실리콘 용융로도 구입했다. 썬텍은 모듈 생산을 위한 폴리실리콘을 안정적으로 공급받기 위해 2008년 5년 구매 계약과 더불어 니톨의 소수 지분을 1억 달러에 인수했다. 트리나는 2009년 200MW 규모의 폴리실리콘 5년 공급 계약을 체결하는 등 니톨을 통한 물량 확보에도 참여했다.

중국 기업들도 마찬가지로 폴리실리콘 생산에 관심을 갖게 되었다. 폴리실리콘은 장비만 갖추면 제조가 비교적 간단하여 일부 태양광 업체는 자체 생산을 결정했다. 예를 들어, 잉리는 GTAT의 용융로를 사용하여 2010년 가동된 자체 폴리실리콘 설비를 구축했다(Zhang and Gallagher, 2016). 그러나 이 장비는 비용이 많이 들고 매우 에너지 집약적이어서 실리콘을 1,100℃ 이상의 가스로 가열하는 용융로가 있어야 했다. 여러 해 동안 미국의 헴록, MEMC, 독일의 와커, 노르웨이의 REC, 일본의 도쿠야마, 미쓰비시, 스미토모(Sumitomo) 등 소수 회사만이 실리콘을 생산했다. 태양광 생산에 필요한 다른 장비들과 달리, 이 공급업체들은 주로 중국에 장비를 판매하는 것을 꺼려했다. 가격이 오르자 40여 개 업체가 창업했다. 어플라이드 머티리얼즈는 실리콘 생산을 시작하는 회사에 용융로를 판매하는 호황기를 보냈다. 이 기업들은 용융로와 생산라인 등에 초기 자본 투자 규모가 컸고 이를 감당하기 위해서는 폴리실리콘 가격이 킬로그램당 400달러 이상으로 유지되어야 했다.

팽샤오펑(Peng Xiaofeng)은 2005년 LDK를 설립하고 웨이퍼 제조에 직접 뛰어들었다. 2006년 5월 2일 미국의 GT 어드밴스드 테크놀로지스(GT Advanced Technologies)로부터 장비를 구입하여 첫 200MW 라인을 시작했다. LDK는 2007년 6월 7일 뉴욕증시에 상장되었으며 2008년에는 세계에서 가장 규모가 큰 태양광 웨이퍼 생산자가 되었다. 2009년에는 다른 기업들처럼 실리콘 가격 상승을 목격하고 고순도 실리콘을 제조하기 시작했다.

석유 가격 붐이 붕괴로 이어지는 조건을 만든 것처럼, 2007~2008년의 실리콘 가격 폭등은 곧 붕괴로 이어질 조건들을 만들었다. 높은 가격은 기회의 신호를 시장에 주었고 GCL, LDK, OCI, 레네솔라(ReneSola)와 같은 새로운 생산자의 시장 진입을 자극했다. 2008~2009년에는 글로벌 금융위기와 맞물려 폴리실리콘 가격이 10분의 1로 하락했다. 잉리와 썬텍은 고가의 실리콘에 투자한 대가로 수억 달러를 잃었지만 태양광 생산을 포기하지 않았다. 폴리실리콘 가격은 2000년대 초반 수준으로 돌아왔고 2012년 이후부터는 킬로그램당 30달러 이하로 유지되었다.

공급망의 구축

2000년 썬텍이 설립될 당시 중국은 태양광 산업에 필수적인 핵심 요소들을 하나도 갖추지 못했다. 즉 실질적인 시장, 수출 수단, 소규모 인재풀이나 투자 전례도 없었으며, 제조 공급망에 참여한 주요 기업들도 없었다. 2005년까지 썬텍은 이러한 요소들을 전부 구축하여 다른 기업이 따라올 수 있게 하였다. 시정룽은 썬텍의 성공으로 이어진 두 가지 중요한 발전에 기여했다. 첫째, 그는 UNSW의 최첨단 태양광 연구에다 거의 20년에 걸쳐 축적된 광범위한 국제적 인맥을 가지고 있었다. 둘째, 실리콘 공급 부족을 겪으면서 결국 신뢰할 수 있고 저렴한 현지 공급망의 구축이 필요하다는 것을 깨달았다. 썬텍는 그 공급망을 자신을 위해, 궁극적으로는 다른 시장 참여자들이 활용할 수 있도록 개발하는 데 도움을 주었다. 썬텍은 트리나와 캐나디안솔라를 포함한 다른 많은 태양광 회사들이 터를 잡은 양쯔강 삼각주에 공급망 클러스터를 구축했다. 태양광 산업의 성공은 2006년 이 분야에 진출하여 현재 세계 최대 태양광 패널용 유리 생산업체가 된 플랫 글라스(Flat Glass) 그룹과 같은 회사들을 태양광 산업으로 견인하였다.

썬텍은 자사의 현지 직원들을 훈련시켰다. 그들은 UNSW의 스튜어트 웬햄(Stuart Wenham) 교수가 고안하여 개발한 "모의 생산시설"을 이용하여 생산 관리자들이 공정을 관리하는 법을 가르쳤다. 웬햄 교수는 우시에서 1~2주 동안 직원들을 교육했다. 이 실습은 UNSW의 수업에서 한 사람의 성적이 시뮬레이터에서 달성할 수 있는 산출량에 기초한 것을 기반으로 했다. 썬텍은 많은 엔지니어를 빠르게 성장시켰고, 그들 중 많은 이들은 다른 회사들이 좋은 조건으로 데려갔다. 웬햄 교수는 뉴욕 증권거래소에 상장하기 전에 썬텍의 CTO로 선임되었고, 이것은 '로드쇼'에서 투자자들의 관심을 불러일으키는 데 매우 효과적이었다.

썬텍은 2007년 매출액이 10억 달러를 넘었고 2008년 GW 생산 능력을 달성해 세계 최대의 태양광 제조기업이 됐다. 높은 실리콘 가격에도 불구하고 와트당 3달러 이하로 모듈을 생산할 수 있었으며, 2009년에는 2억 5천만 달러의 증자를 단행했고 다결정 모듈은 세계 최고 효율을 기록했다. 2011년엔 2GW 용량을 돌파했고, 실리콘 가격이 하락하자 모듈 생산 비용도 급락하여 와트당 1.50달러 이하로 생산하게 되었다.

성장을 가능하게 하는 자체 공급망을 구축한 썬텍은 태양광 프로젝트 금융을 제공함으로써 시장의 다른 축인 "다운스트림(downstream)" 부문을 성장시키는 데 집중했다. 썬텍은 유럽에서 프로젝트 개발을 하는 이탈리아 기업인 글로벌 솔라펀드(GSF)에 투자하여 마침내 대주주 지분을 확보했고 2009년에는 중국에서 첫째가는 유틸리티 규모의 태양광 프로젝트를 완성했다.

후발주자

2004년 독일 시장의 극적인 등장 이후 설립된 또 다른 중국 태양광 기업들이 있다. 솔라펀(Solarfun)과 써너지(Sunergy)는 모두 8월에 설립되었고, 둘 다 썬텍과 호주에서 훈련받은 경영진들을 영입했다. 이듬해에는 JA솔라, LDK, 레네솔라도 설립되었다. 2007년 중반까지 다섯 회사 모두 상장되었다. 한편, 징코(Jinko)는 2006년에 설립되어 2010년 상장되었다. 이 여섯 회사는 미국 주식시장의 투자자들로부터 초기 상장과 이어지는 증자를 통해 40억 달러를 조달했다. 대다수 기업이 사업장이 위치한 지방 정부로부터 상당한 자금을 지원받았으며(Xia, 2013) 썬텍이 구축한 비즈니스 모델, 공급망 형성, 그리고 지속적으로 성장하는 시장(주로 독일, 스페인, 이탈리아, 캘리포니아)을 매우 잘 활용했다.

초기 중국 기업들이 보통 개별 장비들을 구입하여 직접 라인에 연결한 반면, 이 후발주자 그룹의 일부는 공급업체에서 조립한 기계 세트를 도입할 수 있었다. 소위 '턴키' 생산라인은 셀에서 모듈까지 전체 프로세스를 취급할 수 있었다. 센트로썸은 2003~2004년에 진텍(Gintech), 네오솔라파워(Neosolar Power), 솔라텍(Solartech)과 같은 대만 기업에 생산라인을 턴키 방식으로 판매하기 시작했다. 이러한 방식은 2007년과 2008년 중국에서 널리 이용될 수 있었는데, 어플라이드 머티리얼즈가 주요 공급자가 되었다(Dewald and Fromhold-Eisebith, 2015). 이 그룹의 많은 기업들은 초기 자금 조달에서 100MW 생산 능력을 갖추기까지 2년이 채 걸리지 않았다. 같은 과정에 썬텍이 5년 걸렸던 것에 비하면 확장 속도가 매우 빨랐다. 지속적으로 성장하는 시장에 대한 기대는 이러한 투자를 더 활발하게 했고 서구 투자자들은 그들의 이익을 공유하기를 바랐지만, 곧 그 기대에 문제가 나타났다.

썬텍의 붕괴

성장을 지속하던 시장에 처음으로 충격을 준 것은 2008년 여름이었는데, 나중에 글로벌 금융위기로 알려진 2008~09년 사이 그 시점이었다. 태양광은 매우 자본 집약적인 에너지원으로서 전기가 생산되기 전에 거의 모든 비용이 소요된다. 따라서 태양광 보급은 보조금과 대출 금리에 매우 민감하게 반응했다. 초기 사례 중 하나로서, 스페인 정부가 단행한 2007년 FiT 감소 조치는 2008년 설치에서 3GW 이상의 영향을 미친 것으로 나타났다. 경제 활동 둔화와 재정 적자 증가는 2009년 스페인 정부가 태양광에 보장했던 고정가격을 낮추고 용량 적용 상한도 500MW로 낮추게 만들었다.

　독일 시장도 개혁 압박이 거셌다. 녹색당은 2005년 권력을 잃었고 그 직후 전력회사와 에너지 사용자들은 정부가 FiT 요금을 줄이도록 영향을 미쳤다. 2011년에는 독일의 FiT를 대폭 축소하는 계획이 수립되었다. 독일 시장은 연간 40% 이상의 성장을 지속하다가 2011년과 2012년에 1% 미만의 성장으로 가라앉았고 2012년 이후 위축됐다. 이 기간에 썬텍의 매출은 약 50% 감소했고 총 마진은 마이너스를 기록했다. 즉, 모듈 하나를 팔 때마다 손해를 보고 있었다. 이러한 현금 흐름의 부족은 재무구조에 악영향을 끼쳤다. 하지만 썬텍의 문제는 겨우 시작에 불과했다. 글로벌 금융위기의 여파로 썬텍은 최대 자회사 중 하나인 GSF에 6억 8,300만 달러 규모의 신용 공여를 해주었고 국내외 투자 포트폴리오를 확대했다. 2012년 중반 GSF가 썬텍으로부터 대출을 받기 위해 담보로 삼았던 국채 5억 유로가 위조된 사실이 드러났다. GSF의 지분 80%를 보유한 대주주인 썬텍은 이제 신용 문제뿐 아니라 심각한 부채 문제도 안게 됐다. 2013년 채무 불이행 상태에 놓인 썬텍은 파산 절차가 시작되기 전에 이사회 결정으로 시정룽을 해고했다.

　썬텍의 사망선고에도 불구하고 썬텍의 유산은 살아남았다. 트리나, 잉리, 징코는 현재 5~7GW를 매년 생산하고 있다. 거의 모든 태양광 공급망이 중국에 있으며, 심지어 장비도 그렇다. 다른 회사들은 썬텍 모델을 채택했고 더 현대적인 기술과 장비를 가진 많은 회사들이 썬텍보다 더 과감한 방식으로 사업을 진행했다. 설비 가동률은 2012년에서 2017년 사이에 감소했지만, 새로운 시장이 등장함에 따라 미래 수요에 대한 기대는 여전히 높다.

썬텍의 이야기는 시정룽이 세계에서 가장 효율적인 셀을 만드는 것으로 유명한 태양광 연구 그룹인 UNSW에서 시작됐다는 점에서 다소 역설적이다. 그럼에도 시정룽은 가장 저렴하고, 빠르고, 가장 경쟁력 있는 방식으로 이러한 기술들의 양산화, 생산 규모 확장에 가장 큰 영향을 미쳤다. 놀랍게도 그는 양쪽 끝에서 그것을 해냈다. 시정룽은 회의적인 독일인들이 자신에게서 구매하도록 설득하기 위해 그의 엘리트 기술 경험을 이용했다. 다른 한편으로는 열악한 여건과 제한된 자본으로 빠르게 생산 규모를 확장했으며 결국은 생산 비용을 3분의 1로 줄였다. 중국의 태양광 산업의 초기에는 이러한 상호 보완적 특성이 모두 필요했다.

내수 시장

썬텍은 2013년 파산했지만, 경쟁사들은 다소 예상치 못한 중국 내수 시장에 의해 구조되었다. 태양광 산업계의 한 임원은 글로벌 금융위기 직전인 2008년에 이렇게 말했다.

오늘은 날씨가 맑아 보입니다. 하지만 내일은 하늘이 어두울 수 있죠. 또 모레도 하늘이 어두울 수 있습니다. 하지만 우리는 그 후 날씨가 다시 맑아질 거라는 것을 알고 있고 그것에 순비가 되어 있을 것입니다.

왜 낙관적일까? 첫째, 2005~2007년 동안 서구 주식시장에서 태양광의 성공은 중앙 정부에 태양광의 중요성을 인식시켰다. 전략적으로 중요한 신산업으로서 태양광을 지원하겠다는 정책적 시그널을 시장에 주기 시작했다. 한편, 이러한 지원은 중국 중앙 정부가 세계 금융위기로 인한 수출 감소를 보완하기 위해 내수를 활성화하기 위한 광범위한 노력의 일환이었다. 2009~2010년에는 5조 달러 규모의 경기부양책을 내놓았다. 보다 구체적으로 '전략적 신산업 육성과 발전 가속화에 관한 국무회의 결정'은 '신에너지'를 지켜야 할 7개 산업 중 하나로 규정했다. 태양광 산업은 이 신에너지 산업의 한 부분이었으며, 중국개발은행은 태양광 제조업체에 300억 달러 상당의 신용 한도를 제공하여 태양광을 지원하는 책임을 맡게 되었다(Grau et al., 2012).

둘째, 2009년 중국 중앙 정부는 태양광 내수 시장을 창출하는 3가지 프로그램을 시작했다. 재정부와 주택도시개발부는 주택용 태양광 설비에 대해 와트당 2.50달러의 선불 보상을 제공하는 지붕형 태양광 보조금 프로그램을 발표했다. 이른바 '금태양(Golden Sun)' 시범사업은 2009년과 2013년 사이에 전력망에 50%의 사전 보조금을 제공했다. 정부는 2009년부터 '대규모 태양광 발전소 사업권 입찰' 프로그램을 통해 유틸리티 규모의 태양광 사업 입찰을 시작했다.

셋째, 2011년에 중국은 글로벌 금융위기에 따른 해외 수요 감소에 일부 동기부여가 되어 중국형 FiT를 시작했다. 2011년 미국이 중국산 태양광에 관세를 부과했고 EU도 곧 그 뒤를 따랐다(Kolk and Curran, 2015; Deutch and Steinfeld, 2015). 더욱이, 설치 보조금 혜택을 받기 쉬워져 태양광은 상당히 저렴해졌다. '태양광 발전 FiT 정책의 완결성에 대한 고시'는 3~5년간 17센트/kWh의 요금을 제공하였다(Dong et al., 2015).

이러한 정책은 2013년까지 10GW 이상의 시장을 창출하는 데 성공하여 중국을 세계 최대 태양광 시장으로 만들었다. 2017년 전 세계 태양광 용량의 절반 이상인 50GW가 중국에 설치되었다. 이를 감안하면 2012년 정점을 찍은 당시 독일 시장보다 7배나 큰 수준이다. 태양광 출력제한(Curtailment)은 중요한 문제가 되었다. 이전에는 간헐적 전력 공급에 우

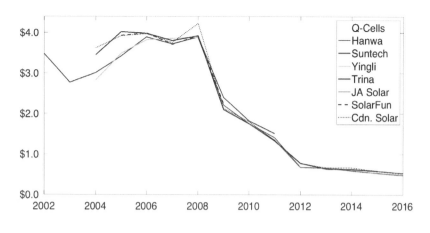

〈그림 7.3〉 태양광 모듈 평균 판매가($ /W) 추이

호적이지 않던 국영 송전회사인 국가전력망공사(State Grid)가 송전망 운영 협력과 현대화를 위해 지방 정부와 협력하기 시작하면서 더 많은 재생에너지 도입의 불가피성을 인식하게 됐다는 점에서 중요한 시사점을 갖는다. 다시 강조하건대, 풍력 에너지의 간헐성에 대한 경험이 이후 태양광 정책 수립에 도움이 되었다는 점에서 풍력 발전은 유용한 선행 기술이었다(Qi Ye, 2018). 2016년 중앙 정부는 2020년까지 110GW의 태양광 설치를 목표로 발표했으나, 바로 다음 해인 2017년 이를 넘어섰다. 연간 50% 성장률이 지속되면 중국은 2019년에는 한 해 설치량이 110GW에 이를 것이 예상된다. 비용은 이 기간에 크게 감소했으며(그림 7.3) 이러한 저비용 태양광은 전 세계에 준 중국의 선물이었다.

기술 고도화

중국 내수 시장이 성장하면서 공급망 전반에 걸쳐 기술 고도화가 일어났다. 이는 기업들이 인버터와 같은 시스템을 구성하는 부품뿐 아니라 자체적으로 폴리실리콘을 만들기 시작하면서 2005~2008년 IPO 기간에 나타나기 시작했다(Zhang and Gallagher, 2016). 기업들이 세계 최고 효율을 확고히 하고 제조 비용 절감을 위해 공정 개선에 나서면서 R&D 지출이 크게 늘기 시작했다. 2007년경부터 중국인들은 제조 장비를 외국에서 사오기보다는 직접 장비를 만들기 위해 노력했다. 중국 기업들은 이제 확산로, 플라즈마 식각기, 회전 세척기, 건조 오븐을 제조한다. 새롭게 부상하는 주요 과제는 은 페이스트, 에틸렌 비닐 아세테이트(EVA), 와이어톱, 자동 용접기, 스크린 인쇄, 화학적 기상증착, 전압 테스트 장비 등과 같은 가장 어려운 기술적 과제를 재현하는 것이다(Ball et al., 2017). 중국 공급업체들 사이의 협업 네트워크는 여전히 최적화와는 거리가 멀었지만(Zou et al., 2017) 점점 더 견고해지고 있다(Liang and Liu, 2018). 중국이 경쟁력을 강화하고 입증하는 것에 관심을 두자 중국산 장비의 시장 진입을 막기 위해 서방 장비 공급업체는 마진을 줄이고 공격적인 가격을 제시하는 효과를 가져왔다. 중국의 태양광 제조사들은 이러한 암묵적인 위협과 이를 피할 수 없음을 인지한 외산 장비업체로부터 장기적으로 이익을 얻는다.

중국의 가능성은 점점 더 커지고 있는 것 같다. 2015년 1월, 류리펑(Liu Lifeng)은 21세의 칭화대학교 전기공학과 학생이었다. 그는 자신이 연구하던 고효율 태양광 기술을 활용한 사업계획서를 제출하여 선정되었으며, 이 수상으로 서로 잘 연결되고 부유한 졸업생들이 많은 칭화대 동문 네트워크에 접근하는 것이 가능해졌다. 2015년 4월 그는 베이징 선렉트릭테크놀로지컬사(Beijing Sunlectric Technological Company)를 설립했다. 칭화대 동문 투자자들은 류가 장비를 구입하고 공장을 세울 수 있도록 도왔다. 이 회사는 51개의 특허를 보유하고 있으며 상용화된 결정질 태양광 패널에서 세계 최고 수준인 22.1%의 효율을 기록했다고 주장하고 있다(그런데 현재 미국에 본사를 둔 썬파워는 22.7%의 패널 효율을 기록하고 있다).

류는 전기공학 학사 학위를 마치기 위해 청두에 있는 자신의 공장과 베이징 사이를 비행기로 2시간 걸려 통학하고 있다. 학교에 있는 시간보다 공장에서 너무 많은 시간을 보내는 것을 걱정하면서도 박사과정 진학을 고려하고 있다. 그는 영어를 잘하지 못하지만 잘할 필요가 없다. 공장에 있는 기계와 로봇들은 모두 중국산이고 실리콘 소재 또한 중국산이기 때문이다. 선렉트릭은 설치 사업도 하는데 공장의 생산량보다 설치량이 더 많으며 그들의 모든 고객은 중국에 있다. 이는 중국에서 본격적인 태양광 제조를 시작한 썬텍이 2000년대 초반 제조기술과 노하우를 서양(특히 호주)에서 가져오고, 제품 역시 서양으로 판매한 것과는 전혀 다른 양상이다(Hopkins and Li, 2016).

류는 장비를 개조하여 그의 고성능 셀에 사용할 수 있도록 현지 장비 제조업체들과 협력했다. 그가 제휴하려 했던 처음 몇몇 회사들은 필요한 사양으로 태양광 셀을 생산할 수 있는 장비를 만드는 데 실패했지만, 결국 그는 신뢰할 수 있는 장비 제조업체를 찾았고 이제 22% 효율의 셀을 99%의 수율로 얻을 수 있게 되었다. 이것은 불가능에 가까운 일이었다. 5년 전만 하더라도 기계를 유럽에서 들여와 최고의 효율에 맞게 기계를 최적화하는 것은 상상조차 할 수 없는 일이었다. 류의 공장은 거의 전부 자동화되어 로봇이 대부분의 일을 하고 사람은 거의 없다고 알려져 있으나 그는 이것을 보여주는 것에 매우 조심스럽다.

2018년 초, 류의 공장은 연간 100MW를 생산할 수 있었지만, 그는 공장 증설이 필요했다. 와트당 0.40달러로 패널을 생산할 수 있었지만, 더 저렴하게 만들 방법이 필요했다. 회사 비용의 20%가 부채 상환에 쓰였기 때문에 자금 조달이 어렵다. 현재 가장 큰 태양광 회사들은 연간 6GW 이상 생산하고 있으며, 이와 비교하면 선렉트릭의 생산시설은 매우 작아 보인다. 이 거대한 플랜트들은 와트당 0.20달러가 조금 넘는 가격에 태양광 셀을 생산할 수 있다. 그럼에도 류가 거대 기업과 큰 차이가 나지 않는 비용으로 생산할 수 있다는 사실은 중국이 가진 장점이 단지 거대한 생산 규모에만 국한되는 것은 아니라는 것을 시사한다. 이제 중국은 신기술, 신공정이라는 새로운 장점을 갖고 있으며 아직 시도된 적 없는 자체적인 규모의 경제를 통해 비용 절감을 실현할 충분한 기회를 제공할 것이다. 무엇보다 중국의 장점은 치열하게 기업가적이며 경쟁적인 문화를 통해서 규모, 기술, 노하우의 장점을 충분히 살릴 수 있다는 데 있다.

참고문헌

Ball, J., Reicher, D., Sun, X. & Pollock, C. 2017. *The New Solar System: China's Evolving Solar Industry and Its Implications for Competitive Solar Power in the United States and the World,* Steyer-Taylor Center for Energy Policy and Finance.

Binz, C., Tang, T. & Huenteler, J. 2017. Spatial lifecycles of cleantech industries – The global development history of solar photovoltaics. *Energy Policy,* 101, 386–402.

Deutch, J. & Steinfeld, E. 2015. *A Duel in the Sun: The Solar Photovoltaics Technology Conflict between China and the United States,* Cambridge, MA, MIT.

Dewald, U. & Fromhold-Eisebith, M. 2015. Trajectories of sustainability transitions in scaletranscending innovation systems: The case of photovoltaics. *Environmental Innovation and Societal Transitions,* 17, 110–125.

Dong, W., Qi, Y. & Spratt, S. 2015. *The Political Economy of Low-Carbon Investment: The Role of Coalitions and Alignments of Interest in the Green Transformation in China.* IDS Evidence Report160, Brighton, IDS.

Dunford, M., Lee, K. H., Liu, W. & Yeung, G. 2013. Geographical interdependence, international trade and economic dynamics: The Chinese and German solar energy industries. *European Urban and Regional Studies,* 20, 14–36.

Grau, T., Huo, M. & Neuhoff, K. 2012. Survey of photovoltaic industry and policy in Germany and China. *Energy Policy,* 51, 20–37.

Green, M. 2016. Revisiting the history books. *PV Magazine,* 96–101.

Green, M. A. 1982. *Solar Cells: Operating Principles, Technology, and System Applications,* Englewood Cliffs, NJ, Prentice Hall.

Hejun, L. 2015. *China's New Energy Revolution,* New York, McGraw-Hill Education.

Hopkins, M. & Li, Y. 2016. The rise of the Chinese solar photovoltaic industry: Firms, governments, and global competition. In: Zhou, Y., Lazonick, W. & Sun, Y. (eds.) *China as an Innovation Nation,* Oxford, Oxford University Press.

Kolk, A. & Curran, L. 2015. Contesting a place in the sun: On ideologies in foreign markets and liabilities of origin. *Journal of Business Ethics,* 142, 697–717.

Liang, X. & Liu, A. M. M. 2018. The evolution of government sponsored collaboration network and its impact on innovation: A bibliometric analysis in the Chinese solar PV sector. *Research Policy,* 47, 1295–1308.

Lou, J. 2008. The reform of intergovernmental fiscal relations in China: Lessons learned. In: Wang, S. and Lou, Y. (eds.), *Public Finance in China: Reform and Growth for a Harmonious Society*, Washington, D, The World Bank.

Pillai, U. 2015. Drivers of cost reduction in solar photovoltaics. *Energy Economics,* 50, 286–293.

Qi Ye, L. J. A. Z. M. 2018. *Wind Curtailment in China and Lessons from the United States,* Beijing, Brookings-Tsinhua Center for Public Policy.

Quitzow, R. 2015. Dynamics of a policy-driven market: The co-evolution of technological innovation systems for solar photovoltaics in China and Germany. *Environmental Innovation and Societal Transitions,* 17, 126–148.

Xia, Y. 2013. *The Role and Incentives of Chinese Local Governments in Solar PV Overinvestment.* MA thesis, University of Texas, Austin.

Zhang, F. & Gallagher, K. S. 2016. Innovation and technology transfer through global value chains: Evidence from China's PV industry. *Energy Policy,* 94, 191–203.

Zhang, W. & White, S. 2016. Overcoming the liability of newness: Entrepreneurial action and the emergence of China's private solar photovoltaic firms. *Research Policy,* 45, 604–617.

Zhao, Z. Y., Zuo, J., Feng, T. T. & Zillante, G. 2011. International cooperation on renewable energy development in China – a critical analysis. *Renewable Energy,* 36, 1105–1110.

Zhi, Q., Sun, H., Li, Y., Xu, Y. & Su, J. 2014. China's solar photovoltaic policy: An analysis based on policy instruments. *Applied Energy,* 129, 308–319.

Zou, H. Y., Du, H. B., Ren, J. Z., Sovacool, B. K., Zhang, Y. J. & Mao, G. Z. 2017. Market dynamics, innovation, and transition in China's solar photovoltaic (PV) industry: A critical review. *Renewable & Sustainable Energy Reviews,* 69, 197–206.

8장 지역 수준의 학습

    태양광 하드웨어 비용이 급격하게 줄어드는 동안 태양광 설치 비용도 감소했다(Ardani and Margolis, 2015). 업계 용어를 사용하자면 이러한 주변장치(Balance of System, 역주: 태양광 패널을 제외한 태양광 시스템의 다양한 구성요소를 통틀어 일컬음) 또는 소프트 비용(Soft cost)은 특히 설치, 보험, 마케팅 및 인허가 관련 인건비를 포함한다(Friedman et al., 2013). 하드웨어가 매우 저렴해졌기 때문에 소프트 비용은 미국에서 설치된 주택용 태양광 시스템 비용의 약 3분의 2를 차지한다(Barbose et al., 2017). 이런 비용은 거의 현지에서 발생한다는 점에서 하드웨어 비용과 차이가 있는데(Karakaya et al., 2016), 태양광 모듈이 세계적으로 거래된다는 사실을 볼 때도 그렇다. 태양광은 이제 매우 저렴한데, 설치와 소프트 비용 절감 모두와 관련하여 지역 수준에서 혁신이 일어나고 있기 때문이다.

첫째, 지역 주민이 태양광 설치를 결정한다. 다른 거의 모든 에너지 공급 기술은 대기업이 결정을 내리는 것과 대조적으로 태양광 시스템 설치에서 가장 중요한 주체는 일반 가정이다. 소규모 태양광 모듈 시스템의 설계는 보통 가구당 200W 패널 20개로 구성되는데, 이 시스템에 관한 의사결정은 고객의 손에 달려 있다. 이것은 태양광을 보통의 가전제품과 유사한 것으로 만든다. 태양광은 제품 특성이 다양하고 가격이 비슷하며 내구성을 갖는 가전제품, 예를 들면 온수기, 보일러 그리고 어느 정도는 자동차 같은 제품과 유사하다. 그 결과 태양광 설치 유인은 이런 제품들과 어느 정도 비슷하다. 10,000달러나 그 이상의 가격은 자금 조달이 중요하다. 일회성 구매의 특성 중 하나는 설치 전에 정보가 필요하고 탐색 비용이 든다는 점이다. 태양광 시스템 설치가 보일러나 온수기와 다른 점은 과시형 소비, 즉 정체성을 표현할 수 있다는 것이다. 태양광을 설치한 이웃이 있다면, 그들이 믿을만한 정보를 제공한다는 점에서 태양광 설치와 관련해 이웃은 중요한 요인으로 작용한다. 마지막으로 가정용 소비자들은 종종 태양광에 더 큰 비용도 기꺼이 감수하려고 하는데, 그 비용 수준은 전기요금 절감 비용보다 컸다. 따라서 이러한 소비자들은 태양광에 필수적인 틈새시장을 제공했다.

둘째, 이러한 지역 주민들의 설치 활동은 설치업자들이 태양광 시스템에 대한 마케팅, 설치, 자금 조달 경험을 확장하고 개발하도록 만들었다. 자체적인 학습 곡선과 함께 지역적 설치 활동은 시스템 설치에 지불하는 가격을 상당 부분 감소시켰다. 태양광 모듈은 멀리 떨어진 공급망과 운송이 쉬운 최종 제품으로 완전히 세계화되었지만, 나머지 태양광 시스템 비용은 거의 전적으로 현지화되어 있다. 더욱이 모듈 가격이 하락함에 따라 비-모듈 또는 소프트 비용이 전체 비용에서 차지하는 비중이 점점 커지

〈그림 8.1〉 2016년 미국 태양광의 하드웨어(글로벌 소싱) 비용과 소프트 비용(현지) 비율

고 있다. 오늘날 미국의 주택용 태양광 설치에서 소프트 비용은 전체 비용의 80%에 가깝다(그림 8.1). 하지만 이 비용도 하락하고 있다. 개선 작업이 지역 수준에서 진행되고 있는데, 마케팅, 금융, 설치 등을 담당하는 인력들이 성능을 개선하고 비용을 절감하는 방안을 마련하고 있다. 이러한 요인들은 상호 학습하고 있다. 보조금은 단기적으로는 가격을 상승시키지만, 장기적으로는 학습효과와 규모의 경제로 수요를 증가시키고 기회를 창출한다.

셋째, 태양광의 적용은 지역 역학에 뿌리를 둔 새로운 과제를 촉발하기도 했다. 태양광이 널리 보급됨에 따라 그리드 안정성, 가치 하락, 전력회사의 사업 모델, 연관된 정치경제적 이슈, 금융에 대한 우려가 제기되었다. 후자는 점점 더 확산되고 있는 문제인데, 태양광이 신용이 부족한 개발도상국에서 큰 잠재력을 지니고 있기 때문이다.

태양광 소비자와 설치업자들 간의 동료 효과(peer effect)가 지역 수준에서 발생하고 있다. 잠재적 소비자는 이웃을 보고 태양광에 관해 학습하고, 설치업자는 다른 설치업자의 경험을 통해 학습한다. 지역적 관점은 상당 기간 다양한 유권자들로부터 한결같은 관심과 정치적 지지를 받아왔기에 중요하다. 지역 주민 활동, 특히 동료들 간의 상호작용은 세계화의 원심력과 산업의 호황 및 불황에도 태양광에 대한 지원을 효과적으로 유지해 온 정치적 옹호 활동에서도 나타난다. 일부 지역에서는 태양광 관련 정책의 결과에 대한 지역의 영향력이 태양광을 지원하는 정치적 지지를 제공한다. 이러한 지원을 통해 생산과 하드웨어 기술개발의 중심을 이동시키는 세계화에 맞서 태양광이 견고해질 수 있다.

지역적 적용 과정

지역적 요인은 태양광의 적용에 상당한 영향을 미쳤다. 2015년 이후에야 유틸리티 규모의 프로젝트가 세계 태양광 시장에서 중요한 부분을 차지하게 되었고, 이후에도 주택용 태양광은 전 세계 설치량의 대부분을 차지하고 있다. 아헨과 홈멜스베르크와 같은 지역 정책은 최초의 주택용 태양광 시장을 만들어냈다. 정책을 뛰어넘어 이웃은 태양광의 적용에서 중요하였고 지금도 여전히 중요한 역할을 하고 있다. 이러한 지역 기반 설치로 인해 태양광은 다른 어떤 에너지 공급 기술과도 차별화되는데, 다른 기술들은 규모가 크고 기업이나 공공 사업자가 적용하기 때문이다. 이들의 경우에 나타나는 몇 개 또는 몇백 개의 큰 의사결정보다 태양광을 설치할 때는 수백만의 작은 의사결정이 발생했다. 그리고 그보다 수백 배나 많은 경우가 태양광을 설치하지 않겠다는 확고한 결정이었을 것이다. 이렇게 지역적이고 작은, 엄청나게 많이 반복 과정은 태양광의 뚜렷한 특성으로 드러났고, 이는 뚜렷한 소프트 비용 절감 활동으로 이어졌다.

초기부터 재무적/비재무적 인센티브의 조합이 주택용 태양전지 설치를 주도했다. 시간이 지남에 따라 태양광 가격이 떨어지자 태양광 설치는 높은 비용을 지불할 의사가 있는 초기 수용자(얼리 어답터)에서 태양광 설치에 따른 수익을 더 면밀하게 평가하는 대중 시장 소비자로 전환되었다(Moezzi et al., 2017). 재무적 인센티브는 최근, 그리고 훨씬 더 많은 소비자에게 보다 중요한 역할을 했다. 1994년 아헨의 FiT를 시작으로 주택용 태양광에 재무적 인센티브를 주는 여러 정책이 시행되었다. 선행 자본 비용에 대한 보조금, 세액공제, 발전차액지원제도, 태양광 재생에너지 인증, 재생에너지 의무화 등이 그것이다. 이러한 정책의 강제성은 일반적으로 시간이 지남에 따라 감소했는데, 보조금을 뺀 태양광 가격이 하락했기 때문이었다. 하지만 미국에서 가장 큰 재무적 인센티브는 전기요금 절감액이었다(Nemet et al., 2017a). 이 가치는 태양광 없이 소비자가 내는 전기요금과, 잉여 전력을 그리드에 되팔았을 때(넷 미터링) 고객이 전기를 생산해서 받는 가격에 따라 결정되었다. 하지만 태양광의 최적 보급량을 산출하기 위해 이 변수들의 수준을 결정하는 건 어려운 것으로 드러났다(Benthem et al., 2008). 1980년대 캘리포니아 ISO 4호와 같은 경우는 태양광이 많이 보급될 만큼 재무적 인센티브 수준이 높지 않은 것으로 나타났다. 1990년대 초 일본의 경우 소규모 인센티브 사업이 예상보다 많은 관심을 불러일으켰고, 정책 입안자들은 태양광 수요에 대한 가격 탄력성을 일부 확인할 수 있었다. 2004년부터 2010년까지 독일 FiT의 경우 재무적 인센티브 수준이 과도하게 높아 공급 부족, 가격 상승, 근시안적 관점과 전기요금 납부자 부담금의 부적절한 사용이 나타났다. 태양광 가격이 하락하자, 이러한 재무적 인센티브는 보급을 촉진하기 위해 완화될 필요가 있었다. 하지만 재무적 인센티브는 낮은 가격의 지불 의사가 있는 소비자의 설치를 촉진했기 때문에 보급을 결정하는 데 중요한 요소가 되었다. 그 중요성이 감소했음에도 비재무적 인센티브는 여전히 재무적 인센티브와 결합하여 보급을 촉진하고 있다.

태양광은 소비자가 수용하는 게 아니라 요구하는 특성을 가진다는 점에서 두드러진다. 태양광은 많은 사람의 관심을 끌고, 구매할 수만 있다면 많은 사람이 원하는 그런 제품이다. 대부분의 가전제품이 이런 방식으로 작동하지만, 에너지 기술은 그렇지 않다. 에너지 기술은 일반적으로 요구되기보다는 "수용된다"고 말한다(Rand and Hoen, 2017). 원자력, 탄소 포집, 태양 복사열 관리 같은 저탄소 기술에 관한 우려는 수용성과 관련된 문제를 어떻게 해결할 것인지에 초점을 맞춘다(Krause et al., 2014). 그런데 태양광은 반대 방향으로 움직인다. 사람들은 태양광 설치를 회피하려 항의하는 것이 아니라 태양광 설치를 원한다.

사람들이 태양광을 매력적이라고 여기는 것도 유행을 타는 독특한 적용 방식을 만들어낸다. 여러 연구는 태양광 설치에 영향을 미치는 "동료효과"의 중요성을 지적한다(Bollinger and Gillingham, 2012). 사회경제적 특성을 통제한 후에도 이웃이 먼저 태양광을 설치한 뒤에 나도 따라서 설치할 가능성이 높다(Rai and Robinson, 2013). 최근 연구에서 필자와 동료들은 이웃이 설치업체, 설치 옵션 및 가격에 관한 고급 정보를 저비용으로 제공한다는 가설을 검증하여 비슷한 결과를 발견했다(Nemet et al., 2016). 이러한 연구에서는 이웃의 근접성이 주는 영향력과 이웃의 인구통계학적 유사성의 영향력을 분리하는 것이 과제이다. 태양광은 고소득, 고학력, 진보 성향의 사람이 설치할 가능성이 높고, 이런 속성 자체가 군집화되는 경향이 있기에 위 연구 과제는 이웃의 설치로 인한 부가적인 효과를 찾는 것이다. 그리고 연구 결과는 이웃으로 인한 부가적인 효과가 존재함을 보여준다. 이웃 효과의 결과는 한 가구가 적용하면 다른 이웃의 설치로 이어지고 집단적 설치로 이어진다는 것 같다. 동료 간 상호작용, 사회적 표준 및 정책적 설계는 새로운 정책 영역(Nyborg et al., 2016)의 하나로 떠오르고 있는데, 태양광 보급이 한 가지 사례를 제공할 수 있다.

주택용 태양광 설치자들은 태양광으로 얻는 재정적 이익뿐만 아니라 다양한 측면에서 가치를 느낀다. 화석연료 발전을 대체하여 대기오염과 기후변화를 방지, 지역사회의 고용 창출, 녹색 정체성에 대한 소통, 그리드 의존도 감소를 통한 에너지 자급 강화 등이 그것이다. 일본(Nomura and Akai, 2004), 인도(Urpelainen and Yoon, 2015), 한국(Lee and Heo, 2016)을 포함한 다양한 나라에서 태양광의 비재무적 측면을 중시하는 태양광 설치 집단의 규모는 놀라울 만큼 크다. 태양광을 설치한 이들은 일반 전력에 비해 kWh당 2~4센트 높은 가격을 지불할 의사를 가지고 있는데(Sundt and Rehdanz, 2015), 이는 약 30% 프리미엄 수준이다. 동료들과 나는 이러한 시장 가격 대비 높은 가격에 대한 지불 의사가 미래 에너지 시스템이 가지는 지속적인 편향성을 부분적으로 설명한다고 평가했다. 에너지 비용 최소화를 목표로 하는 미래 에너지 시스템 모델은 태양광 보급을 과소평가하면서 그 편향성을 드러냈다.

인공위성, 원격 통신 중계소 및 항법 보조 장치와 같은 틈새시장은 태양광 보급에서 중요했다. 태양광에 더 높은 가격을 지불할 의사가 있는 소비자들은 또 다른 중요한 틈새시장이었고, 태양광 산업이 성공하기 위해서도 매우 중요했으며, 이에 따라 태양광이 대용량 발전 기술과 경쟁하기 위해 순차적으로 틈새시장이 발전하는 것도 상당히 중요했다. 이러한 지역 보급, 그리고 이로 인해 발생한 집단을 통해 설치업체는 이 수요를 충족하고 규모를 확장하며, 태양광 시스템을 조달, 판매, 설치하는 과정을 배우는 방법을 개발하게 되었다. 그리고 이 과정은 자체적으로 중요한 비용 절감으로 이어졌다.

지역 수준의 비용 절감

비록 모듈 비용에 많은 관심이 집중되었지만, 소프트 비용도 2010년과 2017년 사이에 48% 감소했다(Fu et al., 2017). 소프트 비용 절감도 지역 주도로 이루어졌다. 설치업체들은 프로세스를 개선하고 배움을 주고받았으며, 부분적으로는 잠재적 고객이 정보를 잘 이용했던 까닭에 어느 정도 경쟁력을 갖추게 되었다. 예를 들어, 미국에서 2000년과 2017년 사이 비용 절감의 49%는 소프트 비용에 의한 것이었다(그림 8.2). 이러한 결과는 특히 인상적이었는데, 독일 같은 나라에 비해 미국의 소프트 비용이 여전히 높았기 때문이다(Seel et al., 2014). 따라서 미국의 소프트 비용은 추가로 감소할 여지가 여전히 많다. 그렇다면 어떤 요인들이 소프트 비용의 절감을 초래했을까?

특히 미국에서 이뤄진 일련의 연구는 소프트 비용의 절감 원인을 이해하기 위해 매우 상세한 데이터를 사용했다. 먼저 설치업체는 태양광 시스템 설치 비용을 줄이는 방법을 알아냈다. 이 설치 비용에는 지붕에 패널을 설치하고 패널을 전기적으로 연결하며 태양광 시스템을 가정의 전력 시스템 및 그리드 연결과 통합하는 작업이 포함된다. 이러한 개선 중 일부는 실천을 통한 학습(LbD) 개념과 연관되는데, 작업자는 반복적인 일을 수행하면서 이를 더 잘할 수 있는 방식을 찾는다(Bryan and Harter, 1899). 다양한 실증 연구를 통해 LbD 효과는 항공기(Benkard, 2000), 선박(Thompson, 2001), 컴퓨터 메모리(Irwin and Klenow, 1994) 분야에서 관찰할 수 있었다. 비슷한 패널을 조끔씩 다르게 생긴 지붕에 설치하는

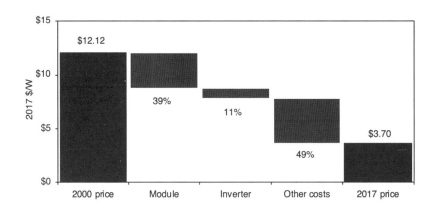

〈그림 8.2〉 미국에 설치된 주택용 태양광 시스템 가격 변화의 구성요소

일을 두 번 혹은 열 번 수행하면서 그 일이 더 쉬워진다고 느끼는 지붕 위 노동자를 상상하는 것은 어려운 일이 아니다. LbD 효과는 물리적인 설치 활동뿐만 아니라 잠재 고객을 식별하여 고객에게 영업하고 계약을 확보하는 행정 업무까지 포함하여 시스템과 관련된 활동 전 범위로 확장된다. 한편, 반복적인 개선을 통해 비용을 절감하는 방법도 있지만, 규모의 경제 역시 존재한다(Gillingham et al., 2016). 설치업체가 성장함에 따라 고정 비용을 더 많은 생산 단위로 분산하는 등 비용을 절감할 수 있는 규모에 도달하게 된다. 규모는 또한 프로세스를 업그레이드하는 데 투자할 수 있게 하는데, 예를 들면 신규 직원을 현장에 보내 기술을 익히도록 내버려두는 대신 교육을 진행하는 것이다. 여러 연구를 통해 경험과 규모의 효과에서 이런 식의 학습을 반복적으로 발견했다(Benthem et al., 2008; Nemet et al., 2017b). 이 같은 연구와 다른 연구들은 또한 저렴한 가격의 소규모 설치업체도 있음을 발견했다(O'Shaughnessy, 2018). 이러한 소규

모 설치업체들은 시장에 진입하여 더 유명한 업체들과 경쟁하기 위해 가격을 낮게 책정할 수 있다. 또는 범위의 경제도 일부 작용할 수 있는데, 이 업체들은 지붕 및 전기 작업과 같이 서로 보완하는 사업 영역을 사용하고, 고객을 확보하고 청구서 등을 관리할 수 있다.

두 번째 비용 절감 요인은 시장경쟁이 치열해짐에 따라 설치업체가 비용 절감에 대한 더 강력한 유인을 가진다는 점이다. 최근의 실증 연구에 따르면 고객이 사용 가능한 설치 옵션에 대해 더 나은 정보를 이용함에 따라 시장은 더 경쟁적으로 변하고 가격은 하락하는 경향이 있다고 한다(O'Shaughnessy and Margolis, 2018). 설치업체들은 타 업체와 경쟁하면서 비용을 절감할 수 있는 더 강력한 유인이 있다. 미국에서는 에너지세이지(EnergySage)와 같은 제3자 견적 제공업체의 증가로 고객이 가격 정보에 접근하기가 더 쉬워졌다. 오쇼네시와 마골리스(O'Shaughnessy and Margolis, 2018)는 이 가설을 직접 검증하여, 고객이 더 많은 견적을 받을 거라고 예상할 때 설치업체가 낮은 가격을 제시한다는 사실을 보여주었다. 하지만 경쟁 효과보다 규모와 학습효과가 더 큰 것으로 보인다. 그 결과, 중소 규모의 설치업체가 많은 시장보다 기존에 자리 잡은 대형 설치업체가 있을 때 시장 가격이 더 낮은 경향이 있다(Nemet et al., 2017b).

셋째, 수요 측면의 경험으로 비용 절감에 대한 학습이 일어날 수 있다. 태양광이 널리 보급됨에 따라 고객이 태양광에 더 익숙해질수록, 자체적으로 태양광을 설치한다는 생각을 할 수 있다(O'Shaughnessy, 2018). 이러한 효과는 설치업체의 고객 확보 비용을 줄일 수 있다. 보다 직접적인 채널은 잠재적인 태양광 설치자들이 태양광 설치 과정을 이미 경험한 이웃들과 함께 있으면서 설치업체의 신뢰성과 가능한 가격 옵션 같은 정보를 제공받을 수 있다는 것이다(Graziano and Gillingham, 2015). 이 효과는 설치업체들이 이미 아는 사람들이 가지고 있는 믿을만한 정보에 의존할 수 있게 함으로써 위험을 덜 회피하여 고객 확보 비용을 줄일 수 있다.

넷째, 금융 혁신은 소프트 비용에 뚜렷한 비용 절감 효과를 가져왔다. 미국의 주요 금융 혁신은 제3자 소유(Third-party ownership, TPO)라고도 하지만 여기서는 일반적으로 리스(lease)라고 부를 것이다. 리스 계약에서 주택 소유자는 회사로부터 태양광 시스템을 임대하거나, 회사와 본인 주택에서 태양광으로 생산한 전기에 대한 전력구매계약을 체결한다(Davidson et al., 2015). 2017년 기준으로 2013년에 설치한 주택용 태양광 시스템의 43%가 리스 방식이었고, 나머지는 고객이 소유한 시스템이었다(Barbose and Darghouth, 2018). 리스 시스템은 기본적으로 두 가지 방식이 있다. 하나는 제3의 소유자가 별도의 주체와 계약하여 시스템을 설치하는 경우인데, 여기서 구매가격은 제3의 소유자와 설치 계약자 간 거래 가격이다. 다른 하나는 제3의 소유자가 직접 설치를 수행하며, 이 경우 구매가격을 식별할 수 있는 거래가 발생하지 않는다. 리스 시스템은 고객이 소유하는 시스템보다 비용이 적게 들고 가격 변동이 적은 경향이 있다(Nemet et al., 2017b). 하지만 리스 시스템의 주요 효과는 자본이 부족한 주택 소유자의 사전 비용을 줄여주는 데 있다(Rai and Sigrin, 2013; Drury et al., 2014). 두 번째 금융 혁신은 대규모 시스템 설치를 통해 수백 명의 고객에게 전력을 제공하는 커뮤니티 공유 태양광 방식이다(Chan et al., 2017). 이러한 시스템은 몇 kW가 아니라 수백 kW급 시스템으로, 시스템 규모의 경제를 제공하므로 설치 비용을 상당히 절감할 수 있다(Funkhouser et al., 2015). 설치 비용에 지자체가 융자를 제공하고 재산세를 통해 상환하는 자산평가 청정에너지(Property Assessed Clean Energy, PACE)와 같은 또 다른 금융 혁신은 이를 이용할 때 보급률을 약

2배씩 증가시키는 것으로 밝혀졌다(Kirkpatrick and Bennear, 2014). '솔라라이즈(solarize)'라고 알려진 또 다른 프로그램은 더 나은 장비와 설치 가격을 협상하기 위해 여러 주택 소유자들의 공동 구매를 촉진한다.

다섯째, 정책 또한 소프트 비용에 영향을 미쳤다. 새 시스템을 설치할 때 설치업체는 허가를 받고 나서 시스템을 검사해야 했다. 이러한 절차는 소요 비용과 지연을 가중하며 관할 지역마다 차이를 만든다. 이것은 비용에 직접적인 영향을 미쳤는데, 절차가 가장 까다로운 지역에서는 주택용 시스템 비용에 수백 달러가 추가될 수 있었다. 관련 연구에 의하면 제한적인 허가에는 평균적인 5kW 주택용 시스템 비용에 900달러(Burkhardt et al., 2015), 1,050달러(Seel et al., 2014), 2,850달러(Dong and Wiser, 2014)의 추가 비용이 발생하는 것으로 추정했다. 결론적으로, 인허가를 최소화하려는 노력은 지역 프로그램 행정의 규모의 경제(예를 들어 전문가 고용)를 통해 강화될 수 있으며, 소프트 비용도 감소시킬 수 있다.

정책이 소프트 비용에 영향을 미칠 수 있는 또 다른 방법은 태양광에 대한 수요 증가를 통해서이다. 보조금, FiT, 세액공제와 같은 다양한 정책은 소비자가 직면하는 실질적인 가격을 줄임으로써 태양광 시스템에 대한 수요를 증가시킨다. 보조금은 수요곡선을 위쪽으로 이동시키고 지불 의사가 한계 비용과 같아지는 지점까지 양과 가격을 증대시킨다. 따라서 단기적으로 다른 것들이 같다면 보조금은 태양광 시스템 가격을 상승시킨다. 하지만 보조금은 실천에 따른 학습과 규모의 경제의 기회를 제공한다는 점에서 장기적인 효과도 있다. 이것들은 비용 절감 활동이기에 수요를 증가시키고 지속적으로 보조금의 필요성을 제거한다. 따라서 보조금의 전반적인 효과는 단기적으로는 가격을 올리고 장기적으로는 가격을 낮추는 것이다.

수요 측면의 태양광 설치 보조금의 효과에 대해서는 설치업자가 보조금을 스스로 받을지 — 가격 인상분을 고객에게 전가함으로써 — 아니면 고객에게 절감분을 넘겨줄 것인지가 추가적인 고려사항이다. 전자는 보조금 사업의 학습 곡선을 약화하는 경향이 있다. 다행히 설치업자가 보조금 전체를 가질 수 없다는 것은 분명하지만, 실제로 가구가 받는 보조금이 얼마인지에 대해서는 실증 결과가 분분하다. 한 연구에 따르면 보조금은 대부분 개별 가구가 수혜했다(Dong et al., 2018; Pless and Benthem, 2017). 반면 다른 연구에 따르면 설치업자가 보조금의 상당 부분을 가져갔는데(Borenstein, 2017), 이로써 보조금이 있을 때 설치업자가 가격을 상승시킨다는 것이다. 시장이 더욱 경쟁적이 되고 가격이 더 투명해지면 고객들이 더 많은 보조금의 혜택을 보게 되리라 예상된다.

지식 파급의 효과

태양광 설치업자들은 시스템을 설치하는 경험을 통해 배웠지만, 다른 설치업자들의 경험에서 배우기도 했다. 향상된 설치 기술과 사업 프로세스의 변화는 한 설치업자에서 다른 설치업자에게로 전파되었다. 한 설치업자가 경험에서 습득한 노하우를 다른 설치업자가 이용할 수 있으면, 그 지식은 설치업자들 사이에 "파급"되었다고 말할 수 있다(Arrow, 1962; Ghemawat and Spence, 1985). 지식 파급의 효과는 이점과 문제점을 모두 야기한다. 업계 전반에 지식을 전파한다는 점에서 지식 파급의 효과는 바랄 만한 것이다. 한 기업이 자체적으로 새로운 프로세스를 개발하고 이를 대외비 혹은 특허로 하는 대신, 지식 파급의 효과는 다른 기업에 그 혁신을 전파한다. 이 프로세스는 대개 시간이 걸리고 그 지식이 시간이 지남에 따라 쓸모없게 될 수도 있지만, 향상으로 인한 유익한 효과를 업계 전체에 확산시킨다(Grubler and Nemet, 2014). 따라서 태양광 소프트 비용에서의 파급 효과는 업계 전반에 걸쳐 비용 절감을 전파했고 이는 가격 하락에 따라 기술 보급을 촉진하는 데 도움이 되었다.

지식 파급 효과의 문제점은 혁신 투자에 대한 유인을 약화한다는 것이다. 일단 업계에 지식 파급 효과가 있음이 인지되면 기업에서는 혁신을 자체적으로 개발하기보다는 다른 기업의 경험에 무임승차할 유인을 가지게 된다. 이러한 혁신이 R&D 투자를 통해서든 경험 축적을 위한 초기 설치를 통해서든 사전 비용을 수반한다고 가정하면, 기업에서는 파급 효과가 있는 경우 이러한 투자를 더욱 꺼리게 될 것이다. 기업에 이득을 가져다주는 혁신 대신, 경쟁자들도 곧 그 지식에 접근할 수 있기에, 그 기업은 혁신에 투자할 가능성은 훨씬 적고 다른 기업의 학습 투자에 무임승차할 가능성이 더 큰 것이다. 극단적으로 말하면, 모든 기업은 설비투자를 미루고 낮은 비용으로 뒤따라서 채택할 수 있는 혁신을 다른 기업에서 개발할 때까지 기다릴 것이다.

우리는 여러 연구와 방법론을 통해 태양광 지식 파급의 효과를 확인했다. 계량경제학적 연구는 각 설치업자의 누적 경험을 계산하여 태양광 시스템 설치 가격의 지식 파급 효과를 확인하고자 했다(Gillingham et al., 2016). 이러한 연구는 경험의 축적이 비용을 낮춰주고, 다른 기업의 경험에서 배움으로써 비용을 절감할 수 있음을 보여줬는데, 이는 파급 효과가 실제적이고 중요하다는 점을 말해준다(Nemet et al., 2017b). 지식은 더 짧은 거리일 때 더 빠르게 전파되는 경향이 있기에 지리적 측면도 중요하다. 예를 들어, 1997년과 2011년 사이 미국 태양광 소프트 비용 특허 출원에 관한 연구는 지역 수요 보조금이 국가 수준의 정책보다 지역 혁신 활동을 유도하는 데 훨씬 더 효과적이라는 것을 발견했다(Rai and Beck,

2015). 이러한 기업 간 학습은 전시회에서의 상호작용과 전문 교육과 같은 공식적인 활동을 통해 이루어질 수 있다. 또한 타 기업에서 온 신입사원을 동화시키고, 다른 기업의 활동을 관찰하고, 경쟁사 고객과 대화하거나 다른 기업의 직원과 네트워킹을 통해 비공식적으로도 기업 간 학습이 발생할 수 있다.

지식 파급의 효과는 '긍정적 외부효과'라고 알려진 것을 창출하고, 결과적으로 일종의 시장 실패를 만들어낸다. 말하자면, 가격과 공급 그리고 수요가 최적이 아닌 수량의 태양광 보급을 만들어낼 터인데, 왜냐하면 기업들이 무임승차를 기다리며 최적의 경우보다 덜 혁신적으로 행동할 것이기 때문이다(Nemet, 2012). 이러한 시장 실패를 시정하기 위한 정책적 해결책은 보급과 혁신이 최적 수준으로 발생할 수 있게 태양광 수요에 보조금을 지원하는 것이다. 물론 캘리포니아(Benthem et al., 2008)와 독일(Unnerstal, 2017)의 사례에서 볼 수 있듯이, 보조금 수준을 설정하는 것은 어려운 과제임이 분명하다. 하지만 태양광 산업에 지식 파급 효과가 존재한다는 증거는 태양광에 대한 보조금을 정당화하는데, 태양광으로 인해 감소한 오염도 어떤 형태로든, 예를 들면 오염에 대한 세금 부과를 통해 회계에 포함되고 있다.

새로운 과제와 기회

이제 태양광은 틈새시장을 넘어 성장한 만큼, 과거 같으면 좋은 문제들로 치부되었을 이슈들과 부딪히고 있다. 세 가지 새로운 과제가 특히 중요하다. 즉 간헐성, 전력회사의 비즈니스 모델, 개발노상국에서의 자금조달. 이 과제들은 모두 지역에 뿌리를 두고 있으며, 해결을 위해서는 전 세계적인 서로 다른 노력이 필요할 것이다. 첫째, 항상 날씨가 맑은 것은 아니다. 업계 용어로서—특히 햇빛과 반대되는 개념으로—구름, 밤, 겨울 그리고 가끔 일어나는 일식의 영향으로 태양광은 "간헐적"이라고 한다(Hirth, 2015). 태양광 지지자들은 "변화무쌍한"이라는 용어를 사용한다. 어쨌든, 화석연료나 원자력 발전과 달리 태양광 전기는 사람들이 전기를 필요로 할 때 사용하지 못할 수가 있다. 태양광의 과도한 비용이 진지한 에너지 전문가들이 태양광을 심각하게 받아들이지 않은 주요한 이유였던 반면, 그 논쟁의 해소는 간헐성에 관심을 집중시켰다. 태양광은 변동성이 높고 심지어 위험하다. 태양광에 의존하는 것은 정전의 위험이 있다. 더 미묘한 관점은 태양광을 점점 더 많이 사용할수록 태양광의 가치가 하락할 것이라는 점이었는데, 백업 발전에 투자하고 간헐성을 보완하는 다른 수단을 적용해야 할 필요성이 증가하기 때문이었다(Sivaram, 2018). 태양광의 간헐성은 태양광으로 대규모 에너지를 공급할 때 이를 보완하는 데 드는 비용에 대한 정당한 우려와 함께 태양광에 반대하는 이들의 주된 논거였다. 하지만 우리는 이것이 다른 영역과 마찬가지로 태양광 패널을 제조하는 데서의 병목 현상을 극복하기 위한 혁신과 유연성에 대해 똑같이 강조하는 것을 알고 있다. 이것은 간헐성이 해결이 필요한 또 하나의 문제일 뿐, 어떤 의미에서든 걸림돌은 아니라는 낙관적인 근거를 제공한다. 이러한 낙관론은 다음과 같은 해결책이 있다는 점에서 비롯된다. 즉 배터리 저장, 플라이휠 저장, 압축 공기 저장, 열 저장, 전기차를 활용한 저장, 유연한 수요 대응, (철강 같은) 산업 공정의 전기화 같은 시간 비의존적 활동을 위한 전기 사용, 담수화, 수소 생산, 이산화탄소 직접 공기 포집 등. 화석연료 발전처럼 운영하기 위해 태양광을 개선해야 한다고 가정하는 협의의 관점은 요점을 놓치고 이러한 기회를 잃게 만든다.

둘째, 죽음의 소용돌이에 휩싸인 전력회사라는 위협은 현실적이다. 미국 전력회사들의 단체인 에디슨전기연구소(Edison Electric Institute)는 2012년 9월 13일 콜로라도 스프링스에서 열린 이사회에서 태양광에 대한 경보를 울리기 시작했다.

> 전통적으로 전력회사들이 거의 독점한다고 인식해왔던 사업 영역에 강력하고 민첩하며 규제받지 않는 기업들이 진입하는 기회가 제공되고 있습니다. (Craver et al., 2012)

당시 계약은 MWh당 100달러 미만으로 체결되고 있었다. 몇 달 후 이 단체는 이러한 위협 때문에 사람들이 전기요금을 지불하는 방식을 바꿔야 한다고 주장하는 보고서를 발표했다(Ackerman and Martini, 2013). 이해관계를 분명히 하기 위해 보고서는 1990년대 유선전화 산업에서 고객층이 감소하는 것을 만회하기 위해 가격을 올리는 '죽음의 소용돌이'에 빠졌던 경고성 이야기를 이용했다. 실제로 유선전화 산업은 휴대전화, 전자상거래, 온라인 콘텐츠 등으로 통신산업 규모가 2배 성장할 때 수익이 절반으로 줄었다. 재생에너지 가격이 하락하면서 석탄 발전에 기반을 둔 독일의 4대 전력회사들이 수십억 달러를 잃고 파산 위험에 처한 상황을 지켜보는 것은 미국 전력회사들이 곧 '붕괴'할 거라는 추가적인 증거를 제공했다.

유선전화와 독일 전력회사의 운명을 피하기 위한 몇 가지 전략이 등장했다. 일반적인 전략 중 하나는 고객에게 요금을 부과하는 방식을 바꾸는 것으로, 특히 전기 사용량 단위가 아닌 매달 높은 고정 금액을 부과하도록 규제 기관에 로비하는 것이었다. 이 전략은 미국 위스콘신에서 처음 시도했는데 결국 성공했다. 하지만 이러한 전술은 종국에는 고객이 전력

회사 시스템에서 더 멀어지도록 장려하기에 죽음의 소용돌이를 지연시킬 뿐이었다. 붕괴의 위협이 계속 다가오고 있음에도 더욱 적극적인 모델들이 등장하고 있다(Mills et al., 2016). 결과적으로 태양광이 널리 보급되는 속도는 태양광이 운영되는 정치경제적 상황에 따라 달라질 것이다. 확고한 이해관계가 있는 이들은 태양광의 미래에 대해 할 말이 많다. 이들이 태양광 저지에 성공할지, 아니면 태양광을 수용하고 이에 맞춰 비즈니스 모델을 조정할지가 태양광 보급 속도를 결정하는 데 큰 역할을 할 것이다. 후자는 전력회사뿐 아니라 전력회사에서 전력을 공급하는 데 드는 비용과 투자를 어떻게 보상할 것인지 결정할 책임이 있는 규제 기관의 실질적인 변화도 요구할 것이다.

셋째, 자금 조달의 필요성이 가장 큰 곳은 사람들이 전력을 가장 필요로 하는 곳이다. 현재까지 대부분의 태양광 발전은 선진국에서 이루어졌지만, 향후 20년간 에너지 수요 증가의 거의 대부분은 개발도상국—인도, 중국 그리고 아프리카, 중동, 동남아시아 지역 국가—에서 발생할 것이다. 이러한 지역에서 태양광이 성공하기 위해서는 가격이 저렴해야 하므로 앞서 설명한 진보가 여기서 핵심적이다. 하지만 신규 태양광에 대한 자금 조달은 어려울 수 있다. 태양광은 '자본 집약적'이라고 알려져 있다. 이것은 태양광이 비싸다는 의미가 아니다. 오히려 이것은 비용이 드는 시점을 의미한다. 즉, 태양광 비용의 대부분은 태양광의 전체 주기 중 초기에 발생한다는 것이다. 이는 연료와 인건비를 지속적으로 지급하는 형태로, 운영하면서 돈을 계속 지불해야 하는 석탄 및 가스 발전소와는 구별되는 특징이다. 태양광은 연료비나 유지비를 지불할 필요가 없다는 게 큰 장점이지만 소비자들이 선불금에 대해 생각하도록 만든다. 이것은 자본 시장이 발달하지 않은 나라, 즉 돈을 빌리는 것이 힘든 나라에서는 어려울 수 있다. 예를 들어 선진국의 주택 소유자는 3~4% 금리의 대출이 가능하지만, 개발도상국의 금리는 10%를 초과할 수 있다(Ondraczek et al., 2015). 자금 조달에서 이런 차이만으로도 태양광의 전 주기 비용이 두 배로 증가한다. 이러한 어려움을 극복하기 위한 성공적인 사례는 더 안정적인 규제 환경, 혁신적인 금융 프로그램, 지역 전문 지식을 개발하기 위한 역량 구축 등이 있다.

태양광의 광범위한 보급은 새로운 과제와 함께 새로운 기회도 창출하고 있다. 태양광 노하우의 집중 영역은 과학에서 기기로, 제조로, 제조를 위한 장비로 시간이 지남에 따라 변화했다. 태양광이 계속해서 저렴해짐에 따라 지식의 영역은 사람들이 태양광을 사용하는 방식으로 이동하는 것으로 보인다. 우리는 1957년 인공위성에서 시작된 틈새시장의 연속에서 이것을 이미 보았다. 하지만 태양광이 매우 저렴해짐에 따라 새로운 창의적인 애플리케이션이 등장하고 있다. 한 가지 예로 제조업의 집중이 약해지기 시작했다. 모듈 생산의 3분의 2 이상을 중국이 차지하고 있음에도 인도, 이집트, 튀르키예와 같은 태양광 패널 신규 소비국들은 내수 시장에 서비스 하기 위해 태양광 가치사슬 중 일부를 자국에 배치하기 시작했다. 턴키 및 가벼운 턴키 공정 라인은 중국의 거대 기업들이 지향하는 10GW 규모가 아니더라도 비용 효율적인 생산 규모 확장을 가능하게 하고 있다. 또 다른 예로는 에너지저장 장치와 태양광의 결합이 증가하고 있으며, 어떤 경우에는 전기차와 결합하기도 한다. 배터리의 가격 하락은 여러 시간에 걸쳐 비용 효율적인 전력 저장을 가능하게 하며, 현재 독일의 신규 태양광 시스템의 절반은 배터리를 포함하고 있다. 전기차를 통해 전력 그리드의 전압 주파수 조절을 제공하는 V2G(Vehicle to grid) 서비스 기업의 출현은 이러한 결합을 더욱 현실화한다. 태양광과 직접 공기

포집을 결합하면(10장), 대기에서 이산화탄소를 제거할 수 있는 또 다른 새로운 애플리케이션을 제공한다. 사우디아라비아와 같은 나라들은 급격히 증가하는 전력 수요, 저비용 금융 조달, 풍족한 비경작 토지, 풍부한 태양 복사 등 유리한 조합을 훨씬 잘 활용할 수 있는 대규모 투자를 고려한다. 한 가지 응용 사례는 석유를 국내 전력 생산보다는 수출로 돌릴 수 있게 전력을 공급하는 것이지만, 다른 사례는 네옴(Neom) 같은 신도시 중심부에 전력을 공급하기 위해 태양광을 활용하는 것이다. 더욱 야심 차게는 중동에 수백 GW의 매우 저렴한 태양광 전기를 개발한다면, 에너지 집약적인 제조 활동을 햇살이 잘 드는 지역으로 옮길 수 있는데, 그곳에서는 프로세스 열을 전기적으로 생산하고 전력 자체가 풍부할 것이다.

결론

소프트 비용은 모듈 가격 하락만큼 극적으로는 아니지만 지난 20년 동안 상당히 하락했다. 소프트 비용은 여러 활동으로 인해 하락했는데, 모듈 가격 하락의 주요 동인인 제조 노하우와 자동화를 통한 것은 아니었다. 오히려 이러한 비용 하락은 한 지붕에서 차례로 렌치를 휘두르는 사람들의 머릿속에서 암묵지를 습득하는 것처럼, 본질적으로 인간적인 요소를 포함한다. 무엇보다 소프트 비용은 설치업자가 경험을 쌓으면서 이룬 설치 기술의 개선, 광범위한 학습효과로 인해 하락했다. 이 학습의 중요한 특징은 직원들이 서로에게서, 그리고 다른 회사로부터 배운 것처럼 전파되었다는 점이다. 이러한 파급 효과는 보조금 없이는 설치가 너무 적고, 한 기업이 다른 기업이 지불한 경험에 무임승차할 수 있다는 점에서 태양광 보조금에 중요한 정당성을 제공했다. 학습효과의 파급은 다른 사례와 마찬가지로 거리가 멀어질수록 감소한다. 이것은 학습을 본질적으로 지역적인 과정으로 만들고, 국가적인 정책 외에도 지역적인 정책의 중요성을 강조한다.

　지역적으로 제한된 학습은 태양광에 대한 정치적 지지를 낳기도 했다. 심지어 모듈 생산이 관할 지역을 벗어나 주로 중국으로 이동하고 있을 때도 마찬가지였다. 소프트 비용이 모듈 비용보다 커짐에 따라 태양광에 부가되는 현지 가치가 생산 가치를 멀리 이동시킨 세계화의 힘을 사실상 능가했다. 세계적으로 존재감이 있는 몇몇 기업이 유틸리티 규모의 설치를 위해 시스템통합을 수행했음에도 아직 다국적 주택용 태양광 설치기업은 출현하지 않고 있다. 위에서 논한 바와 같이 태양광 설치업자가 지닌 본질적인 지역적 특성은 안정적인 정치적 지원의 원천을 만들었다. 태양광 소비자와 설치업체가 늘어나고 이들이 결합하면서 태양광에 대한 지역 차원의 지원이 커지는 데 결정적이었던 지지자 연합이 만들어졌으며, 이중 일부는 국가적인 지원으로 발전해갔다. 초기 수용자와 설치업자들은 1992년 아헨에서 시작되어 2000년 연방 차원에서 시작된 독일의 상향식 태양광 운동의 중심이었다. 독일은 중국에 태양광 제조업 고용의 상당 부분을 빼앗겼지만, 지붕 수리업자, 전기 기술자, 태양광 설치 전문가들은 여전히 남아 있다. 캘리포니아에서도 비슷한 일이 일어났는데, 1980년대에는 소규모로, 2006년 이후엔 대규모의 연방 정책이 뒤따랐다. 지역 지향적인 보급과 학습의 동학이 없었던 것은 아니지만, 이와 동일한 아래로부터 위로의 운동이 일본과 중국에서는 나타나지 않았다. 하지만 일본과 중국에서조차 태양광 설치 초기의 작은 성공 사례가 훗날 더 큰 프로그램을 정당화하는 데 이용되었다.

참고문헌

Ackerman, E. & Martini, P. D. 2013. Future of Retail Rate Design. Edison Electric Institute.

Ardani, K. & Margolis, R. 2015. Decreasing Soft Costs for Solar Photovoltaics by Improving the Interconnection Process: A Case Study of Pacific Gas and Electric. Golden, CO, National Renewable Energy Laboratory (NREL).

Arrow, K. 1962. The economic implications of learning by doing. The Review of Economic Studies, 29, 155-173.

Barbose, G. L. & Darghouth, N. R. 2018. Tracking the Sun: Installed Price Trends for Distriuted Photovoltaic Systems in the United States. Berkeley, CA, Lawrence Berkeley National Laboratory.

Barbose, G. L., Darghouth, N. R., Millstein, D., Lacommare, K. H., Disanti, N. & Widiss, R. 2017. Tracking the Sun 10: The Installed Price of Residential and Non-Residential Photovoltaic Systems in the United States, Lawrence Berkeley National Laboratory and SunShot Benkard, C. L. 2000. Learning and forgetting: The dynamics of aircraft production. American Economic Review, 90, 1034-1054.

Benthem, A. V., Gillingham, K. & Sweeney, J. 2008. Learning-by-doing and the optimal solar policy in California. The Energy Journal, 29, 131-152.

Bollinger, B. & Gillingham, K. 2012. Peer effects in the diffusion of solar photovoltaic panels. Marketing Science, 31, 900-912.

Borenstein, S. 2017. Private net benefits of residential solar PV: The role of electricity tariffs, tax incentives, and rebates. Journal of the Association of Environmental and Resource Economists, 4, S85-S122.

Bryan, W. L. & Harter, N. 1899. Studies on the telegraphic language: The acquisition of a hierarchy of habits. Psychological Review, 6, 345-375.

Burkhardt, J., Wiser, R., Darghouth, N., Dong, C. G. & Huneycutt, J. 2015. Exploring the impact of permitting and local regulatory processes on residential solar prices in the United States. Energy Policy, 78, 102-112.

Chan, G., Evans, I., Grimley, M., Ihde, B. & Mazumder, P. 2017. Design choices and equity implications of community shared solar. The Electricity Journal, 30, 37-41.

Craver, T. F., Piro, J. J. & Wolff, B. 2012. Electric Transportation. Edison Electric

Institute Fall Board and Chief Executives Meeting, September 2012 Colorado Springs.

Creutzig, F., Agoston, P., Goldschmidt, J. C., Luderer, G., Nemet, G. & Pietzcker, R. C.

2017. The underestimated potential of solar energy to mitigate climate change. Nature Energy, 2, nenergy2017140.

Davidson, C., Steinberg, D. & Margolis, R. 2015. Exploring the market for third-partyowned residential photovoltaic systems: Insights from lease and power-purchase agreement contract structures and costs in California. Environmental Research Letters, 10, 024006.

Dong, C. & Wiser, R. 2014. The impact of city-level permitting processes on residential photovoltaic installation prices and development times: An empirical analysis of solar systems in California cities. Energy Policy, 63, 531−542.

Dong, C., Wiser, R. & Rai, V. 2018. Incentive pass-through for residential solar systems in California. Energy Economics, 72, 154−165.

Drury, E., Jenkin, T., Jordan, D. & Margolis, R. 2014. Photovoltaic investment risk and uncertainty for residential customers. IEEE Journal of Photovoltaics, 4, 278−284.

Friedman, B., Ardani, K., Feldman, D., Citron, R., Margolis, R. & Zuboy, J. 2013. Benchmarking Non-Hardware Balance-of-System (Soft) Costs for US Photovoltaic Systems Using a Bottom-Up Approach and Installer Survey. NREL.

Fu, R., Feldman, D. J., Margolis, R. M., Woodhouse, M. A. & Ardani, K. B. 2017. US solar photovoltaic system cost benchmark: Q1 2017. Golden, CO, National Renewable Energy Lab. (NREL).

Funkhouser, E., Blackburn, G., Magee, C. & Rai, V. 2015. Business model innovations for deploying distributed generation: The emerging landscape of community solar in the US.

Energy Research & Social Science, 10, 90−101.

Ghemawat, P. & Spence, A. M. 1985. Learning-curve spillovers and market performance.

Quarterly Journal of Economics, 100, 839−852.

Gillingham, K., Deng, H., Wiser, R. H., Darghouth, N., Nemet, G., Barbose, G. L.,

Rai, V. & Dong, C. 2016. Deconstructing solar photovoltaic pricing: The role of market structure, technology, and policy. The Energy Journal, 37, 231−250.

Graziano, M. & Gillingham, K. 2015. Spatial patterns of solar photovoltaic system adoption:
The influence of neighbors and the built environment. Journal of Economic Geography, 15, 815−839.

Grubler, A. & Nemet, G. F. 2014. Sources and consequences of knowledge depreciation. In: Grubler, A. & Wilson, C. (eds.) Energy Technology Innovation: Learning from Historical Successes and Failures. Cambridge, Cambridge University Press.

Hirth, L. 2015. The optimal share of variable renewables: How the variability of wind and solar power affects their welfare-optimal deployment. The Energy Journal, 36.

Irwin, D. A. & Klenow, P. J. 1994. Learning-by-doing spillovers in the semiconductor industry. Journal of Political Economy, 102, 1200−1227.

Karakaya, E., Nuur, C. & Hidalgo, A. 2016. Business model challenge: Lessons from a local solar company. Renewable Energy, 85, 1026−1035.

Kirkpatrick, A. J. & Bennear, L. S. 2014. Promoting clean energy investment: An empirical analysis of property assessed clean energy. Journal of Environmental Economics and Management, 68, 357−375.

Krause, R. M., Carley, S. R., Warren, D. C., Rupp, J. A. & Graham, J. D. 2014. "Not in (or under) my backyard": Geographic proximity and public acceptance of carbon capture and storage facilities. Risk Analysis, 3, 529−540.

Lee, C.-Y. & Heo, H. 2016. Estimating willingness to pay for renewable energy in South Korea using the contingent valuation method. Energy Policy, 94, 150−156.

Mills, A., Barbose, G., Seel, J., Dong, C., Mai, T., Sigrin, B. & Zuboy, J. 2016. Planning for a Distributed Disruption: Innovative Practices for Incorporating, Berkeley, CA, Ernest Orlando Lawrence Berkeley National Laboratory.

Moezzi, M., Ingle, A., Lutzenhiser, L. & Sigrin, B. 2017. A Non-Modeling Exploration of Residential Solar Photovoltaic (PV) Adoption and Non-Adoption. National Renewable Energy Laboratory (NREL), Golden, CO, National Renewable Energy Laboratory. NREL/SR-6A20−67727.

Nemet, G. F. 2012. Subsidies for new technologies and knowledge spillovers from learning by doing. Journal of Policy Analysis and Management, 31, 601-622.

Nemet, G., O'Shaughnessy, E., Wiser, R. H., Darghouth, N. R., Barbose, G. L., Kenneth, G. & Rai, V. 2016. Characteristics of Low-Priced Solar Photovoltaic Systems in the United States, Berkeley, CA, Lawrence Berkeley National Laboratory.

Nemet, G. F., O'Shaughnessy, E., Wiser, R., Darghouth, N. R., Barbose, G., Gillingham, K. & Rai, V. 2017a. What factors affect the prices of low-priced U.S. solar PV systems?

Renewable Energy, 114, 1333-1339.

Nemet, G. F., O'Shaughnessy, E., Wiser, R., Darghouth, N., Barbose, G., Gillingham, K. & Rai, V. 2017b. Characteristics of low-priced solar PV systems in the U.S. Applied Energy, 187, 501-513.

Nomura, N. & Akai, M. 2004. Willingness to pay for green electricity in Japan as estimated through contingent valuation method. Applied Energy, 78, 453-463.

Nyborg, K., Anderies, J. M., Dannenberg, A., Lindahl, T., Schill, C., Schlüter, M., Adger, W. N., Arrow, K. J., Barrett, S., Carpenter, S., Chapin, F. S., Crépin, A.-S., Daily, G., Ehrlich, P., Folke, C., Jager, W., Kautsky, N., Levin, S. A., Madsen, O. J., Polasky, S., Scheffer, M., Walker, B., Weber, E. U., Wilen, J., Xepapadeas, A. & De Zeeuw, A. 2016. Social norms as solutions. Science, 354, 42-43.

O'Shaughnessy, E. 2018. Solar Photovoltaic Market Structure in the United States: The Installation Industry, Effects on Prices, and the Role of Public Policy. PhD thesis, University of WisconsinMadison.

O'Shaughnessy, E. & Margolis, R. 2018. The value of price transparency in residential solar photovoltaic markets. Energy Policy, 117, 406-412.

Ondraczek, J., Komendantova, N. & Patt, A. 2015. WACC the dog: The effect of financing costs on the levelized cost of solar PV power. Renewable Energy, 75, 888-898.

Pless, J. & Benthem, A. A. V. 2017. The Surprising Pass-Through of Solar Subsidies. National Bureau of Economic Research Working Paper Series, No. 23260.

Rai, V. & Beck, A. L. 2015. Public perceptions and information gaps in solar energy in Texas. Environmental Research Letters, 10, 074011.

Rai, V. & Robinson, S. A. 2013. Effective information channels for reducing costs of environmentally-friendly technologies: Evidence from residential PV markets. Environmental Research Letters, 8, 014044.

Rai, V. & Sigrin, B. 2013. Diffusion of environmentally-friendly energy technologies: Buy versus lease differences in residential PV markets. Environmental Research Letters, 8, 014022.

Rand, J. & Hoen, B. 2017. Thirty years of North American wind energy acceptance research: What have we learned? Energy Research & Social Science, 29, 135−148.

Seel, J., Barbose, G. L. & Wiser, R. H. 2014. An analysis of residential PV system price differences between the United States and Germany. Energy Policy, 69, 216−226.

Sivaram, V. 2018. Taming the Sun: Innovations to Harness Solar Energy and Power the Planet, Cambridge, MA, The MIT Press.

Sommerfeld, J., Buys, L. & Vine, D. 2017. Residential consumers' experiences in the adoption and use of solar PV. Energy Policy, 105, 10−16.

Sundt, S. & Rehdanz, K. 2015. Consumers' willingness to pay for green electricity: A metaanalysis of the literature. Energy Economics, 51, 1−8.

Thompson, P. 2001. How much did the Liberty shipbuilders learn? New evidence for an old case study. Journal of Political Economy, 109, 103−137.

Unnerstal, T. 2017. The German Energy Transition: Design, Implementation, Costs, and Lessons, Springer.

Urpelainen, J. & Yoon, S. 2015. Solar home systems for rural India: Survey evidence on awareness and willingness to pay from Uttar Pradesh. Energy for Sustainable Development, 24, 70−78.

4부 혁신, 또 혁신

9장 태양광을 기술혁신의 모델로

    태양광 기술을 과학적 호기심의 대상에서 현실 적용이 가능한 대규모 저탄소 에너지 공급원으로 진화시킨 경험은 우리 손에 강력한 도구를 쥐어 주었다. 이 도구로 감당 가능한 방식으로 탈탄소 세계 경제에 기여할 수 있다. 그러나 기후변화 문제는 에너지 시스템의 크나큰 변화를 요구하기에, 단순히 태양광 패널을 많이 설치한다고 해서 해결될 문제가 아니다. 태양광 기술을 성공적으로 진화시킨 경험의 가치는 그것이 기후변화 문제를 해결하기 위해 사회에 필요한 다른 저탄소 기술의 개발을 위한 모델을 제공한다는 점에도 있다. 이 책의 마지막 부분에서는 태양광 기술이 어떻게 모델 역할을 할 수 있는지 설명한다. 태양광 기술의 발전 과정을 이해하는 것은 우리가 필요로 하는 기후 기술들을 개발하는 것에 현명한 의사결정을 내릴 때도 긴요하다. 태양광 기술의 모델로서의 효용성은 다음 세 가지 질문에 대한 답에 달려 있다. **1) 무엇이 태양광 기술을 성공할**

수 있게 했나? 2) 태양광 기술의 어떤 특성이 그러한 성공 요인에 잘 들어맞았나? 3) 어떤 기술 유형에 이 모델을 적용할 수 있는가? 기후 시스템과 에너지 시스템의 느린 변화 특성은 태양광 모델이 가속화될 수 있을 때만 유용할 것이라는 걸 의미한다. 이 장에서는 태양광과 유사한 저탄소 기술의 기술혁신 가속화를 위한 9가지 접근법을 제안함으로써 마무리한다.

태양광은 왜 성공적이었을까?

지난 여덟 개의 장에서는 1839년 베크렐의 발견부터 오늘날 우리가 볼 수 있는 저비용, 대규모 태양광 패널 생산에 이르기까지 180년에 걸친 태양광 기술의 진화를 설명하였다. 지리적으로 그리고 시간적으로 보면, 태양광 기술의 진화는 미국, 일본, 독일, 호주, 중국 순으로 여러 나라가 뚜렷하게 기여한 결과라고 할 수 있다. 이러한 발전 경로를 요약하면, 태양광 기술은 다음과 같은 결과로 개선되었다.

1. 1800년대와 1900년대 초반 유럽과 미국: 빛이 분자구조와 상호작용하는 방식에 대한 근본적인 이해를 제공한 과학적 발견들(3장)
2. 1954년 미국의 벨연구소: 상업적 이용이 가능한 태양광 장치를 만들어 낸 한 기업의 획기적인 기술혁신(3장)
3. 1970년대 미국: 과감한 정부 R&D 및 공공 조달 노력(4장)
4. 1980년대 일본: 틈새시장에 진출한 일본의 전자 대기업과 1994년 세계 최초로 대규모 지붕형 보조금 제도 도입(5장)
5. 2000년 독일: 태양광 시장을 4배로 키운 FiT 채택과 태양광 제조 자동화/대규모화 장비 개발(6장)
6. 2000년대 중국: 대규모(GW급) 공장을 건설하고 2013년부터 세계 최

대의 태양광 시장을 창출해낸 호주에서 훈련받은 기업가들(7장)

7. 높은 가격에도 불구하고 태양광을 선택하기 시작한 소비자, 태양광 설치 경험을 축적한 시공업체와 간접비를 낮추는 데 기여한 경쟁 기업들(8장)

이러한 요인들로 인해 태양광 가격은 두 자릿수로 하락했고, 거의 30년 동안 매년 30% 이상 성장했으며, 20% 이상의 장기 학습률을 보였다.

태양광 성공의 요소 중 일반화 가능한 것이 무엇인지 조사하는 과정에서 이러한 구체적인 역사 발전을 혁신프레임워크(Gallagher et al., 2012)라는 맥락에서 고찰하는 것은 타당성을 확보하는 데 도움을 줄 수 있다. 즉, 우리가 이러한 일련의 역사적 사건들을 이론화할 수 있다면, 태양광 이외의 다른 기술에 적용하기가 더 좋을 것이다. 그리고 그것이 바로 이책의 궁극적인 목적이다. 이러한 역사적 특징 이외에도 태양광 비용 절감의 9가지 광범위한 동인이 있으며 이는 다음과 같다.

현상에 대한 과학적 이해: 1954년 벨연구소가 개발한 최초의 효율적인 태양전지는 p-n 접합(반도체 양단의 전압 차이 생성)을 이해하고 만들어내는 데 달려 있었다. 이것은 아인슈타인이 광전효과 이론과 빛-원자 구조의 상호작용 방법을 알아냈기에 가능한 일이었다. 여기서 중요한 것은, 이 이론이 과학적 지식이기에 완전히 명료했다는 사실이다. 1905년 아인슈타인의 광전효과 논문을 읽고 이해할 수 있었던 사람들은 누구든지 이 지식을 활용할 수 있었다. 따라서 그 지식은 광범위하고 빠르게 전파될 수 있었다.

R&D 투자의 진화: 태양광 R&D의 역사는 1930년대 시벤스의 초기 실리콘 광전소자 연구까지 거슬러 올라갈 수 있으며 오늘날에도 계속되고 있다. R&D는 다양한 시대와 국가에서 효과적이었다. p-n 접합이 발

견된 1930년대와 40년대에 연구가 시작되었고, 1950년대에는 스푸트니크호(구소련이 발사한 최초의 인공위성) 이후 우주 경쟁이 가열되었으며, 1970년대에는 석유 파동(1973, 1979)에 대응하여 미국과 일본에서 정부가 공공 R&D 재정을 투입하면서 기술혁신을 만들어냈다. 1980년대 중반부터는 호주 뉴사우스웨일스 대학에서, 2000년대 독일에서는 장비 제조업체들이 태양광 생산 전용 장비를 개발하여 시장 확대에 대응하기도 했고 최근에는 다양한 국가에서 실리콘 결정을 가진 페로브스카이트, 퀀텀닷, 실리콘 결정 하이브리드에 대한 연구에 이르기까지 광범위한 지역에서 R&D는 효과적이었다. 대부분의 경우 이러한 투자로 창출된 지식은 공공, 민간 할 것 없이 모두 전 세계적으로 빠르게 퍼져나갔다. 장비 제조업체들은 아마도 그들의 R&D 투자의 모든 성과를 확산시키지 않고 보존하려 했겠지만, 지식이 전파되는 것은 막을 수 없었다. 기계들은 이동 가능하며, 회사들은 성공적으로 제품을 전 세계에 판매했기 때문이다.

반복적인 생산 규모 확대: 지구에 내리쬐는 거대한 자원인 햇빛에 의존하는 광전지가 에너지 시스템에서 할 수 있는 크나큰 역할에 대한 아이디어는 태양광 개발 초기부터 있었다. 산업의 성장과 대규모 생산은 실용적인 태양광 시대의 시작이라 할 수 있는 1950년대부터 주요 관심사였다. 1970년대 상업화에 대한 진지한 논의가 시작되자 대량 생산의 장점이 명백해졌다. 대규모 제조시설이 비용을 절감하는 핵심 수단이 될 거라는 기대가 커졌다. 그러나 업계 사람들은 생산 규모를 확대하면 비용이 감소한다는 것을 수십 년 동안 알고 있었지만, 규모의 증가는 점진적으로만 일어났다. 세계 최대 생산업체의 생산량은 1988년에서 2018년 사이에 1,000배 증가했으며, 매년 약 30%씩 성장하고 있다. 이러한 점진적 확장 프로세스의 반복적인 면은 제조업체가 그 과정에서 개선할 수 있는 시간을 제공했다. 즉, 대규모로 발생한 새로운 문제에 대응하거나 자동화와 같이 새롭게 떠오른 기회를 활용할 수 있는 시간을 주었다.

학습효과: 생산 규모 확대 뒤에는 상당한 학습효과가 나타난다. 제조사들은 태양광 생산 경험이 쌓이면서 공정개선과 비용 절감 방법을 찾을 수 있었다. 이러한 생각은 1970년대 미국의 블록바이 정책 수립까지 거슬러 올라가는데, 이후 1990년대 일본의 지붕형 태양광 정책, 2000년대 독일의 FiT 정책, 2006년 캘리포니아의 태양광 이니셔티브 등 다양한 정책/제도 수립에 영향을 주었고 2000년대 중국 기업가들에게도 영향을 주어 생산 경험을 통해 비용을 절감할 수 있다는 것을 일깨워 주었다. 또한 제조업뿐만 아니라 건설업(지붕형 태양광 설치/시공)과 같은 태양광 가치사슬의 다른 부분들도 경험을 통해 개선되었다.

지식 파급 효과: 가장 중요한 것은 경험적 지식 파급의 효과를 통해 경험이 없는 기업이나 국가도 이전 교훈을 관찰하여 이익을 취하고, 이를 바탕으로 새로운 것을 만드는 기회를 얻을 수 있다는 사실이다. 이러한 소위 지식 파급 효과는 비용 절감에 기여했으며 태양광 산업의 성장에 매우 중요한 보조금 정책을 정당화하는 데 도움이 되었다.

모듈화: 다른 에너지 기술과 마찬가지로 규모의 경제는 태양광 산업의 가장 중요한 부분이었다. 그러나 이러한 규모의 경제는 다른 많은 에너지 기술과 달리 더 큰 단위를 만들기보다는 제조에 가장 큰 영향을 미쳤다. 인공위성 뱅가드 1호의 초기 태양전지와 1980년대 가전제품에 전력을 공급하는 데 사용된 태양전지는 1와트 미만 용량으로 우표만 한 크기였다. 수억 와트가 최소 규모인 석탄 또는 원자력 발전소와는 비교가 되지 않는다. 가정용 태양광 패널은 더 컸지만 여전히 수백 와트에 불과했다. 태양광 패널을 엮어서 대형 시스템도 만들 수 있다. 제조에서 규모의 경

제가 강했기 때문에 100와트 규모의 셀을 저렴하게 생산할 수 있었다. 크기는 태양광 산업에서 매우 중요한 다양한 틈새시장에 쓰일 수 있다는 것을 의미했다. 최근에는 발전소 규모의 프로젝트가 지붕형 태양광 프로젝트보다 비용이 더 낮아 단위 규모(개별 설치 규모)에서 규모의 경제가 발견되고 있다.

정책의 영향을 받지 않는 틈새시장: 태양광의 모듈화는 소비자의 구매 의지는 줄어들지만 시장 규모는 점점 커지고 있는 일련의 틈새시장(인공위성, 해양 부표, 석유시추선의 조명, 통신 중계소, 전력망이 없는 지역의 친환경 전기소비자, 그리고 수백 MW의 발전소에 이르기까지)에 서비스를 제공할 수 있게 했다. 각 틈새시장은 생산자들이 생산설비를 확대하고 학습효과를 얻을 수 있게 해주었다. 기술은 실증되고 친숙해지고 신뢰할 수 있게 되었다. 이러한 시장의 대부분은 정책에 독립적이었기 때문에 태양광이 정책 입안자들에게 인기를 잃었을 때(1950년대는 원자력 발전의 등장으로, 1980년대는 낮은 에너지 가격으로), 이러한 틈새시장은 산업을 존속시키고 사람들의 머릿속에 암묵지를 보존하며, 다음에 정책적 기회가 열릴 때까지 산업을 성장시킬 수 있었다.

강력한 정책 지원: 지원 정책이 갑자기 종료되었을 때, 태양광 산업은 정책 독립적인 틈새시장뿐만 아니라 새로운 국가로 중심축을 이동하면서 살아남았다. 2005년 일본의 지붕형 태양광 정책이 종료되었을 때 독일 시장은 폭발적으로 성장했고, 2009년 스페인 시장이 붕괴했을 때 독일 시장은 강세를 유지했다. 2012년 이후 독일 시장이 축소되었을 때 중국의 FiT 제도는 사상 최대 규모의 내수 태양광 시장을 만들었다. 또 다른 예로는 독일의 도시나 캘리포니아주 같은 하위 시·도 단위의 정책은 국가 정책이 없을 때 시장을 부양했다. 이러한 시장들은 시기나 지역적으로

겹쳤고 미래 시장에 대한 기대와 믿음을 주었다. 즉, 한 정책이 갑자기 취소되면 다른 동인들이 시장을 지탱해 주었다. 게다가 세계화로 제조업이 여러 지역에 분산되었음에도 태양광 산업의 여러 가치사슬이 갖는 지역성은 정책 지원을 강화시켰다. 태양광이 성공을 거두는 데 있어서 사람들의 기대는 매우 중요했고, 견고한 시장에 대한 믿음은 신기술에 투자하는 강력한 인센티브 제도인 R&D, 직업교육, 선물거래, 설비투자를 신설하는 데 매우 중요했다.

지연되는 시스템통합: 8장에서 논한 바와 같이, 태양광은 전력 수요에서 차지하는 비중이 커지면서 전력망 통합과 발전소 비즈니스 모델, 규제의 현대화와 같은 다양한 문제에 직면하고 있다. 심각한 문제인 것은 맞지만, 2010년대 후반에 와서야 태양광의 성장을 일부 제한할 수 있는 정도일 뿐이다. 이전 70년 동안 태양광은 에너지저장 장치에 대한 염려가 있었고 전력회사들이 도입을 꺼렸지만 그럼에도 성장하면서 개선되어왔고 가격도 떨어졌다. 태양광은 이제 값싼 에너지저장 장치, 스마트그리드, 새로운 금융기법과 같은 보완 기술로 인한 막대한 혜택으로 이러한 문제를 해결할 수 있다. 또한 정치적 지지를 동원할 수 있는 확고한 옹호단체들의 도움을 받아 이러한 문제를 더 쉽게 해결한다. 에너지 시스템통합이라는 난제의 해결을 뒤로 미루는 동안 미래에 더 효과적으로 문제를 해결할 수 있도록 환경을 조성할 수 있었다. 이와 대조적으로 원자력 발전, 탄소포집저장(CCS)과 같은 대규모 기술에서의 시스템통합 이슈는 첫 제조(발전소 수준의 경우)에서부터 문제가 된다. 두 기술 모두 시스템통합으로 인해 막대한 비용이 발생했고 해당 산업의 성장이 가로막혔다. 이와 같은 과정에서 이들 산업은 규모별 가격을 책정하는 방법을 배우고, 학습효과 축적에 힘쓰고, 생산 규모를 확대한다. 반면에 태양광 산업은

업계가 성숙해질 때까지 기다릴 수 있었기에 시스템통합 난제에 맞설 때 훨씬 문제해결에 유리한 상황에 도달했다.

태양광의 특성

어떤 기술은 빠르게 성장하고 향상되며 가격 하락이 이뤄지지만, 대부분은 아니라도 많은 기술은 실망스럽게도 그렇지 못했다. 위에서 설명한 동인들이 태양광 기술의 경우에는 잘 작동했던 이유는 무엇일까? 나는 태양광 기술의 다음 세 가지 특성으로 인해 앞서 언급한 비용 절감 동인들이 작동할 수 있었다고 생각한다. 장치 자체의 특성, 생산 방식의 특성, 태양광을 채택했던 사람들의 특성이 바로 그것이다.

장치 자체의 특성

태양광 장치의 주요한 특성들 자체가 비용 절감의 경로를 만들었다.

첫째, 태양광은 **과학적 현상**을 이용한다. 이러한 특성은 태양광을 첨단 기술이라고 부를 수 있게 했다. 과학과의 강력한 연관성은 R&D 투자가 성과를 거두는 데 도움을 주었다. 이는 과학적 발견을 계속 싹이 움트는 블록으로 만들었는데, 예컨대 p-n 접합의 원리와 광전효과의 원리와 같이 공통적인 이해의 틀에 들어맞는다는 점에서 범용성을 갖기 때문이다.

둘째, 태양광 산업은 1985년경에 **시장을 지배하는 특정 설계 방식**으로 수렴되었다. 그 후 30년 동안 그 설계는 최적화됐고, 개선의 여지가 충분하다는 것이 밝혀졌다. 그동안 결정질 실리콘 태양광 기술에 도전장을 내민 박막 실리콘 태양광 기술과 같은 다른 방식의 설계들이 등장하고 태양광 효율 향상 경쟁이 심화하면서(즉, 비용 한계를 낮춤으로써) 결정질 실리콘 태양광 기술도 지속적으로 향상되었다. 그 설계 또한 추가적인 성능 개선을 위한 기회를 제공했다. 태양광은 비용 절감을 더욱 확대할 수 있는 새로운 재료를 적용할 수 있다는 면에서 장기적으로 큰 장점이 있다. 일부 사람들은 결정질 실리콘의 끝이 정해져 있고 새로운 태양광 기술이 경쟁하는 것을 막고 있다고(Sivaram et al., 2018) 걱정하지만, 시장을 지배하는 특정 설계는 일반적으로 산업의 성장을 위해서 필수적이다. 예를 들어 결정질 실리콘과 페로브스카이트를 결합한 텐덤셀과 같은 하이브리드 설계는 기존 결정질 실리콘의 장점인 대량 생산, 저비용/고효율 신소재 적용성을 계속 활용함으로써 새로운 성장을 이뤄낼 수 있다.

셋째, 이러한 기술 통합의 결과로 태양광은 **표준화되었다.** 태양광 패널은 다양한 방식과 형태로 구성이 가능해졌고 지붕에 태양광을 설치할 때 특수 장비가 필요치도 않았으며, 기존 기술 시스템에 태양광을 통합하는 것이 그렇게 어려운 일도 아니다. 대량의 태양광을 수용하기 위해 새로운 인프라가 필요하지도 않았다. 지붕 기술자와 전기 기술자들은 태양광 설치 사업에 빠르고 쉽게 진입할 수 있었다. 전력망 접속은 면허가 있는 전기 기술자가 할 수 있지만 경우에 따라 개인이 직접 할 수도 있고, 미국에서는 태양광 설치의 약 1%는 개인이 직접 설치한다.

넷째, 태양광 기술, 생산, 기업은 **기술 파급**에 개방적이었다. 태양광은 관련 분야의 발전으로부터 도움을 받을 수 있었다. 특히, 컴퓨터 산업뿐만 아니라 동떨어진 것처럼 보이는 타이어 산업의 발전으로 이익을 취할 수 있었는데, 타이어 내구성 강화 재료인 강철선을 태양광 산업에서는 웨이퍼를 만들 때 잉곳을 자르는 줄톱으로 활용하였다. 더욱이 태양광은 풍력이 더 저렴하던 시절 풍력 발전이 시작한 전력망 통합과 재생에너지 정책을 이용할 수 있었다.

생산 공정의 특성

태양광 생산 방식 또한 여러 가지 눈에 띄는 특성이 있다. 첫째, 다른 어떤 에너지 공급 기술보다 태양광 제조는 **대규모 생산량**을 필요로 한다. 150W 패널을 기준으로 하면, 약 40억 개의 패널이 제조되며 이를 위해 1,000억 개의 태양광 셀이 소요된다. 이러한 큰 수량 자체가 혁신의 기회이자 반복적인 성능 향상을 위한 발판이 되었다.

둘째, 태양광 패널 생산은 공장 **자동화**에 매우 적합하다. 그 결과 기술 혁신의 최전선은 제품 혁신에서 프로세스 혁신으로 전환되었다. 산업계의 혁신가들은 태양전지 설계 분야에서 태양광 생산 장비 제조 분야로 이동했다. 혁신이 소수 회사에 갇혀 있는 것이 아니라 많은 회사에 퍼져나가게 되면서 이러한 혁신적인 태양광 생산 장비는 곧 널리 이용 가능해졌다. 7장에서 설명한 것처럼 이러한 점들이 태양광 제조업의 경쟁력은 더 좋아지면서도 산업의 제조 기반은 분산화가 가능하게끔 해주었다.

셋째, 이상적인 설계를 고집하지 않음으로써 태양광은 **파괴적 생산 혁신**을 추구할 수 있었다. 태양광 패널 하나 정도는 사용자에게 큰 불편을 주지 않는다. 즉, 패널이 하나 고장 나더라도 출력의 일부에 영향을 미칠 뿐이며 해당 패널은 쉽게 교체할 수 있다. 또한, 몇 가지 특수한 애플리케이션을 제외하고는 태양광의 전력 변환 효율을 최적화할 필요가 없다. 1970년대 후반 지상 환경에 적용하는 최초의 셀 개발로 비용 절감의 돌파구가 마련되었다. 그 전까지는 우주 환경에 요구되는 까다로운 허용 오차, 신뢰성, 효율성으로 비용 절감이 어려웠다. 이후, 2000년대 중국에서 더 파괴적인 접근 방식을 취하여 제조공정에 대해 정확한 비용-효율 타협점을 찾음으로써 효율성을 1~2% 정도로 약간만 희생하면서 비용은 크게 절감할 수 있었다.

넷째, 태양광 제조 시장 진입을 위한 투자는 엄두도 내지 못할 만큼 큰 돈이 들지는 않는다. 조립생산 공정은 이미 확립되어 있고 공장 설립은 대부분 턴키 공사로 가능하기에 초기 투자비는 상대적으로 낮고 필요한 노하우도 그리 크지 않다. 결과적으로 막대한 규모의 경제 효과에도 불구하고 생산 집중화가 심하게 이루어지지 않았으며, 그리하여 15년 전과 비교해 훨씬 더 경쟁력을 갖게 되었다. 이렇게 태양광 제조업은 진입장벽이 낮았기 때문에 1950년대부터 1980년대까지 미국에서, 그 후 독일에서, 특히 2000년대 중국에서 기업가들이 역할을 할 수 있었다.

적용의 특성

태양광이 채택되어온 방식과 관련한 특성도 태양광의 발전 경로를 뚜렷하게 보여준다. 첫째, 작은 용량을 싼 가격에 제공하는 것을 가능하게 하는 태양전지의 설계는 많은 이점이 있다. 무엇보다도 전자계산기용 태양전지, 지붕형 태양광, 대규모 태양광 발전소에 이르기까지 태양광 기술은 다양한 틈새시장에 쓰일 수 있었다. 이러한 틈새시장이 조금이라도 존재했다는 것을 우연한 행운으로 생각할 수도 있다. 그렇지만 태양광의 유연한 용량으로 인해 사람들이 이러한 제품에 맞는 시장이 있다는 걸 알게 된 것도 사실이다. 다양한 용량을 제공할 수 있는 태양광의 특성이 시장에서 이러한 기회를 만들었을 것이다.

둘째, 태양광은 많은 이들의 마음에 호소한다. 그리고 주민 수용성으로 인한 분쟁이 발생하는 경우가 드물다. 오히려 사람들은 태양광을 자신의 집에 설치함으로써 자신의 (진환경) 정체성을 표현한다. 태양광을 설치하는 과정에서 이웃들은 서로 배워가며 의지할 수 있었다. 그 결과 병리학에서 말하는 역학적 질병 모델과 유사한 기술 확산 모델의 채택자 군

집이 생겨났다. 또한 그 영향으로 강력한 지역적 부가가치가 발생하고 이것은 태양광에 대한 정치적 지지를 유지하는 데 도움이 되었다.

셋째, 태양광의 많은 구성요소는 지리적으로 이동 가능하다. 웨이퍼, 셀, 패널 등은 작아서 쉽게 출하할 수 있다. 특히 이러한 점은 태양광에 적합한 곳이 지역적으로 흩어져 있기에 중요하다. 지구상에서 태양광 발전 효율이 가장 좋은 곳과 비교해 3분의 1 정도에 불과한 효율을 보이는 독일과 같은 곳에서 이는 훨씬 더 중요했다. 이러한 입지조건을 가리지 않는 특성은 태양광 기술이 글로벌 시장, 무역, 지리적으로 분산된 공급망에 적합하게 만들었다. 그것은 또한 태양광 산업이 다양한 국가의 정책이 변화하고 경쟁기술과의 비교 우위가 흔들리는 환경에서도 민첩하게 적응하도록 만들었다.

다른 기술도 앞서 언급한 태양광 장치, 생산 공정, 적용 등에서 나타나는 이러한 특성들을 공유한다. 따라서 아직 개발단계에 있는 이러한 탈탄소 기술들은 태양광 비용 절감 과정에서 중요하게 작용한 하나 이상의 동인을 기꺼이 활용할 수 있을 것으로 보인다. 이러한 특성들의 조합은 태양광이 수십 년에 걸쳐 크게 개선된 동인을 기꺼이 수용하게 만드는 데 있어서 중요했다.

태양광의 진화는 너무 느렸다

태양광이 엄청난 성공을 거두었음에도 광범위한 채택을 달성하는 데 너무 오랜 시간이 걸렸기 때문에 기후변화 문제를 해결하기 위해 다른 탈탄소 기술들을 위한 지침을 제시하기에 여전히 불충분한 측면이 있다. 예를 들어, 1954년 상업적인 실증에 성공한 벨연구소의 태양전지를 태양광 상업화의 출발점으로 볼 수 있다. 태양광의 광범위한 채택은 일반적으로 전 세계 전력 공급의 10% 이상이라고 할 수 있는데, 현재까지 달성하지 못하고 있다(역주: 2021년 기준 3.6%, IEA). 그러나 광범위한 채택 수준으로 나아가고 있음을 보여주는 이정표들을 확인할 수 있다. 태양광은 2009년 주요 국가 중 처음으로 독일에서 1% 발전량 수준에 도달했다(그림 1.2). 2017년 20달러/MWh 미만의 낙찰가가 나왔을 때 처음으로 저비용이 되었다. 따라서 태양광이 상업화 가능한 기술에서 비싸지 않은 광범위한 보급 기술에 진입하기까지 55년에서 63년이 걸린 셈이다. 기후변화 해결을 위해 주어진 시간은 그리 많지 않다. 파리협정(UNFCCC, 2015)의 핵심인 산업화 이전 대비 연평균 지구 온도 상승을 2100년까지 2.0°C 또는 1.5°C로 제한해야 한다는 목표는 즉각적인 전 지구적 탈탄소화(Fuss et al., 2018)와 2030년대 탄소흡수 기술의 대규모 적용이(Nemet et al., 2018) 있어야 가능하다.

안타깝게도 실험실 단계에서 널리 채택되기까지 오랜 시간이 소요된 기술은 비단 태양광뿐만이 아니다. 형성기(formative phase)라는 개념은 기술개발과 성공적인 채택에 필요한 조건을 분석하는 혁신시스템 연구에서 비롯되었다(Hekert et al., 2007). 이러한 문헌은 자원 동원과 같은 혁신시스템에서 기능의 건전성을 강조한다(Bergek et al., 2008). 기후변화 해결에 필요한 기술들의 시급성에서 촉발된 최근의 연구는 형성기라는 개념을 더 잘 활용하기 위해 세분화를 시도하고 있다(Bento et al., 2018). 기술의 형성기는 "최초의 형상화", 즉 첫 번째 실증을 위한 시작품 제작으로 시작된다(Bento and Wilson, 2016). 태양광의 경우 1954년 벨연구소의 태양전지가 정확히 여기에 해당된다. 형성기는 최종 포화 수준의 10%에 도달하면 종료된다(Bento and Wilson, 2016). 태양광 포화도를 전력 공급의 50%라고 하면(Creutzig et al., 2017), 5%의 시장 점유율이 형성기의 끝이며, 독일은 2014년에 달성했지만, 아직 전 세계적으로는 달성하지 못했다. 따라서 태양광의 형성기는 60년이 걸렸다.

다양한 기술의 '형성기'에 소요된 기간을 조사한 결과, 짧게는 4년에서 길게는 85년까지 다양했으며 평균 22년이 소요됨을 발견했다(Bento and Wilson, 2016). 시작과 종료에 대한 더 엄격한 정의를 적용할 경우 형성기의 상한 범위는 두 배까지 늘어났다. 게다가 형성기 이후에도 시간이 필요하다. 기술이 최종 포화 수준의 10%에서 90%까지 진행되는 데까지 걸리는 시간인 확산기(Diffusion time)도 20~60년이 소요됐다(Wilson, 2012; Grubler et al., 2016). 그래서 태양광의 진화는 눈부셨음에도 평균보다 느렸다.

일례로 직접공기포집(DAC)에 대해 살펴보자. DAC에서 대기는 화학물질과 반응하여 CO_2를 흡수하는데, 이를 가열하여 더 반응시켜 분리 및 저장 과정을 진행한다. 첫 번째 상업적 설치는 스위스의 한 온실에 CO_2를 공급하는 것이었고 2017년부터 작동했다. 최초의 상업용 태양광은 1957년 12월 발사에 실패한 뱅가드 3호에 설치되었다. 1957년 인공위성에 설치한 최초의 상업용 태양광에서 2017년 값싼 태양광에 이르기까지 소요된 60년이란 기간을 적용하면 2077년에야 비로소 저비용 DAC를 기대할 수 있다. 2040년에 태양광이 광범위하게 설치된다는 가정하에 같은 기간을 DAC에 적용하면, 2100년이 되어서야 DAC에 의한 광범위한 탄소 제거가 가능해지는 것이다(그림 9.1). 그렇게 된다면 기후변화로 인한 피해를 피하기에는 너무 늦을 것이다(Nemet et al., 2018).

여기에 포함된 긴 시간 프레임은 어떤 새로운 기술이 기후변화에 긍정적인 영향을 미칠 수 있을 만큼 광범위하게 채택되기까지 너무 오랜 시간이 걸릴 수 있음을 시사한다(Grubler et al., 2016). 따라서 이러한 새로운

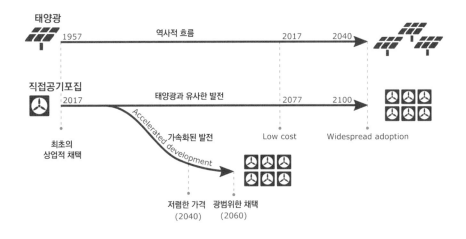

〈그림 9.1〉 태양광과 DAC 산업의 성숙 단계 비교

기술의 형성기와 확산 과정을 모두 가속화하는 방법을 찾아야 한다. 이 주제는 기술의 실제 적용이 본질적으로 느린 프로세스인지(O'Neill et al., 2003) 아니면 의도적인 투자와 정책으로 가속화할 수 있는지에 대한 오래된 논쟁으로 이어진다(Hoffert et al., 2003). 기후변화에 대한 위기감 속에서 급속한 혁신의 가능성을 믿는 사람들(Sovacool, 2016; Sovacool and Gels, 2016)과 역사가 증명하듯 느린 속도로 진행될 것으로 믿는 사람들(Fouquet, 2016; Smil, 2016)에 의해 논쟁이 다시 가열됐다.

유사한 기술을 위한 혁신 가속화

기후변화 문제를 해결하는 데 필요한 긴 시간을 고려할 때, 기술개발과 보급은 매우 시급하다. 저탄소 혁신에 대한 태양광 모델의 적용 타당성은 이를 가속화하는 방법을 찾는 데 달려 있다. 태양광 모델은 필요한 것보다 더 느리게 진행되는 혁신시스템의 약점에 대한 수많은 예를 보여준다. 무엇이 태양광을 잘 작동하게 했는지 자세히 살펴보면 태양광 혁신을 가속할 수 있었던, 또한 유사한 저탄소 기술에도 적용할 수 있을 것으로 생각되는 몇 가지 방법을 찾아낼 수 있다.

1. 지속적인 R&D 투자. 태양광 R&D 투자의 호황과 불황의 사이클은 확실히 기술혁신의 진행을 늦추었다. 1980년대 미국의 변동적인 R&D 투자에 반해 일본이 훨씬 안정적인 R&D 투자로 태양광의 주도권을 장악한 것은 놀라운 일이 아니다. 적절하고 꾸준한 자금 지원을 통해 지식 감가상각과 관련된 손실을 피하고 과학자와 엔지니어를 훈련하고 역량을 집중시킴으로써 기술의 한계를 꾸준히 극복해왔다.

2. 초기 단계의 구매. 1975년부터 1985년까지 미국 정부의 블록바이 정책은 기업이 소규모 주문생산이 아닌 산업 공정(대량 생산 방식)을 개발·적용하도록 하는 주요한 수단이었다. 같은 기간 미국 정부의 구매가 전 세계 태양광 구매의 1/6을 차지할 정도로 컸다. 그 결과 태양광 효율이 향상되었고 바로 상업적으로 적용될 수 있었다. 즉, 연구 성과가 상용 제품에 보다 빨리 적용될 수 있었다.

3. 숙련된 인력. 기업인분만 아니라 훈련된 과학자와 엔지니어가 태양광 가격 하락에 기여한 모든 나라에서 핵심적인 역할을 했다. 인력 양성은 호주 뉴사우스웨일스 대학의 우수한 연구기관과 같은 정규 학교교육을 통해 이루어지기도 했지만, 미국 재생에너지연구소(NREL), 독일 ISI 프라운호퍼, 일본 신에너지개발기구(NEDO) 등 인재가 집중된 곳에서도 숙련화가 진행됐다. 1970년대 미국 기업과 2000년대 중국 기업이 그랬던 것처럼 전문적인 지식은 민간 부문의 산업현장에서 실천을 통한 학습을 통해 개발됐다.

4. 지식의 보존과 체계화. 태양광의 역사는 불황과 호황 그 반복의 과정이었다. 1954년, 1973년, 1994년, 2000년 태양광 산업계를 앞으로 나아가게 하는 돌파구가 마련될 때마다 진전을 방해하고 혁신을 포기하는 일시적 퇴행이 반복됐다. 이러한 불황기마다 사람들이 태양광 산업을 떠나면서 인적 자본은 흩어지고 암묵지는 사라졌다. 때로는 지식이 기업의 전유물이어서 기업들이 생기거나 사라질 때조차도 비밀로 숨겨졌다. 다른 기술들로 인한 시장 변동성이 예상되면서 지식의 체계화는 지식의 가치를 지키기 위해서 중요해졌다.

5. 파괴적 생산 혁신. 태양광 생산자들은 설계와 제조에 여러 번 파괴적 혁신을 적용했다. 우주 프로그램을 위한 초기 태양전지는 목적상 최고의 효율과 신뢰성을 가지고 제작되었다. 그런데 1970년대 말부터 1980년대 초까지 미국의 블록바이 정책 시행 기간에 우주용 태양광에서 지상용 태양광으로의 애플리케이션 전환이 일어나면서 제조설비 확장이 일어났고, 기술 향상이 정책의 추진 동력임에도 엄격한 요구사항 일부가 완화되었다. 박막 기술을 발전시키려던 1980년대 일본의 노력도, 효율이 박막 기술 생존에 필요한 수준에 도달하지 못했음에도, 파괴적 혁신이었다. 중국인들은 태양광 효율을 약 2% 포기하는 대신 2008년부터 2012년까지 막대한 비용 절감을 달성할 수 있었다. 이러한 비용 절감 노력은 우주 프로그램에서처럼 태양광의 신뢰성이 생명을 위협하거나 미션의 성패를 좌우하지 않았기 때문에 가능했다. 생산자는, 소비자에게 비용보다 덜 중요한, 효율성과 신뢰성과 같은 제품 속성을 절충함으로써 비용을 줄일 수 있었다.

6. 견고한 시장. 태양광은 일련의 틈새시장에 서비스를 제공했다. 그리고 이러한 틈새시장은 일반적으로 시간이 흐르면서 규모는 커지고 소비자의 지불 의사는 감소하는 특징을 보였다. 태양광은 인공위성, 소비재, 녹색 생활

용품 시장에서 성공적인 틈새시장을 찾아낸 후에야 비로소 화석연료 발전과 경쟁이 가능해졌다. 태양광에 대한 전반적인 수요가 에너지 가격 하락, 지원 정책의 취소, 틈새시장의 포화와 같은 부정적 변화에도 견조했기 때문에 이러한 다양한 시장들은 미래 시장에 대한 강한 기대감을 갖게 했다. 에너지 가격과 시장은 역사적으로 항상 불안정할 것으로 가정해야 한다는 것을 보여줬다. 그러므로 성공적인 기술이라면 당연히 침체기가 닥치더라도 살아남는 방법을 찾아야 할 것이다.

7. 지식 파급 효과가 가져온 기회. 태양광은 다른 산업의 기술적 진보로부터 이익을 얻었다. 가령 컴퓨터 산업은 원재료, 장비, 생산 전문성 등을 제공했다. 최근까지 가격이 더 저렴했던 풍력은 새로운 정책과 규제 체계를 개척하고 실험하는 길잡이 역할을 했다. 설치 회사들은 자신의 경험뿐 아니라 다른 회사의 경험에서도 배움을 얻었다. 이와 같이 태양광 기술은 다른 기술로부터 새로운 지식을 흡수하는 능력이 뛰어났기에 훨씬 더 빠르게 발전했다.

8. 글로벌 모빌리티. 태양광 산업은 전 세계로 지식의 이동이 가능했기 때문에 발전할 수 있었다. 초기에, 과학적 지식은 접근하기 쉬웠고 신속하게 전 세계로 퍼져나갈 수 있었다. 역량 있는 인재는 혁신의 최전선과 가장 큰 시장으로 빠르게 이동했고 국제적 교류는 새로운 애플리케이션에 대한 아이디어를 만들어냈다. 국제회의는 공식적인 교류 장소가 되었으며 1976년 마틴 그린의 미국 방문과 같은 개인 및 소규모 단체 방문도 마찬가지로 국제교류에서 중심적인 역할을 했다. 태양광 모듈의 국제 물류비용은 초기부터 현재까지 시종일관 저렴했다. 1970년대부터 제조 장비는 미국에서 호주로, 독일에서 미국으로 이동했다. 실리콘 공급 계약은 1970년대 이후로 국제적으로 이루어졌다. 이를 통해 비용을 절감하는 동시에 전문화를 실현할 수 있었다. 2011년에 시작된 관세에도 불구하고 소재, 장비, 완제품을 저렴한 가

격에 쉽게 이동시키는 무역이 매우 중요해졌다. 이러한 아이디어, 사람, 상품의 국제적 이동은 개별 국가 스스로 가장 경쟁력 있는 태양광 가치사슬의 부문을 찾아 집중할 수 있게 했으며, 또한 각국은 자국만의 국가혁신시스템에 걸맞게 혁신에 기여할 수 있게 해주었다. 2017년, 비로소 전 세계가 마주하게 된 값싼 태양광은 이렇듯 여러 국가에서 혁신이 동시에 일어났기에 가능한 결과이다. 1954년부터 현재까지 어느 한 국가가 전체 태양광 산업을 성공적으로 육성하는 것이 가능했으리라고 상상하기는 어렵다. 사회적 우선순위는 매번 달라지기 마련이다. 이러한 우선순위는 국가별, 시대별로 다르며 글로벌혁신시스템(Global Innovation System)을 어떤 단일 국가 혁신시스템보다 효과적으로 만든다. 전 세계로의 지식의 이동을 촉진하는 것은 다른 저탄소 기술들의 발전을 가속화하는 데 있어서 핵심적이다.

9. 정치·경제적 수용. 다른 신기술과 마찬가지로(Weiss and Bonvillian, 2012), 저렴한 태양광 시대가 도래했다고 해서 모두가 혜택을 얻지는 못할 것이다. 전통 에너지 산업에 깊이 뿌리를 내린 대기업을 비롯한 기관들은 위협을 받게 된다. 이러한 회사들은 정치적 영향력을 이용하여 태양광을 육성하려는 노력을 방해했다. 1970년대 미국 원자력 산업과 2000년대 일본의 전력회사, 2009년 스페인과 2014년 미국 전력회사 모두 태양광 산업의 발전을 저해했다. 반면 태양광 산업은 1998년 독일과 2010년 중국과 같이 지지자 연합을 조직할 수 있었을 때 가장 발전할 수 있었다. 태양광으로 인해 손해를 볼 가능성이 있는 사업자를 수용한 것도 태양광 산업을 살리는 훌륭한 정책적 판단이었다. 대표적인 예가 독일 발전차액지원제도다. 신재생 발전사업자에게 일정 수익을 보장하면서 발생한 2000억 달러 규모의 전기료 상승 부담에서 산업용 전기사용자는 예외로 해주었다.

앞서 언급한 모든 특성이 태양광의 성공에 영향을 미쳤으며, 대부분은 핵심적으로 작용했다. 이 모든 것들은 향상될 수 있었고 따라서 값싼 태양광 시대를 더 빨리 맞이할 수도 있었다. 기후변화를 대처하기 위해 필요한 다른 저탄소 기술을 지원하는 정책도 이러한 특성을 잘 이용하고 강화해서 새롭게 출현하고 있는 저탄소 기술들이 형성기와 확산 과정에서 느린 속도에 갇혀 위기에 빠지지 않도록 해야 한다.

참고문헌

Bento, N. & Wilson, C. 2016. Measuring the duration of formative phases for energy technologies. *Environmental Innovation and Societal Transitions,* 21, 95–112.

Bento, N., Wilson, C. & Anadon, L. D. 2018. Time to get ready: Conceptualizing the temporal and spatial dynamics of formative phases for energy technologies. *Energy Policy,* 119, 282–293.

Bergek, A., Hekkert, M. & Jacobsson, S. 2008. Functions in innovation systems: A framework for analysing energy system dynamics and identifying goals for system-building activities by entrepreneurs and policy makers. In: Foxon, T. J., Köhler, J.& Oughton, C. (eds.), *Innovation for a Low Carbon Economy: Economic, Institutional and Management Approaches,* Cheltenham, Edward Elgar.

Creutzig, F., Agoston, P., Goldschmidt, J. C., Luderer, G., Nemet, G. & Pietzcker, R. C. 2017. The underestimated potential of solar energy to mitigate climate change. *Nature Energy,* 2, nenergy2017140.

Fouquet, R. 2016. Lessons from energy history for climate policy: Technological change, demand and economic development. *Energy Research & Social Science,* 22, 79–93.

Fuss, S., Lamb, W. F., Callaghan, M. W., Hilaire, J., Creutzig, F., Amann, T., Beringer, T., Garcia, W. D. O., Hartmann, J., Khanna, T., Luderer, G., Nemet, G. F., Rogelj, J., Smith, P., Vicente, J. L. V., Wilcox, J., Dominguez, M. D. M. Z. & Minx, J. C. 2018. Negative emissions—Part 2: Costs, potentials and side effects.

Environmental Research Letters, 13, 063002.

Gallagher, K.S., Grubler, A., Kuhl, L., Nemet, G. & Wilson, C. 2012. The energy technology innovation system. *Annual Review of Environment and Resources,* 37, 137–162.

Grubler, A., Wilson, C. & Nemet, G. 2016. Apples, oranges, and consistent comparisons of the temporal dynamics of energy transitions. *Energy Research and Social Science,* 22, 18–25.

Hekkert, M. P., Suurs, R. A. A., Negro, S. O., Kuhlmann, S. & Smits, R. 2007. Functions of innovation systems: A new approach for analysing technological change. *Technological Forecasting and Social Change,* 74, 413–432.

Hoffert, M. I., Caldeira, K., Benford, G., Volk, T., Criswell, D. R., Green, C., Herzog, H., Jain, A. K., Kheshgi, H. S., Lackner, K. S., Lewis, J. S., Lightfoot, H. D., Manheimer, W., Mankins, J. C., Mauel, M. E., Perkins, L. J., Schlesinger, M. E., Volk, T. & Wigley, T. M. L. 2003. Planning for future energy resources – Response. *Science,* 300, 582–584.

Nemet, G. F., Callaghan, M. W., Creutzig, F., Fuss, S., Hartmann, J., Hilaire, J., Lamb, W. F., Minx, J. C., Rogers, S. & Smith, P. 2018. Negative emissions—Part 3: Innovation and upscaling. *Environmental Research Letters,* 13, 063003.

O'Neill, B., Grübler, A. & Nakicenovic, N. 2003. Letters to the Editor: Planning for future energy resources. *Science,* 300, 581.

Sivaram, V., Dabiri, J. O. & Hart, D. M. 2018. The need for continued innovation in solar, wind, and energy storage. *Joule,* 2, 1639–1642.

Smil, V. 2016. Examining energy transitions: A dozen insights based on performance. *Energy Research & Social Science,* 22, 194–197.

Sovacool, B. K. 2016. How long will it take? Conceptualizing the temporal dynamics of energy transitions. *Energy Research & Social Science,* 13, 202–215.

Sovacool, B. K. & Geels, F. W. 2016. Further reflections on the temporality of energy transitions: A response to critics. *Energy Research & Social Science,* 22, 232–237.

UNFCCC 2015. *The Paris Agreement. United Framework Convention on Climate Change.*

Weiss, C. & Bonvillian, W. B. 2012. *Structuring an Energy Technology Revolution,* Cambridge, MA, MIT Press.

Wilson, C. 2012. Up-scaling, formative phases, and learning in the historical diffusion of energy technologies. *Energy Policy,* 50, 81–94.

10장 태양광 모델의 적용

우리는 태양광의 성공 과정에 대해 알고 있는 사실을 태양광과 기술적으로 유사한 다른 저탄소 기술에 대한 중요한 판단에 참고할 수 있다. 일반적으로 어떤 문제해결에 있어서 다양한 수단과 접근이 효과적이고 역효과를 최소화할 가능성이 높다. 그렇기에 기후변화 문제를 해결하기 위해서도 단순히 태양광만이 아니라 다른 많은 기술들이 필요할 거라는 생각에서 이 장을 서술하게 되었다. 첫 번째로 태양광과 명백한 비교 대상은 배터리 저장이다. 하지만 배터리 저장 기술은 이미 생산 규모 확대가 잘 추진되고 있기에 직접공기탄소포집(DAC 또는 DACCS)과 소형 원자로(SNR), 이 두 가지 초기 단계 기술에 집중하고자 한다. DAC 기술은 태양광 모델에 적합한 특성이 많은 반면, SNR(마이크로 원자로와 소형모듈 원자로[SMR] 모두 포함)은 태양광 모델의 일부 요소를 채택할 가능성이 있지만 그 특성은 태양광과 조금 다르다. 이번 장에서는 각 기술에 관해 설명한 후 2018년 말 기준 산업계의 현실과 혁신 노력을 조사하여 혁신의 현재 수준을 평가하고 9장에서 이야기한 9가지 혁신 가속화 요소를 적용할 것이다. 즉 지속적인 R&D, 공공 조달, 인력 양성, 지식의 체계화, 생산에 있어서 파괴적 혁신, 견고한 시장, 지식 파급 효과, 글로벌 모빌리티, 정치·경제적 수용 등 각 가속화 요소의 관점에서 현재와 미래 잠재력 모두에 대해 각 기술을 높음, 중간, 낮음으로 평가한다. 이 장에서는 온실가스 제거 및 회피를 기가 톤 규모로 확대해야 하는 중요한 도전 과제에 초점을 맞추고자 한다.

직접공기포집(DAC) 기술

탄소 포집과 저장 기능을 갖춘 직접공기포집 기술은 화학 반응을 통해 대기에서 이산화탄소를 제거하는 방법이다. 직접공기포집 기술은 많은 탄소흡수기술(NETs) 중 하나이다(Minx et al., 2018). 탄소흡수기술은 이산화탄소의 대기 유입만 줄이는 신재생에너지나 원자력과 같은 온실가스 배출을 줄이는 기술과는 뚜렷이 구별된다. 이산화탄소는 한 세기 동안 대기 중에 머물기 때문에, 파리협정(Fuss et al., 2018)에 설정된 것과 같은 야심 찬 기후 목표를 달성하기 위해서는 이산화탄소 제거가 필수적이다. 탄소흡수를 달성할 수 있는 다른 방법으로는 산림 조성, 맹그로브 숲 조성, 토양 탄소저장, 바이오에너지 탄소포집저장(BECCS) 등이 있다. 직접공기포집 시스템의 접촉장치는 대기 중의 이산화탄소와 아민으로 알려진 질소계 화합물을 반응시켜 이산화탄소를 흡수한다. 이후 흡수장치로부터 이산화탄소를 방출, 분리, 압축한 후 배관을 통해 지하 저장시설까지 보낸다. 아민 기반의 직접공기포집 기술은 1930년대 잠수함에서 처음 사용되었고, 1960년대 우주 프로그램에 사용되었으며, 나중에는 실내 공기 청정기에 이르기까지 날숨 속 이산화탄소를 제거하는 데 사용되어 왔다. 직접공기포집 기술을 기후변화 문제를 해결하는 데 적용해보려는 시도는 1990년대 처음 나왔지만(Lackner et al., 1999), 너무 비싸다는 점 때문에 계속 경시되어 왔다(Socolow et al., 2011). 비싼 이유 중 하나는 공기 중에 0.04%를 차지할 정도로 희박한 CO_2를 모아 처리하는 데 많은 에너지가 소모되기 때문이다.

태양광에서처럼 직접공기포집 혁신 노력의 중심은 비용 절감이 차지했으며 그 대부분은 R&D로 진행되었다. 미국 국립아카데미는 2017년 보고서에서 직접공기포집 R&D를 다음과 같이 제안했다.

에너지 및 재료 소비의 최소화, 리스크 식별 및 정량화, 비용 축소, 신뢰성 있는 탄소 포집 및 모니터링 기술 개발. (National Academies, 2017)

2018년 현재 직접공기포집 기술과 관련해 진행되고 있는 R&D 활동에는 CO_2 흡수 및 흡착을 위한 다양한 화학물질 조사(Kong et al., 2016), 에너지 사용 최소화(Lackner, 2013), 용매 재생을 위한 화학 공정(Sanz-Pérez et al., 2016), 습한 작업 환경에서 발생하는 문제해결(Darune et al., 2016) 등이 있다. 구체적으로는 CO_2 증착을 위한 냉동 기반 방법(Agee and Orton, 2016), 수산화 용액을 사용하는 냉각탑 설계(Homes et al., 2013) 및 전해 용액을 사용하는 흡수(Rau et al., 2013) 등의 연구 과제를 통해 시작품 또는 시제품을 만든다.

비록 대부분의 연구개발이 연간 수십억 톤 규모의 대용량 탄소포집 적용성을 고려하고 있지는 않지만, 대용량화 목표를 명확히 한 다음과 같은 연구도 있다. 수산화나트륨 분무 시스템의 추정 비용(Stolaroff et al.,

2008), 연간 수십 기가 톤의 제거와 관련된 비용 절감(Lackner, 2009), 대규모 설치의 거시경제적 비용(Pielke, 2009), 실천을 통한 학습효과와 대용량화에 따른 경제성 분석[상향식 계산](Nete and Brandt, 2012). 이러한 연구가 공통적으로 알려주는 메시지는 직접공기포집 플랜트가 매년 수십억 톤의 CO_2를 대기에서 제거해야 한다는 것이다(Hilaire et al., in press). 비용과 감축 잠재량에 대한 포괄적인 정보는 퍼스 등의 연구(Fuss et al. 2018)에서 확인할 수 있다.

기후변화 완화를 위한 직접공기포집의 대규모화 필요성에 대해서는 많은 사람이 인정하고 있지만, 그 시급성에 대해서는 잘 인지하고 있지 못하다. 1.5°C 시나리오를 검토한 결과, 모든 탄소흡수기술을 동원해서 2100년까지 매년 CO_2 3~29(평균 15)기가 톤만큼 제거해야 한다(Rogelj et al., 2018). 이를 위해서는 수천 개의 탄소 CCS 시설(Herzog, 2011), 토양 탄소저장을 수행하는 수백만 개의 농장(Woolf et al., 2018), 해양철분 비옥화를 위해 바다에 뿌려지는 수십억 톤의 철(Boyd and Bressac, 2016)이 필요하다. 탄소흡수기술 설치량에 대한 예측은 특정 목표 온도에서도 시나리오에 따라 그 예측치가 10배 이상의 차이가 나기도 하지만, 도전적인 시나리오일수록 설치량이 늘어나는 것을 보여준다. 보수적으로 계산하더라도 2030년에서 2050년까지 매년 이산화탄소 1억 5천만 톤을 제거할 수 있는 설비를 추가로 건설해야 할 만큼 대용량화 및 보급 속도가 놀라울 정도로 빨라져야 한다. 미국 일리노이주 다케이터 시의 바이오에너지 탄소포집저장(BECCS) 시설은 최초의 대규모 탄소흡수기술 프로젝트로 100% 가동된다고 했을 때 연간 1백만 톤의 이산화탄소를 제거할 수 있다. 전 세계적으로 현재 연간 30만 톤 이상의 이산화탄소를 제거할 수 있는 다른 운영 프로젝트는 없다. 따라서 종합적으로 보면 2030년과

2050년 사이에 매년 수백 개의 디케이터 시 규모의 새로운 플랜트를 가동해야 한다. 직접공기포집 플랜트의 처리 용량은 이보다 훨씬 적어 연간 약 1천 톤의 이산화탄소를 제거하므로 연간 수십만 개의 새로운 플랜트가 필요하다.

같은 맥락에서 2020년 탄소흡수기술로 처리하는 1백만 톤을 2050년 10억 톤으로 늘리려면 평균 26%의 설치 증가율을 30년 동안 유지해야 한다. 이러한 보급 속도는 태양광에서 본 것처럼 다른 기술에서도 관찰됐지만(Creutzig et al., 2017), 극히 도전적이다. 예컨대, DAC 제조업체인 클라임웍스(Climeworks)가 2025년까지 전 세계 연간 배출량의 1%를 제거한다는 목표를 세운 적이 있는데, 2025년 배출량이 2017년 배출량과 비슷하다고 가정할 때, 이는 2025년까지 DAC-18 모델 약 35만 개를 설치하는 것을 의미한다. 운송 시에는 약 100만 개의 선적 컨테이너가 필요할 것으로 추정되며, 이중 적층 방식의 철도로 운송하면 그 총 길이가 5,000마일에 해당한다. 회사 측 발표대로 2020년까지 24대가 가동된다면—2019년 초 기준 14대에서 늘었다—매년 생산량을 3배로 늘려야 한다. 〈그림 10.1〉에서 보듯 클라임웍스의 생산 규모 확대(연간 200%)는 54%(샤프), 103%(징코), 120%(썬텍), 129%(큐셀) 등 태양광 기업들이 보여줬던 어떤 기록보다도 빨라지는 것을 의미한다. 하지만 그 범위를 크게 벗어나지는 않으므로 불가능하다고 치부해서는 안 된다. 따라서 제한 요인은 공급 측면의 확장 속도가 아니라 연간 수십만 개에 달하는 DAC 수요에 대한 확신이다. DAC 시장에 대한 기대와 전망이 생산 규모를 확대하고 보급을 넓히는 과정에서 결정적인 제한 요소가 될 것이다.

궁극적으로 기가 톤 규모의 탄소 제거 시장은 대기 중 이산화탄소로 인한 피해 정도에 가격을 매기는 정부에 달려 있다. 그러한 방식으로,

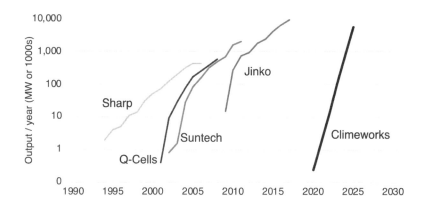

〈그림 10.1〉 태양광 생산 규모 확대와 DAC 생산 규모 확대 목표치 비교

DAC 운영 기업은 대기에서 제거한 이산화탄소 1톤 당 세금 할인 또는 보조금을 받을 것이다. 이러한 세금 할인 또는 보조금 가격이 제거 한계 비용(주로 열, 전기 및 흡수제 보충 비용)을 초과하는 경우 DAC 운영 기업은 플랜트를 가동할 것이다. 예상 가격이 평균 제거 비용(건설 비용 포함)을 초과해야 기업들은 플랜트를 새로 짓는다. 그러나 2018년 기준으로 탄소 가격은 여전히 너무 낮아 그러한 인센티브를 제공할 수 없었다. 전 세계 배출량의 절반 가까이는 가격이 0이고 톤당 60달러를 초과하는 비율은 9%에 불과하다(OECD, 2018). 더욱이, 고가의 이산화탄소 가격 거의 대부분은 자동차 연료에 부과된 세금을 이산화탄소 가격으로 환산한 것이다. 정도와 수준은 달라질 수 있다 하더라도, 2019년 초 현재 정책이 만들어낸 DAC 시장은 거의 없다.

그러나 적절한 탄소 가격이 없다고 해서 DAC 시장이 없는 것은 아니다. 1957년부터 1990년대까지 태양광 산업이 발견한 바와 같이, 틈새시장은 대량의 사회적 편익을 제공하는 대중 판매 시장이 실현될 때까지 시간을 벌 수 있는 생산 규모 확대의 경로를 제공할 수 있다(Lackner et al., 2012). DAC 회사들은 잠수함과 우주선을 시작으로 폐쇄 시스템에서 주변 공기의 이산화탄소 수준을 줄이는 일련의 틈새시장을 발견했다. 보다 일반적으로, 높은 실내 이산화탄소 농도는 특히 민감한 사람들에게(Lee et al., 2015) 10배 이상으로 건강에 부정적인 영향을 미친다(Kotol et al., 2014). 이러한 실내 환경은 DAC를 위한 추가적인 틈새시장을 제공하며 고령화와 밀폐된 건물 구조로 인해 증가할 수 있다.

또 다른 틈새시장은 이산화탄소 제거 자체가 아니라 발생한 이산화탄소를 농축하여 활용하는 시장이다(Ishimoto et al., 2017). 식품 산업은 탄산음료에 이산화탄소를 사용한다. 온실은 식물이 자라는 이산화탄소 농도를 2~3배 증가시켜 생산량을 20% 수준까지 증가시킨다. 석유 산업은 노후화된 유전에 이산화탄소를 주입하여 추출하기 어려운 석유를 회수할 수 있다. 이산화탄소는 재생 가능한 연료를 생산하는 데 사용될 수 있는 미세조류를 배양하는 데도 사용될 수 있다. 고농축 이산화탄소를 필요로 하지 않기 때문에 석유 회수 및 미세조류의 배양은 특히 유망한 틈새시장이다(Wilcox et al., 2017). 시장의 규모로 보면, 식품/온실 시장은 연간 2천만 톤, 석유회수증진(EOR) 시장은 약 5천만 톤인 데 반해, 대량의 이산화탄소 제거에는 최소 100배가 필요하다(Brinckerhoff, 2011). 이렇게 큰 차이에 실망할 필요는 없다. 2000년 당시 태양광의 가장 큰 틈새시장은 가전제품으로, 태양광 판매의 15%로 연간 총 40MW를 차지했으나(Maycock, 2005), 10년 후 태양광 시장은 연간 21,400MW로 초기 틈새시장보다 500배 성장했다.

탄소 가격 자체가 DAC 기술 수요를 자극하지 못했기 때문에 일반적으로 DAC에 보조금을 주는 정책 수단이 있을 수 없다. 그러나 변화의 징후가 나타나고 있다. 미국의 탄소포집세액공제(45-Q tax credit)는 연방 소득세 공제 형태로 톤당 50달러를 제공한다. 그러나 대형 발전소를 염두에 두고 설계되었기 때문에 대형 발전소가 배출량의 5~10%만 탄소 포집하는 것을 방지하기 위해 연간 10만 톤의 하한선을 포함하고 있다. 이 같은 규모 제한은 소규모 DAC를 보조금 지급 대상에서 배제함을 의미한다. 캘리포니아에서는 저탄소연료표준(LCFS)을 통해 DAC가 액체 연료 배출의 상쇄 대상이 될 수 있을 것이다. 이 가격들은 현재 톤당 100달러를 훨씬 넘지만, 성장하는 저탄소연료 시장을 위해 설계된 LCFS 특성상 소규모 DAC를 인정할 것인지 여부는 불확실하다.

이러한 틈새시장 기회는 어떤 점에서 더 큰 정책 주도 시장의 가능성과 함께 몇몇 기업들이 DAC 기술을 상용화하도록 이끌었다. 대표적으로 스위스의 클라임웍스, 미국의 글로벌 서모스탯(Global Thermostat), 캐나다의 카본엔지니어링(Carbon Engineering)이 모두 상용장치를 만들고 있다. 이 기업들은 알려져 있다시피 DAC를 그들의 유일한 사업 분야로 삼고 있는 집중투자(pure-play) 회사들이다. 하이드로셀(Hydrocell)과 같은 다른 회사들은 이산화탄소 스크러빙(scrubbing) 기술을 DAC 애플리케이션에 적용하고 있지만 다른 사업 분야에 집중하고 있다.

상업적 공기포집 기술의 부상

클라임웍스(Climeworks)

취리히에 있는 스위스연방공과대학(ETH)에 재학 중이던 크리스토프 게발트(Christoph Gebald)와 얀 부즈바허(Jan Wurzbacher)는 2008년

대학에서 창업강의를 수강하면서 클라임웍스의 첫 사업계획서를 제출했다. 그들의 콘셉트는 공기에서 직접 이산화탄소를 걸러내 판매하는 것이었다. 처음에는, 당시 극도로 높았던 유가로 인해, 걸러낸 이산화탄소의 가장 매력적인 용도는 합성 액체 연료로 만드는 것이었는데, 회사는 결국 아우디와 파트너십을 시작했다. 그러나 그들은 곧 오이와 토마토의 광합성을 증진하는 저비용 이산화탄소 공급원에 관심을 둔 온실 사업 가족회사인 게브루더 마이어 프리마나투라(Gebruder Meier Primanatura AG)와 접촉하게 되었다. 마이어 형제는 트럭으로 배달되는 상업용 이산화탄소를 구입해 사용해왔다. 그들은 스위스 취리히 근처 힌윌에 위치한 온실에 이산화탄소를 공급하는 클라임웍스와 계약을 맺었다. 스위스 연방 정부는 초기 연구개발에 자금을 지원했고 2011년 클라임웍스는 실험실에 구축한 시작품보다 3배 더 큰 성능을 갖춘 첫 번째 실증 플랜트를 세울 수 있는 126,000달러의 스타트업 지원 자금을 조달했다.

2017년, 클라임웍스의 힌윌 플랜트는 세계 최초의 상업용 DAC 플랜트로 가동을 시작했는데, 아민계 흡착제와 셀룰로오스 나노섬유 지지체로 만들어진 필터 위에 팬으로 공기를 불어넣는 방식으로 구동되었다. 몇 시간 안에 90제곱미터에 달하는 필터가 이산화탄소로 포화되고 그 후 필터가 100°C의 뜨거운 물로 가열되면 이산화탄소를 방출한다. 이 플랜트는 폐열을 사용하여 이산화탄소를 분해하는 도시 폐기물 소각 시설 위에 설치되었다. 이러한 비교적 낮은 온도 조건을 통해 장치는 널리 사용 가능한 낮은 값의 폐열을 활용할 수 있다. 그런 다음 순수한 이산화탄소를 400미터의 관로를 통해 수송하여 37,000제곱미터의 온실로 보내 농작물 수확량을 20% 증가시키게 된다. DAC 플랜트는 연간 약 900톤의 이산화탄소를 제거하는데, 이는 대략 미국인 50명 또는 유럽인이나 중국인

100명의 연간 이산화탄소 배출량에 해당하며 대기 수증기로부터 거의 같은 양의 신선한 물도 만들어낸다. 그러나 분명한 것은 이산화탄소가 어떤 지점에서도 지하에 격리되지 않기 때문에 이러한 이산화탄소 제거는 영구적이지 않으며 DAC 플랜트의 이산화탄소 제거 비용은 톤당 약 600달러라는 점이다.

제조과정의 경제성은 초기부터 클라임웍스의 주요 관심사였다. 2014년, 340만 달러 규모의 시리즈 B를 마무리한 클라임웍스는 5제곱미터의 필터를 사용해 연간 50톤을 제거할 수 있는 상대적으로 작은 DAC 유닛을 생산하기로 결정했다. 이 유닛은 6개씩 한 상자에 실려 운송할 수 있는데, 각 상자는 각각 1개, 3개, 18개 또는 36개 유닛으로 구성된 플랜트로 현장 조립할 수 있으며 수천 개로 이루어진 공장을 만들 수도 있었다. 이러한 모듈식 확장을 통해 이 제품은 다양한 조합을 구성할 수 있었다. 힌윌 플랜트는 18개의 유닛으로 구성된 플랜트이다. 2016년까지 그들의 제조 공장은 대부분 수작업으로 연간 150개의 DAC 유닛을 생산할 수 있었다. 그들은 효율성을 일부 희생하여 비용을 줄일 수 있는 여지를 가지고 있으며, 생산과정에서 비용을 절감하기 위해 꾸준히 노력해왔다.

2017년 10월, 클라임웍스는 레이캬비크 에너지(Reykjavik Energy)와 함께 아이슬란드 헬리셰이디에 두 번째 DAC 플랜트인 "CarbFix2"를 개설했다. 이 작은 시설은 연간 50톤을 포집하는 DAC-1 유닛 하나로 구성되었는데, 아이슬란드의 풍부한 지열 자원에서 얻은 열을 이용해 흡기 패널을 가열하고 전기로 팬을 작동시키는 방식으로 운영된다. 이 플랜트는 제거한 탄소를 '격리'하는 세계 최초의 DAC 플랜트라는 점에서 의미가 있다. 포집된 이산화탄소는 물에 용해되어 탄산수 상태로 지하 700미터로 보내진 뒤 현무암 암반과 반응하여 안정적인 광물 형태로 저장된다.

2018년 8월 클라임웍스는 스위스 은행을 중심으로 3,100만 달러의 자금을 조달하여 시리즈 C를 마감했고, 9월에는 이탈리아 트로이아에 DAC-3 플랜트를 열었다. 이 플랜트에서 얻은 이산화탄소와 인근 태양열 전해조(electrolyzer)에서 물을 분해하여 생산한 수소를 결합하여 트럭 연료용 LNG를 만들어낸다. 2,800만 유로가 투입된 이 프로젝트는 유럽연합집행위원회(EC)의 'Horizon 2020' 연구 프로그램에서 자금 일부를 지원받았다.

앞서 언급한 첫 사업화 프로젝트—농업, 수송, 격리—에서 살펴본 다양한 최종 제품은 클라임웍스의 시장 접근 전략이 다양함을 알게 해준다. 이산화탄소 활용의 경우, 온실에 적용하는 것 외에도 식음료 산업에 적용하는 사업도 추진하고 있다. 이 시장은 탄산음료용 이산화탄소, 신선식품 포장용 불활성 가스, 냉장용 드라이아이스 등을 포함한다. 현재 이 시장은 린데(Linde)와 에어리쿼드(Air Liquid)와 같은 대형 산업용 가스 회사에 의해 서비스되고 있다. 이 회사들은 작은 회사인 클라임웍스의 연간 50톤짜리 DAC 유닛이 처리할 수 있는 용량의 수십, 수백 배에 달하는 막대한 규모와 성숙한 산업 공정을 운용하고 있다. 그러나 대부분 트럭으로 가스를 운송하는 데 매우 큰 비용이 발생하고 생산 현장은 한 곳에 밀집되어 있어 일부에서는 산업용 이산화탄소 공급이 어려운 지역을 "CO_2 사막"이라고 부르기도 한다(Middleton et al., 2014). 이산화탄소는 제조 시설 옆에서는 톤당 2달러에 팔리기도 하지만, 멀리 떨어진 곳에서는 1,000달러 이상이 되기도 한다. 탄소 시장이 가격에 민감한 더 큰 시장으로 발전하기 전까지 DAC 생산자는 이러한 지역을 규모를 키울 수 있는 매력적인 틈새시장으로 삼을 수 있다. 또 다른 시장들로는 에너지, 연료, 원료 시장이 있다. LNG를 만드는 이탈리아 플랜트가 에너지 시장의 대표적인 사례다. 또 다른 파일럿 프로젝트인 "파워 투 X(Power to X)"는 이산화탄소를 물과 반응시키고 피셔-트롭시(Fischer-Tropsch) 합성법을 이용해 액체 석유 합성 연료를 만드는 것을 목표로 한다. 플라스틱과 기초 화학물질 또한 순수한 이산화탄소 스트림으로 만들 수 있다.

클라임웍스는 생산 확대와 비용 절감을 통해 2019~2021년에 걸쳐 이러한 시장(정부 정책에 따라 흔들리는 시장이 아닌 민간 주도 시장)을 목표로 할 계획이다. 그들은 이 기술의 신뢰성은 이미 입증되었다고 주장하면서 이 기간에 상당한 비용을 줄일 계획이다. 2021년까지 12~15개의 신규 플랜트 파이프라인(수주/건설 계획)을 갖고 있으며 2020년에 시리즈 D 자금을 조달할 것으로 예상된다. 2018년 전체 직원이 60명에 불과했으나, 2021년 이후 그들은 대규모 생산 확대를 준비할 것이며, 그 시점에는 틈새시장이 아닌 대규모 DAC 시장을 목표로 해야 할 것이다. 앞서 언급한 바와 같이, 클라임웍스는 2025년까지 전 세계 온실가스 배출량의 1%를 처리한다는 기업 목표를 세우고 있었다. 이는 매년 DAC 생산을 3배로 늘려야 하며, 그때까지 수백만 대의 DAC-1 시장이 만들어짐을 의미한다. 클라임웍스는 정책 입안자들과 달리 이러한 규모 확대의 시급성에 주목한다. 2021년까지 투입 비용보다 높은 가격으로 DAC의 이산화탄소 제거에 보조금을 주는 정책이 필요하며, 이는 이산화탄소 톤당 100~200달러 수준이다. 2017년 힌윌에서 가동을 시작한 DAC-18은 그 범위를 훨씬 웃도는 톤당 600달러가량의 비용이 들었지만, 최초의 상업 시설로서 의미가 있었다. 클라임웍스는 학습을 통한 비용 절감과 생산 규모의 경제를 기반으로 톤당 100달러를 달성할 수 있다고 주장한다. 장기적으로 클라임웍스가 기대하는 효율은 열-전기의 비율이 4 대 1 정도이며, 현재 필요한 열에너지의 약 3분의 1 이하로 운영이 가능할 것으로 예상된다. 그들은 또 2019~2021년 기간이 매우 중요할 것으로 생각하는데, "죽음의 계곡"(Nemet et al., 2018b)에 해당하는 이 기간에 이산화탄소를 구매하려는 많은 고객을 확보해야 하고, 그 이후에는 톤당 100달러 이상의 DAC 보조금을 제공하는 엄격한 기후 정책이 이어져야 한다.

글로벌 서모스탯(Global Thermostat)

미국의 글로벌 서모스탯(GT)은 클라임웍스와 유사한 전략을 추구하고 있다. 2010년 피터 아이젠버거(Peter Eisenberger)와 그라시엘라 치칠니스키(Graciela Chichilnisky)가 설립한 GT는 캘리포니아주 먼로파크에 있는 SRI 인터내셔널 연구소에서 분사하여 2010년부터 파일럿 및 시범 플랜트를 운영하고 있다. 초창기에 GT는 에드거 브론프먼 주니어(Edgar Bronfman Jr.) 일가로부터 1,800만 달러를 투자받아 첫 번째 시범 플랜트를 짓고 기술개발을 지속할 수 있었다. 그 후 2013년에 채권을 발행했고, 2015년에는 엔젤투자자로부터 500만 달러의 자금을 유치했으며, 2016년과 2017년에는 정부로부터 연구 기금을 받았다.

GT의 공정은 자동차의 촉매변환기에서 촉매의 배열과 유사하게 세라믹 지지체에 결합된 건식 아미노폴리머 흡수제인 컨택터에 공기를 노출하여 이산화탄소를 포집한다. 이산화탄소를 흡수한 후, 컨택터는 재생기로 이동한 다음 85~90°C 증기를 사용하여 이산화탄소를 흡수제에서 분리시켜 순도 99%의 이산화탄소를 생성하고, 이를 직접 사용하거나 압축하여 저장할 수 있다. 그런 다음 컨택터는 재생기에서 더 많은 이산화탄소를 다시 흡착하기 위해 흡착 모듈로 이동하며 이러한 공정의 한 주기는 약 16분이 걸린다. 이 공정은 주변 환경이나 산업용 배출가스와 같이 이산화탄소가 훨씬 더 많이 농축된 환경에서 작동하도록 설계되었다. 각

GT DAC 모듈은 연간 50,000톤을 제거하고 40개 모듈로 이루어진 어레이는 석탄 발전소의 배출량과 맞먹는 200만 톤을 제거할 수 있다. GT는 개발도상국들이 기술에 접근할 수 있도록 라이선스 방식으로 사업을 추진한다. GT는 클라임웍스와 마찬가지로 이산화탄소 활용 시장에 주목하고 있다. 예를 들면, 식음료, 플라스틱, 온실, 바이오 비료, 산업 가스, 합성 연료, 해수 담수화, EOR(석유회수증진법), 건축 자재, 해조류 및 바이오차(Biochar, 역주: 바이오매스와 숯의 합성어로 유기물과 숯의 중간 성질을 갖도록 만든 물질)의 생산 등이 있다. CO_2 사막의 존재와 그로 인한 산업용 이산화탄소 생산지와 소비지 간에 1,000배의 가격 차이를 만드는 동인은 사업적 기회를 창출한다(Middleton et al., 2014). GT는 린데와 에어리퀴드라는 두 개의 대형 산업용 이산화탄소 생산업체와 파트너십을 맺고 있다. 이러한 틈새시장 중 EOR이 가장 크다.

GT의 기술은 놀라울 정도로 향상되었다. 2010년에 SRI에 건설된 1세대 공장은 수집기 면적 1제곱미터당 시간당 1kg의 이산화탄소를 포집했다. GT는 2012년에 공장을 개조하여 제거율을 두 배로 늘렸다. 2013년에는 SRI에 건설된 2세대 공장에서 시간당 5.6kg을 제거할 수 있었고 2015년에는 시간당 7.3kg을 제거할 수 있었다. GT는 음료 산업에서 이산화탄소가 사용될 앨라배마주 헌츠빌의 첫 상업 플랜트 완공을 앞두고 있다. 이곳은 연간 3,000톤의 이산화탄소 제거 능력(클라임웍스 힌윌 플랜트의 약 3배)을 자랑하며 두 대의 40피트 선적 컨테이너에 들어가는 크기다. 차기 모듈의 설계 용량은 4,000톤으로 이미 업그레이드되었으며 GT는 연간 10,000톤의 제거 능력을 지닌 40피트 선석 컨테이너 한 대에 들어가는 유닛을 개발하기 위해 이 설계를 더욱 고도화할 것이다. 이와 함께 연간 50,000톤을 제거하는 대형 DAC 유닛(가로 50m, 세로

6m)의 세부 공정도 진행 중이다.

GT는 이 플랜트 건설 단가가 이산화탄소 톤당 150달러가 될 것이라고 주장하는데, 이는 최초의 플랜트임을 감안하면 현저히 낮은 수준이다. 이러한 낮은 비용은 2010년 이후 시스템을 꾸준히 최적화해왔기에 가능했다. 헌츠빌 플랜트의 자본 비용은 약 2백만 달러다. 프로토타입을 건설하고 주변 대기 조건에서 운전 주기를 파악하여 여러 주기 운전 후에 구성요소에 어떤 일이 일어나는지 등을 파악하는 최적화 과정에는 상당한 시간이 소요된다. GT는 이러한 개선을 통해 플랜트 건설 단가를 톤당 50달러까지 떨어뜨릴 수 있을 것으로 보고 있다. 그들은 규모의 경제, 대량 구매, 학습효과—특히 자본 비용에 대한—로 인해 추가적인 비용 절감을 기대하고 있다. 이러한 프로세스를 통해 접촉기 효율, 재생 효율, 열 회수를 개선할 수 있다. 여러 방법 중 하나는 파괴적 혁신이다. 그들은 이산화탄소 흡수 용량의 30%에 도달한 후에 흡수제를 순환시킬 계획이다. 이는 흡수제를 매 60분이 아닌 15분마다 순환시켜야 하기에 효율성이 떨어지지만, 하루 동안 훨씬 더 많은 이산화탄소를 포집하여 이산화탄소 톤당 비용을 절감할 수 있다. 궁극적으로는 그리 머지않은 미래에 그들은 작은 마진으로 대량 생산을 해줄 제조 파트너가 필요할 것이다.

GT는 헌츠빌에 있는 FOAK 플랜트에 많은 돈을 걸고 있으며, 이 시범 플랜트를 발판으로 두 번째 플랜트는 훨씬 수월하게 수주할 것으로 기대하고 있다. 한 가지 전략은 얼리 어답터들 사이의 의심을 해소하기 위해 첫 번째 유닛의 성과에 대해 투명하게 공개하는 것이다. 이 투명성에 비용이 포함될지는 두고 봐야 한다. 그들은 45-Q 세액공제와 LCFS(저탄소 연료표준) 제도를 통해서 톤당 150~200달러의 탄소 제거에 대한 보상을 받을 수 있을 것으로 기대하고 있다. 그러나 학습효과와 규모 확대를 통한 비용 절감을 확신하더라도, 용량을 늘리려면 추가 투자가 필요하다. 비용 절감에 베팅하는 것은 또한 LCFS 가격 하락과 45-Q 세액공제 제도의 변화와 같은 정책적 리스크를 수반한다. 틈새시장은 그러한 위험을 회피하지만, 시장 규모는 제한적이다.

카본엔지니어링(Carbon Engineering)

카본엔지니어링(CE)의 전략은 클라임웍스나 글로벌 서모스탯과는 다르다. CE는 캘거리 대학과 카네기 멜런 대학에 재직했던 데이비드 키스(David Keith) 교수가 개발한 기술을 기반으로 2009년 캐나다 스쿼미시에 설립됐다. CE는 2015년에 파일럿 플랜트를 세웠는데, 석탄 발전소 1개 배출량의 약 50%에 해당하는 연간 100만 톤의 이산화탄소를 포집하게 될 것이다. CE는 글로벌 서모스탯이나 클라임웍스와 두 가지 중요한 면에서 다르다. 첫째, CE는 다양한 탄소 틈새시장을 겨냥하기보다는 오로지 저탄소 액체 연료 생산에만 집중한다. 둘째, CE는 확장 가능한 모듈화 제조 방식을 택하지 않고, 산업 규모의 포집 공장을 건설하고 있다. 그래서 그 플랜트는 외관상 화학 공장이나 발전소처럼 보인다.

이 포집 공장은 냉각탑과 같은 구조의 알칼리성 수산화물 용액을 사용하여 이산화탄소를 흡수하고 탄산염으로 전환한다. 탄산염 용액은 고체의 탄산칼슘 펠릿으로 전환된다. 펠릿을 가열하면 펠릿에 고착되지 않고 남은 순수 이산화탄소는 기체로 방출되며, 남은 산화칼슘은 수화되어 재사용된다. CE는 2015년 순수 이산화탄소를 생산하는 공장을 시작한 이후 이 공장에 연료 합성 공정을 추가해 연간 400배럴의 연료를 생산했다. 이른바 "공기를 연료로 만드는(Air to Fuels)" 이 기술은 물을 전기 분해하여 수소를 생산한다. 그런 다음 수소와 포집된 이산화탄소를 가열한 상태에서 촉매 반응을 시켜 가솔린, 디젤, 제트 연료와 같은 다양한 탄화수소 연료를 생산하게 된다.

CE는 2012년 엔젤 투자 500만 달러, 2013년 벤처 자금 시리즈 A, 2016년 시리즈 B, 2018년 6월 전환사채 1,100만 달러 발행 등에 빌 게이츠(Bill Gates)와 같은 유명 투자자들을 끌어모을 수 있었다. 이 1,100만 달러는 파일럿 플랜트를 확장하고 상업적 규모의 첫 번째 플랜트를 건설하는 데 사용될 것이다. 2018~2021년 사이에 상업화 기술 실증을 진행하여 신규 참여자의 리스크를 최소화할 계획이다. CE의 목표는 2021년부터 개별 공장에서 하루 2,000배럴의 연료를 생산하고 연간 100만 톤의 이산화탄소를 제거하는 광범위한 보급으로 전환하는 것이다. 그들의 비용 목표는 이산화탄소 톤당 100~150달러인데, 이를 상세하게 기록하여 공개하고 있다(Keith et al., 2018). CE는 개발 과정 내내 이 기술의 주요 부분들에 대한 상당한 데이터를 발표했다(Holmes and Keith, 2012; Holmes et al., 2013; Holmes and Corless, 2014). 그들이 공기를 연료로 만드는 공정을 성공적으로 최적화한다면, 갤런당 4달러(리터당 1달러) 미만의 연료 생산으로 이어질 것이다. 2017년 이후로는 연료 생산에 초점을 두고 있지만, 이산화탄소의 영구 격리와 건축 자재, EOR 등에 이산화탄소를 활용하는 방안도 그들의 장기 전략에 포함되어 있다.

평가

이 세 회사는 태양광이 진행해온 것과 마찬가지로 비슷한 경로를 따르기 위해 노력하고 있다. 비용을 대폭 절감하고, 대규모로 보급하며, 기가톤 규모로 기후변화 문제를 의미 있게 해결하는 것이 그것이다. 이들은 과연 태양광과 비슷한 경로를 따를 수 있을까? 9장에서 설명한 9가지 혁신 가속화 요소에 따라 DAC 기술을 평가해 보고자 한다.

1. 지속적인 R&D 투자. 지금까지 공기 포집에 대한 공공 연구개발 지원은 거의 없었다. 일부 개인 투자자들이 미국에서 초기 연구에 자금을 지원했고, 스위스 정부가 일부 자금을 지원했으며, 캐나다 정부가 CE의 시범사업을 지원했고, 핀란드 대학들이 DAC 장치에 관한 사업을 하고 있다. 이러한 연구개발 노력은 과제의 규모를 고려할 때 매우 작다.

2. 공공 조달. 어떤 정부도 DAC 장비를 구입하거나 이산화탄소를 구매한 적이 없으며 그렇게 하겠다는 계획이나 제안도 알려진 바 없다.

3. 숙련된 인력. 전 세계 공기 포집 관련 회사에서 일하는 사람들은 200명 정도이다. 우리는 대학에서 연구하는 학생들을 볼 수 있지만, 연구소나 산업계에 필요한 숙련된 과학자, 엔지니어 수는 턱없이 부족하다. 인력 양성 프로그램이 늘어나야 하며 기업은 다른 분야의 전문가를 끌어와야 한다.

4. 지식의 체계화. 기업들은 현재까지의 플랜트 운영, 성능 및 비용을 공개하는 데 있어 눈에 띄게 투명해지고 있다. 이 정보는 산업의 정당성을 확립하고 초기 플랜트를 통해 얻은 정보와 지식을 확산시키는 데 도움이 될 것이다.

5. 파괴적 생산 혁신. 소규모 공기 포집 업체인 클라임웍스와 GT는 의도적으로 파괴적 제조 방식을 추구하고 있다. 제거-재생 사이클과 관련된 시간을 단축함으로써 제거 효율성에 대한 타협이 이루어졌다. 이를 통해 제조 비용을 절감할 수 있다. 초기 프로토타입의 비용과 구성요소는 다음 세대 기술이 이어짐에 따라 사라졌다.

6. 견고한 시장. 클라임웍스와 GT는 정책에 의존하는 시장에 초점을 맞추기보다는 다양한 틈새시장을 공략한다. 모듈식 확장성은 이들이 다양한

애플리케이션을 지원할 수 있게 해준다. CE는 하나의 틈새시장(연료)에 초점을 맞추고 있지만, 마찬가지로 정책에 의존하는 시장에 직접 접근하는 것은 주저하고 있다. 다른 신기술은 시장의 여건에서 살아남지 못했지만, 이 세 회사는 유가 하락, 정책의 약화, 산업용 이산화탄소 생산자들의 공격적인 가격 책정 등의 악조건에서도 잘 버티고 살아남을 수 있었다.

7. 지식 파급의 효과. 지금까지의 일은 주문제작 방식의 기계를 만드는 수준이어서 다른 산업에서 쓰는 장비는 크게 사용되고 있지 않다. 만일 사용된다면 연간 수억 톤 규모의 이산화탄소 제거 능력을 갖출 수도 있을 것이다. 다른 산업 분야의 프로세스를 이용하면 획기적인 기회가 찾아올 수도 있지만 2018년 말 현재 그런 일이 일어나고 있다고 명확히 말할 수는 없다.

8. 글로벌 모빌리티. 이 세 회사의 과학자들과 엔지니어들은 국제적으로 여행하고, 회의에 참석하고, 세계적인 언론에서 볼 수 있다. 특히 클라임웍스는 서로 다른 3개 나라에 14개의 플랜트를 건설했다. 그러나 그 외 공기 포집 장치나 생산 장비의 무역이 일어나는 것을 아직은 많이 보지 못했다. 일부 초기 연구는 미국에서 수행되었다 하더라도 지금까지 GT는 미국, 클라임웍스는 스위스, CE는 캐나다에서 각기 자국 내 지식을 활용해 왔다. 그러나 CE, GT가 추진하고 있는 라이선스 방식으로 해외에 진출하고자 하는 시도는 희망적이다.

9. 정치 경제적 수용. DAC는 재생에너지보다는 기존 에너지 사업자와 갈등이 적은 것으로 보인다. DAC는 석유 산업에서 사용되고 있으며, 화석연료를 계속 써야만 하는 항공이나 농업 분야 같은 경우 DAC를 상용하지 않고서는 탈탄소화를 달성하기 어렵다. DAC는 재생에너지로 생산된 열과 전력을 사용한다. DAC 기술이 기술에 대해 우려를 품고 있는 이익단체를 적으로 만들지 않고 계속 발전한다면, DAC 기술의 규모 확대 경로는 이전 기

〈표 10.1〉 DAC 기술을 위한 혁신 가속화 수단의 현재 수준과 잠재력

혁신 가속화 수단	현재 수준	잠재력
1. 지속적인 R&D 투자	낮음	높음
2. 공공 조달	낮음	높음
3. 숙련된 인력	낮음	높음
4. 지식의 체계화	중간	높음
5. 파괴적 생산 혁신	중간	높음
6. 견고한 시장	중간	높음
7. 지식 파급의 효과	낮음	중간
8. 글로벌 모빌리티	낮음	높음
9. 정치 경제적 수용	중간	높음

술들보다 훨씬 더 안정적일 것이다. 또한 DAC는 면적을 많이 차지하는 다른 탄소흡수기술에 비해 대중의 반대에 부딪힐 가능성이 훨씬 적다.

DAC는 혁신 가속화를 위한 9개의 기준 중 4개의 기준에서 중간 정도의 성과를 달성하고 있다(표 10.1). 적어도 8개는 상당히 개선될 가능성이 있다. 그중 어느 것도 실현 불가능해 보이지 않는다. 기후변화에 영향을 미치기 위해 늦지 않게 기가 톤까지 규모를 확장하기 위해서는 이러한 각 활동 영역을 개선하는 데 상당한 노력을 기울여야 할 것이다. 규모 확대 과정에서의 연구개발 지원, 전문화된 생산 및 유통 장비의 개발, 세계적인 지식 흐름 및 인허가 등의 노력이 필요하다. 이산화탄소 지중(地中) 저장에 대한 주민 수용성이 매우 중요하지만, 정치·경제적 고려는 크게 문제가 될 것으로 보이지 않는다. 향후 10년 동안에 걸친 공공 조달제도 시행, 산업 규모를 키우기 위한 안정적인 정책 지원, 엄격하고 신뢰할 수

있으며 지속적인 탄소 배출권 시장 등과 같은 적극적 지원 정책은 적절한 속도로 규모를 확대할 수 있는 능력을 키워줄 것이다.

소형 원자로

소형모듈원전과 이보다 더 작은 마이크로 원자로는 기후변화 문제해결에 중요한 역할을 할 수 있는 또 다른 기술이자 태양광 기술이 걸어온 과정으로부터 배울 수 있는 기술이다. 소형 원자로는 현재 전 세계에 운영 중인 400여 개의 원자로와 크게 두 가지가 다르다. 소형 원자로는 기존의 원자로보다 훨씬 작으며, 기존 원자로가, 특히 미국에서 많은 경수로인 데 반해 소형 원자로는 다양한 노심설계 방식을 가지고 있다(Allen and Nemet, 2017).

500~1,500MW의 전기 출력을 보이는 전 세계 원자로들과 대조적으로, 이러한 새로운 유형의 원자로들은 훨씬 더 작은 규모로 전력을 공급하는 것을 목표로 한다. 소형모듈원전(SMR)의 용량은 50~250MW로 기존 상용 원전의 15% 정도이다. 마이크로 원자로는 상용 원전의 약 1%에 해당하는 1~10MW의 출력을 보인다. 그렇게 작은 규모의 원자로를 개발한다는 것은 언뜻 봐서 이해되지 않는다. 첫째, 원자력 옹호자들의 가장 강력한 주장 중 하나는 원자력이 수력 발전 외에 유일한 대규모 저탄소 전력원이라는 것이다(Bauer et al., 2012; Deutch et al., 2009). 소형모듈원전과 마이크로 원자로는 이러한 큰 규모가 갖는 이점을 포기하는 것처럼 보인다(Cantor and Hewlett, 1988). 둘째, 원자력 발전의 역사는 1950년대 후반부터 1970년대 후반까지 20년 동안 점진적으로 막대한 규모로 용량을 키워왔고, 1980년대 이후로는 대용량 원전 보급이 확산되었기 때문이다(Nemet et al., 2018b).

이러한 작은 모델은 대형 원전과 달리 다양한 틈새시장에 잘 적용할 수 있다는 점에서 비전이 있다. 크기가 작다는 것은 단위 용량이 작다는 점보다 생산에서 규모의 경제를 달성할 수 있도록 제조 물량이 훨씬 많다는 점을 뜻한다(Anadon et al., 2012). 또한 모듈화는 단위 모듈의 연결을 통해 거의 모든 용량을 구현할 수 있음을 의미한다. 소형모듈원전은 값싼 천연가스에 의해 잠식되지 않은 시장에서 경쟁할 수 있다(Morgan et al., 2018; Roth and Jaramillo, 2017). 더 작은 용량은 최근 미국, 핀란드, 프랑스가 대형 원전 건설과정에서 겪은 수십억 달러의 초과 비용과 수년에 걸친 공사 지연 문제를 초래한 시스템통합으로 인한 일부 규모의 비경제를 회피할 수 있을 것이다(Abdulla et al., 2013). 이처럼 소형모듈원전은 태양광 혁신시스템을 적용할 수 있는 특징을 가지고 있다. 더욱이 실험실 수준의 연구단계에서 실증단계까지는 비교적 자본 집약적이지 않다(Hirth and Steckel, 2016).

가장 앞서가는 SMR 기업은 미국의 누스케일(NuScale)로 60MW 용량의 모듈식 경수로를 설계하고 있다. 12개의 모듈로 대형 원전 절반 정도의 용량을 구성한다는 개념이다. 피동안전 개념을 도입하여 발전소 사고 시 소내 전력을 상실하더라도 냉각수가 펌프에 의하지 않고도 자연대류와 부력으로 순환되도록 설계되었다. 작은 용량의 유닛은 표준화된 제조 공정을 가능하게 하며, 이는 생산 측면의 규모의 경제와 공정의 반복적 개선을 통한 학습효과를 가능하게 할 것이다. 첫 번째 누스케일 원자로는 2026년 아이다호 국립연구소에서 가동될 예정이다. 그들의 계획은 WIN(Western Initiative for Nuclear) 프로그램에 따라 미국 서부 6개 주에 시범 원자로를 추가 건설하는 것이다. 미국 에너지부(DOE)는 2013년 2억 달러 이상, 2018년 4천만 달러를 추가 지원했다. 플루오르(Fluor)와 롤

스로이스(Rolls-Royce)가 투자에 참여했는데, 누스케일은 현재 400명 이상의 직원을 고용하고 있으며 여러 차례 투자를 유치했다. 미국 원자력규제위원회(NRC)로부터도 1단계 승인(총 6단계 중)을 받았다.

또 다른 미국의 원자력 회사인 테라파워(TerraPower)는 SMR보다 큰 규모의 신형 원자로를 개발하고 있다. 이 기술은 기존의 대형 원전에서 나온 사용후핵연료를 연료로 사용한다. 2006년에 설립되었으며 빌 게이츠가 처음부터 적극적인 투자자로 참여하였다. 테라파워의 진행파원자로(Traveling Wave Reactor, TWR)는 열화우라늄을 재사용하기 때문에 폐기물을 줄일 수 있다는 장점이 있다. 이 원자로는 용융 나트륨을 사용하여 냉각된다. 2016년 미국 에너지부로부터 4천만 달러를 지원받았으며 기업, 대학, 국립연구소를 포함한 폭넓은 파트너사들을 보유하고 있다. 테라파워는 현재 200명의 직원이 있으며 2018~22년까지 600MW 규모의 시범 플랜트를 건설한 후에 총용량 1,150MW의 대형 플랜트를 건설할 계획이다. 주목할 점은 인허가 과정이 더 쉬울 것으로 예상되는 중국에서 건설이 추진되고 있다는 것이다. 테라파워는 미국 규제 시스템에 접근하기 전에 중국에서 이 기술에 대한 경험을 쌓을 계획이다.

트랜스아토믹(Transatomic)은 MIT 기술에 기반한 또 다른 미국 회사로 520MW 용량의 용융염 원자로를 개발하고 있다. 그들은 2012년 100만 달러의 엔젤 투자를 받았고, 2014년, 2015년, 2016년에 추가 투자를 유치했다. 2018년 10월, 트랜스아토믹은 자신들이 충분히 빨리 기술을 발전시킬 수 없음을 인정하고 회사를 닫는다고 발표했다. 대신 그들은 기술 노하우를 오픈소스로 공개했다. 그밖에도 다른 SMR으로는 웨스팅하우스의 원자로(225MW), 한국원자력연구원의 스마트 원자로(SMART, 100MW), 미국 에너지부의 지원을 받은 페블베드 고온가스냉각 원자로

(X-Energy, 75MW), 아르헨티나의 원자로(27MW) 등이 있다.

또 다른 회사들은 20MW 이하 규모의 마이크로 원자로를 개발하고 있다. 작은 용량 때문에 마이크로 원자로는 SMR보다 다양한 틈새시장에 더 적당할 것으로 보이며 태양광 혁신 모델을 적용하기에도 더 알맞을 것으로 보인다. 매력적인 시장 중 하나는 송전망 건설이 어려운 격오지에 전력을 공급하는 시장으로 기존의 디젤 발전기를 마이크로 원자로로 대체할 수 있으며 광산 지역이 이에 해당한다. 또 다른 시장은 군사 시설용으로, 많은 양의 신뢰성 있는 전력공급원이 필요하며 경우에 따라서는 이동 가능해야 한다. 공통으로 해결해야 할 과제는 대형 표준 원전에 적합한 현재의 규제 시스템을 혁신해야 한다는 것이다(Loving et al., 2018; Ford and Schrag, 2018).

캐나다에 본사를 둔 U-배터리(U-Battery)는 우라늄 연료 생산업체인 우렌코(Urenco)의 자회사이며 4MW 가스 냉각 원자로를 개발하고 있다. 이것은 지하에 4MW 유닛 한 개 또는 여러 개를 클러스터로 설치할 수 있을 만큼 충분히 작다. 또한 750°C의 열을 생성하므로 산업 공정에 사용할 수 있다. 그 외에도 대형 원전의 백업 발전, 담수화, 수소 생산 등의 시장에 서비스를 제공할 수 있다.

실리콘밸리에 본사를 둔 오클로(Oklo)는 연료를 재충전하지 않아도 10년간 가동할 수 있는 15MW 규모의 히트파이프 냉각 원자로를 건설하고 있다. 이 원자로의 개발은 DOE의 지원을 받았으며 미국 국립연구소들과 협력해왔다. 마이크로 원자로 사업을 진행하고 있는 다른 기업들로 웨스팅하우스(Westinghouse), 홀로스 제네레이터스(Holos Generators), 울트라세이프 누클리어사(Ultra-Safe Nuclear Corporation, USNC), 스타코어 누클리어(StarCore Nuclear), 엘리시움(Elysium) 등이 있다. 웨스팅하우스는 연료를 재장전하지 않고 10년간 가동할 수 있는 0.2~25MW 용량의 히트파이프 원자로 'eVinci'를 개발하고 있으며 홀로스 제네레이터스는 선박 컨테이너로 운송할 수 있는 13MW의 시스템을 개발 중이다. 그들은 2018년 미국 ARPA-E(선진 연구 프로젝트 기구)로부터 200만 달러의 보조금을 받았다. USNC는 2011년 설립되었으며 사고 저항성이 매우 우수한 FCM(Fully Ceramic Micro-encapsulated) 연료를 사용하는 10MW 용량의 원자로를 개발하고 있다. USNC는 ARPA-E로부터 받은 200만 달러뿐만 아니라 미국 우주 프로그램인 NASA로부터도 많은 지원금을 받았다. 캐나다 몬트리올에 기반을 둔 스타코어 누클리어는 20MW의 고온 가스 원자로를 개발하고 있으며 캐나다의 격오지와 같은 틈새시장을 겨냥하고 있다. 그들은 5년 안에 두 개의 시범 플랜트를 운영하는 것을 목표로 하고 있다. 뉴욕에 기반을 둔 엘리시움은 20MW급 용융염 원자로를 개발하고 DOE로부터 약 300만 달러의 자금을 지원받았다.

SMR과 마이크로 원자로는 아직 상업용 발전소가 건설되지 않았으며 향후 3~5년 안에도 건설이 불확실하다고 봤을 때 DAC 기술보다 상당히 초기 단계에 있다고 할 수 있다. 그럼에도 우리는 9개의 혁신 가속화 요소의 관점에서 현재 소형 원자력 기술의 현황을 평가하고 미래를 전망할 수 있다(표 10.2).

1. **지속적인 R&D 투자.** 수준은 떨어지고 있지만, 연구개발 자체는 계속되고 있다. DAC보다는 훨씬 활동이 활발하다. SMR이나 마이크로 원자로 기술의 잠재력을 끌어내기 위해서는 R&D 방향을 혁신적인 설계로 맞출 필요가 있다.

2. 공공 조달. 현재는 공공 조달 프로그램이 없지만, 연방 정부 차원의 전력구매계약(PPA)을 생각해 볼 수 있다. 어떤 사업자는 4개 발전소에 대해 10년 동안 20억 달러를 요구한 사례가 있다(Loving et al., 2018).

3. 숙련된 인력. 원자력 공학 프로그램의 수요는 변동이 심하기로 악명 높지만(Corradini et al., 2000), 꾸준히 생산성을 증명해 왔으며 대학과 연구소 등 제도적 역량은 여전히 강하다. 제도적 역량이 많이 남아 있고 교육 프로그램이 잘 확립되어 있으므로 규모를 확대하는 것을 고려해볼 수 있다.

4. 지식의 체계화. 규제는 체계화를 촉진한다. 원자력은 6단계에 걸친 인허가 절차를 거쳐야 하고 그 결과 중 일부는 일반에게 공개되어 전파되기 때문이다. 그러나 실제로는 보안에 대한 우려와 기업의 재산이라는 이유로 정보 접근이 매우 제한되어 있다. 지식 파급의 걸림돌이 제거되지 않는다면 향후 산업 성장에 문제가 될 수 있다.

5. 파괴적 생산 혁신. 방사능 유출 사고를 방지하고 핵연료 사용 전 과정에서 방사능 물질의 안정성을 보장해야 하므로 품질에 대한 약간의 타협이 큰 비용 절감을 가져오는 태양광의 사례를 원자력에 적용하여 파괴적 혁신을 도모하기가 쉽지 않다.

6. 견고한 시장. 떠오르는 SMR 산업은 격오지 디젤 발전기를 대체하는 등의 틈새시장을 찾아냈다. 그러나 이 시장이 얼마나 클지 그리고 배터리 저장과 같은 다른 대체 기술에 대해 경쟁력을 가질지 불확실하다. 디젤이나 배터리 저장장치와 비교해 SMR이 더 유리한 적절한 규모의 틈새시장을 찾기란 쉽지 않다(Morgan et al., 2018).

7. 지식 파급의 효과. 가장 직접적인 관심사는 소형 원전의 개발이 대형 원전의 운영 경험으로부터 교훈을 얻을 수 있느냐는 것이다. 원자력 산업과는 동떨어져 있지만, 자동차 분야와 같이 안전성이 중요하고 생산 단위가 크

〈표 10.2〉 SMR 기술을 위한 혁신 가속화 수단의 현재 수준과 잠재력

혁신 가속화 수단	현재 수준	잠재력
1. 지속적인 R&D 투자	중간	높음
2. 공공 조달	낮음	높음
3. 숙련된 인력	중간	높음
4. 지식의 체계화	낮음	중간
5. 파괴적 생산 혁신	낮음	중간
6. 견고한 시장	낮음	중간
7. 지식 파급의 효과	낮음	중간
8. 글로벌 모빌리티	낮음	중간
9. 정치 경제적 수용	낮음	중간

며 규모의 확장이 급속한 다른 산업 분야의 기술에서 교훈을 얻을 수 있다.

8. 글로벌 모빌리티. 사람의 이동은 다국적 기업의 직원은 물론, 외국인이 참여하는 교육훈련 프로그램에서 얼마간 일어난다. 그러나 국가 안보 문제가 협력의 범위를 제한한다. 무역 및 지식의 확산과 관련해서는 국제적 공급망이 역할을 할 수 있지만, 핵확산 우려로 인해 영향을 받을 수 있다.

9. 정치 경제적 수용. 원전 인근 주민들의 수용성이 높을 때조차 원전에 대한 일반 대중의 수용성은 매우 낮다. 이러한 인식을 바꾸기 위해 소형 원전 사업자들은 일찍부터 노력하고 있다(Allen and Dines, 2018).

〈표 10.2〉와 〈표 10.1〉을 비교하면, 현재로서는 DAC가 SMR보다 약간 더 나은 위치에 있으며 태양광 모델을 빠르게 따라갈 가능성이 더 큰 것 같다. SMR도 거의 모든 지표에서 큰 잠재력이 있으므로 태양광 모델을 따를 수 있다. 그러나 핵확산 금지 문제, 틈새시장의 실현 가능성, 파괴적

혁신의 한계, 주민 수용성 문제 등으로 원활한 지식 확산이 방해받을 수 있다는 점은 앞으로 극복해야 할 중요한 과제이다.

필요한 다른 모델

에너지저장과 DAC, 그리고 SMR 기술은 태양광 기술과 공통점이 있으므로 태양광 발전의 역사가 제공하는 유용한 통찰에서 혁신을 가속하는 방법을 배울 수 있다. 그러나 기후변화 문제를 해결하기 위해서는 다른 기술도 필요할 것이고 그중 많은 것들은 태양광과 유사성을 공유하지 않는다. 기후변화 문제는 매우 큰 도전이고 본질적으로 글로벌한 특징을 가지고 있으며 오랜 시간을 두고 해결해야 한다는 점에서 연관된 기술의 범위는 매우 광범위하다(Hawken, 2017). 결과적으로 이러한 기술들을 지원하고 개선을 가속하며 보급을 촉진하기 위해서는 다양한 접근 방식이 필요할 것이다.

태양광을 기준으로 삼아 기후 기술을 다음 네 가지 범주 또는 '기술 유형'으로 분류할 수 있다(표 10.3). 1번 유형은 지금까지 이 장에서 논의한 기술이라고 할 수 있다. 1번 기술의 세 가지 특징은 첫째 선진적인 기술이고, 둘째 반복적인 생산 공정을 지니고 있어 학습효과로 인한 개선의 기회가 많으며, 셋째로 생산 측면에서 파괴적 혁신이 가능해 상당한 비용 절감이 가능하다. 1번 기술의 경우, 태양광의 역사로부터 얻은 통찰이 혁신을 가속하는 모델을 제공한다. 태양광 모델은 기후변화 문제해결에 상당한 영향을 미칠 수 있는 다른 유사한 기술에 합리적으로 적용될 수 있으며, 여기에는 해상풍력, 고공 풍력 터빈, 연료전지, 담수화, 그리고 에너지 절약 기술(end-use technology) 등이 포함된다.

2번 유형은 태양광 모델을 사용하기에는 너무 간단하거나 수준이 낮은 기술이다. 나무에 탄소를 저장하고자 숲을 가꾸는 것과 토양에 더 많은 탄소를 저장하기 위해 농업 방식을 바꾸는 것 등이 여기에 해당한다. 이 두 가지 예는 모두 상대적으로 적은 비용으로 수십억 톤의 이산화탄소를 대기에서 제거할 수 있다(Fuss et al., 2018). 2번 기술이 온실가스 감축 규모를 기가 톤으로 확대하기 위해서는 기술 자체의 성능이나 효율 향상보다는 기술 사용자의 행동 변화와 거래 비용이 더 중요한 과제가 될 가능성이 높다(Net et al., 2018a). 토양에 이산화탄소를 더 많이 저장하기 위해서는 밭을 갈아엎지 않고 얕게 심는 재배 기술과 토양의 수분과 탄소를 간직하도록 작물로 밭을 뒤덮는 농업 방식을 광범위하게 채택해야 한다(Stockmann et al., 2013). 이러한 방식이 기후변화 문제해결에 기여하기 위해서는 전 세계 수백만 명의 농부들의 적극적인 참여가 필요하다. 토양 탄소격리 관련 기술은 기술로 간주할 가치가 없을 만큼 너무 평범하다. 여기에서 사용되는 기술 개념은 브라이언 아서의 "목적을 위한 수단"으로서의 기술이다(Arthur, 2009). 이러한 농업 방식의 채택을 촉진하는 것은 반도체에서 전기를 생산한다든가, 여러 틈새시장을 통해 반복적으로 개선을 이뤄낸다든가, 대량 생산으로 경제성을 향상하는 것과는 성격이 많이 다르다. 따라서 태양광 혁신 모델보다, 2번 유형의 기술에 더 유용한 모델은 녹색 혁명(Green Revolution)이다(Gaud, 1968). 이 모델은 새로운 기술인 생산성이 좋고 병충해에 강한 품종을 심는 것, 산업적으로 생산한 비료나 화학적으로 생산한 살충제를 사용하는 것, 고강도 관개 농업의 도입으로 전 세계적으로 작물 생산량을 크게 늘리는 것을 잘 설명한다(Jain, 2010). 마찬가지로, 재조림과 조림은 수십억 톤의 이산화탄소를 제거할 수 있는 잠재력이 있지만(Fuss et al., 2018), 적용에 앞서 농작물, 방목, 이산화탄소 제거를 포함한 토지 사용 등 상호 경쟁적인 용도들 사이에서 어떤 장단점이 있는지 따져봐야 한다.

3번 유형의 기술도 태양광 모델을 적용하기 어렵다는 점은 같지만, 2 번처럼 너무 작고 간단해서가 아니라 과도하게 크고 복잡하기 때문이다. 여기에는 대형 원전, 저탄소 제철, 화력/바이오매스 발전에 연결된 CCS 같은 탄소흡수기술 등의 이산화탄소 저배출 기술이 포함된다. 3번 기술은 공장에서 생산하는 방식이 아니라 현장에 건설되는 대규모 기술로서 수천에서 수백만 개의 크고 작은 부품이 사용된다. 시스템통합은 복잡한 설계와 건설 비용, 수많은 기관을 관리하는 것을 포함하는 정말로 도전적인 과제이다. 미국이나 유럽 국가보다는 중국 또는 한국 같은 일부 국가의 혁신시스템이 이러한 프로젝트를 수행하기에 훨씬 잘 준비되어 있다. 이러한 프로젝트는 규모의 경제가 무엇보다 중요한데, 이는 소규모로 건설하는 것이 비효율적이고 일반적으로 감당할 수 없다는 것을 의미한다. 똑같은 반복이 많이 일어나지 않는다는 점에서 학습효과를 통해 얻는 이익은 적다. 원전과 태양광 발전의 총 용량은 400~500GW로 비슷해도 상업용 원전이 역사적으로 700개 미만의 원자로를 건설한 데 반해 태양광 산업은 지금까지 약 40억 개의 태양광 패널을 생산했다. 수십억 번의 반복으로 이루어진 개선 과정이 대형 원전 산업에서 일어나기는 어려울 것이다. 원전의 경우 현재 수십 개의 발전소가 대부분 중국에서 건설되고 있다. 이러한 대규모 시설은 기후변화 문제를 해결하는 데 매우 중요하게 기능할 가능성이 있다. 실제로 탈탄소화 시나리오는 엄격한 배출 목표를 달성하기 위해 대형 원전과 CCS에 크게 의존한다. 그들은 다른 종류의 모델이 필요할 것이다. 그들의 핵심 과제는 몇 개의 초기 플랜트를 건설함으로써 학습을 시작하는 것이다(Herzog, 2011). 어떻게 하면 초기 플랜트 건설 과정에서 배움을 얻고, 불가피한 실패를 줄이며, '죽음의 계곡'

〈표 10.3〉 저탄소 기술혁신에 적용 가능한 모델

기술 유형	적용대상 저탄소 기술	혁신 모델
1. 하이테크, 반복적이며, 파괴적 생산 혁신이 가능한 기술	직접공기포집(DAC)	태양광
2. 로우테크, 소규모이고, 분산된 적용이 필요한 기술	토양 탄소격리	녹색 혁명(품종개량)
3. 대규모이고, 시스템통합이 필수적인 기술	탄소포집저장 장치를 결합한 바이오에너지	정유시설, 화학공장
4. 범용기술	인공지능(AI)	마이크로프로세서

기간에 자금을 유치할 수 있는지 해법을 찾는 것이 도전적인 과제이다(Nemet et al., 2018b). 태양광 모델을 어떻게 가속화하여 적용할 것인가 하는 고민과는 다르다. 대형 원전과 CCS는 대규모 플랜트라는 점에서 정유시설이나 화학 공장과 더 유사하며(Remer and Chai, 1990; Rai et al., 2010), 소규모에서 대규모로 확장하는 것은 시간이 필요한 일이며 핵심적인 도전 과제이다(Wilson, 2012; Nykvist, 2013).

마지막 4번 유형의 기술도 훨씬 불확실하지만 기후변화와 관련하여 중요한 역할을 할 수 있다. GPT(General Purpose Technologies), 곧 '범용기술'이 바로 그러한 유형으로 특정 부문이 아닌 전체 경제에 영향을 미치는 기술을 지칭한다(Ruttan, 2001). 증기 기관, 철도, 전기, 컴퓨터, 인터넷(Ruttan, 2006; Bresnahan and Trajtenberg, 1995; Freeman, 1994), 그리고 더 길게 봤을 때는 불의 사용, 언어, 식물 경작, 동물 사육 등이 여기에 속한다. GPT의 출현과 영향은 예측하기 매우 어려운 것으로 알려져 있으나, 미래 GPT의 가능한 후보로는 인공지능, 나노기술, 자율주행, 합성생물학 등이 거론된다. 그들의 개발을 가속화하기 위한 노력은 컴퓨터, 인터넷과 같은 이전 GPT로부터 배울 수 있을 것이다. 그러나 GPT는 단순히 GPT 존재 자체가 아니라 경제 전반에 걸쳐 어떻게 사용되고 확산되는지가 중요하다. 기후변화 문제의 시급성은 기술개발 가속화가 새로운 GPT의 출현으로 더욱 속도를 내리라는 걸 의미하며, 특히 이 새로운 GPT는 급속히 전개됐던 인터넷과 컴퓨터 시대의 교훈을 기억할 것이다.

태양광 모델을 모든 기술에 적용하여 시장 확대를 가속할 수 있는 건 아니다. 작고 간단한 2번 기술은 시장의 채택이 미치는 복잡한 효과, 위험 회피, 수백만의 작은 선택에 중요한 정보를 제공하는 데 초점을 맞출 필요가 있다. 크고 복잡한 3번 기술은 리스크 공유, 정부의 자금 지원, 지식의 체계화, 초기 실패 허용 등의 문제를 잘 관리해야 한다. 4번 기술인 GPT는 새로운 GPT에 의해 커진 가능성을 실제로 시장에서 빠르고 광범위하게 적용하는 것을 어떻게 하면 신속하게 할 수 있는지 배워야 한다.

태양광과 유사하여 신속하고 광범위하게 시장에서 채택될 수 있는 1번 기술의 경우 태양광 모델로부터 배울 수 있는 잠재력이 크다. 태양광의 기술개발과 시장의 채택 과정을 가속하여 적용한다면 온실가스 배출량에 의미 있는 영향을 적기에 미칠 수 있을 것이다.

참고문헌

Abdulla, A., Azevedo, I. L. & Morgan, M. G. 2013. Expert assessments of the cost of light water small modular reactors. *Proceedings of the National Academy of Sciences,* 110, 9688–9691.

Agee, E. M. & Orton, A. 2016. An initial laboratory prototype experiment for sequestration of atmospheric CO_2. *Journal of Applied Meteorology and Climatology,* 55, 1763–1770.

Allen, T. & Dines, K. 2018. Breaking the nuclear box: What Frank Lloyd Wright can teach us about engaging the community to successfully deploy advanced nuclear technologies, *Third Way.*

Allen, T. & Nemet, G. F. 2017. Energy technology exuberance: How a little humility is good for nuclear, renewables, and society. *Medium.*

Anadon, L. D., Bosetti, V., Bunn, M., Catenacci, M. & Lee, A. 2012. Expert judgments about RD&D and the future of nuclear energy. *Environmental Science & Technology,* 46, 11497–11504.

Arthur, W. B. 2009. *The Nature of Technology: What it is and how it evolves,* New York, Free Press.

Bauer, N., Brecha, R. J. & Luderer, G. 2012. Economics of nuclear power and climate change mitigation policies. *Proceedings of the National Academy of Sciences,* 109, 16805–16810.

Boyd, P. W. & Bressac, M. 2016. Developing a test-bed for robust research governance of geoengineering: The contribution of ocean iron biogeochemistry. *Philosophical Transactions of the Royal Society A: Mathematical Physical and Engineering Sciences,* 374.

Bresnahan, T. F. & Trajtenberg, M. 1995. General purpose technologies 'Engines of growth'? *Journal of Econometrics,* 65, 83–108.

Brinckerhoff, P. 2011. Accelerating the uptake of CCS: Industrial use of captured carbon dioxide. *Global CCS Institute.*

Cantor, R. & Hewlett, J. 1988. The economics of nuclear-power – further evidence on learning, economies of scale, and regulatory effects. *Resources and Energy,* 10, 315 –335.

Corradini, M. L., Adams, M. L., Dei, D. E., Isaacs, T., Knoll, G., Miller, W. F. & Rogers, K. C. 2000. *The Future Of University Nuclear Engineering Programs And University Research And Training Reactors,* Washington DC, Dept of Energy, Nuclear Energy Research Advisory Committee (NERAC).

Creutzig, F., Agoston, P., Goldschmidt, J. C., Luderer, G., Nemet, G. & Pietzcker, R. C. 2017. The underestimated potential of solar energy to mitigate climate change. *Nature Energy,* 2, nenergy2017140.

Darunte, L. A., Walton, K. S., Sholl, D. S. & Jones, C. W. 2016. CO_2 capture via adsorption in amine-functionalized sorbents. *Current Opinion in Chemical Engineering,* 12, 82–90.

Deutch, J. M., Forsberg, C. W., Kadak, A. C., Kazimi, M. S., Moniz, E. J. & Parsons, J. E. 2009. *Update of the MIT 2003 future of nuclear power,* Cambridge, MA, Report for Massachusetts Institute of Technology. Retrieved September 17, 2009.

Ford, M. J. & Schrag, D. P. 2018. A tortoise approach for US nuclear research and development. *Nature Energy,* 3, 810–812.

Freeman, C. 1994. The economics of technical change. *Cambridge Journal of Economics,* 18, 463–514.

Fuss, S., Lamb, W. F., Callaghan, M. W., Hilaire, J., Creutzig, F., Amann, T., Beringer, T., Garcia, W. D. O., Hartmann, J., Khanna, T., Luderer, G., Nemet, G. F., Rogelj, J., Smith, P., Vicente, J. L. V., Wilcox, J., Dominguez, M. D. M. Z. & Minx, J. C. 2018. Negative emissions—Part 2: Costs, potentials and side effects. *Environmental Research Letters,* 13, 063002.

Gaud, W. S. 1968. *The Green Revolution: Accomplishments and Apprehensions.* U.S. Agency for International Development

Hawken, P. 2017. *Drawdown: The Most Comprehensive Plan Ever Proposed to Reverse Global Warming,* Penguin.

Herzog, H. J. 2011. Scaling up carbon dioxide capture and storage: From megatons to gigatons. *Energy Economics,* 33, 597–604.

Hilaire, J. R. M., Minx, J., Callaghan, M., Edmonds, J., Luderer, G., Rogelj, J. & Zamora, M. D. M. 2018. Negative emissions and international climate goals – Learning from and about mitigation scenarios. *Environmental Research Letters,* 13, 063001.

Hirth, L. & Steckel, J. C. 2016. The role of capital costs in decarbonizing the electricity sector. *Environmental Research Letters*, 11, 114010.

Holmes, G. & Corless, A. 2014. Direct air capture of CO_2 – an overview of Carbon Engineering's Technology and Pilot Plant Development. *AGU Fall Meeting Abstracts*, 2014.

Holmes, G. & Keith, D. W. 2012. An air-liquid contactor for large-scale capture of CO_2 from air. *Philosophical Transactions of the Royal Society A: Mathematical, Physical and Engineering Sciences*, 370, 4380–4403.

Holmes, G., Nold, K., Walsh, T., Heidel, K., Henderson, M. A., Ritchie, J., Klavins, P., Singh, A. & Keith, D. W. 2013. Outdoor prototype results for direct atmospheric capture of carbon dioxide. *Energy Procedia*, 37, 6079–6095.

Ishimoto, Y., Sugiyama, M., Kato, E., Moriyama, R., Tsuzuki, K. & Kurosawa, A. 2017. *Putting Costs of Direct Air Capture in Context*, FCEA Working Paper Series, 002.

Jain, H. K. 2010. *Green Revolution: History, Impact and Future*, Houston, Studium Press.

Keith, D. W., Holmes, G., St. Angelo, D. & Heidel, K. 2018. A process for capturing CO_2 from the atmosphere. *Joule*.

Kong, Y., Jiang, G. D., Wu, Y., Cui, S. & Shen, X. D. 2016. Amine hybrid aerogel for high-efficiency CO_2 capture: Effect of amine loading and CO_2 concentration. *Chemical Engineering Journal*, 306, 362–368.

Kotol, M., Rode, C., Clausen, G. & Nielsen, T. R. 2014. Indoor environment in bedrooms in 79 Greenlandic households. *Building and Environment*, 81, 29–36.

Lackner, K. S. 2009. Capture of carbon dioxide from ambient air. *European Physical Journal – Special Topics*, 176, 93–106.

Lackner, K. S. 2013. The thermodynamics of direct air capture of carbon dioxide. *Energy*, 50, 38–46.

Lackner, K. S., Grimes, P. & Ziock, H.-J. 1999. Carbon dioxide extraction from air: Is it an option?24th Annual Technical Conference on Coal Utilization and Fuel Systems, March 8–11 1999Clearwater, FL. 885–896.

Lackner, K. S., Brennan, S., Matter, J. R. M., Park, A.-H. A., Wright, A. & Van Der Zwaan, B. 2012. The urgency of the development of CO_2 capture from ambient air. *Proceedings of the National Academy of Sciences*, 109, 13156–13162.

Lee, T. S., Cho, J. H. & Chi, S. H. 2015. Carbon dioxide removal using carbon monolith as electric swing adsorption to improve indoor air quality. *Building and Environment*, 92, 209–221.

Lovering, J., Murray, W., Neeley, J., Nelson, S. & Nordhaus, T. 2018. *Planting the Seeds of a Distributed Nuclear Revolution: The Case for Expedited Licensing and Commercialization of Micronuclear Reactors,* R Street, Clearpath, Breakthrough Institute.

Maycock, P. D. 2005. *PV Technology, Performance, Cost 1995–2010.* Williamsburg, VA, PV Energy Systems.

Middleton, R. S., Clarens, A. F., Liu, X., Bielicki, J. M. & Levine, J. S. 2014. CO_2 deserts: Implications of existing CO_2 supply limitations for carbon management. *Environmental Science & Technology*, 48, 11713–11720.

Minx, J. C., Lamb, W. F., Callaghan, M. W., Fuss, S., Hilaire, J., Creutzig, F., Amann, T., Beringer, T., Garcia, W. D. O., Hartmann, J., Khanna, T., Lenzi, D., Luderer, G., Nemet, G. F., Rogelj, J., Smith, P., Vicente, J. L. V., Wilcox, J. & Dominguez, M. D. M. Z. 2018. Negative emissions: Part 1—research landscape and synthesis. *Environmental Research Letters,* 13, 063001.

Morgan, M. G., Abdulla, A., Ford, M. J. & Rath, M. 2018. US nuclear power: The vanishing low-carbon wedge. *Proceedings of the National Academy of Sciences,* 115, 7184–7189.

National Academies. 2017. *Developing a Research Agenda for Carbon Dioxide Removal and Reliable Sequestration* [Online]. Available: http://nas-sites.org/dels/studies/cdr/ [Accessed 7/31/17].

Nemet, G. F. & Brandt, A. R. 2012. Willingness to pay for a climate backstop: Liquid fuel producers and direct CO_2 air capture. *The Energy Journal,* 33, 53–82.

Nemet, G. F., Callaghan, M. W., Creutzig, F., Fuss, S., Hartmann, J., Hilaire, J., Lamb, W. F., Minx, J. C., Rogers, S. & Smith, P. 2018a. Negative emissions—Part 3: Innovation and upscaling. *Environmental Research Letters,* 13, 063003.

Nemet, G. F., Zipperer, V. & Kraus, M. 2018b. The valley of death, the technology pork barrel, and public support for large demonstration projects. *Energy Policy,* 119, 154–167.

Nykvist, B. 2013. Ten times more difficult: Quantifying the carbon capture and storage challenge. *Energy Policy,* 55, 683–689.

OECD 2018. *Effective Carbon Rates 2018,* Organization of Economic Cooperation and Development.

Pielke, R. A. 2009. An idealized assessment of the economics of air capture of carbon dioxide in mitigation policy. *Environmental Science & Policy*, 12, 216‒225.

Rai, V., Victor, D. G. & Thurber, M. C. 2010. Carbon capture and storage at scale: Lessons from the growth of analogous energy technologies. *Energy Policy*, 38, 4089‒4098.

Rau, G. H., Carroll, S. A., Bourcier, W. L., Singleton, M. J., Smith, M. M. & Aines, R. D. 2013. Direct electrolytic dissolution of silicate minerals for air CO_2 mitigation and carbonnegative H_2 production. *Proceedings of the National Academy of Sciences*, 110, 10095‒10100.

Remer, D. S. & Chai, L. H. 1990. Estimate costs of scaled-up process plants. *Chemical Engineering*, 97, 138‒175.

Rogelj, J., Popp, A., Calvin, K., Luderer, G., Emmerling, J., Gernaat, D., Fujimori, S., Strefler, J., Hasegawa, T., Marangoni, G., Krey, V., Kriegler, E., Riahi, K., van Vuuren, D. P., Doelman, J., Drouet, L., Edmonds, J., Fricko, O., Harmsen, M., Havlik, P., Humpenoeder, F., Stehfest, E., & Tavoni, M .2018. Scenarios towards limiting global mean temperature increase below 1.5°C. *Nature Climate Change*, 8, 325‒332.

Roth, M. B. & Jaramillo, P. 2017. Going nuclear for climate mitigation: An analysis of the cost effectiveness of preserving existing U.S. nuclear power plants as a carbon avoidance strategy. *Energy*, 131, 67‒77.

Ruttan, V. W. 2001. *Technology, Growth, and Development: An Induced Innovation Perspective*, New York, Oxford University Press.

Ruttan, V. W. 2006. *Is War Necessary for Economic Growth? Military Procurement and Technology Development*, Oxford, Oxford University Press.

Sanz-Pérez, E. S., Murdock, C. R., Didas, S. A. & Jones, C. W. 2016. Direct capture of CO_2 from ambient air. *Chemical Reviews*, 116, 11840‒11876.

Socolow, R., Desmond, M., Aines, R., Blackstock, J., Bolland, O., Kaarsberg, T., Lewis, N., Mazzotti, M., Pfeffer, A., Sawyer, K., Siirola, J., Smit, B. & Wilcox, J. 2011. *Direct Air Capture of CO_2 with Chemicals: A Technology Assessment for the APS Panel on Public Affairs*, Washington, American Physical Society (APS).

Stockmann, U., Adams, M. A., Crawford, J. W., Field, D. J., Henakaarchchi, N.,

Jenkins, M., Minasny, B., McBratney, A. B., De Courcelles, V. D., Singh, K., Wheeler, I., Abbott, L., Angers, D. A., Baldock, J., Bird, M., Brookes, P. C., Chenu, C., Jastrow, J. D., Lal, R., Lehmann, J., O'Donnell, A. G., Parton, W. J., Whitehead, D. & Zimmermann, M. 2013. The knowns, known unknowns and unknowns of sequestration of soil organic carbon. *Agriculture Ecosystems & Environment,* 164, 80–99.

Stolaroff, J. K., Keith, D. W. & Lowry, G. V. 2008. Carbon dioxide capture from atmospheric air using sodium hydroxide spray. *Environmental Science and Technology,* 42, 2728–2735.

Wilcox, J., Psarras, P. C. & Liguori, S. 2017. Assessment of reasonable opportunities for direct air capture. *Environmental Research Letters,* 12, 065001.

Wilson, C. 2012. Up-scaling, formative phases, and learning in the historical diffusion of energy technologies. *Energy Policy,* 50, 81–94.

Woolf, D., Lehmann, J., Cowie, A., Cayuela, M. L., Whitman, T. & Sohi, S. 2018. Biochar for climate change mitigation: Navigating from science to evidence-based policy. In: Lal, R. (ed.) *Advances in Soil Science: Soil and Climate,* Springer.

11장 혁신의 속도를 높여라

통계학자인 조지 박스(George Box)는 "모든 모델은 틀렸다, 하지만 어떤 모델은 유용하다"라고 말한 바 있다(Box, 1979). 모델은 현실 세계의 현상을 특징짓는 수많은 독특한 개성과 세부 사항을 스타일화하고 현실을 단순화한다는 점에서 틀렸다. 그러나 모델은 이러한 스타일화와 단순화를 통해 어떤 정보를 제공한다면 유용할 수 있다. 모델이 잘 작동할 때, 단순화는 모든 복잡한 현실을 평가할 때 드러나지 않던 핵심 요인을 밝혀준다. 비용 절감의 주요 동인들, 예컨대 과학적인 현상 이해, R&D 자금 지원, 공공 조달, 틈새시장의 활용, 수요자에 대한 보조금 지급, 새로운 정책의 도입, 기업가적 규모 확장 등으로 태양광의 발전이 이루어졌다는 주장은 분명 **잘못된** 것이다. 러시아가 우주 경쟁에서 앞서나간 것, 중동에서 일어난 지정학적 이슈, 1994년 중국의 재정 개혁, 1998년 독일의 연방 선거 등에서 그러했듯 세밀한 정책 설계도 역할을 했다. 다른 많은 기술과 마찬가지로, 운이 따른 우연한 발견이 태양광의 진보에 영향을 미치기도 했다. 반도체 산업과의 공진화와 반도체 산업이 태양광 산업에 제공한 파급 효과는 물론 우연한 방문이 혁신의 기회가 되기도 했다. 이러한 세부 사항의 개별적 영향을 이해하는 것은 태양광 산업의 궤적을 온전히 평가하는 데 중요했다.

그러나 다가오는 기후 불안정의 위협은 우리가 여기서 틀릴 가능성을 기꺼이 감수하고서라도 태양광의 성공에 유용했던 것이 무엇인지 찾아 나서게 만든다(Xu et al., 2018). 세계 경제를 탈탄소화하는 프로젝트는 글로벌 환경 거버넌스에서 전례가 없는 극히 어려운 과제다. 이는 지구 공동체가 그 도전에 어떻게 맞설 것인지 직면하는 일이기도 하다. 미래에 줄 **충격**과 **감당해야** 할 **비용**이 극히 **불확실한** 상황 속에 있으며, **리스크**와 **적절한 시기**에 대해 **다양한** 관점과 선호로 바라보는 참으로 **글로벌한** 공공재와 관련한, 장차 **수십 년간** 지속될 문제다. 전환의 거대한 규모는, 다양한 접근법이 그 과정에서 불가피하게 발생할 의도치 않은 결과들을 완화하는 데 도움이 될 수 있음을 함의한다. 풍력 터빈이나 나무 심기와 같이 거부감이 없을 것 같은 기술들에서조차 그렇다. 우리에게는 다양한 해결책이 필요하다.

저렴한 태양광을 일구어낸 지난 70년의 과정은 인류 문명의 획기적인 성과를 대표한다. 하지만 저가형 태양광의 광범위한 보급은 도움은 될지 몰라도 그것만으로는 충분하다고 할 수 없다. 나는 이 책에서 기후변화에 대한 태양광의 가장 중요한 기여는, 다른 새로운 저탄소 기술에 제공하는 잘못되었으면서도 유용한 그 모델에 있다고 주장한다. 태양광 모델은 모든 저탄소 기술에 적용될 수 없다는 점에서, 그리고 적응이 필요한 기술적 특이성이 항상 존재하기 때문에 틀렸다. 태양광 모델은 1장에서 설명한 것처럼 기술이 성공해왔다는 점에서 유용하다. 그리고 2장에서 8장까지 설명한 것처럼 기술의 진화 경로를 정확하게 추적할 수 있고, 일반적인 결과를 확인할 수 있으며(9장), 따라서 다른 유사한 기술에 적용할 수 있다(10장)는 점에서 유용하다. 태양광의 진화과정을 설명하고 이론적 일반화를 거친 끝에 나는 다음 세 가지 결론을 내린다.

1. 우리는 태양광과 유사한 기술의 혁신을 가속하는 방법을 알고 있고,
2. 다른 유형의 기술에 맞는 다른 모델을 개발할 필요가 있으며,
3. 각 나라의 국가혁신시스템이 갖는 고유한 특성을 고려하여 적절한 국가적 맥락에 이러한 모델을 맞출 필요가 있다.

탈탄소화를 가속하는 것은 혁신 노력을 기술별, 국가별로 달리하는 것에 달려 있다.

태양광과 유사한 기술에 맞는 혁신 가속화

태양광과 유사한 저탄소 기술은 가속화된 혁신 경로를 추구하여 기후목표를 달성하는 데 의미 있는 규모를 적시에 달성할 수 있다. 2050년의 목표와 2100년의 영향과 같은 먼 미래에 대한 많은 논의에도 불구하고, 많은 이들은 이해하지 못하는 기후변화 대응의 긴급성이 있다. 에너지 인프라는 오래 지속되고 이산화탄소는 대기 중에 오래 머무른다. 기후의 안정성을 높이기 위해 에너지 시스템을 바꾸는 일은 수십 년이 걸릴 것이다. 그러나 그것이 기후변화를 우선순위가 낮은 문제로 떨어뜨리는 이유는 아니며, 오히려 그 반대다. 기후 문제를 진정으로 해결하려면 저탄소 기술의 개발과 보급을 앞당겨서 기후변화와 관련된 추가적인 손해를 피

할 수 있어야 한다. 예를 들어, 통합 평가 모델링 결과에 의하면 DAC는 2030~2050년간에 중점적으로 설치되어야 한다(Nemet et al., 2018a). DAC가 그 기간에 널리 보급되기 위해서는 효과적이고, 저비용이며, 신뢰할 수 있고, 틈새시장에서 검증된 DAC가 2020년대 말까지 필요하며, 이를 위해서는 2020년과 2030년 사이에 치열한 혁신이 필요하다.

　태양광 발전의 진화과정을 이해하는 것은 유사한 기술을 성장시킬 때 좋은 교훈이 된다. 저탄소 기술의 급속한 발전과 보급, 확산과 관련해 절대적인 해답이 있지는 않다. 그것보다는, 의도적인 정책과 합목적적인 투자가 더 필요하고 수년에 걸쳐 지속되어야 한다. 정부는 혁신을 가속하는 9가지 수단을 돕는 촉매 역할을 할 수 있다.

　1. 지속적인 R&D 투자. 공공 R&D에 자금을 지원하는 것이 가장 직접적인 활동이다. '미션 이노베이션' 같이 여러 국가의 공공 R&D를 조정하는 것도 중요하며, 정부가 민간 R&D와 기부금 성격의 R&D에 인센티브를 주는 것도 가능하다. 이 경우 인센티브는 다른 메커니즘에 의해 채워지지 않은 격차를 메울 수 있도록 설계되어야 한다. 자금 지원 수준, 가장 어려운 문제를 해결하기 위한 자금 지원 목표 설정, 리스크를 감수하는 정도에 따른 차별화된 인센티브 제공이 혁신 가속화의 핵심이다.

　2. 공공 조달. 정부는 신기술을 구매하여 초기 단계의 수요를 촉진할 수 있다. 이것은 전력구매계약(PPA), 정해진 수량의 상품에 대한 경매, 지정된 수량의 상품에 대한 가격 보장 형태를 취할 수 있다. 이러한 정부 공공 조달 사업은 기업이 큰 규모로 투자하고, 실행과정에서 배우며, 근로자를 숙련시키는 데 필요한 지속적인 수요를 제공할 수 있다.

　3. 숙련된 인력. R&D 외에도 학생 교육에 대한 정부 지원과 필요 기술에

대한 지속적인 교육은 산업이 확장됨에 따라 나타나는 병목 현상을 피할 수 있다. 또한 지속적인 R&D 투자와 함께 과학자와 엔지니어를 양성하면 한 분야에서 공공 R&D가 확장될 때 발생할 수 있는 혼잡 효과를 피할 수 있다. 준비된 인재를 늘림으로써 정부는 단순히 민간 부문에서 공공 부문으로 인력을 전환 배치하는 것이 아니라 R&D 활동 범위를 최대한 확장할 수 있다.

4. 지식의 체계화. 혁신 활동에서 얻은 지식을 확산하는 데 정부가 기여하는 한 가지 방법은 다음 일련의 활동을 보장하는 것이다. 지식의 일부라도 체계적으로 정리하고, 수집된 데이터를 공개하며, 전문가의 식견이 보고서에 기록되게 하며, 연구 결과가 공개 워크숍과 프레젠테이션을 통해 제공되도록 하는 것이다. 정부는 이러한 정보를 사람들이 자유롭게 이용할 수 있게 하고, 한 회사의 정보자산으로 감춰지지 않도록 보장할 수 있다. 기술의 역사를 통해 산업의 부(富)가 이동하고 사람들이 기업 간, 산업 간 이동하는 것도 매우 활발하다는 것을 알 수 있다. 지식의 체계화는 이 과정에서 지식이 손실되지 않도록 보장하는 데 도움이 될 수 있다.

5. 파괴적 생산 혁신. 아마도 9가지 혁신 가속화 수단 중 정부 활동과는 가장 어울리지 않은 항목일 것이다. 하지만 사용자가 진정 가치를 부여하는 제품에 맞게 창의적으로 생산을 설계하도록 기업에 인센티브를 주는 귀한 역할을 할 수 있다. 태양광 산업에서 인증제도는 품질을 보증하는 중요한 방법이었다. 기업은 인증제도에 포함해야 할 특성들이 무엇인지 더 잘 알고 있을 가능성이 크지만, 일반적으로 정부가 더 큰 신뢰를 받으므로 표준 제도를 촉진하여 파괴적 혁신을 방해하기보다는 가능하도록 사용할 수 있다.

6. 견고한 시장. 시장이 생길 거라는 기대를 창출하는 것은 모든 저탄소 기술에 있어 중요한 일이다. 우리는 신기술은 언제나 리스크를 지고 있다고 인식되며 이를 지원하는 정부 정책도 한순간에 달라질 수 있음을 알아야 한

다. 결과적으로 '닭이 먼저냐 달걀이 먼저냐' 하는 문제로 인해 개발이 지연되는 경우가 자주 있으며, 그 과정에서 생산자, 공급자, 그리고 고객은 확실해질 때까지 기다리는데, 때로 그 시간이 정말 오래 걸리기도 한다. 정부는 시장이 생길 것이라는 신뢰를 확실히 심어줌으로써 이러한 기간을 단축할 수 있다. 독일 정부의 FiT 제도는 20년에 걸친 계약을 제공했는데, 이러한 긴 기간 동안 안정적으로 시행하기 위해 제도운영의 유연성은 상당 부분 포기했다. 유연성보다 신뢰성을 중시하는 방향으로 약간은 편향되게 정책 결정의 득실을 따지는 것은 혁신을 가속하는 중요한 방법이며 미래 시장이 기술의 변화와 불가피하게 발생할 다른 요인의 변화에도 흔들리지 않을 것이라는 기대를 심어준다.

7. 지식 파급의 효과. 한 기술에서 다른 기술로 노하우가 전수되는 것은 운 좋게 우연히 발생할 수 있다. 그러나 정부는 적극적으로 이를 촉진할 수 있다. 예를 들어 융복합 R&D를 지원하고, 서로 다른 분야의 기업과 과학자를 한 자리에 모으고, 지식 이전을 촉진하기 위한 산업 컨소시엄을 구성하는 등의 일을 할 수 있다. 이러한 기술과 기술 간의 지식의 흐름을 국제적으로 촉진하는 것은 더욱 어렵지만, IEA, IAEA, 미션 이노베이션과 같은 국제기구나 양자 협정을 통해 증진될 수 있다.

8. 글로벌 모빌리티. 정부들은 종종 사람들이 한 나라에서 다른 나라로 이동하는 것을 저지하는 정치적 압력에 대응하는 데 더 집중하곤 한다. 하지만 혁신을 가속하기 위해서는 사람들의 이동에 편의를 제공해 주어야 한다. 국제 학생 비자와 이동 경비의 지원, 외국인에 대한 근로 허가, 과학자와 엔지니어의 국제적 교류는 모두 태양광 산업에 영향을 끼쳤으며, 다른 저탄소 기술에도 같은 영향을 미칠 것이다.

9. 정치 경제적 수용. 9가지 혁신 가속화 수단 중 가장 논란의 여지가 있

으며, 국가적 환경 조건에서 어떤 대응이 가장 효과적일지 다를 수 있기에 관행으로 인정되기가 어렵다. 하지만 저탄소 기술 채택으로 손해를 볼 수 있는 덩치 큰 경제 주체들이 경쟁자의 발전을 지연시키기 위해 정치적 영향력을 행사할 것이라는 데는 의심의 여지가 없다. 태양광의 발전 과정에서 이러한 역학 관계가 작용했다는 충분한 증거가 있으며, 모든 징후는 이러한 작용이 더욱 강력해질 수 있음을 보여준다. 혁신 가속화는 이러한 장애물을 제거하는 것에 달려 있다. 이러한 활동에는 적절한 보상을 주거나 그들의 영향력을 적극적으로 줄이는 것, 혹은 그들 스스로가 저탄소 기술로 혜택을 볼 수 있는 기업으로 진화하도록 촉진하는 것이 포함될 수 있다.

정부는 이러한 혁신 가속화 수단들을 증진할 수도 있고, 이들에 대하여 그리고 글로벌 기후혁신시스템에 대하여 위협이 되는 요소들을 약화시킬 수도 있다.

기술 유형에 맞는 혁신 모델 찾기

기후 위기를 해결하기 위해서는 태양광과 유사한 기술뿐만 아니라 그와 성격이 다른 기술을 포함한 모든 저탄소 기술들을 대대적으로 보급해야 한다. 결과적으로, 우리는 다른 혁신 가속화 수단뿐 아니라 다른 혁신 모델도 필요하다. 10장에서는 기술 유형에 따라 적합한 혁신 모델이 다를 것이라는 전제하에 기후변화와 관련한 기술들을 네 가지 범주로 구분했다. 1번 유형의 기술은 태양광과 유사한 기술이다. 2번 유형의 기술은 태양광보다 작고 기술 수준이 낮은 것들이다. 3번 유형의 기술는 태양광보다 더 큰 규모를 갖는 기술이다. 4번 유형의 기술은 다른 응용 기술을 실현하거나 더 잘 기능하게 만들 수 있는, 즉 개별 기술이라기보다는 범용적 성격을 지니기 때문에 직접 비교할 수 없는 것들이다. 따라서 우리는 각각 잠재적 유사성을 공유하는 네 가지 저탄소 기술 모델 매트릭스를 생각해볼 수 있다(그림 11.1). 이를 통해 우리는 저탄소 기술을 위해 필요한 미래 기술개발에 가이드를 제공할 수 있다. 정부는 각 유형에 맞게 혁신을 가속하는 역할을 할 수 있다.

첫째, 1번 기술은 태양광 기술을 참고할 수 있는 그룹이다. 요구되는 기술 수준이 높고 대규모 반복생산이 가능하며 파괴적 혁신에 잘 적용될 수 있는 기술군이다. 이러한 기술은 값싼 태양광을 가능하게 한 관련 동인들의 유형에서 태양광과 유사한 특성을 가지고 있다. 이 책의 2장에서 이러한 동인에 대해 자세히 설명했고 10장에서 다시 요약했다.

둘째, 2번 기술은 요구되는 기술 수준이 낮고 지역적으로 극히 분산되어 채택되며 노하우를 필요로 하지만, 기술개발의 유입이나 기술 파급 효과는 부분적으로만 발생한다. 프로세스를 산업화하거나 자동화할 수 있는 기회는 제한적이다. 이 범주에 속하는 저탄소 기술의 예로는 토양 탄소격리, 재조림과 조림, 바이오차의 생산과 응용 등이 있다(Griscom et al., 2017). 이전에 성공적이었던 유사 사례로는 품종개량으로 대표되는 녹색 혁명이 있다(Gaud, 1968). 2번 기술의 보급을 개선하고 가속하는 방법은 1번 유형인 태양광 기술과는 상당히 다르다(Ruttan, 1996). 지역적 적용의 역학을 이해하고 새로운 접근 방식에 대한 지역사회의 수용을 발전시켜야 하며 다양한 이해관계자들에게 유익함과 리스크를 전달하는 것이 필요하다(Trevisan et al., 2016). 태양광과 유사한 1번 기술과 달리 2번 기술의 혁신을 가속하려면 이질적인 채택 환경에 적용할 다양한 종류의 애플리케이션이 필요하다.

셋째, 3번 기술은 대규모 생산이라고 하기보다는 기술의 규모 자체가

큰 기술군이다. 이것들은 시스템통합적 성격이 강하며, 상당한 과학기술
들이 포함되어 있으며, 비교적 설치 횟수가 많지 않아 반복적인 개선이
쉽지 않다(Netmet et al., 2018b). 이 범주에 속하는 저탄소 기술의 예로
는 CCS를 포함한 바이오에너지(BECCS), 바이오매스를 활용한 정제시
설, 화석연료 발전소의 탄소포집장치, 수소환원철이나 전기로를 이용한
저탄소 철강 기술 등이 있다(Lechtenbohmer et al., 2016). 성공적인 과거
사례로는 정유시설과 화학공장이 있다(Merrow et al., 1981). 3번 기술의
혁신 가속화는 기술의 특성상 자금 동원, 강력한 조직 역량, 시스템통합
전문가가 모두 대규모로 필요하다는 점에서 1번 기술과는 상당히 다르다
(Ohman et al., 2018).

〈그림 11.1〉 기술 유형에 따라 적용 가능한 4가지 혁신 모델(〈표 10.3〉 참고)

기술 유형	혁신 모델		적용 대상 저탄소 기술	
1. 하이테크, 반복적이고 파괴적 혁신이 가능한 기술		 태양광		 직접공기포집
2. 로우테크, 소규모이고 분산된 적용이 필요한 기술		 녹색 혁명		 토양
3. 대규모이고 시스템통합이 필수적인 기술		 화학 공장		 BECCS
4. 범용기술		 마이크로 프로세서		 인공지능

넷째, 4번 기술은 범용기술이다. 이 유형의 기술은 과학기술적 혁신과 함께 다양한 신규 애플리케이션이 연달아 출현할 수 있게 하고 새로운 공학 기술을 가능하게 한다(Helpman, 1998; Mowery and Simcoe, 2002). 과거 사례로는 증기 기관, 마이크로프로세서, 인터넷 등이 있다(Pearson and Foxon, 2012). 특정 기술이라기보다는 범용성 기술이므로 특별히 저탄소 기술로 분류하지는 않는다. 그렇지만 인공지능, 로봇, 합성생물학과 같은 범용기술은 저탄소 기술에 새로운 가능성을 불어넣을 수 있다. 범용기술은 우연히 출현하는 것처럼 보이기도 하며 이를 자극하는 방법을 찾기란 매우 어려웠다(Ardito et al., 2016). 그럼에도 범용기술의 출현을 위한 조건도 정부가 지원할 수 있으며, 지원해야 한다. 범용기술은 한 기업의 기술로만 남지 않고 거의 항상 외부로 빠져나가 상당한 파급 효과를 가져오기 때문이다(Mazzcato, 2013; Mazucato and Semieniuk, 2017). 따라서 기업은 나중에 이런 기술을 채택할 유인이 강할 때조차도 개발과정에 투자하려고 하지 않는다. 정부는 응용 R&D뿐만 아니라 기초 R&D나 교육과정 지원을 통해 범용기술을 지원할 수 있다. 초기 범용기술 지원에 응용 제품을 개발하는 것이 함께 포함되면, 이것이 다시 범용기술을 개발하는 인센티브를 강화할 수 있다. 과학적 교류나 라이선스 이용을 통해 전 세계로 기술을 전파하는 것 또한 개발과 사용을 가속화한다.

이러한 정책 방향을 제시한 것은 태양광과 유사한 1번 기술뿐만 아니라 훨씬 다양한 다른 유형의 저탄소 기술들의 혁신을 가속하는 다양한 길이 있음을 보여주기 위함이다. 2번, 3번, 4번 기술을 위해 효과적이면서 경제적인 혁신 가속화 수단을 개발해야 함은 분명하다. 이와 더불어 혁신 가속화 수단을 환경과 상황에 맞게 적절하게 적용하는 것도 필요하다.

국가혁신시스템에 맞춰 혁신 모델 조정하기

각 국가의 혁신 역량이 다르다는 것은 어떤 모델은 다른 모델보다 주어진 혁신 환경에 잘 맞는다는 것을 의미한다. 저탄소 기술혁신의 글로벌한 측면과 국가혁신시스템(NIS)을 고려했을 때 혁신 모델은 적절한 기관과 자원이 갖춰진 곳에서 잘 작동할 것이다.

어떤 한 국가의 관점에서도 이것은 일부 유형의 기술이 다른 기술보다 그 나라에 더 적합할 것임을 의미한다. 이러한 비교 우위는 에너지 자원을 고려할 때 매우 분명하다. 바람이 풍부한 덴마크는 풍력 터빈 기술에서 세계를 선도하고 천연자원이 풍부한 중국은 세계에서 가장 효율적인 석탄 발전소를 건설한다. 하지만 미래의 저탄소 기술의 경우에는 한 나라의 국가혁신시스템도 저탄소 혁신의 방향에 영향을 미치기 쉽다. 예를 들어, 미국에서는 지난 20년간 성공적이었던 혁신의 유형이 있다. 지식 집약적이고 단위 규모가 작으며 대량으로 생산하고 글로벌 공급망을 갖고 있으며 파괴적 혁신 전략을 추구하는 것이 점점 더 커진 정부 역할과 함께 잘 작동했던 것으로 보인다(Block and Keller, 2008). 스마트폰과 태양광 패널과 같은 1번 기술의 생산시설 대부분이 해외로 이전했지만 이를 뒷받침하는 수많은 설계와 특허, 상당한 부가가치가 미국에 남아 있다. 미국은 또한 인터넷과 같은 범용기술의 강력한 원산지이다. 미국의 혁신 시스템은 기술 공급 측면에서는 풍부한 자금 지원 환경에 있는 강건하고 다양한 연구 기업들이 많으며, 수요 측면에서는 상대적으로 경쟁력이 있는 큰 규모의 내수 시장을 보유하고 있어 기업들의 안정적인 시장 접근을 도와준다(Mowery and Simcoe, 2002). 최근 미국은 규모가 큰 3번 유형의 기술에서 어려움을 겪고 있는 것으로 보인다. 2017년 두 개의 대형 원자로 프로젝트가 지연과 대규모 비용 초과로 포기되고 2019년 현재

두 개만 건설 중으로, 원자력 르네상스는 미국을 지나쳐 버린 것처럼 보인다. 대규모 탄소 포집 계획도 프로젝트의 지연, 과도한 비용, 취소 등 유사한 문제로 어려움을 겪고 있다. 이와 대조적으로, 3번 유형의 대규모 프로젝트는 7장에서 설명한 '조직 역량'에서의 전문성 측면에서 지금껏 성공적이었던 것과 마찬가지로 중국에 훨씬 더 적합해 보인다. 중국은 60개 이상의 원자력 발전소를 건설하고 있다. 더욱 인상적인 것은 20년간의 대규모 인프라 개발이 '일대일로(一帶一路)' 이니셔티브를 통해 외부로 확장됨에 따라 대규모이면서 시스템통합적이고 집약적인 3번 기술을 실행할 수 있는 역량이 훨씬 좋아질 것 같다는 점이다. 중국은 1번 기술에서도 제조 분야 전문성을 활용하고 R&D와 기술 고도화를 추진하는 등 최고의 성과를 거두기 위해 노력하고 있다(Ball et al., 2017). 인공지능에 대한 대규모 투자를 통해 4번 기술 혁신도 확실하게 추진하고 있으며(Barton et al., 2017), 많은 보유 인구와 데이터 수집 역량은 빠른 머신러닝을 위한 기반이 되고 있다(Larson, 2018).

미국과 중국이 규모가 작은 2번 유형의 기술에 대해 어떻게 하고 있는지는 다소 불분명하다. 미국 농부들은 1930년대의 종자 교배에서 1990년대와 2000년대의 유전자 변형 농수산물(GMO)에 이르기까지 전통적으로 새로운 기술을 빠르게 채택해 왔다. 그러나 미국의 농식품 산업은 합병을 통해서 규모를 키우는 특징이 점점 더 강해지고 있으며, 이러한 추세가 어떻게 작용할지는 불분명하다. 합병이 가용한 자원이 많아 새로운 저탄소 농법의 채택을 장려하는 방향으로 작용할 수도 있지만, 반대로 수요/공급 독점의 폐해로 인해 단념될 수도 있다. 중국의 농업 부문은, 식량 생산의 신뢰성에 악영향을 미치는 2번 기술로 인해 식량 안보에 대한 우려가 생기고는 있지만, 2번 혁신에 순응할 것으로 보인다.

물론, 여기서 언급된 두 나라는 전 세계 인구의 4분의 1에 지나지 않는다. 하지만 어떤 유형의 저탄소 혁신을 추구할 것인지에 대한 두 나라의 결정은 전 세계에 큰 영향을 미칠 것이다. 우리는 그들이 다른 길을 갈 것이며 예측도 쉽지 않으리라 생각해야 한다. 격차와 새로운 기회를 찾아내는 어떤 모니터링 같은 것이 있어 큰 사회적 이익을 가져올 가능성이 생긴다 해도 두 나라 사이를 조정하는 것은 어려울 것으로 보인다(Sanchez and Sivaram, 2017). 요약하면, 우리는 다양한 기술에 따라 적용할 수 있는 다양한 혁신 모델이 필요하다. 뿐만 아니라 적합한 혁신 모델을 한 국가의 독특한 국가혁신시스템에 잘 맞출 필요가 있다.

낙관할 수 있는 8가지 이유

사람들의 요구에 더 잘 대응하기 위해 세계 에너지 시스템을 바꾸는 것은 어려운 일이겠지만, 낙관적으로 생각할 수 있는 여러 가지 이유가 있다고 필자는 확신한다. 이 책과 에너지와 환경에 대한 강의에서 나는 문제해결을 어렵게 만드는 중요한 특징들을 강조하였다. 예를 들어, 대다수 사람은 싸고 깨끗하고 신뢰할 수 있는 에너지 시스템을 원하지만, 세 가지 중 어느 것이 가장 중요한지에 대해서는 생각이 다르다. 세 가지 목표들 사이에 작은 타협점을 찾아 새로운 에너지 시스템으로 전환한다면 에너지 문제를 덜 논쟁적으로 만들 수 있을 것이다. 그러나 1장에서 논의했듯이, 발전소, 송전선로와 같은 에너지 인프라는 수십 년 동안 유지되기 때문에 이러한 변화가 더디게 진행될 가능성이 크다. 한번 생성되면 온실가스는 한 세기 이상 대기 중에 남아 영향을 미치기 때문에 기후변화에 신속한 영향을 미치려고 하는 것은 훨씬 더 어려운 일이다. 이산화황, 질소산화물과 같은 잘 알려진 대기오염 물질은 비로 씻겨나가 퇴적물 형태로 쌓여서 인간에게 미치는 영향을 며칠, 몇 주에 걸쳐 대부분 제거할 수 있지만, 온실가스는 다르다. 기후변화는 변화의 증거와 인간의 역할은 분명함에도 그 피해가 어디서, 언제, 얼마나 심각하게 나타날 것인지에 대해 계속 불확실하기에 더욱 문제가 복잡하다.

10년 전인 2009년 12월 코펜하겐에서 열린 유엔 기후변화 회의에서 실망감을 느낀 후 필자는 이 문제의 어려움에 대해 학생들에게 지나칠 만큼 상세히 설명하고 있다는 것을 깨닫기 시작했다. 수업을 들은 많은 학생들은 기후변화 문제를 연구하려는 의욕을 잃고 말았다. 그것은 내가 학생들에게 주고 싶지 않은 영향이었고, 이 문제에 대해 개인적으로 느끼던 바도 아니었다. 나에게는 기후 문제 연구에 모든 경력을 바친 많은 동료들이 있는데, 그들이 그렇게 하는 이유가 단지 시도할 가치가 있기 때문만은 아님을 나는 알고 있다. 사람들은 실제로 우리가 기후변화 문제에 성공적으로 대응할 수 있다고 생각한다고 나는 생각한다. 그래서 필자는 왜 내가 기후변화 문제를 계속해서 연구하고 있는지 진지하게 자문하기 시작했다. 나는 메모를 작성하고, 아이디어를 분류했으며, 어느 순간부터는 우리가 기후변화에 대처할 수 있다고 낙관하는 이 근거들에 관한 토론으로 내 강의를 마치기 시작했다.

첫 번째 근거는 이 책을 쓰게 된 핵심 동기를 제공한다. 정치인, 정부, 국제사회가 30년 동안 기후 정책에서 우유부단했음에도 저탄소 기술은 계속 발전하고, 개선되고, 가격도 하락했다. 우리가 확인했듯이 태양광 가격은 저렴하고 지속적으로 하락하고 있다. 전기 자동차, 풍력 터빈, IT 기술을 에너지 시스템에 통합하는 것 역시 싸지고 있다. 개선 사항이 축적되면서 몇 년 전보다 저렴하고 깨끗하고 신뢰할 수 있는 에너지 시스템으로의 전환이 훨씬 더 실현 가능해졌다.

둘째, 기후변화에 대한 국제협력은 1997년 교토 의정서가 체결된 이후 지금까지 그 어느 때보다 강력하다. 3년 전만 하더라도 기후변화 문제 해결에서 중요한 이정표로 여겨지는 파리협정은 존재하지도 않았지만 이제 거의 200여 나라가 협정에 서명했다. 파리협정은 그 자체로 충분하지는 않지만 앞으로 진전을 이루는 데 꼭 필요한 국제협약이다. 국가온실가스감축목표(NDC)라는 아래로부터의 과정은 광범위한 국가들을 참여시켰고 각국은 자국 상황에 맞게 계획을 조정할 수 있게 되었다. 5년간의 검토 과정은 목표를 상향하는 내부 메커니즘을 가지고 있으며, 투명성 및 보고에 대한 합의는 새로운 책임감을 부여했다. 현재까지 각 나라가 발표한 계획은 2℃ 이상의 기온 상승을 피할 수 있는 길을 열어주지 못하고 있지만, 파리협정이 없는 것보다는 훨씬 더 나은 상황임은 분명하다.

셋째, 태양광에서 살펴본 바와 같이 많은 나라와 지자체들이 기후 관련 정책에서 다른 나라의 경험을 통해 배우고 있다. 정부들은 서로 아이디어를 주고받는다. 연구비, 세액공제, 시범 프로젝트, FiT, 재생에너지공급의무화(RPS), 건축 법규, 온실가스배출권 거래 및 이들을 뒤섞은 정책 등 20년 이상에 걸쳐 다양한 정책과 이니셔티브가 시도되었다. 우리는 지자체, 정부, 글로벌 수준에서 다양한 정책이 시행되는 것을 보았다. 어떤 것이 효과가 있는지에 대한 평가 기법도 불과 몇 년 전보다 훨씬 더 좋아졌다. 기후변화에 대한 정책 학습 기회는 그 어느 때보다 좋다. 태양광 사례에서 보았듯이, 정책 입안자들은 종종 다른 곳의 검증된 정책 아이디어를 채택하여 잘 성공시켰다. 정책 확산은 기술 확산만큼이나 중요하며 빠르게 일어날 수도 있다.

넷째, 우리는 다른 환경 분야의 선례들을 갖고 있다. 어떤 문제를 해결하겠다는 결정은 국제적 협력, 오랜 시간의 지평, 그리고 강력한 영향력을 지닌 이해당사자들과 결부된 도전들을 극복하는 것이었다. 유연휘발유 퇴출, 산성비의 감소, 오존층 복원은 우리가 참고할 수 있는 성공 사례들이다. 기후변화만큼 어려운 문제는 없지만, 기술개발에 대한 태양광 모델의 예처럼 큰 실패보다 작은 성공에서 배우는 것이 훨씬 쉬운 법이다.

다섯째, 지역공동체는 변화하는 기후에 적응하는 것에 강력한 동기를 지니고 있다. 그들은 다른 많은 변화 가운데서도 혹독한 날씨, 해수면 상승, 경작 주기의 변화와 같은 문제가 주는 영향을 잘 관리해야 한다. 공동체들은 장차 도래할 불가피한 변화로부터 자신을 보호하는 일에 누군가 다른 이들이 앞장서기를 기다릴 수 없다는 것을 알고 있다. 온실가스 감축과 달리, 적응에 투자하는 것은 단기적이고 즉각적인 기후 관련 이익을 가져온다. 적응의 혁신은 단지 가능할 뿐만 아니라, 성공적인 적응 모델을 통해 공동체의 능력을 증대시킴으로써 기후변화에 더욱 탄력적으로 대응할 수 있게 도와준다.

여섯째, 온실가스 배출 감소로 상당한 공동 이익이 발생한다. 저탄소 에너지의 생산 및 사용은 청정 공기, 에너지 비용 절감, 에너지 안보, 고용 증가와 같은 단기적 지역 이익을 제공한다. 특히 개발도상국의 지방 도시에서 이러한 공동 이익은 기후변화를 후순위로 하고 에너지 전환을 먼저 추진하게 하는 동기가 될 수 있다. 이러한 공동 이익의 단기적·지역적 특성은 기후 문제보다 정치적으로 더 중요하게 받아들여질 수 있다.

일곱째, 저탄소 경제는 희생을 요구하지 않는다. 에너지 집약도가 낮은 도시와 나라가 건강, 교육, 소득 면에서 삶의 질도 높다는 사례가 늘고 있다. 게다가 정책 추진이 더딘 미국 같은 나라가 뒤처지는 동안, 그 자리를 대신해 미래 기술의 개발에 앞장서 나가는 다른 지역들이 있다. 이는 미국에는 순전한 기회의 상실일 뿐이지만, 중국을 비롯한 아시아, 중동,

유럽 곳곳의 나라들이 적극적으로 투자하지 않았다면, 세계로서는 참으로 불행한 일이었을 것이다.

마지막으로, 20~30대 젊은이들은 기후변화에 대해 사회가 어떻게 대응하느냐에 따라 큰 영향을 받는다. 젊은 학생들이 활동가로, 기술자로, 또는 이전에 없던 새로운 역할을 스스로 만들어내고 참여하는 것을 보는 것은 교육자의 한 사람으로서 매우 기쁜 일이다.

시간이 지남에 따라 위 목록은 늘어났고 더욱 설득력을 갖추게 되었다. 각각의 포인트를 뒷받침하는 내용을 여러 페이지 이상 적어 내려갈 수 있었다. 최근 필자는 다른 이들에게 매우 중요한 동기부여가 될 수 있는 또 다른 이유를 놓치고 있었음을 깨닫고 한껏 고무되었다. 기후변화에 대처하는 것은 어려운 도전이고 귀중한 시간이 이미 허비되었지만, 많은 좋은 일이 일어나고 있고 올바른 방향으로 가고 있다. 앞서 언급한 모든 이유 중에서 필자는 첫 번째 것이 가장 설득력 있다고 생각한다. 이 책에서 보여주었듯, 태양광 기술과 산업이 좋아지고 있다는 증거는 산더미처럼 많다. 특히 에너지저장, 디지털화와 같은 다른 중요한 기술 분야에서도 동일한 혁신이 역동적으로 일어나고 있다. 기후 기술의 개선은 다른 근거들의 신뢰성을 강화하기도 한다. 예를 들어, 기술은 국제협약을 촉진하고 저탄소 경제와 높은 삶의 질을 동시에 가능하도록 함으로써 국제사회의 공동 행동이라는 두 번째 이유를 더욱 타당하게 해준다. 근거들의 긍정적인 상호작용이 더 큰 희망을 품게 해준다. 하지만 점점 더 유리해지는 일련의 상황 전개에도 불구하고 이 책에서 말하고자 하는 기후 정책에 대한 가장 중요한 명제를 희석하지는 않는다. 그것은 바로 우리가 더 빨리 움직여야 한다는 것이다.

참고문헌

Åhman, M., Skjærseth, J. B. & Eikeland, P. O. 2018. Demonstrating climate mitigation technologies: An early assessment of the NER 300 programme. *Energy Policy*, 117, 100‒107.

Ardito, L., Petruzzelli, A. M. & Albino, V. 2016. Investigating the antecedents of general purpose technologies: A patent perspective in the green energy field. *Journal of Engineering and Technology Management*, 39, 81‒100.

Ball, J., Reicher, D., Sun, X. & Pollock, C. 2017. *The New Solar System: China's Evolving Solar Industry And Its Implications for Competitive Solar Power In the United States and the World*, Stanford, Steyer-Taylor Center for Energy Policy and Finance.

Barton, D., Woetzel, J., Seong, J. & Tian, Q. 2017. Artificial intelligence: Implications for China, New York, McKinsey Global Institute.

Block, F. & Keller, M. 2008. *Where Do Innovations Come From? Transformations in the U.S. National Innovation System*, 1970‒2006, Washington, The Information Technology and Innovation Foundation.

Box, G. 1979. Robustness in the strategy of scientific model building. In: Launer, R. L. & Wilkinson, G. N. (eds.), *Robustness in Statistics*, Elsevier.

Gaud, W. S. 1968. *The Green Revolution: Accomplishments and Apprehensions*, U.S. Agency for International Development.

Griscom, B. W., Adams, J., Ellis, P. W., Houghton, R. A., Lomax, G., Miteva, D. A., Schlesinger, W. H., Shoch, D., Siikamäki, J. V., Smith, P., Woodbury, P., Zganjar, C., Blackman, A., Campari, J., Conant, R. T., Delgado, C., Elias, P., Gopalakrishna, T., Hamsik, M. R., Herrero, M., Kiesecker, J., Landis, E., Laestadius, L., Leavitt, S. M., Minnemeyer, S., Polasky, S., Potapov, P., Putz, F. E., Sanderman, J., Silvius, M., Wollenberg, E. & Fargione, J. 2017. Natural climate solutions. *Proceedings of the National Academy of Sciences*, 114, 11645‒11650.

Helpman, E. 1998. *General Purpose Technologies and Economic Growth*, Cambridge, MA, MIT Press.

Larson, C. 2018. China's massive investment in artificial intelligence has an insidious downside. *Science*, 8.

Lechtenböhmer, S., Nilsson, L. J., Åhman, M. & Schneider, C. 2016. Decarbonising the energy intensive basic materials industry through electrification – Implications for future EU electricity demand. *Energy,* 115, 1623–1631.

Mazzucato, M. 2013. *The Entrepreneurial State: Debunking Public vs. Private Sector Myths,* London and New York, Anthem Press.

Mazzucato, M. & Semieniuk, G. 2017. Public financing of innovation: New questions. *Oxford Review of Economic Policy,* 33, 24–48.

Merrow, E. W., Phillips, K. & Myers, C. W. 1981. *Understanding Cost Growth and Performance Shortfalls in Pioneer Process Plants,* Santa Monica, CA, The RAND Corporation.

Mowery, D. C. & Simcoe, T. 2002. Is the Internet a US invention?—An economic and technological history of computer networking. *Research Policy,* 31, 1369–1387.

Nemet, G. F., Callaghan, M. W., Creutzig, F., Fuss, S., Hartmann, J., Hilaire, J., Lamb, W. F., Minx, J. C., Rogers, S. & Smith, P. 2018a. Negative emissions—Part 3: Innovation and upscaling. *Environmental Research Letters,* 13, 063003.

Nemet, G. F., Zipperer, V. & Kraus, M. 2018b. The valley of death, the technology pork barrel, and public support for large demonstration projects. *Energy Policy,* 119, 154–167.

Pearson, P. J. G. & Foxon, T. J. 2012. A low carbon industrial revolution? Insights and challenges from past technological and economic transformations. *Energy Policy,* 50, 117–127.

Ruttan, V. W. 1996. Induced innovation and path dependence: A reassessment with respect to agricultural development and the environment. *Technological Forecasting and Social Change,* 53, 41–59.

Sanchez, D. L. & Sivaram, V. 2017. Saving innovative climate and energy research: Four recommendations for Mission Innovation. *Energy Research & Social Science,* 29, 123–126.

Trevisan, A. C. D., Schmitt-Filho, A. L., Farley, J., Fantini, A. C. & Longo, C. 2016. Farmer perceptions, policy and reforestation in Santa Catarina, Brazil. *Ecological Economics,* 130, 53–63.

Xu, Y., Ramanathan, V. & Victor, D. G. 2018. Global warming will happen faster than we think. *Nature,* 564, 30–32.

부록/찾아보기

인터뷰 및 토론에 참여한 사람들

이름	국적	소속
• Ahman, Max	Sweden	Lund University
• Allen, Todd	US	University of Michigan
• Arent, Doug	US	National Renewable Energy Laboratory
• Arjmand, Mehrdad	US	NovoMoto
• Beutller, Christoph	Switzerland	ClimeWorks
• Breyer, Christian	Finland	Lappeenranta University of Technology
• Corradini, Mike	US	University of Wisconsin
• Cronje, Christian	South Africa	Juwi Renewable Energies
• Cuevas, Carolina	Chile	Fondacion Chile
• Dufey, Annie	Chile	Ministry of Energy
• Fath, Peter	Germany	RCT Solutions
• Fell, Hans-Josef	Germany	EnergyWatch
• Gallagher, Kelly	US	Tufts University
• Gay, Charlie	US	Department of Energy
• Geilen, Dolf	Abu Dhabi	International Renewable Energy Agency
• Gipe, Paul	US	Wind Works
• Goldschmidt, Jan Ch.	Germany	Fraunhofer Institute for Solar Energy Systems
• Green, Martin	Australia	University of New South Wales
• Grubler, Arnulf	Austria	US International Institute for Applied Systems Analysis
• Haverkamp, Helge	Germany	Schmid Group
• Hawkey, Neville	South Africa	Independent contractor

이름	국적	소속
• Hu, Gao China	China	National Renewable Energy Center
• Jiayang, Wang	Japan	University of Tokyo
• Kaizuka, Izumi	Japan	RTS Corporation
• Khan, Nuaman	Pakistan	Grace Solar
• Kimura, Osamu	Japan	Central Research Institute of Electric Power Industry
• Kurtz, Sarah	US	University of California
• Laird, Frank	US	University of Denver
• Li, Junfeng	China	National Climate Strategy Center of NDRC
• Liu, Yifeng	China	Sunlectric
• Lossen, Jan	Germany	ISC Konstanz
• Margolis, Robert	US	National Renewable Energy Laboratory
• Martinot, Eric	Japan	Institute for Sustainable Energy Policies
• Marukawa, Tomoo	Japan	University of Tokyo
• Maycock, Paul	US	Department of Energy
• Neuhoff, Karsten	Germany	Institute for Economic Research(DIW)
• Nillson, Lars	Sweden	Lund University
• Noel, Lance	Denmark	Aarhus University
• O'Connell, Ric	China	Gridlab
• Peng, Peng	China	Chinese Renewable Energy Industries Association
• Perlin, John	US	University of California
• Pflueger, Antonio	Germany	German Federal Ministry for Economic Affairs and Energy
• Ping, Eric	US	Global Thermostat
• Qi, Ye China		Tsinghua University
• Rai, Varun	US	University of Texas
• Rein, Alex	US	Prairie Light Solar
• Shi, Zhengrong	China	Suntech
• Shimamoto, Minoru	Japan	Hitotsubashi University

이름	국적	소속
• Sivaram, Varun	India	ReNew Power
• Splinter, Mike	US	Applied Materials
• Su, Jun	China	Tsinghua University
• Sugiyama, Masahiro	Japan	University of Tokyo
• Sugiyama, Taishi	Japan	Canon Institute for Global Studies
• Suzuki, Akio	Japan	Sharp
• Swanson, Dick	US	SunPower
• Szpitalak, Ted	China	Pan Asia Solar
• Urey, Emmanuele	Liberia	Liberia Engineering & Geo-Tech Consultants
• Wang, Jinzhao	China	Development Research Center of State Council
• Wang, Nan	Japan	Research Institute of Innovative Technology for the Earth
• Watanabe, Chihiro	Japan	Tokyo Institute of Technology
• Weber, Eicke	Singapore	University of California
• Werner, Tom	US	SunPower
• Wilson, Charlie	UK	University of East Anglia
• Wilson, Greg	US	National Renewable Energy Laboratory
• Wiser, Ryan	US	Lawrence Berkeley National Laboratory
• Wolfe, Philip	UK	Former CEO BP Solar
• Yamaguchi, Masafumi	Japan	New Energy and Industrial Technology Development Organization
• Zhou, Dequon	China	Nanjing University
• Zhou, Peng	China	China University of Petroleum
• Anonymous,	Saudi Arabia	King Abdullah University of Science and Technology
• Anonymous, 1	Saudi Arabia	Saudi Aramco
• Anonymous, 2	Saudi Arabia	Saudi Aramco
• Anonymous,	South Africa	South African Photovoltaic Industry Associatio

385

영문 약어 풀이

- a-Si: Amorphous silicon 비정질 실리콘
- ADWEC: Abu Dhabi electric utility company 아부다비 전력회사
- AIST: Japan's Agency for Industrial Science and Technology 일본 공업기술원
- ASE: Applied Solar Energy: Angewandte Solarenergie ASE(독일 태양광 기업)
- BECCS: Bio-energy with carbon capture and sequestration 바이오에너지-탄소포집저장(CCS)
- Bq: Becquerel 베크렐
- CCS: Carbon capture and sequestration 탄소포집저장
- CdTe: Cadmium Telluride 카드뮴 텔루라이드
- CDU: German Center-right Christian Democrat party 독일 중도우파 기독교민주당
- CE: Carbon Engineering 탄소공학
- CEC: California Energy Commission 캘리포니아 에너지위원회
- CIGS: Copper indium gallium selenide 구리-인듐-갈륨-셀레늄
- CPUC: California Public Utility Commission 캘리포니아 공공사업 위원회
- CTO: Chief Technical Officer 최고기술책임자
- DAC: Direct air capture 직접공기포집
- DACCS: Direct air carbon capture and sequestration 직접공기탄소포집저장
- DM: Deutsch Mark 독일 마르크(독일의 옛 통화)
- DOE: US Department of Energy 미국 에너지부
- EEG: Erneuerbare-Energien-Gesetz, Germany's Renewable Energy Law 독일 재생에너지법
- ERDA: Energy Research and Development Administration 에너지연구개발국

- ETH: Swiss Federal Institute of Technology 스위스 연방 공과대학교
- ETIS: Energy technology innovation system 에너지기술혁신시스템
- ETL: Electrotechnical Laboratory 전자공학연구소
- EU: European Union 유럽연합
- EVA: Ethylene vinyl acetate 에틸렌 비닐 아세테이트
- EW: Energiewende, Germany's 40-year renewable plan 에너지 전환, 독일의 40년에 걸친 재생에너지계획
- FiT: Feed-in tariff 발전차액지원
- Fraunhofer-ISE: Fraunhofer Institute for Solar Energy Systems 프라운호퍼 태양광시스템연구소
- FSA: Flat Plate Solar Array Project 평판 배열 태양광 프로젝트
- GPTs: General purpose technologies 범용기술
- GSF: Global Solar Fund 글로벌 솔라펀드
- GT: Global Thermostat 글로벌 서모스탯
- GW: Gigawatt 기가와트
- IEA: International Energy Agency 국제에너지기구
- IPOs: Initial Public Offerings 기업공개
- ISO 4: Interim Standard Offer Contract #4 임시표준공급계약 4호
- IRENA: International Renewable Energy Agency 국제재생에너지기구
- JPEA: Japan Photovoltaic Energy Association 일본태양광발전협회
- JPL: NASA Jet Propulsion Lab 나사의 제트추진연구소
- JSEC: Japan Solar Energy Company 일본 태양광회사(리본형 실리콘 개발 합작회사)
- kW: Kilowatt 킬로와트
- kWh: Kilowatt hour 킬로와트시
- LbD: Learning by doing 학습효과/실천을 통한 학습
- LCFS: Low-carbon fuel standard 저탄소연료표준
- MEMC: Monsanto Electronic Materials Company 몬산토 전자재료회사
- METI: Japanese Ministry of Economy, Trade, and Industry 일본 경제산업성
- MITI: Japanese Ministry for International Trade and Industry 일본 통상산업성

- MW: Megawatt 메가와트
- MWh: Megawatt-hour 메가와트시
- NDRC: National Development and Reform Commission 국가개발개혁위원회
- NEDO: New Energy Development Organization 신에너지개발기구
- NETs: Negative emissions technologies 탄소흡수기술
- NFP: National Fabricated Products 국가 제작 상품
- NGOs: Non-governmental organizations 비정부기구
- NIS: National Innovation System 국가혁신시스템
- NRC: US Nuclear Regulatory Commission 미국 원자력규제위원회
- NREL: National Renewable Energy Laboratory 국립재생에너지연구소
- NSF: National Science Foundation 국립과학재단
- PACE: Property Assessed Clean Energy 자산평가 청정에너지
- PCAST: President's Council for Advisors on Science and Technology 대통령 과학기술자문위원회(미국)
- PECVD: Plasma enhanced chemical vapor deposition 플라즈마 화학기상증착기
- PPA: Power purchase agreement 전력구매계약
- PTC: Production Tax Credit 생산세액공제
- PURPA: Public Utilities Regulatory Policy Act 공공사업규제정책법
- PV: Photovoltaics 태양광/태양전지
- PVSEC: Japanese PV Science and Engineering Conference 일본 태양광과학공학 학술대회
- PVTEC: Power Generation Technology Research Association 태양광발전기술연 구조합
- R&D: Research and development 연구개발
- RANN: NSF Research Applied to National Needs program 국가필요산업연구
- RPS: Renewable portfolio standard 신재생에너지공급의무화 제도
- SAMICS: Solar Array Manufacturing Industry Costing Standards 태양광 어레이 제조산업 비용 표준 프로그램
- SERI: Solar Energy Research Institute 태양에너지연구소
- SMR: Small modular nuclear reactor 소형모듈원자로

- SNR: Small nuclear reactor 소형 원자로
- SOE: Chinese state-owned enterprise 중국 국영기업
- STE: Solar thermal electricity 태양열 전기
- STI: Solar Technology International 솔라테크놀로지 인터내셔널
- StrEG: Stromeinspeisungsgesetz, Electricity Feed-in Law of 1990 in Germany 전기공급법: 1990년 독일의 발전차액지원 제도
- TI: Texas Instruments 텍사스 인스트루먼트
- TPO: Third-party ownership 제3자 소유
- TWR: Traveling Wave Reactor 주행파형 원자로
- UNSW: University of New South Wales 호주 뉴사우스웨일스 대학교
- WTP: Willingness-to-pay 지불 의사
- x-Si: Crystallized silicon 결정질 실리콘

그림 및 표 목록

- 〈그림 1.1〉 1990~2017년 태양광 가격과 2030년 전문가 예측 가격
- 〈그림 1.2〉 전체 전력 발전에서 태양광이 차지하는 비율(독일, 일본, 중국, 미국, 인도)
- 〈그림 1.3〉 값싼 태양광 진화의 주요 이정표들
- 〈그림 2.1〉 연도별 세계 태양광 생산 점유율(미국, 일본, 독일, 중국)
- 〈그림 2.2〉 1992~2016년 미국, 일본, 독일, 중국의 태양광 설치 및 생산
- 〈그림 2.3〉 태양광 전기 시장의 전개 과정
- 〈그림 3.1〉 벨연구소의 '태양 에너지 변환 장치' 특허의 기반이 된 선행 연구
- 〈그림 4.1〉 사회적 관심사가 된 에너지: 1970년부터 2017년까지《뉴욕타임스》기사에 등장한 '에너지' 단어의 연간 빈도수
- 〈그림 4.2〉 미국 연방 정부 태양광 R&D 예산
- 〈그림 4.3〉 1975년 이후 태양광 모듈 학습 곡선 예측
- 〈그림 5.1〉 일본의 태양광 R&D 자금
- 〈그림 5.2〉 1994년부터 2005년까지 일본에 설치된 태양광 시스템 가격
- 〈그림 5.3〉 분야별 세계 태양광 시장 점유율
- 〈그림 6.1〉 독일의 FiT 보조금 수준, 납세자 부담, 독일 내 설치량
- 〈그림 6.2〉 큐셀, 샤프, 썬텍의 연간 생산량(MW)
- 〈그림 6.3〉 태양광 장비 제조업체의 R&D 투자(단위: 백만 유로)
- 〈그림 7.1〉 세계 태양광 제조 시장에서 1위 기업이 차지하는 점유율
- 〈그림 7.2〉 정제 실리콘 가격($/kg)
- 〈그림 7.3〉 태양광 모듈 평균 판매가($/W) 추이
- 〈그림 8.1〉 2016년 미국 태양광의 하드웨어 비용과 소프트 비용 비율

- 〈그림 8.2〉 미국에 설치된 주택용 태양광 시스템 가격 변화의 구성요소
- 〈그림 9.1〉 태양광과 DAC 산업의 성숙 단계 비교
- 〈그림 10.1〉 태양광 생산 규모 확대와 DAC 생산 규모 확대 목표치 비교
- 〈그림 11.1〉 기술 유형에 따라 적용 가능한 4가지 혁신 모델

- 〈표 2.1〉 세계 태양광 생산 및 설치 점유율
- 〈표 4.1〉 US 블록바이(대형 조달사업) 프로그램
- 〈표 6.1〉 2018년 태양광 산업의 글로벌 제조 장비 공급업체
- 〈표 10.1〉 DAC 기술을 위한 혁신 가속화 수단의 현재 수준과 잠재력
- 〈표 10.2〉 SMR 기술을 위한 혁신 가속화 수단의 현재 수준과 잠재력
- 〈표 10.3〉 저탄소 기술혁신에 적용 가능한 모델

- 〈박스 1.1〉 태양광 용어와 단위
- 〈박스 2.1〉 혁신 관련 용어 풀이
- 〈박스 2.2〉 태양광 발전의 이정표들
- 〈박스 2.3〉 태양광 시스템의 구성요소

찾아보기

ADWEC(아부다비 전력회사) 34
AEG(독일 태양광 기업) 190
ASE(Applied Solar Energy, 독일)
  194, 217
ASE/RWE-쇼트솔라(Schott Solar)
  196
ATS 259
BBC 190
BECCS(바이오에너지 탄소포집저장)
  325, 327, 370
BP솔라(BP Solar) 141, 208, 243
CIGS(구리-인듐-갈륨-셀레늄) 210
CSG솔라(CSG Solar) 210
FSA(Flat Plate Solar Array, 평판 배열
  태양광) 프로젝트 129~130, 132~
  133, 135
GCL 262
GP솔라(GP Solar) 216
GTAT(GT 어드밴스드 테크놀로지스)
  214, 258, 261
GT솔라(GT Solar) 261
HCT 쉐이핑시스템즈 139
HCT 커팅테크놀러지스 215
IAEA 367
IEC(국제전자기기인증제도) 248
ISO 9001 인증 248
JA솔라(JA Solar) 239, 242~244, 264

JSEC(일본) 169
LDK 210, 262, 264
LDK솔라 238
MSK 256
NEC 156, 163, 168~169
OCI 262
p-n 접합(p-n junction) 93, 107~
  108, 110~111, 156, 169, 216,
  305, 310
PV(photovoltaics) 31
PVA 테플라(PVA Tepla) 219
RCA 111, 165
REC 210, 262
RWE 190
STE(solar thermal electric) 138, 162
WIN(Western Initiative for Nuclear)
  프로그램 345

ㄱ
가오지판(Gao Jifan) 258
간헐성 40, 52, 85, 269, 289~290
개발도상국 29, 40, 52, 57, 116,
  241, 277, 289, 292~293, 337
게발트, 크리스토프(Gebald, Christoph)
  331
게이, 찰리(Gay, Charlie) 123
게이츠, 빌(Gates, Bill) 340, 346

견고한 시장 5, 10, 56, 309, 319, 325, 341, 343, 349~350, 366

결정질 실리콘(crystallized silicon) 92, 113, 128, 165, 168, 177, 181, 211, 242~243, 310~311

경제부(Economics Ministry, 독일) 195, 198~199

경제산업성(METI, 일본) 149, 155

고정 달러(constant dollars) 33

골드만삭스(Goldman Sachs) 256

공공 조달(public procurement) 5, 10, 56, 68, 129, 132, 304, 325, 341, 343, 349~350, 362, 365,

공공사업규제정책법(PURPA, 1978) 137, 195

공공정책 27, 73, 80

공기를 연료로 만드는 기술 339~340

공업기술원(AIST, 일본) 149~150, 158~160

광명공정(Brightness Program, 중국) 231, 236, 257~258

광전효과(photoelectric effect) 48, 51, 75, 92~93, 95, 103~104, 106, 108, 305, 310,

괴츠베르거, 아돌프(Goetzberger, Adolf) 190

교세라(Kyocera) 150, 152, 161~ 164, 169~170, 176, 215, 218,

교토 의정서(1997) 26, 376

국가발전개혁위원회(NDRC, 중국) 254

국가전력망공사(State Grid) 269

국가필요산업연구(RANN, 미국) 124

국가혁신시스템(NIS) 8, 20, 43~45, 54~56, 69, 71, 73, 80, 90, 121, 151~152, 156, 188, 239, 321, 364, 372, 374

국립과학재단(NSF 미국) 121, 124

국립재생에너지연구소(NREL, 미국) 120, 318

국제에너지기구(International Energy Agency, IEA) 172, 201~202, 367

국제재생에너지기구(IRENA) 202

국제혁신시스템 90

굿에너지스(Good Energies) 207

규모 확대(scale up) 46, 68, 73, 75, 77, 239, 258, 306~307, 324, 328 ~330, 335, 338, 342~343

규모의 경제(economies of scale) 24, 55, 73, 79, 81, 83, 87, 93, 140, 153, 186, 203, 272, 277, 283, 285~286, 307~308, 313, 335, 338, 345, 353

그루노, 폴(Grunow, Paul) 207

그린, 마틴(Green, Martin) 13, 42, 88, 139, 141, 229~242, 246, 248, 320

그린피스(Greenpeace) 38, 192, 197

글로벌 금융위기(2008) 81, 187, 232, 262, 265~268

글로벌 모빌리티(global mobility) 10, 56, 320, 325, 342~343, 350, 367

글로벌 서모스탯(Global Thermostat, GT) 331, 336~339, 341~342

글로벌 솔라펀드(Global Solar Fund,

GSF) 253, 264, 266
글로벌 혁신시스템 8, 20
기독교민주당(CDU, 독일) 204, 206
기무라 겐지로(Kenjiro, Kimura) 163
기술 로드맵 152
기술 유형(technology types) 304,
 351, 354, 368, 370,
기술 주도(technology-push) 45~46,
 73, 120~122, 153 → '4장 미국의
 기술 주도' 참조
기술 파급(technology spillovers)
 49, 168, 311, 369
기후변화(climate change) 5~7, 9~
 10, 14~15, 19~27, 30~31, 49~
 52, 56, 73, 172, 192, 281, 303,
 314~317, 322, 324, 326~327,
 340, 343~344, 351~355, 363~
 364, 368, 374~378
기후변화에 관한 정부간 협의체 62,
 202

ㄴ
낙관의 근거 29~30, 374~375
남아프리카공화국 11
네덜란드 122, 157, 237
네바다 34
네오솔라파워(Neosolar Power) 265
넷 미터링(net metering) 150~153,
 171~174, 176, 194, 279
녹색당(Green Party, 독일) 185, 192,
 197~199, 204, 266
녹색 혁명(Green Revolution) 352,
 354, 369~370

농촌 전기화 프로그램(중국) 74~75,
 232, 234, 255,
누스케일(NuScale) 345~346
누켐/쇼트(Nukem/Schott) 217
뉴 선샤인 프로그램(일본) 74, 88,
 174, 176
뉴사우스웨일스 대학(UNSW, 호주)
 6, 139, 141, 229, 240, 246, 249,
 260, 263, 267, 306, 318
니톨(Nitol) 260~261
닉슨, 리처드(Nixon, Richard) 75,
 119~127, 136, 158
닝보 태양광공장(중국) 235

ㄷ
다결정 실리콘 140, 142, 219
다이시민(Ximin Dai) 242
대기오염 22, 24, 281, 374
대만 221, 265
대체에너지 개발을 위한 특별 회계(일
 본) 166, 174
대체에너지정책실(일본) 160
대통령 과학기술자문위원회(PCAST)
 29
덩샤오핑(Deng Xiaoping) 240
데이, 에반스(Day, R. Evans) 105
덴마크 139, 237, 255, 372
도니에(Dornier) 190
도매 전기요금(wholesale electricity
 prices) 33
도시바(Toshiba) 163, 168, 169
도쿠야마(Tokuyama) 180, 262
독립 프로젝트(미국) 75, 119, 121~

126, 129~130, 158, 160, 169

독일 4~5, 11, 20, 34~35, 39~43,
46~48, 54, 57, 67~68, 70~72,
74~75, 80~85, 88, 91~95, 105,
107, 113, 121, 131, 138~139,
143, 151~154, 164, 172, 177~
178, 180~182, 185~224, 230,
232~233, 237, 239, 243, 247~
253, 255, 258~268, 279, 282,
289, 291, 293, 295, 304, 306~
308, 313~321, 362, 367 → '6장
독일의 수요 견인', '큐셀' 참조

독일물리학회(German Physical
Society) 192

독일산업연합(Federation of German
Industry) 199

독일태양광에너지산업협회(German
Solar Energy Industries Association)
192

동남아시아 292

동료 효과(peer effects) 277, 280

듀퐁(Du Pont) 214

드래곤테크 벤처스(DragonTech
Ventures) 256

등대 77, 154, 157

디퓨전 장비(diffusion furnaces)
216, 218

ㄹ

라이베리아 36

라이프니츠협회(Leibniz Association)
190

라파포트, 폴(Rappaport, Paul) 127

러시아 26, 234, 261, 362

런치박스 작전(Operation Lunch Box)
113

레나(Rena) 187, 214

레너드, 필립(Lenard, Philip) 103,
106

레네솔라(Renesola) 262, 264

레노바(Renova) 261

레모인, 라이너(Lemoine, Rainer)
206~207

레알, 마르쿠스(Real, Markus) 88,
141, 243, 294

레어드, 프랭크(Laird, Frank) 126

레이건, 로널드(Reagan, Ronald) 75,
82, 91, 121~122, 129, 133, 136
~137, 143, 151, 198

레이먼드, 리(Raymond, Lee) 53

로빈스, 아모리(Lovins, Amory) 193

로스앤라우(Roth & Rau) 187, 214,
252

로이스너(Roessner, J. D.) 134

류리펑(Liu Lifeng) 270

르완다 35

리본형 실리콘(ribbon silicon) 169,
215~216

리스트, 프리드리히(List, Friedrich)
44

린데(Linde) 334, 337

ㅁ

마골리스(Margolis, R.) 14, 284

마사토, 네바시(Masato, Nebashi)
149

마쓰시타(Matsushita) 163, 169
마이어 형제(Meier Brothers) 332
마이어버거(Meyer-Burger) 214,
219, 255
마이크로 원자로(micro-reactors)
→ 소형 원자로(SNRs)
마츠모토(Matsumoto, M.) 158~159
만츠(Manz) 214
말레이시아 82, 211
말리 116
매킨지(McKinsey) 207
맥도날드(McDonald, R.) 133
맨해튼 프로젝트(Manhattan Project)
121, 124
맹그로브(mangrove planting) 191
메가와트 프로젝트(스위스) 98, 111
메이콕, 폴(Maycock, Paul) 42, 95,
127~128, 130~134, 137
멕시코 34, 38
모노실리콘(mono-crystalline
silicon) 249~250
모듈(module) 20, 32~33, 67, 79,
83, 86~88, 91, 105, 112, 130,
132, 135, 140~143, 157, 164, 168,
181, 186, 195, 204, 207, 209,
221~222, 233, 235~236, 240, 244,
247~249, 252~253, 258~259, 261,
264~266, 269, 275~276, 282, 293
~295, 307~ 308, 320
모듈식 스케일(modular scale) 9,
333, 341
몬산토 전자재료회사(MEMC) 217,
260

무어의 법칙(Moore's Law) 92
문제의 흐름(problem stream) 80
미국 4~5, 20, 22, 29, 32~35, 39~
43, 46, 54, 56, 67~76, 82~85,
88, 91~94, 104, 113~115, 119~
143, 150~151, 155~172, 178, 189,
193~194, 198, 206, 208, 210, 214
~215, 218~220, 223, 230~237,
242, 247, 251~252, 255~256, 258,
260~264, 268, 271, 275, 277,
279, 282~285, 288, 291, 304~307,
311, 313, 318~321, 326~327, 331
~332, 336, 341~348, 353, 372~
373, 377 → '4장 미국의 기술 주
도' 참조
미국 에너지부(Department of Energy,
DOE) 74~75, 95, 120, 127~128,
136, 166, 345~346
미군 통신단 88, 113, 115
미세조류 배양 330
미션 이노베이션(Mission Innovation)
365, 367
미쓰비시(Mitsubishi) 156, 262
미쓰비시전기(Mitsubishi Electric)
169
미아오, 리안셩(Liansheng Miao) 257
민친, 조지(Minchin, George) 106
밀너, 안톤(Milner, Anton) 207, 211
밀리컨, 로버트(Millikan, Robert)
104, 106~107

ㅂ

바덴뷔르템베르크(독일) 82

바치니(Baccini) 214

박막 필름 실리콘(thin film silicon) 77, 128, 151, 153~154, 165, 177 ~178, 180, 210, 220, 240, 242~ 243, 310, 319

박스, 조지(Box, George) 362

반핵 운동(1970년대, 독일) 185, 189 ~190,

발전사/전력회사(utility companies) 79, 84, 137~138, 171~175, 188, 192, 194~204, 229, 266, 277, 289~292, 309, 321

발전차액지원(feed-in tariffs)제도 5, 20, 57, 68, 75, 86, 88, 120, 192, 195~196, 206, 230, 251, 279, 321

버먼, 엘리엇(Berman, Elliot) 115, 142,

번드니스 90(Bündnis 90) 192

범용기술(general purpose techno- logies, GPT) 69, 354, 370~372

법안 1575호(Assembly Bill 1575, 캘리포니아) 137

베이징 선렉트릭테크놀로지사(중국) 270~272

베이징 태양광연구소(중국) 257

베크렐, 에드먼드(Becquerel, Edmund) 51, 75, 103~104, 112, 304

벨, 에머슨(Bell, Emerson) 108, 111 ~112

벨연구소 5, 11, 52, 74~75, 93~94, 103~115, 133, 156~157, 190, 230, 304~305, 314~ 315

보쉬(Bosch) 191, 214

보조금(subsidies) 15, 20, 35, 39, 46, 53, 57, 68, 75, 86, 88, 95, 131, 143, 150, 153~154, 171~ 178, 181~182, 186, 194~199, 203~206, 212, 232, 265, 268, 277, 279, 286~289, 294, 304, 307, 329, 331, 335~336, 348, 362 → '발전차액지원제도' 참조

부시, 조지(Bush, George W.) 81

부즈바허, 얀(Wurzbacher, Jan) 331

블록바이 프로그램(Block Buy, 미국) 75, 129~136, 141, 164, 230, 307, 318~319

비용 절감 8, 39, 46, 55, 68, 77, 95, 113, 130, 133, 140, 151, 154, 162, 164, 166~167, 170, 173, 179, 186~187, 201, 203, 206, 211, 234, 244, 250, 270, 272, 275, 278, 282, 284~286, 288, 305, 307, 310~312, 314, 319, 326~327, 335, 338~339, 349, 351, 362, 377

비정부기구(NGOs) 192, 203

비정질 실리콘(a-Si) 158, 165~170, 180~181

ㅅ

사우디아라비아 12, 32~34, 38, 137, 294

사회민주당(독일) 197, 199, 204

산디아 국립연구소(Sandia National Laboratory) 128

산성비 190~191, 377
산요 전기(Sanyo Electric) 169
산요(Sanyo) 150, 152, 156, 161,
    163, 167, 169~171, 176
삶의 질 377~378
새미 양, 후아이진("Sammy" Yang,
    Huaijin) 243~245
샤프(Sharp) 11, 76, 115, 142, 150
    ~157, 161, 163~164, 168~171,
    176~181, 213, 218, 234, 243,
    248, 252, 256, 258, 328
서부 태양 에너지 프로젝트(Western
    Solar Energy project) 237
석유 가격 폭락(1985) 75
석유 대체에너지 개발 및 촉진에 관한
    법률(법안 제71호, 일본) 166
석유 위기(oil crisis, 1979) 57, 74,
    81, 104, 123
석유회사 89, 104, 115~116, 207,
    219
선샤인 프로젝트(Sunshine Project,
    1974-1984, 일본) 75, 149, 153,
    157~166, 168~170, 172
선진 연구 프로젝트 기구(Advanced
    Research Projects Agency) 348
설치업자(설치업체) 68, 94, 173~
    174, 187, 195, 276~278, 280~
    288, 294~295
성공 요인 9, 304~310
성장 한계 연구 191, 198
세계은행(World Bank) 237, 261
센트로썸(Centrotherm) 187, 214,
    216, 220~221, 265,

셀(cell, 전지) 5, 10~11, 31~32, 51
    ~52, 57, 74~75, 77, 79, 91~95,
    103~115, 119, 126, 130, 133,
    135, 137, 141~142, 151, 153~
    157, 162~164, 168~170, 173, 177
    ~178, 187, 196, 200, 207~210,
    214~216, 220~223, 229, 234~
    235, 241~242, 247, 250~251, 256,
    258~260, 265, 267, 271~272, 279,
    305~308, 312~315, 319
셀레늄 전지(selenium PV cells) 105
    ~107, 109, 210
셰어, 헤르만(Scheer, Hermann) 42,
    189, 192, 195~199, 203, 206
셸(Shell) 142, 196
셸솔라(Shell Solar)
소매 전기요금(retail electricity prices)
    33, 194~195, 198, 206, 279
소프트 비용(soft costs) 11, 32~33,
    46, 68, 83, 275~278, 282, 285~
    286, 288, 294~295
소형 원자로(small nuclear reactors,
    SNRs) 9, 51, 324, 344 → '원자력
    에너지' 참조
소형모듈원전(SMRs) 344~345
솔라렉스(Solarex) 142, 215
솔라월드(Solarworld) 142, 186, 208,
    213, 217~220, 252~253
솔라테크놀로지 인터내셔널(STI) 142
솔라텍(Solartech) 265
솔라파워 코퍼레이션(Solar Power Co.)
    115, 142
솔라펀(Solarfun) 223, 264

솔론 AG(Solon AG) 207
송전도향(Township Electrification) 공정 236
쇼트솔라(Schott Solar) 196, 206
수요 견인 45~46, 73, 121~122, 129, 134, 153, 185 → '6장 독일의 수요 견인' 참조
숙련된 인력(trained workforce) 5, 10, 56, 108, 239, 318, 325, 341, 343, 349~350, 365
슈미드(Schmid) 187, 214, 221
슈토허, 이모(Stoher, Immo) 207
스마트그리드(smart grid) 19, 309
스미, 알프레드(Smee, Alfred) 104
스미스, 윌러비(Smith, Willoughby) 105
스미토모(Sumitomo) 262
스완슨, 딕(Swanson, Dick) 142
스웨덴 26
스위스 88, 139, 141, 143, 172, 191, 194, 215, 218, 223, 255, 258, 316, 331~334, 341~342
스위스연방공과대학(Federal Institute of Technology, ETH) 331
스즈키 켄(Ken, Suzuki) 149~150, 160~161
스츠피탈락(Szpitalak, Ted) 242, 244, 246~247
스타이겐베르거, 마르쿠스(Steinberger, Markus) 186
스타코어 누클리어(Star-Core Nuclear) 347~348
스파이어 코프(Spire Corp) 142

스페인 82, 187, 237, 258, 265, 308, 321
스펙트로랩(Spectrolab) 243
스푸트니크(Sputnik, 1957) 80~81, 104, 1147, 306
슬로바키아 26
시마모토(Shimamoto, M.) 13, 149
시스템 균형(balance of system) 83
시스템 실패 27
시스템통합 9, 57, 69, 295, 309~310, 345, 353~354, 370, 373
시장 실패(market failures) 27~28, 289,
시정룽(Shi Zhengrong) 13, 42, 229, 239~255, 259, 263, 266~267 → '7장 중국의 기업가들' 참조
시지쿤(Jiqun Shi) 240~241
신뢰성(reliability of energy supply) 22, 24
신에너지개발기구(NEDO, 일본) 161, 164~168, 170, 173, 318
실리콘(silicon) 5, 8, 11, 42, 92~93, 107~113, 123, 128, 130, 135, 140, 142, 151, 153~154, 158, 162~165, 168~169, 177, 179~181, 189, 204, 208~212, 216~221, 236, 242~243, 249~250, 252~253, 255~256, 259~264, 270~271, 305~306, 310~311, 320, 347
실천을 통한 학습(learning by doing) 9, 38~39, 167, 282, 318, 327
써너지(Sunergy) 242, 264
썬웨이스(Sunways) 206, 220

썬파워(SunPower) 142, 271
썬텍(Suntech) 75, 180, 213, 219, 230~232, 239, 242, 246~249, 251~253, 255~267, 271, 328

ㅇ

아고라 에너지 전환(Agora Energie-wende) 186
아라비아 반도 224
아랍 석유 금수 조치(1973) 22, 80, 119, 120, 122, 124, 142, 157
아랍석유수출국기구(OAPEC) 122
아르코솔라(ArcoSolar) 142~143
아르헨티나 347
아부다비(Abu Dhabi) 32, 34
아서, 브라이언(Arthur, Brian) 13, 106, 352
아스벡, 프랭크(Asbeck, Frank) 220
아스트로파워(Astropower) 251~252
아시스(Asys) 214
아이다호 국립연구소(Idaho National Laboratory) 345
아이슬란드 333
아이젠버거, 피터(Eisenberger, Peter) 336
아이젠하워, 드와이트(Eisenhower, Dwight) 74, 113~114
아인슈타인, 알버트(Einstein, Albert) 52, 57, 69, 75, 93~95, 103~107, 111, 230, 305,
아폴로 프로젝트(Apollo Project) 121, 124, 129, 160
아프리카 187, 292

아헨(Aachen) 139, 194~195, 278~279, 295
알파레알(Alpha Real) 172, 194
암텍(Amtech) 214, 258
애덤스, 윌리엄 그릴스(Adams, William Grylls) 105
액티스 캐피털(Actis capital) 256
양자점 태양전지(quantum dot solar cells) 93
어플라이드 머티리얼즈(Applied Materials) 214, 221, 262, 265
얼리 어답터(early adopters, 초기 수용자) 279, 295, 338
에너지 변환 장치(Energy Conversion Devices) 110~111
에너지 안보 22, 120, 141, 377
에너지 전환(energy transitions) 49, 52~53, 186, 188, 193, 201, 377
에너지기술혁신시스템(ETIS) 43~45, 73
에너지세이지(EnergySage) 284
에너지연구개발청(ERDA) 125, 127, 129~132, 137, 139~140
에너지재편법(Energy Reorganization Act 1974, 미국) 127
에드거 브론프먼 주니어(Edgar Bronf-man Jr.) 336
에드워즈, 제임스(Edwards, James B.) 137
에디슨, 토머스(Edison, Thomas) 105
에디슨전기연구소(Edison Electric Institute) 291
에버그린솔라(Evergreen Solar) 210

에어리퀴드(Air Liquide) 334, 337
엘리시움(Elysium) 347~348
엘켐솔라(Elkem Solar) 209
연구개발(R&D) 5, 9~10, 20, 29,
  46, 56, 68, 73, 75~76, 82, 87,
  90~95, 100, 107, 113, 115, 120
  ~121, 124~125, 127~133, 136,
  140~143, 149~153, 158, 160, 162
  ~167, 169~172, 174, 176, 178,
  187, 193, 195, 210, 218~220,
  222, 233~236, 247, 260, 270,
  288, 304~306, 309~310, 318,
  325~326, 332, 341, 343, 348,
  350, 362, 365~367, 371, 373
연방 에너지국(Federal Energy
  Administration, 미국) 125
연방 에너지청(Federal Energy
  Agency, 미국) 126~127
오르도 자유주의(Ordo-liberalism)
  192
오쇼네시(O'Shaunessy, E.) 284
오존층 377
오클로(Oklo) 347
오토매틱 파워(Automatic Power)
  115
온실 316, 330, 332, 334, 337
온실가스 26, 50, 325, 335, 352,
  355, 374~377
올, 러셀 슈메이커(Ohl, Russel
  Shoemaker) 108~110
와커(Wacker) 180, 191, 217, 219,
  262
왕아이화(Aihua Wang) 241

왕유팅(Yuting Wang) 258
왕지아준(Jiajun Wang) 244~245
외코연구소(Öko Institute) 192~193
윌리콘(Oerlikon) 261
요나스앤레드만(Jonas & Redmann)
  214, 216
욤 키푸르 전쟁(Yom Kippur War,
  1973) 122~123
우주 프로그램 77, 79, 94, 104, 114,
  142, 157, 234, 319, 325, 348
울트라세이프 누클리어사(Ultra-Safe
  Nuclear Corporation) 347
울프, 필립(Wolfe, Phillip) 141
워런-알퀴스트법(Warren-Alquist
  Act 1974, 캘리포니아) 137
원자력 19, 22, 26, 39, 48, 51, 53~
  54, 74, 103, 114, 125, 126, 158
  ~159, 161, 175, 190~191, 193,
  201, 280, 290, 307~309, 321,
  325, 344, 346, 348~349, 373
원자력규제위원회(미국) 346
원자력연구원(한국) 346
웨스팅하우스(Westinghouse) 346~
  347
웨인, 클라스 오토(Wene, Clas-Otto)
  202
웬햄, 스튜어트(Wenham, Stuart)
  263
유럽연합(EU) 253, 268
유럽연합집행위원회(European
  Commission) 334
유로솔라(Eurosolar) 192, 197, 250
유-배터리(U-Battery) 347

유사한 기술 50~51, 313, 317, 351, 364~365, 368 → '10장 태양광 모델의 적용' 참조
유선전화 산업 291
유엔 코펜하겐 기후변화 회의(2009) 30, 375
유연휘발유 377
68 운동(독일) 185, 189~190, 197~198, 206
6일 전쟁(1967) 122
응용 태양 에너지 협회(Association for Applied Solar Energy) 113
이란 혁명(Iranian Revolution) 80, 128, 165
이산화탄소(CO_2) 25, 174, 188, 201, 290, 294, 316, 325~343, 352~353, 364
이집트 35, 122, 293
이탈리아 187, 214, 250, 264~265, 334
인공위성 20, 46, 113, 154, 157, 162, 169, 203, 234, 281, 293, 306~308, 316, 319
인놀라스(Innolas) 214
인도 35, 40~41, 224, 241, 281, 292
인력 → 숙련된 인력
인버터(inverter) 33, 91, 270
일대일로 전략(중국) 373
일본 4~5, 11~12, 20, 39~43, 46, 48, 54, 57, 67~68, 70~76, 82, 88~93, 113, 115, 119, 121~122, 142~182, 186, 188, 198, 198, 215, 218, 230, 232, 237, 239, 243, 247~248, 250~257, 262, 279, 281, 295, 304, 306~308, 318~319, 321 → '5장 일본의 틈새시장' 참조
일본 과학위성 프로그램 157
일본우주개발사업단 157
일본전기사업연합회 157
일본태양광발전협회(JPEA) 171, 173
임시표준공급계약 4호(ISO #4, 캘리포니아) 75, 84~85, 120, 138~139, 195~196, 198, 279
잉리(Yingli) 239, 255~262, 266

ㅈ
자동차 연비 19, 24
자산평가 청정에너지(Property Assessed Clean Energy) 285
자오지안화(Jianhua Zhao) 241
자원 보존과 이용에 관한 유엔 과학 회의(1949) 113
재생에너지법(2006, 중국) 85, 88, 232, 238, 254~255
재생에너지법(2009, 2012, 2014, 독일) 75, 81~85, 185, 189, 197
재조림(reforestation) 352, 369
저탄소연료표준(LCFS, low carbon fuel standard) 331, 338
전기 자동차 14, 375
전기공급법(Electricity Feed-in Law 1990, 독일) 196
전력구매계약(PPA) 33~34, 78, 285, 349, 365
전자 제품(consumer electronics) 77, 95, 168, 215

전자공학연구소(Electrotechnical Laboratory, ETL, 일본) 159, 166

정책 지원(policy support) 9, 39, 80, 83, 87, 308~309, 343

정책의 창(policy windows) 68, 74, 80~82, 120, 122, 124, 161, 185, 202

정책의 흐름(policy stream) 80

정치 경제(political economy) 5, 10, 53, 56, 342~343, 350, 367

정치적 지지(political advocacy) 189, 191, 278, 295, 309, 314

제3자 소유(third-party ownership [TPO] systems) 285

제조 장비(manufacturing equipment) 70, 88, 163, 213, 215, 222~223, 270, 320

제트추진연구소(Jet Propulsion Lab, JPL) 128~129

조림(숲 가꾸기) 51, 352, 369

중국 4, 5, 11, 20, 26, 35, 39~43, 46~47, 54, 57, 67~75, 81~82, 85, 88~89, 91~92, 94, 141, 151, 154, 177~180, 186~187, 200~202, 206, 210~214, 218~224, 292~295, 304, 307~308, 312~313, 318~321, 332, 346, 353, 362, 372~373, 377 → '7장 중국의 기업가들' 참조

중국개발은행 238, 257, 268

중동 113, 122~123, 292, 294, 362, 377

지구환경기금(Global Environmental Facility) 237

지글러, 한스(Zeigler, Hans) 113~114

지멘스(Siemens) 104~105, 107, 140, 142~143, 194, 219, 305

지배적 설계(dominant designs) 48, 69, 92

지불 의사(willingness-to-pay) 20, 68, 77~78, 153, 279, 281, 286, 319

지식의 보존(preserved knowledge) 91, 319

지식의 체계화(codified knowledge) 10, 319, 325, 341, 343, 349, 350, 355, 366

직접공기포집(DAC) 9, 14, 50, 316, 325~328, 354, 370 → '탄소포집 저장(CCS)' 참고

진텍(Gintech) 265

진행파원자로(Traveling Wave Reactor, TWR) 346

징코(Jinko) 264, 266, 328

ㅊ

채핀, 대릴(Chapin, Daryl) 109~110, 112

천연가스 34~35, 39, 190, 201, 345

체르노빌 원전 사고(1986) 74, 80, 185, 191, 193

체리힐 회의(Cherry Hill Conference) 120, 123~124, 135

치칠니스키, 그라시엘라(Chichilnisky, Graciela) 336

칠레 11, 34~35

ㅋ

카드뮴 테루라이드(Cadmium Telluride, CdTe) 210

카본엔지니어링(Carbon Engineering, CE) 331, 339

카이펑 태양전지공장(Kaifeng Solar Cell Factory) 235

카터, 지미(Carter, Jimmy) 74, 82, 91, 120, 127~129, 136~137, 198

칼릭소(Calyxo) 210

캐나다 120, 157, 210, 237, 331, 339, 341~342, 347~348

캐나디안솔라(Canadian Solar) 259, 263

캘리포니아 공공사업 위원회(CUC) 84

캘리포니아 에너지위원회(CEC) 137

캘리포니아 20, 68, 75, 82, 84~85, 88, 115, 120, 129, 137~139, 143, 188, 195, 265, 279, 289, 295, 307~308, 331, 336

컴퓨터 모델 38, 133

켈리, 머빈(Kelly, Mervin) 107~108

코텐코, 드미트리(Kotenko, Dmitry) 260

콜(Kohl, H., 독일) 192~193

콜로라도(미국) 35, 127, 291

쿠샤오화(Xiaohua Qu) 259

큐셀(Q-Cells) 180, 185~187, 206 ~214, 217, 219, 221, 243, 252, 328

크레신, 만프레드(Kressin, Manfred) 207

크리스털 시스템즈(Crystal Systems) 123, 219

클라임웍스(Climeworks) 328, 331 ~339, 341~342

키스, 데이비드(Keith, David) 339

ㅌ

탄소포집저장(CCS) 39, 309, 325, 327, 353~354, 370 → 직접공기포집(DAC) 참조

탄소흡수기술(NETs) 50, 325, 327~ 328, 343, 353

탄자니아 10-11

탈탄소화(decarbonization) 26, 28, 315, 342, 353, 363~364

태양광 모델(solar PV model) 9~10, 41, 49, 51, 56, 304, 317, 324, 350~351, 353~355, 363, 377

태양광 시스템(PV system) 33, 40, 70, 82, 91, 128, 136, 174~175, 181, 198, 203, 236, 244, 258, 260, 275~276, 281~283, 285~ 286, 288, 293

태양광 어레이 제조산업 비용 표준 (SAMICS) 132

태양광 중간법(PV Interim Act 2011, 독일) 205

태양광과학공학학술대회(PVSEC, 일본) 161

태양광발전기술연구조합(PVTEC, 일본) 171

태양광연구개발법(Solar PV R&D Act 1978, 미국) 127

태양에너지연구소(SERI, 미국) 120, 127

태양열 전기(solar thermal electric, STE) 138

턴키 시스템(turnkey systems) 187, 218, 220~224, 235, 258, 265, 293, 313,

테라파워(TerraPower) 346

텍사스인스트루먼트(TI, Texas Instruments) 95, 127, 130~131

템프레스/암텍(Tempress/Amtech) 214

토양 탄소저장(격리) 51, 325, 327, 352, 354, 369

토요 실리콘(Toyo Silicon) 163

통상산업성(MITI, 일본) 11, 149~151, 154~155, 158~161, 168, 171~175

튀르키예 224, 293

트랜스아토믹(Transatomic) 346

트루먼(Truman, H.) 74

트리나(Trina) 223, 255, 258~261, 263, 266

트리클로로실란(trichlorosilane) 260

틈새시장(niche markets) 7, 9, 20, 35, 45~49, 67~68, 73, 76~80, 104, 115, 121, 130, 142~143, 149~154, 168~171, 176, 178, 202, 230, 276, 281, 289, 293, 304, 308, 313, 319~320, 330~331, 334~335, 337, 339, 341~342, 345, 347~350, 352, 362, 365 → '5장 일본의 틈새시장' 참조

티들랜드 시그널(Tideland Signal) 115

ㅍ

파괴적 생산 혁신(disruptive production) 10, 48, 56, 92, 94, 179, 312, 319, 341, 349~350, 354, 366

파리협정(Paris Agreement on Climate Change, 2015) 25, 188, 315, 325, 376

팹(fabs, fabrication facilities) 86

펑샤오펑(Peng Xiaofeng) 262

퍼시픽솔라(Pacific Solar) 229, 242 ~243, 246, 250

퍼시픽파워(Pacific Power) 229

페로브스카이트(perovskite solar cells) 93, 306, 311

페르라짜, 프란체스카(Ferrazza, Francesca) 250

페르시아만(Persian Gulf) 34~35, 136

페이스트, 홀거(Feist, Holger) 207

페일리 위원회(Paley Commission, 1953) 113, 123

펠, 한스 요제프(Fell, Hans-Josef) 42, 189, 198~199, 203

포드, 제럴드(Ford, Gerald) 126~127

포토와트(Photowatt) 259

폰 파베크, 볼프(Von Fabeck, Wolf) 194

폴란드 26

폴링, 페터(Pauling, Peter) 255

표준공급계약 75, 84, 88, 137~138,

195

표준화 5, 163, 166, 196, 213, 233, 311, 345

풀러, 캘빈(Fuller, Calvin) 109~110

풍력 47, 51, 68, 73~74, 83~86, 138~139, 196, 198, 202~204, 232, 236~238, 255~256, 269, 311, 320, 351, 363, 372, 375

프라운호퍼 태양광시스템연구소(독일) 190~191, 318

프랑스 26, 32, 116, 189, 218, 345

프레우센 엘렉트라(Preussen Elektra) 196

프리, 밥(Fri, Bob) 127

프리츠, 찰스(Fritts, Charles) 105

프린스, 모튼(Prince, Morton) 110, 102, 115, 133

플라즈마 화학기상증착기(PECVD) 218, 252

피어슨, 제럴드(Pearson, Gerald) 109~110

필립스(Philips) 115, 190

ㅎ

하드웨어 비용(hardware costs) 33, 57, 83, 174, 275, 277

하야카와, 도쿠지(Hayakawa, Tokuji) 42, 155~156

하이드로셀(Hydrocell) 331

학습 곡선(learning curve) 52, 94~ 95, 112, 132, 173~176, 202~ 204, 206, 276, 287

한국 211, 221, 281, 353

한화 태양광(Hanwha Solar) 211

할박스, 빌헬름(Hallwachs, Wilhelm) 105

항해 부표(navigation buoys) 157

헤르츠, 하인리히(Hertz, Heinrich) 105

헤이스, 데니스(Hayes, Dennis) 137

헴록(Hemlock) 180, 217, 262

혁신(innovation) 5, 9~10, 23~29, 31, 43, 48~57 → 국가혁신시스템 (NIS) 참조

혁신 가속기(가속화) 56, 57, 304, 317, 325, 341, 343, 348, 350, 364~371

형성기 41, 96, 315~317, 322

호그, 데이비드(Hogg, David) 229, 242~243

호리고메, 다카시(Horigome, Takashi) 159~160, 166

호주 4~5, 20, 42, 47, 67~68, 82, 121, 172, 208, 229~231, 233, 239 ~244, 246, 259~260, 264, 271, 304~306, 318, 320

호프만 일렉트로닉스(Hoffman Electronics) 115, 157

호프만, 레스(Hoffman, Les) 76, 115

홀로스 제네레이터스(Holos Generators) 347~348

환경운동(독일) 185, 191

후지전기(Fuji Electric) 169

히타치(Hitachi) 163, 168~169

옮긴이 해제

　다양한 국가를 관통하며 100년이 넘는 태양광의 발전과정을 추적한 네멧 교수의 역작을 번역하는 일은 고되면서도 즐거운 경험이었다. 2019년 처음 출판된 후 약간의 시간이 지났으나 네멧 교수가 복원해낸 태양광 발전의 역사는 여전히 생생하고 유효한 질문들을 던지고 있다. 그런데 이 책을 읽는 한국의 독자들에게 자연스럽게 떠오르는 또 다른 질문이 있지 않을까 생각된다. 네멧 교수가 그려내는 글로벌 태양광 발전사의 흐름 속에서 우리나라는 어떠한 활동을 했는가? 그리고 한국의 현재 상황은 어떠하며, 나아가 이 책이 한국의 태양광 및 청정에너지 산업에 던지는 교훈은 무엇인가?

　한국의 태양광 산업은 1980년대 후반에야 비로소 시작되었다. 1970년대 석유파동을 겪은 정부는 1987년 「대체에너지개발촉진법」을 제정하고 신재생에너지 개발의 초석을 마련하였다. 이후 저유가 시대가 지나고 2000년대 유가가 상승하자 신재생에너지가 다시금 부각되었다. 2002년 발전차액지원(Feed in Tariff, FiT), 인증, 공공의무화 도입 등 주요 정책이 도입되었고 2003년 「제2차 신재생에너지 기술개발 및 이용보급 기본계획」이 발표되면서 10년 이상에 걸친 중기계획이 수립되었다. 그리고 2004년 12월 「대체에너지 개발 및 이용·보급촉진법」이 「신에너지 및 재생에너지 개발·이용·보급 촉진법」(약칭: 신재생에너지법)으로 전면 개정되며 신재생에너지라는 용어가 전면에 등장한다.

　내용 면에서, 태양광을 포함한 정부의 신재생에너지 정책은 설비 인증 및 표준화, 공공기관 신재생에너지 이용 의무화, 전문기업제도, 일반보조금, 그린홈 100만 호 보급사업, 지방보급사업 등이 있었으며 크게 기반 조성과 보급지원 사업으로 구분되었다. 태양광 보급에 있어 초기 정부의 핵심 정책은 FiT였다. FiT는 정부가 태양광 같은 신재생에너지 보급을 통해 국내 연관 산업을 간접적으로 육성하는 정책수단이었다. FiT는 신재생에너지를 이용하여 전력을 생산한 경우, 정부 고시 기준가격보다 전기 판매가격이 낮으면 그 차액을 지원하는 제도로서 정부의 의무 구매 기간은 15년으로(태양광은 2008년부터 예외적으로 15년과 20년 가운데 선택 가능) 설정되었다. 책에서 언급되었듯 신재생에너지 사업자는 FiT 제도를 통해 고정가격에 전기를 판매함으로써 불확실성을 줄일 수 있었고, 정부는 신재생에너지원 별로 기준가격을 달리함으로써 다양한 신재생에너지원을 육성할 수 있는 장점이 있었다.[*] 신재생에너지 후발국인

---

[*] 이수일, 노재형, 백철우(2015). 신재생에너지 보급 정책의 효율화 방안 연구. KDI 정책연구시리즈 2015-27, 1-98.

우리나라가 관련 산업을 단기간에 육성시키기 위해 독일 등 유럽에서 효과를 검증받은 신재생에너지 가격보전제도를 도입한 것이다.[*]

하지만 이 시기 중국의 생산능력 급성장과 함께 국내 기업들의 가격 경쟁력이 저하되며[**] 국내 산업육성 정책으로서의 FiT는 한계에 봉착하게 된다. 동시에, 가격 보전에 투여되는 정부 재정이 급증하게 되었다. 2002년에 33억 원 수준의 FiT 지원금 규모는 2008년 태양광의 급속한 확대와 함께 1194억 원까지 급증했고 2011년에는 3,689억 원에 달했다. 결국 2008년 정부는 경제정책조정회의를 열고 지나친 재정 부담을 줄이기 위해 2011년까지만 FiT 제도를 시행하기로 결정하였다.

FiT를 대신하여 정부 신재생에너지 정책의 중심으로 2012년 신재생에너지공급의무화(RPS, Renewable Energy Portfolio Standard) 제도가 등장하게 되었다. RPS 제도는 정부가 발전사에게 신재생에너지 의무공급량을 할당하고(표-1), 발전사는 이를 자체 발전 또는 외부 구매를 통해 이행하는 방식이다. RPS 초기 상대적으로 발전단가가 높은 태양광 시장을 보호하고 육성하기 위해 태양광 별도 의무량이 도입되었으나 2016년부터는 태양광, 비태양광 구분 없이 통합 운영하였다.

2018년 정부는 「재생에너지 3020 이행계획」을 통해 2030년 재생에너지 발전량 비중 20% 달성 목표를 발표하고 태양광, 풍력 중심의 청정에너지 확산 기반을 마련하였다. 특히 소규모 태양광 발전사업자의 경쟁력 및 수익성 보장을 위해 2018년 한국형 FiT 제도가 신설되었다. 한국

---

[*] 구민교(2013). 우리나라의 발전차액지원제도 사례 분석: 신산업정책론 시각에서. 한국행정연구, 22(1), 1-27.

[**] 위의 책.

〈표-1〉 RPS 의무공급비율

*신에너지 및 재생에너지 개발·이용·보급 촉진법 시행령 개정안(2023.4월) 기준

연도	2012	2013	2014	2015	2016	2017	2018	2019	2020	2021
의무 비율(%)	2.0	2.5	3.0	3.0	3.5	4.0	5.0	6.0	7.0	9.0

연도	2022	2023	2024	2025	2026	2027	2028	2029	2030년 이후	
의무 비율(%)	12.5	13.0	13.5	14.0	15.0	17.0	19.0	22.5	25.0	

형 FiT는 소규모 태양광 사업자(개인의 경우 30kW 미만, 농축산어민 및 협동조합의 경우 100kW 미만)를 대상으로 20년간 고정가격 계약을 체결하는 제도로 RPS 제도의 단점을 보완하고자 5년간 한시적으로 도입되었다. 이 같은 정책에 힘입어 2017년 신규 태양광 설치용량은 1,362MW에서 2018년 2,589MW로 2배가량 증가하였으며 2019년 3,917MW, 2020년 4,658MW까지 확대되었다.

2021년 10월 정부는 국가 온실가스 감축 목표(NDC) 상향안을 발표하면서 2030년 신재생에너지 발전 비중을 30.2%까지 확대하기로 발표하였다. 이는 2018년에 발표한 3020 계획이나 제5차 신재생에너지기본계획의 목표에 약 10% 포인트 상향한 것이었다. 이와 더불어 신재생에너지법 개정을 통해 RPS 의무비율 상한을 10%에서 25%까지 상향하고, 2026년까지 법정 상한인 25%에 이르도록 단계적으로 설정했다. (이후 다음 정부는 2026년 목표 25%를 15%로 하향하고 2030년 이후 목표치를 25%로 조정함.)

2022년 5월 출범한 신정부는 같은 해 11월 '재생에너지 정책 개선방안'을 발표하며 원전과 재생에너지의 합리적 조화라는 정책 방향을 발표

하였다. 1MW 이하 소규모 태양광 위주의 보급으로 비효율 및 수급 불안정이 증대되었다고 평가하며, 전 정부가 상향한 신재생에너지 발전 비중 목표는 2030년 21.6%로 하향하고 1MW 이하 태양광 무제한 접속 제도를 재검토하겠다고 발표했다. 2023년 7월 정부는 '신재생에너지 정책혁신 TF'를 구성하여 정부 예산지원사업 점검, RPS 제도 개편 방안, 한국형 FiT 일몰 등 정책 전반에 관한 근본적인 혁신을 논의할 방침이라고 밝혔다.

보급 확대와 함께 정부가 역점을 기울인 또 다른 정책은 R&D 기술개발에 대한 투자였다. 연도별 부침은 있지만 태양광 분야의 정부 R&D 투자는 상향 곡선을 그려왔다(표-2). 이러한 투자를 통해 태양광 기술의 여러 영역에서 국내 산업체, 대학, 연구소가 역량을 축적할 수 있었지만, 우리나라 태양광 산업의 경쟁력 강화로 직결되지 못했다는 비판 역시 제기되어왔다.

정부 정책과 함께 국내 태양광 산업도 큰 변화를 거쳐오게 된다. 2000년대 초중반 삼성, LG, 현대, 한화 같은 대기업은 물론 다양한 중견 기업

〈표-2〉 정부 태양광 R&D 투자 추이(단위: 백만원)

연도	2002	2003	2004	2005	2006	2007	2008
금액	4,526	4,580	7,206	9,280	22,015	20,726	61,500
연도	2009	2010	2011	2012	2013	2014	2015
금액	68,768	67,383	78278	83,406	70,971	69,041	58,157
연도	2016	2017	2018	2019	2020	2021	2022
금액	64,462	63,315	64678	76,425	74,469	85,614	83,799

들이 태양광 시장에 뛰어들며 역동적인 산업 생태계가 구축되었다. 그러나 독일, 일본 기업들처럼 곧 가격 경쟁력을 기반으로 하는 중국 기업들과의 경쟁에서 밀리는 상황에 직면하게 되었다. 태양광 밸류체인은 폴리실리콘(소재), 잉곳/웨이퍼(중간재), 셀/모듈(완제품), 시스템으로 나눠볼 수 있는데, 폴리실리콘의 경우 국내 대표 기업인 OCI, 한화솔루션 모두 국내 생산을 중단하고 원가 경쟁력 차원에서 현재 해외 생산에만 집중하고 있다. 다행히도 기술력에서는 9N(99.9999999%)의 폴리실리콘을 생산하며 세계 최고 수준을 유지하고 있다. 잉곳 분야에서는 국내 유일 업체였던 웅진에너지가 원가 경쟁력과 대면적 웨이퍼 생산에서 중국 기업들에게 고전하다 인수 기업이 나오지 않으면서 2022년 최종 파산했다.

현재 태양광 밸류 체인에서 국내 기업의 핵심 활동 영역은 셀/모듈 생산이라고 볼 수 있다. 국내 셀 효율(22~24%)은 세계 최고 수준으로 한화솔루션과 현대에너지솔루션이 쌍두마차이며 모듈 생산에서는 두 기업 외에도 신성E&G, 에스에너지 등이 사업을 영위하고 있다. 모듈 양산 효율은 세계 최고 수준이 22.8% 수준인 데 비하여 국산 모듈은 22.3%를 기록했다. 그러나 이 분야에서도 위기는 커지고 있는데 국내에 보급된 태양광 모듈 중 국내산 비율은 2017년 73%였으나 2022년 68%로 하락했고 이 비율만큼 중국산 비율이 증가했다.

이렇듯 중국 기업들이 장악한 글로벌 태양광 시장에서 한국 기업들이 경쟁에서 살아남고 동시에 저렴한 국내 태양광 보급 확대도 가능한 것인지 고민이 깊어지는 상황이다. 그런데 현재 미국, 유럽 주요국들이 추진 중인 공급망 재편과 중국 견제가 우리 태양광 산업에게 새로운 기회가 된다는 긍정적 전망이 있다. 한국은 이미 세계 최고 수준의 셀과 모듈 기술이 있고, 페로브스카이트 같은 미래 소재는 물론 건물, 수상 같은 다양한 환경에서 태양광 발전을 적용하는 기술도 보유하고 있다. 또한 반도체, 디스플레이 같은 태양광 연관 사업에서도 강력한 산업 경쟁력을 가지고 있다. 이러한 여건들을 효과적으로 활용한다면 중국 기업들의 활동 제약으로 발생한 틈을 우리 기업들이 채우고 재도약하는 것은 분명 가능한 현실이 될 수 있다. 네멧 교수는 태양광 산업의 발전에는 다양한 요인들(R&D에 대한 지속적인 투자, 안정적 내수시장 확보, 지식교류 및 확산 등)이 있음을 밝히고 있다. 우리가 어떻게 이러한 요인들을 흡수하고 적용할 것인가에 대해 진지하게 성찰한 시점이다.

네멧 교수의 연구는 태양광 산업을 넘어 청정에너지 산업 전체에도 중요한 시사점을 던지고 있다. 책의 시작과 끝에서 설명했듯 태양광 산업의 발전 교훈이 타 분야에도 똑같이 적용될 수 있는 것은 아니다. 예를 들어, 태양광 산업 발전 모델은 직접공기포집(DAC)이나 소형모듈원자로(SMR)에는 적절하지만 풍력과 같은 청정에너지 분야에는 적용될 수 없다고 저자는 설명한다. 각 국가마다 고유의 정치, 경제, 사회 환경이 있으며 산업별 특성도 다른 것이 현실이다. 이것은 결국 하나의 정답보다는 다양한 답이 존재할 수 있음을 의미한다. 그리고 다양성은 유연하고 열린 태도를 요구한다. 현재 한국의 청정에너지 정책과 산업을 둘러싼 논란들이 소모적 싸움을 줄이고 생산적인 방향으로 전환되기 위해서는 네멧 교수가 보여준 것과 같은 거시적 통찰과 다양한 요인들에 대한 섬세한 논의가 필요하다. 본 저작이 국내의 청정에너지 산업 육성과 에너지전환 논의를 풍성하게 하는데 조금이나마 기여한다면 번역자들의 보람은 더할 나위 없을 것이다.

　　　　　　　　＊　　＊　　＊　　＊　　＊

　2020년 초 나(정회성)는 한국에너지기술평가원 기술로드맵 팀장으로서 정부의 제4차 에너지기술개발계획의 상세 로드맵인 '이노베이션 로드맵'을 수립하는 책임을 맡고 있었다. 16개 기술(태양광, 풍력, 수소·연료전지, 에너지신소재, 원자력, 청정발전, 에너지안전, 자원개발, 순환자원, 산업효율, 건물효율, 수송효율, 빅데이터 플랫폼, 지능형전력시스템, 에너지저장, 사이버보안) 분야별 로드맵을 책자로 발간하는 방대한 작업이었다.

　탄소중립을 달성하기 위한 기술개발을 어떻게 하면 가속화할 수 있을지 고민하던 그때, 우연히 이 책을 발견했고 십여 년 전 대학원 시절에 '에너지 정책' 과목을 강의하셨던 그렉 네멧 교수님이 쓴 책이라는 걸 알게 되었다. 그야말로 행운이었다. 당시 우리에게 꼭 필요했고 궁금했던 내용이 모두 담겨 있었다. 태양광 발전이 저렴해지기까지의 과정을 오랜 기간 추적해서 명쾌하게 설명해줄 뿐만 아니라 다른 저탄소 에너지원들의 단가하락을 위해서 필요한 요소들이 잘 정리되어 있었다. 결과적으로는 에너지기술개발계획과 기술로드맵 작업에 녹여낼 수 있었다.

　많은 분들이 이 책을 읽었으면 해서 주위에 많이 권하기도 했으나 몇 년이 지나도 번역서가 출간되지 않는 것이 안타까웠다. 그러던 중 코로나로 재택근무를 하던 어느 날, 직접 번역을 해봐야겠다는 생각을 했고 뜻이 잘 통했던 동료들과 일사천리로 공동작업에 착수할 수 있었다.

　이 책은 에너지와 기술개발 정책을 담당하는 공무원뿐만 아니라 민간기업, 대학, 출연연구소에서 기술혁신을 통해 성장하고자 하는 분들에게 많은 도움이 되리라 생각한다. 어쩌다 보니 같은 직장에서 기술정책에 관심을 가졌던 공동 역자 세 명 모두가 이제는 탄소중립을 현장에서 실현하는 기업에 몸담고 있다. 바쁜 와중에도 함께해준 최균, 안나경 두 분의 헌신으로 번역을 끝맺을 수 있었다.

수지타산이 아닌 책의 가치에 관심을 갖고 초보 번역가들에게 기회를 주고 끝까지 응원해준 아모르문디 출판사에도 감사를 드린다.

2023년 10월 번역자 일동

태양광은 어떻게 성공했나?

초판 펴낸 날 2023년 12월 15일

지은이 | 그레고리 네멧
옮긴이 | 정회성 · 최균 · 안나경
편 집 | 김소라
디자인 | 문홍진
펴낸이 | 김삼수
펴낸곳 | 아모르문디
등 록 | 제313-2005-00087호
주 소 | 서울시 마포구 월드컵북로5길 56, 401호
전 화 | 070-4114-2665
팩 스 | 0505-303-3334
이메일 | amormundi1@daum.net

ISBN 979-11-91040-33-3 04320